CONSTRUCTION AND OPERATION OF
CORPORATE CULTURE

企业文化
建设与运营

段 磊 刘金笛 编著

企业管理出版社
ENTERPRISE MANAGEMENT PUBLISHING HOUSE

图书在版编目（CIP）数据

企业文化：建设与运营 / 段磊，刘金笛编著．—北京：企业管理出版社，2020.11

ISBN 978-7-5164-2286-1

Ⅰ．①企…　Ⅱ．①段…　②刘…　Ⅲ．①企业文化—研究　Ⅳ．① F272-05

中国版本图书馆 CIP 数据核字（2020）第 218217 号

书　　名：企业文化：建设与运营
作　　者：段　磊　刘金笛
责任编辑：尚元经　张　楠
书　　号：ISBN 978-7-5164-2286-1
出版发行：企业管理出版社
地　　址：北京市海淀区紫竹院南路17号　　　邮编：100048
网　　址：http：//www.emph.cn
电　　话：编辑部（010）68414643　发行部（010）68701816
电子信箱：qiguan1961@163.com
印　　刷：三河市东方印刷有限公司
经　　销：新华书店
规　　格：170毫米×240毫米　16开本　26.75印张　385千字
版　　次：2021年1月第1版　2021年1月第1次印刷
定　　价：118.00元

相信的力量

在一个商业化的时代讨论文化，似乎是一件不合时宜的事情，但最近却有越来越多的企业以各种方式找到我，专程跟我讨论文化的问题，他们怎么了？文化怎么了？我把他们的所思所想归纳起来，无非三句话。

第一句话：人变了，我该怎么办？

今年是2020年，不可否认，00后早在两年前就已经成年，开始踏上就业舞台。改革开放41年，企业的主力员工群体已从60后向70后、80后、90后转换，今天，00后已经登场。而一个不可否认的事实是，跨越了四个十年的中国劳动者，经历了人均GDP从417元到70892元的170倍的巨变，几乎经历了从计划经济到市场经济转换的全过程，大家的成长背景不同，人生理念、工作理念、价值理念都有巨大的差异，特别是今天职场的主力90后和00后，他们成长在市场经济的阳光下，沐浴着父母和祖辈的多重眷顾，不曾经历父辈的困窘与尴尬，传统的管理方法无论是奖还是罚，落到这一代人身上很可能都是四个字："宠辱不惊"，他们是中国当代社会中"为信念而活着"的一群。那么，如何走入这一代人的内心，与他们交朋友，让他们发自内心地为企业工作，为事业奋斗，与企业共发展，就成了摆在任何一个企业家面前的必须回答的课题。

第二句话：钱不好赚了，我该怎么办？

世界上并不存在持续两位数的经济增长，中国已经创造了奇迹，但终究也要走下神坛，随着经济增速的放缓，近十年来企业人一致的感受就是，钱越来越难赚了。要赚到之前同样数量的钱，需要十倍的用心、用智，还要用力，需要调动起全员的心智一起努力。但遗憾的是，在市况的艰难面前，我们看到的往往不是协力同心，而是资源争夺、责任推诿、畏难情绪、恶语相向，资源的局限性让大家撕下了温情的面纱，短期利益、个人利益、局部利益盛行，长期主义、集体主义、大局意识变得如高原的空气一般稀薄。企业家们普遍感觉到，人变了，形势变了。面对新的时代，企业要再往前走，需要解决的恐怕不仅仅是利益分配的问题，而是要拿出一套令大家信服、动心并为之努力的共同愿景，让大家理解、认同并愿意自觉地按照信念所指的方向前行。

第三句话：疫情让人心乱了，我该怎么办？

新冠疫情应当是我们这一代人记忆中影响最为深刻的自然灾害之一。大难犹如一面哈哈镜，将人性的善与恶做了极致化的处理：貌似完美的超级大国形象开始崩塌，过去丰富甚至过剩的资源突然变得奇缺，彬彬有礼的人们突然变得冷漠和残酷，号称“以人为本”的企业们开始裁员；与之相对，员工为自保而置企业、客户利益于不顾的事情更加屡见不鲜。世道优裕时，雇主与雇员之间的对立并不明显，被脉脉温情所掩盖，而当巨大的困难和挑战摆在面前的时候，犹如泰坦尼克号沉没之前，人性中的自利性、恐惧感被无限放大，多年来企业与员工之间建立的信任被这场大疫冲垮。感谢政府的果断行动，令疫情在我国得到了强有力的管控，而疫情对人们心理的影响，却不会这么快消除，重新走在一起的彼此，应当秉持何种心态看待过去、共同走好漫漫前路，这是企业与员工都需要深刻思考的问题。在这个特殊的时点，探索建立企业与员工共同的价值主张，对于弥合疫情带来的信任危机，重塑共同信念与目标，携手共赴艰难前程，具有极其重要的意义。

正是因为这三句话，不妨大胆断言：在中国企业管理的发展史上，必将掀起第四次以“弥合代际差距，坚定事业信心，重塑人际互信”为目标、以新时代劳动者为主要受众群体的企业文化建设高潮。

需要特别指出的是，本次文化建设潮流的背景与之前的三次已经发生了根本性的变化，突出体现在四个方面。

其一，面向的群体不同。过去的企业文化建设，主要面对的是60后到80后的劳动者；而今天的企业文化建设，则主要面对90后、00后群体，其人生观、价值观、语言系统、信息接受方式等完全不同。

其二，输出的产品不同。过去的企业文化建设，理念层面主要是核心文化理念的提炼，形象层面主要是视觉识别系统的设计和导入。而本轮文化建设，企业需求的不仅是理念和CI体系的建立和导入，还有文化体系的运营，希望服务机构提供从建设到落地的全程服务，直至把文化理念“种”到员工心里。

其三，表现的形式不同。过去的企业文化理念主要在文化手册、文化墙、网站等正规的办公场景中展现，这些形式固然也非常重要，但相对于今天的员工而言，跟他们的信息接收渠道显然是不对应的，传播方式也显得过于生硬。今天的文化表现与传播必须是立体传播方式，包括文字、图片、实物、音频、视频、活动、竞赛、出版物、广告媒体、新媒体等各种方式的组合，文化理念的传播更应当是潜移默化而不是死记硬背，要让新一代员工在感受的基础上去认知，而不是简单地把思想塞给他们。

其四，达成的目标不同。过去的企业文化建设，主要目标是对内统一员工思想、对外塑造企业形象，主要还是停留在理念和形象层面。今天的企业文化建设，企业的期望就是一句话“文化要落地”，要落实为行为、落实为改变、落实为看得见的绩效，这就对文化建设提出了非常高的要求：文化的建设者要理解业务，要用员工听得懂的语言，让文化元素融合到业务流程和员工行为中，并最终反映为组织绩效。某种意义上说，企业文化的设计师，事实上也兼任了企业的首席增长官（CGO）。

正是面对上述问题和挑战，我们在总结、提炼多年企业文化建设成果的基础上编纂形成此书。在本书的设计过程中，我们力求达到如下“四个平衡”。

第一，理论与应用的平衡。传统企业文化书籍，有的侧重于文化理论研究，有的侧重于文化建设操作步骤，在本书中我们尝试进行了一定程度的平衡：既讲了企业文化与企业文化建设的理论与发展历程，使得全书在概念上清晰、完整，又把三分之二的篇幅放在了从文化调研、理念体系构建、表现系统设计、管理大纲编制到文化落地实施的实操领域。理论要点不缺位，侧重应用不教条，是我们为本书确定的宗旨。

第二，全面与重点的平衡。企业文化建设到运营的过程很长，涉及内容也很多，是做一本流水账还是聚焦几个点，也是曾经困扰我们的问题，最终的选择是：兼顾了过程的完整性，让读者如泛舟长江，自重庆至宜昌顺流而下，一览山水无余；同时，又在三个关键环节——文化理念提炼、管理大纲创制、文化落地实施方面投入了60%的笔墨，重点聚焦。

第三，经典与创新的平衡。与传统企业文化图书对比，本书有三个小小的创新：首先，创新性地提出了《企业文化建设地图》，使得企业文化建设工作的逻辑和线路更加清晰、明了；其次，掀开基本法的神秘面纱，创新性地将基本法或管理大纲的创制纳入企业文化的研究范畴，明确了管理大纲的定位、结构模型与创制流程，提供了多个可供参鉴的优秀案例；第三，不仅论述企业文化的理念建设环节，也同步考虑企业文化的落地与运营操作，致力于成为企业文化工作者的案头书、工具包、文化小辞典。

第四，严肃与可读的平衡。图书作品的严肃性与可读性是一对矛盾。在本书的编纂过程中，一方面，我们关注理论、定义的严谨性，针对每一定义，往往有来自不同专家、不同角度的无差别论述；另一方面，我们也不舍可读性，全书正式编列的案例达60个之多，力图使得每一章节的论述都能落实到具体的操作案例上，让读者不仅能了解，还容易理解，甚至可以动手去做、去尝试，去领略文化的实践之美。

如果说企业文化建设是一项经世之作，我们两位作者只不过是万千企业文化研究理论与成就的搬运工：把我们认为重要的、大家需要的文化理论、知识与案例搬到这里、组装起来、呈现出来。因此，无论我们还是各位读者，都应当特别感谢那些为本书提供了有力支撑的企业文化学者、企业家、企业文化专业工作者们。虽然无法一一鸣谢，但他们在企业文化建设领域的理论、作品正为我们引用、学习和欣赏；我们也坚信，我们一定会在这些成就的基础上阔步向前，为社会奉献更多、更好的文化作品。

同时，也要特别感谢为本书出版付出辛勤努力的三友诚品团队，感谢参与本书编写及修订的巩永旭、齐鹏飞、郭莹、杨晓东等各位汉哲同事，以及为本书提供素材、给予支持的各位企业家朋友们。

从事企业文化咨询十八年，成书之时仍心有惴惴，毕竟文化是一种社会现象而不仅仅是管理工具，读懂人心，理解人性，向善而行，无问西东，也许这才是以文化人、以德润身的根本。

选择相信，让相信成为力量，你我的生活也许会变得更加简单、温暖和美好。

段 磊

2020 年 12 月于北京

目 录

第一章
企业文化概述

世界上一切资源都可能枯竭，只有一种资源可以生生不息，那就是文化。

——任正非

企业文化，虽然“看不见、摸不着”，但它的作用却无处不在。它是凝聚员工思想与归属的基础，是驱动员工达成企业期望的隐性动力，是整个企业人群的“精气神儿”。

正如著名诗人卞之琳的诗句：你站在桥上看风景，看风景的人在楼上看你。身处企业中的我们，不管自己是否意识到，我们身上都已经打上了企业文化的烙印，同时，每天、每时、每刻，我们也在为企业文化的形成提供着最为鲜活的素材和养分。

对于企业文化的认知，可以从理念、执行、结果三个层面去理解。

在理念层面，企业文化是一种价值追求与系统做事原则，往往由创业者、企业家团队发起，经由广大干部和员工团队的普遍认可，成为整个企业共同的价值主张与心理契约，进而成为企业内部处理人与人之间关系，企业与外部利益相关者之间合作、交往、互动的隐性规则系统。

在执行层面，企业往往会结合实际的经营环境，将企业文化诠释成为员工容易理解和执行的行为准则；把公司宗旨及目标转化为员工认同的理想，并通过一系列的管理制度与流程，将文化贯彻在企业的日常运营之中。管理制度和规范要在文化背景中酝酿而成，企业文化也要以管理制度和规范作为支撑。面对新的经营局面与问题，在制度与规则暂时覆盖不到的领域，企业文化发挥着隐形的引导作用。

在结果层面，企业文化以社会角色和心理契约的形式对组织成员产生作用，使组织与员工在共同的平台上相互作用，共同发展，形成独有的心智模式与行为模式。对于企业文化的认同程度，影响着员工的努力、贡献与投入程度，而员工的认可与身体力行，将赋予产品和服务以不同的特色，赋予企业以不同的风貌。员工在实践中的成功经验、思想感悟，又通过不断的反馈、提炼、整合，对现有的文化理念进行丰富、滋养与扬弃。企业文化就是在这样的提出、共识、践行、固化、升华、优化的循环中生生不息。

如果把企业比作一棵大树，文化就是扎根土壤、吸取养分的庞大根系；如果把企业比作一艘巨轮，文化就是把握着航行方向的舵；如果把企业比作人，文化就是决定其精神追求、处世原则与外在形象的个性动机。

正如华为的创始人任正非所说："资源是会枯竭的，唯有文化才会生生不息。"

第一节 什么是企业文化

一、企业文化的基本概念

20世纪70年代末、80年代初，企业文化逐渐成为公认的管理学概念，在国内外管理学著作中得到普遍使用与反复论述；同时，作为现代企业的管理理论和方法，越来越多地受到国内外企业界、学术界的重视。

关于企业文化的定义，国内外学者一直有着各种不同的表述，其中比较有代表性的包括：

①美国学者约翰·科特和詹姆斯·赫斯克特认为，企业文化"是指一个企业中各个部门，至少是企业高层管理者们所共同拥有的那些企业价值观念和经营实践，是企业中一个分布在各个职能部门或地处不同地理环境的部门所拥有的、共同的文化现象。"

②《追寻卓越》作者彼得斯·沃特曼认为，"员工做出不同凡响的贡献，从而也就产生有高度价值的目标感，这种目标感来自于对生产、产品的热爱，提高质量、服务的愿望和鼓励创新，以及对每一个人的贡献给予承认和荣誉，这就是企业文化。"

③美国麻省理工学院斯隆商学院教授埃德加·沙因认为，“企业文化是一个特定组织在处理外部适应和内部融和的问题中所学习到的、由组织自身所发明和创造并且发展起来的一些基本的假定类型。由于这些基本假定类型能够发挥很好的作用，并被认为是有效的，因此被组织的成员所接受，形成企业的文化。”

④Z理论创始人、日本学者威廉·大内认为，“企业文化是一套象征物、仪式及传说，组织通过这种方式将基本价值和信仰传输给成员，由其传统和风气所组成，此外文化还包含一个公司的价值观，如进取性、守势、灵活性——确定活动、意见和行为模式的价值观。”

⑤我国知名学者、清华大学教授魏杰认为，“所谓企业文化就是企业信奉并付诸实践的价值理念，也就是说，企业信奉和倡导并在实践中真正实行的价值理念。”

⑥我国知名学者陈春花教授认为，“企业文化是企业中一整套共享的观念、信念、价值和行为规则，以至得以促成一种共同的行为模式，这种共同的行为模式则是企业文化最强大的力量之所在。企业文化的一切努力和最终的追求是员工行为习惯的形成、共同的行动模式以及明确的价值行为选择。除非转化为行为，否则企业文化就不能称之为企业文化，只能够称之为口号。”

……

对于企业文化，每位研究者观察的角度不同，提出的定义也千差万别，但各种定义之间还是存在共性要素的，即：企业文化必须是明确的理念、规则和导向，必须成为组织内部绝大多数人员共同认可的价值选择，必须能够落实到组织和员工的行为表现之中。

由此不难发现，企业文化要取得效果，最关键在于“理念”与“习惯”，企业文化的打造也必须从这两个角度出发：首先，让文化理念可以促进企业与客户、与其他利益相关者达成共识；其次，文化理念要能够落实到每个员工的自觉行动中，最终成为员工的行为习惯。

基于以上分析，结合多年来在企业文化咨询中的经验，我们在本书中对企业文化的定义如下：

企业文化是由企业核心价值衍生而成，并能够形成延续性的认知模式与习惯性的行为方式。这种认知模式和行为方式使企业与利益相关者之间、与员工之间能够达成共识，形成心理契约，并成为员工行为与表现的依据。

二、企业文化的内容与结构

企业文化一般包括哪些内容，它的构成是怎样的呢？

我们认为，企业文化可以分为内核要素、外延要素两类，内核要素是指包括企业使命、愿景、核心价值观、企业精神等在内的核心理念，而外延要素则是指核心要素在企业、团队及其行为、形象中的具体表现形式。在“企业文化四层次模型”中，将内核要素称为企业文化的“精神层”，外延要素由内向外分别是以规章、制度、流程为代表的“制度层”，以员工行为规范为代表的“行为层”和以视觉识别系统为代表的“物质层”，如图 1–1 所示。

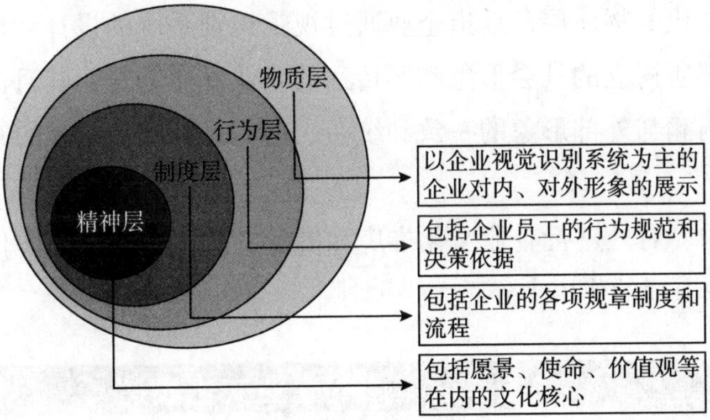

图 1-1　企业文化结构模型

1. 精神层：精神文化

企业文化的精神层，又称为理念层，是企业文化的核心，也是企业文化建设中最基础的部分，主要包括企业使命、愿景、核心价值观、企业精神以及企业的主要经营管理理念。

2. 制度层：制度文化

企业文化的制度层，是与企业文化相匹配的各种规章、制度、规范和流程的总称，是使企业文化核心理念融入经营、管理的物质载体与表现形式，主要包括企业治理与组织机构、领导与决策机制、各项管理制度与流程、考核激励体系等，是确保员工践行企业文化、树立企业形象的制度性保障。

3. 行为层：行为文化

企业文化的行为层，是指员工践行企业文化的过程中所应遵循的行为标准和具体的行为表现，主要包括员工行为规范、服务用语、服务标准、商务礼仪、好人好事、优秀员工案例集等，是对员工行为方式、行为习惯的规范，是企业文化核心理念在员工行为层面的折射。

4. 物质层：表象文化

企业文化的物质层，是指企业通过视觉识别系统的设计和传播，面向企业内外部所树立的社会形象和所传达的企业文化语言，其目标在于实现企业文化内涵与外部形象的一致和统一，进而提升企业品牌的知名度与美誉度。

在对内、对外进行企业文化推广和展示的过程中，表象文化在树立企业社会形象方面的作用十分巨大。

案例1-1　中国华能集团的企业文化表达

中国华能集团公司是以电为主，金融、煤炭、交通运输综合发展的国有重要骨干企业。近年来，公司坚持方向明确、科学发展，不断创新、保持领先，多方合作、互利共赢，规模实力和经济效益在国内发电企业中保持领先地位。

华能集团高度重视企业文化建设，为培育和建设具有华能特色的企业文化而不断努力，公司领导在每年的工作报告和重要会议上都要强调企业文化建设的必要性，并提出许多重要的理论、思想与先进的具有鲜明特色的文化理念，历经多年的沉淀与自新，集团已经形成了系统、完善、健全的企业文化体系，涵盖精神、制度、行为和物质等多个层面，并取得了良好成效。

精神层

华能集团拥有完善的企业文化理念体系，包含：企业使命、战略目标、核心价值观、战略定位、发展理念、管理理念，等等。

1. 企业使命

“三色”文化：为中国特色社会主义服务的“红色”公司；注重科技、保护环境的“绿色”公司；坚持与时俱进、学习创新、面向世界的“蓝色”公司。

“红色”是华能本色，是立身之本，“三色”之本。建设“红色”公司是华能的根本态度和精神境界，是华能为国民经济发展、社会进步和人民生活水平提高而努力的历史使命的集中体现，是华能职责的生动写照。

“绿色”表明华能崇尚科学、尊重人才、注重科技、保护环境和促进社会可持续发展的人文观念和科学态度。

“蓝色”是海洋的颜色，是华能标识的基本色，寓意坚持与时俱进、学习创新、面向世界，吸纳世界上一切先进技术和先进文化来壮大华能事业，表现了华能人海纳百川、通达天下的博大胸怀和跻身世界的雄心壮志。

“三色”文化理念是华能企业精神的开阔和延续，是集团多年来改革发展实际经验的总结，是与华能的战略目标相吻合的文化形态。“绿色”“蓝色”是华能得以持续发展、跻身世界大企业之林的必备因素，也是巩固“红色”的必要条件，以“红色”为本，以“绿色”“蓝色”为基，构成了严密而完整的文化理念体系。

2. 战略目标

华能集团的战略目标：建设实力雄厚、管理一流、服务国家、走向世界、具有国际竞争力的大型企业集团。

实力雄厚。充分发挥长期实践锤炼形成的队伍优势、技术优势、资源优势和管理优势，打造一流企业，创造一流业绩。

管理一流。学习、借鉴国内外先进企业管理思想，确立先进的管理理念，建立科学的管理体制和管理机制，采用现代化的管理方法和管理手段，形成具有华能特色的管理模式，达到国内、国际一流的管理水平。

服务国家。积极履行企业的经济责任、政治责任和社会责任，在企业活动中，服从国家经济建设大局，服务于国家整体利益和总体发展战略，为国家创造财富，为全面建设小康社会贡献力量。

走向世界。实施"走出去"战略，向世界先进企业学习，加强国际交流与合作，提高国际化经营程度，扩大国际市场份额，拓宽发展空间，利用好国内国际两个市场、两种资源，发展壮大华能事业。

3. 核心价值观

华能集团的核心价值观：坚持诚信，注重合作；不断创新，积极进取；创造业绩，服务国家。

坚持诚信是企业立身之本。诚，即诚实、真诚；信，即守诺、讲信用。诚信是高尚的人格力量，是宝贵的无形资产。无论是生产还是建设，无论是开发还是收购，无论是营销还是财务管理，无论是在国内市场还是在国际市场，无论是重要合作伙伴还是一般客户，无论是对大股东还是中小投资者，总之，无论何时何地何事，都要诚实守信、依章循制、遵纪守法。

注重合作是企业生存之道。合则立，合则两利，合则双赢，合作凝聚力量，合作创造未来。要与政府合作、兄弟企业合作、投资者合作；抓住机遇要靠合作，迎接挑战要靠合作；企业发展遇到困难时要靠合作，企业发展顺利时更要讲合作；完成任务要靠合作，保证发展更要靠合作：对自己有利时要想到合作，对自己不利时，为了长远利益更要合作。

不断创新是公司核心竞争力。创新才能发展，创新才能做强，创新是企业发展的不竭动力。华能是学习创新的产物，公司的发展实践证明，只有在体制、机制、技术、管理上不断学习、不断创新，才能在竞争的环境中生存和发展，才能不断强大，长盛不衰。

积极进取是公司精神的精髓。进取是一种心态，是一种做事方法，更是一种精神。千辛万苦、千方百计就是积极进取；逢山开路、遇水搭桥就是积极进取；自找差距、自我加压就是积极进取；敢为人先、敢为人所不能更是积极进取。只有拼搏奋进，不甘落后，才能保持领先。

创造业绩是公司的基本任务。业绩是企业生产经营管理的最终成果，业绩是衡量企业是否具有竞争力的尺码。完成年度目标需要业绩，创造国际一流公司需要业绩，为股东带来回报需要业绩，促进电力工业的发展需要业绩，实现国有资产保值增值、为社会创造财富更需要业绩。

服务国家是公司的神圣职责。国有企业是全面建设小康社会的重要力量，是中国特色社会主义的重要支柱。华能作为国有重要骨干企业，积极履行企业的经济责任、政治责任和社会责任，服务于国家整体利益和总体发展战略，为国家创造财富，为全面建设小康社会贡献力量是我们的神圣职责。

4. 战略定位

华能集团的战略定位：电为核心，煤为基础，金融支持，科技引领，产业协同，建设具有国际竞争力的综合能源集团。

电为核心。坚持以电力为核心业务，做强做大电力主业，优化发展火电，大力发展水电，加快发展风电，努力发展核电，适度发展天然气、生物质能和太阳能发电等。

煤为基础。做实煤炭产业，提高煤炭自供能力，稳固电煤供应和资源保障体系；强化煤炭产业管理，有效推进煤炭物流体系建设。

金融支持。提升金融业务对公司发展和业绩的支持、补充作用；完善金融平台，加强风险控制，优化资本布局，产融结合，提高资产整合能力。

科技引领。发挥科研力量优势，加快自主创新体系建设，提升自主创新能力，推进技术创新和推广应用，提升公司核心竞争力。

产业协同。正确把握业务板块的发展关系，统筹电力产业与煤炭、金融等产业之间的协同关系、各类电间的结构关系，做到电力产业与其他产业的协同共进，实现速度、规模与结构、质量、效益的全面、协调、可持续发展。

5. 发展理念

华能集团的发展理念：做强做大，保持领先。

做强做大。保持做强做大的发展方向，既要做大，更要做强，做大与做强互为依托，互相促进，把做强贯穿于做大的全过程。真正实现资产规模大、市场份额大、社会贡献大与盈利能力强、竞争能力强、可持续发展能力强的有机统一。

保持领先。始终把发展作为第一要务，永争第一，勇往直前，打造新优势，实现新超越。保持综合实力行业领先，发挥国有重要骨干企业的“顶梁柱”作用。

6. 管理理念

华能集团的管理理念：以人为本，务实高效。

以人为本。高度重视员工，科学激励员工，有效融聚员工，全面发展员工，让想干事的人有机会，能干事的人有平台，干成事的人有地位，把员工个人进步和企业发展融为一体，不断增强员工对企业的关切度和归属感。

务实高效。坚持实事求是和效率优先原则，一切从实际出发，求真务实，脚踏实地，讲实话，办实事，求实效；改进管理方式和手段，完善管理制度，增强责任心，落实责任制，确保责任落实，实现工作水平优质，管理水平高效。

制度层

为使企业战略与“三色文化”落到实处，真正发挥文化建设对于企业管理、企业发展的推动作用，华能集团建立了集团公司—产业公司（区域公司）—基层企业三级组织管理体系。集团公司是集团的战略规划中心、投融资决策中心、资源配置中心、绩效管理中心和重大问题决策中心。产业公司（区域公司）是集团开发建设和生产经营活动的责任主体和利润实现中心。基层企业是集团安全生产的责任主体和成本控制中心。

集团公司总部设置了16个部门、3个事业部、3个直属单位；下属11家在京产业公司、15家区域分公司、15家区域子公司和2家直管企业。

公司制定了战略规划、综合计划、安全生产、基本建设、人力资源、财务管理、投资管理、监察审计、党风廉政建设等一系列规章制度，努力形成靠制度管人，按程序办事的管理机制。

随着集团的不断发展，产业结构的调整、组织结构的不断优化，华能集团的管理越来越规范，已逐步建立和健全了具有华能特色的规范管理体系，制订了包括预算管理、收支两条线、内控管理等在内的经营管理制度体系，以制度规范所属企业和员工的行为，节约了成本并且有效地防止了不良行为的发生。

得益于企业制度建设的有效开展，华能集团的管理水平显著提升，形成了以资产为纽带、以母子公司结构为主、总分公司结构为辅的管理体制，建立了包括综合计划管理、资金集中管理等在内的全面、系统的制度体系。为避免出现“大公司病”，开展了“管理革命”，进一步清晰了管理界面，健全了决策机制，理顺了管理关系，完善了管理流程。建立健全了以集团公司—区域公司（产业公司）—基层企业为主要对象的三级管理体系、以财务预算为核心的全面预算管理体系、以现金收支两条线为重点的资金管理体系、以四大绩效为主要内容的考核评价体系，以及以风险防范为重点的内部控制体系。公司还出台了整体管理提升重点措施和各领域提升计划，查找薄弱环节，开展问题诊断，持续整改提升。

“三色”文化在企业制度层面得到了充分的体现，制度建设则有力地支撑了文化理念的落地，在文化引领与制度约束的共同作用之下，华能集团的管理水平不断得到提升。

行为层

随着华能集团企业文化建设工作的逐步开展和深入，集团建立和完善了员工行为规范，以核心理念为指导，修订有关规章制度，制订了《企业道德规范》和《员工道德守则》。

为了确保以上行为规范的落地，华能集团将道德建设纳入目标管理，将企业文化建设与员工的工作、生活紧密结合起来，突出抓好岗位责任制和员工道德规范的落实，培育员工良好的职业道德和职业风尚。

同时，华能把遵守社会公德、职业道德、家庭美德作为衡量员工思想品德的主要标准，结合精神文明创建活动和文明员工评比等活动，提高了企业和员工的文明素质，进一步丰富了华能集团文化建设的内涵。

物质层

华能集团始终将“三色”文化贯穿于创建世界一流企业的发展战略中，引导员工把思想统一到“三色”文化上来，形成公司上下共同的思想认识和统一的价值取向，以共同的文化理念和管理制度来支撑集团的发展战略。

在企业文化物质层的建设方面，为规范企业品牌形象，华能集团重新修订了《视觉识别系统手册》，统一了视觉识别系统、标准字体和标准色彩等，使“中国华能”企业品牌形象更加统一、标准、规范。

华能集团的企业标识为“H”“N”的字母变形，如图所示。

“H”“N”是“华能”汉语的拼音字头，相互组合的整体寓意为：为振兴中华奉献能源、增添动力、创造幸福。

“H”采用粗壮字体，刚劲有力，表现出安全、可靠、稳健的视觉形象；“N”采用三条射线与“H”沟通相连，形成闪电字形，象征循环永动，能量无限；基色选用深蓝色，体现庄重、严谨、宁静、和谐与海纳百川的宽广胸怀、面向世界的远大志向。

从字母的形状看，如山似峰、恢宏大气；从标识构图看，组合工整，庄严凝重；从叠加效果看，简洁明快，充满朝气，彰显了华能集团作为国有重要骨干企业的神圣使命与时代风范。

对于新加盟企业，华能集团要求必须使用统一的视觉识别系统，所有场所严格执行统一的设计、制作和安装标准，强化标准化和规范化，面向社会公众和企业员工传达一致的视觉形象，同时赢得社会对华能品牌形象的认同与信任。

结束语

作为国有骨干企业，华能集团独特的文化为企业实现跨越式发展提供了强劲的动力，在优秀企业文化与科学管理制度的深度融合方面，华能与时俱进，与时代共舞，走出了自己的路子，在中国特色社会主义发展的新时代，铸就了企业发展的新篇章。

延伸阅读　各类企业文化结构模型

企业文化的研究者和实践者都试图对企业文化的构成要素进行归纳分析，并通过模型清晰直观地表现出来。其中最为知名的企业文化结构模型包括睡莲模型、冰山模型、社员形象图、三层次模型等等。

1. 睡莲模型

“睡莲模型”由英国学者爱伦·威廉（Allan Williams）、鲍·德布森（Paul Dobson）和迈克·沃斯（Mike Walters）提出。这一模型说明企业成员的具体行为是可观察的；这些行为是由态度和价值观决定的，也是可以间接进行描述的；而决定上述态度与价值观的，则是其所拥有的信念，这些信念是潜在的、无法观察描述的，但却是决定一切行为、态度与价值观的基础。如果要变革企业文化，必须首先改变企业成员的信念。

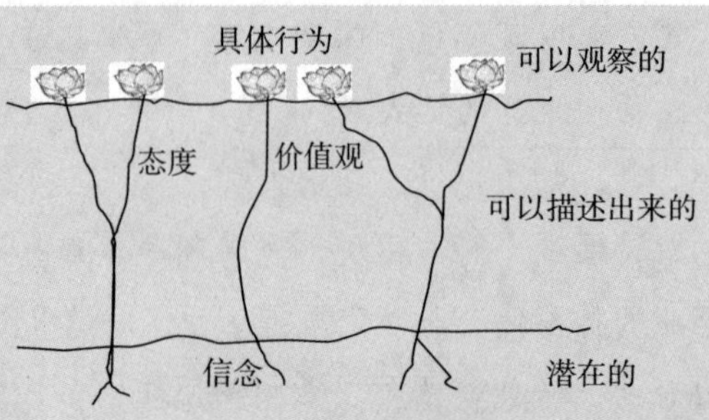

企业文化睡莲模型

2. 冰山模型

“冰山模型”是由美国学者帕米拉·路易斯（Pamela S. Lewis）、斯蒂芬·古德曼（Stephen H. Goodman）和波特利西亚·范德特（Patricia M. Fandt）提出的。这个模型说明企业文化有两种基本的构成成分，可以用冰山来表示：表面（水面上的部分）看得见的东西是具体行为，而支持这些具体行为的是深层次（水面下的部分）的东西，是企业员工灵魂深处的看不见的理念、价值观与行为宗旨。如果不改变深层次的、看不见的东西，就不可能改变表面的、看得见的东西。

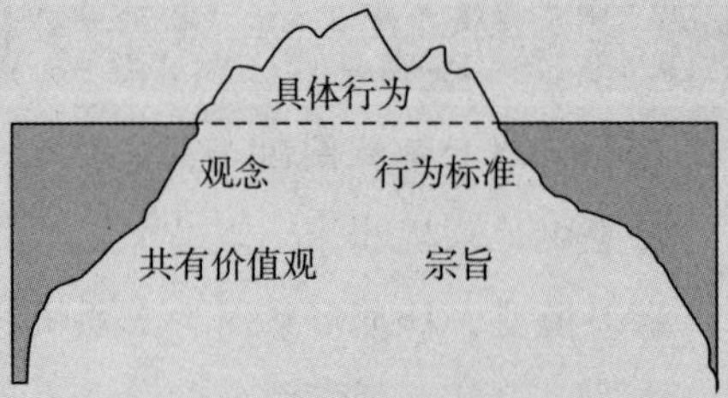

企业文化冰山图

3. 三层次模型

著名组织行为学家、美国麻省理工学院斯隆商学院教授埃德加·沙因（Edgar H. Schein）认为，企业文化由以下三个相互作用的层次组成：

①物质层：可以观察到的组织结构、制度规章、员工行为等外在表现。

②支持性价值观：主要是关于善恶、正误的判断基准等。

③基本的潜意识假定：潜意识的、默认的一些信仰、知觉、思想、

感觉等。

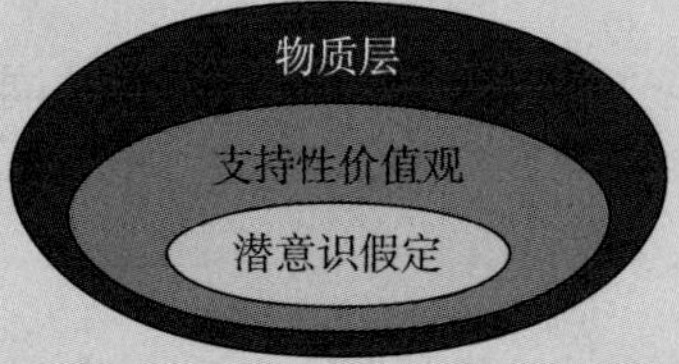

企业文化层次结构

4. “山之内社员形象图”

日本著名的“山之内”制药公司精心设计和制作了“山之内社员形象图”。该图呈一个“山”字形，由创造力、组织力和活力三叶组成：居中的创造力—叶为蓝色，与科学、理想、理论相连；右侧的组织力—叶为绿色，象征着和谐与自然；左侧的活力—叶为红色，代表着热情、活动和胜利。组织力和活力是创造力的基础，而创造力是公司的灵魂。

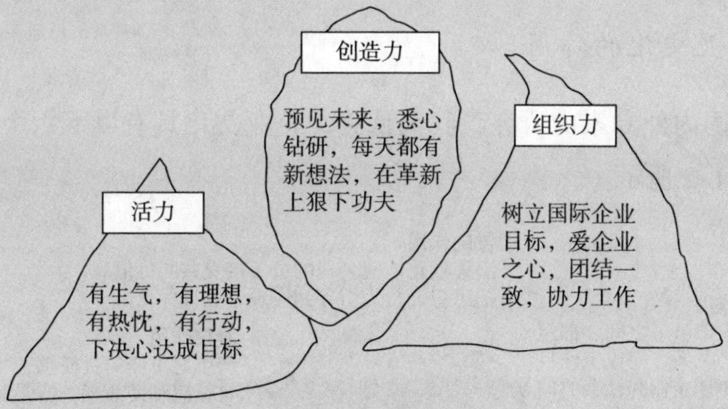

山之内社员形象图

三、企业文化的作用与价值

如何看待企业文化的价值，决定了我们如何定位它在企业中的地位，以及投入多少资源去建设它。作为一种“看不见，摸不着”的概念，企业文化对企业发展到底能起到多大作用，这种作用又是如何发挥和体现，一直以来都是让企业管理者困惑和迷茫的难题。对此，企业家和管理学者们各自有着不同的看法。

彼得·德鲁克说过："任何组织，如果没有共同的精神追求和信仰，就只能是一群乌合之众，工作就会变成一种折磨。所谓的科学管理最多也是延缓死亡的'安慰剂'。"

通用电气公司原首席执行官杰克·韦尔奇认为："企业文化是永远不能替代的竞争因素，企业靠人才和文化取胜。"

特雷斯·迪尔和阿伦·肯尼迪在《企业文化——现代企业精神支柱》一书中反复强调："我们认为：人是企业最伟大的资源，管理的方法不是直接用电脑报表，而是经由文化暗示，强有力的文化是引导行为的有力工具，它帮助员工做到最好。"

无论是卓越的企业家还是管理大师，对于企业文化的价值都给予了很高的评价，他们一致认为，引领员工和企业走向卓越的，恰恰正是企业文化。

1. 企业文化的作用

综合国内外专家的研究，我们认为，企业文化具有以下六个方面的作用，如图 1–2 所示。

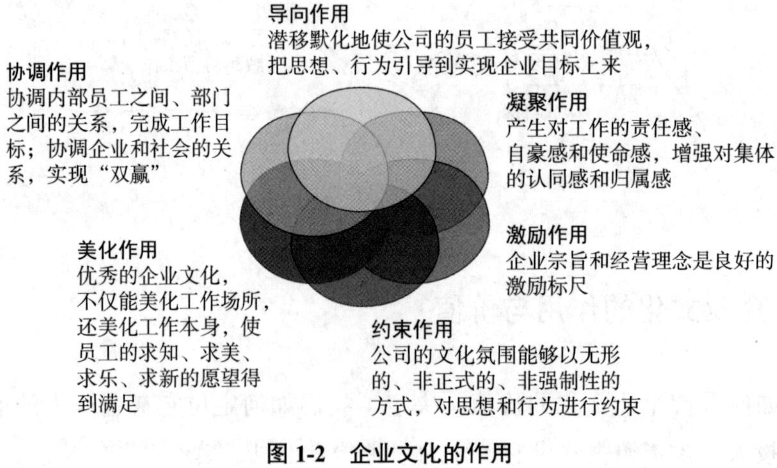

图 1-2　企业文化的作用

（1）导向作用

文化牵引战略、文化影响制度、文化改变行为，都强调了文化的导向作用。任何企业文化都会依托独特的价值理念和标准，潜移默化地影响到组织所追求的目标，以及落实到企业制度、机制的建设和调整，并对全体员工产生巨大的感召力，员工基于共同的价值观、制度要求，会逐步形成共同的理想和信念，思想和行为会自觉向企业的目标靠拢。

（2）凝聚作用

企业文化所提出的倡导和要求，只要能够被绝大多数员工所接受，就能令员工产生对工作的责任感、自豪感和使命感，增强对集体的认同感和归属感，就能把员工的力量凝聚起来，以共同的行动，为企业目标的实现而努力。

（3）激励作用

企业宗旨和经营理念是良好的激励标尺。企业文化通过企业精神以及人与人之间的相互关心、爱护、理解，给员工一种比纪律约束、物质奖励更易接受的精神动力，这种动力基于企业全体员工所普遍认同的心智模式和行为方式得到正向、积极的反馈而产生，有利于激励全员为实现企业的目标而努力奋斗。

（4）约束作用

公司的文化氛围能够以无形、非正式、非强制性的方式对全体成员形成号召与影响，对员工的思想和行为进行约束，完整的企业文化体系中既包括要求全体员工应当做到、不能违背的价值标准，也包括要求员工“应当这样做，不应当那样做”的行为规范。当这种约束逐渐从外部他律转化为个人自律，从少数人的自觉行为变为大多数人的自觉行为时，就会形成一种稳定的、长期起作用的无形约束力量，从而自然而然地为企业良好风气的形成发挥作用。

（5）美化作用

优秀的企业文化，是企业过往发展经验和成功基因的萃取、凝练和升华，它通过文字的诠释、艺术的表现使之系统化、丰富化，并反映在多个方面，企业宣传片、企业文化手册、公司 VI 体系、工作环境、工装工服、司旗司徽等，都会令企业员工看到和感受到企业之美，使员工的求知、求美、求乐、求新的愿望得到满足。

（6）协调作用

由于企业文化明确了企业与各利益相关者之间的关系，因而天然具有协调企业与社会关系、与上下游关系、员工与企业关系、企业内部员工之间关系的作用，能够使得上述各方利益保持基本一致，避免无谓的冲突和内耗，从而令员工能够快乐工作，企业能够全力满足客户需求，为社会的进步有所贡献。

2. 企业文化的价值

企业文化的价值集中体现在对员工向心力、团队战斗力、企业竞争力的促进与提升上。

（1）形成员工向心力

企业文化以企业使命、愿景和价值观为核心，通过制度、行为规范的要求和各种宣传、传播手段，使员工在潜移默化中理解、接受、认同，并以此作为个人行为的标准和方向，自觉地将个人目标纳入企业的整体目标之下。

企业文化反映的是全体员工共同的价值观念、理想和信念，它帮助企业把每位员工的事业心和对成功的渴望转化成统一、明确的目标，并通过价值观、企业精神和行为准则的明确，引导员工将自己的智慧、能力投入到组织发展的目标和方向中去。

同时，企业文化也让员工清楚地了解到企业存在的社会价值，以及自己作为企业一员在实现这一社会价值的过程中应发挥的作用，从而产生出崇高的使命感和自豪感，体会到生活和工作的意义，进而能以更加高昂的士气自觉地为企业、为社会、为实现自己的人生价值而努力奋斗。

（2）提升团队战斗力

随着互联网的普及和经济的全球化，企业间的竞争已经不再是一个地区乃至一个国家范围内的竞争，而是要参与到全球竞争大潮中来。机遇和挑战并存，如何抓住机遇、在竞争中立于不败之地，是每一个企业都要面临的现实问题。如何最大限度地发挥人的作用、提高企业的整体协调性和协同作战能力才是解决问题的关键。

在这种前提下，客观上要求企业经营者的管理方式必须从“以物为中心”转到“以人为中心”上来，只有这样，才能充分调动人的积极性和主观能动性，使企业和员工形成真正的利益共同体，在企业内形成战斗力。

企业文化能够使得员工在统一的使命、愿景和价值观之下，通过价值凝聚、信念凝聚产生强烈的团队和集体意识，从被动执行变为主动的自我管理，实现从“让我做”到“我要做”的转变，实现从“个人单打独斗”到“协同作战”的转变，从而使得整个企业团队的战斗力迅速提升。

（3）构建企业竞争力

在激烈的市场竞争中，企业的持久优势来自于企业精心塑造的核心竞争力，判断一个企业的资源和能力是否构成核心竞争力，最主要的是要看这一资源是否具备有价值、稀缺、难以模仿和不可替代这四项特征。

企业文化既是企业成员共同的精神支柱，也是企业可持续发展的潜在生产力和内在驱动力，不仅对每位员工的行为产生极大的影响，也代表了企业的形象，决定了企业在经济社会中的地位和影响力。由于企业所处的环境、业务模式和发展历程各不相同，每个企业都有自己独特的使命、价值取向和行为方式，而企业一旦形成了独特的、有个性的文化，就很难被其他企业模仿。企业文化是维持生产力增长的最终动力，也是没有极限的动力来源。从核心竞争力要素的属性上来看，企业文化显然是具备的，因此，把企业文化作为一种资源进行开发和经营，已经成为企业增强活力、提高竞争优势、参与市场竞争的更高层次的选择。

第二节 企业文化的兴起与发展

一、企业文化的形成

纵观管理学发展史，企业管理大致分为三个阶段：经验管理阶段、科学管理阶段和文化管理阶段，这三大阶段反映了人们对管理认知侧重点的变化，以及管理学理论与实践的发展历程。

1. 经验管理阶段

18 世纪末至 19 世纪末是经验管理阶段。这一阶段出现了管理职能同体力劳动的分离，管理工作由资本家个人执行。其主要特点是企业的管理者一般就是企业的资本所有者，大部分是以小企业、小作坊的形式存在，规模比较小。员工在企业管理者的视野之内，企业管理靠人治和个人经验来完成，没有统一的管理办法。因此，在经验管理阶段，对员工的管理前提是经济人假设，即认为“人性本恶”，天生懒惰，不喜欢承担责任，是被动的，有这种看法的管理者采用的是“胡萝卜加大棒模式”，激励方式往往是以外部激励为主，对员工的控制也是外部控制，主要是控制人的行为。

延伸阅读　　晋商精神

明清时期，中国商业达到了鼎盛，出现了十大商帮：山西商帮、陕西商帮、徽州商帮、宁波商帮、龙游商帮、洞庭商帮、江右商帮、福建商帮、广东商帮、山东商帮。其中，山西商帮、徽州商帮、龙游商帮、洞庭商帮和广东商帮影响较大。

山西商帮是十大商帮之首，商号曾遍及全国各地并延及日本、阿拉伯地区和东南亚地区。山西的太谷县成为中国北方的金融、商业中心，有“白银谷”的美誉，甚至被外国人称为“中国的华尔街”。在那个商帮四起的年代，晋商占据鳌头，独领风骚。晋商涉足海内外，称雄商界数百年，成为世所艳羡、实力雄厚的商界劲旅。他们不畏艰辛、敢冒风险的开拓创业精神，被国内外学者誉为“山西商人精神”，即晋商精神。

晋商精神是什么？可以概括为以下五个方面。

1. 同舟共济、协调一致的群体精神

天下晋商是一家。在经营中，晋商十分重视发挥团队群体的力量。他们以乡土为纽带，建造会馆，以维系独具地方特色的商帮群体。他们崇奉关公、讲义气、讲相与、讲帮靠，来协调人与人、商号与商号之间的关系，进而增强团结，逐渐形成了以血缘、地缘为纽带的商帮。这样的群体经营，可以分散、弱化经营风险，提升竞争力，扩大商业活动区域和业务范围。为了巩固商业阵地，维持行业垄断，从亲缘到地缘，晋商逐渐形成了大大小小的商帮群体。晋商的群体精神在商业经营中主要表现形式有：家族制、股份制和联号制、按地区形成商帮等。

2. 诚信为本、以义制利的经营理念

信以诚为基础。晋商深受儒家思想的影响，在经营中极其注重诚信。诚信是晋商精神的精髓和最宝贵的财富。他们在经营中时刻遵守“和气生财，公平交易，童叟无欺”“诚招天下客，誉从信中来”的信条。晋商认为，诚信不欺是经商长久取胜的基本因素，所以他们把商业信誉看得高于一切。他们认为经商虽以赢利为目的，但凡事又要以道德信义为标准。经商活动属于“陶朱事业”，须以“管鲍之交”为榜样。对待顾客、商家，无论大小，都要以诚相待。销售商品，绝不缺斤短两，一定要做到货真价实，童叟无欺。如果发现商品质量低劣，宁肯赔钱，也绝不抛售。因为他们深知，只有讲信用，重承诺，不欺不诈，人们才乐于与他们交易。

3. 艰苦创业、坚忍克己的进取精神

“天行健，君子以自强不息。”山西人把经商当作大事业来看，他们通过经商，实现其创家立业、光宗耀祖的抱负，而这种观念正是使其在商业上不断进取的巨大精神力量。晋商吃苦耐劳，艰苦创业，在全国堪称楷模。许多晋商原本家境贫寒，均是白手起家。如晋商中有名的曹家、乔家、侯家、冀家、渠家、常家等，都是从一无所有经过很多代人的努力逐渐发家的。他们的创业之路充满了艰辛，支撑他们不断进取的，是自强不息、坚忍克己的精神信念。晋商的进取精神表现在他们不怕艰难、勇于冒险。他们拉着骆驼，越过沙漠，冒着风雪，北走蒙藏边疆，东渡东瀛，南达南洋。

4. 灵活融通、变通生财的创新精神

晋商有着高效的经营管理制度，以及高超的经营艺术，有着强烈的创业意识和创新精神。山西人打破了中国历来“学而优则仕”、看重科举入仕的社会心态，思想认识超前，重商轻仕。此外，晋商在其企业管理上，开创了身股制、联号制等先进的经营制度，同时还在金融方面创立了票号业。晋商在“以人为本”的思想基础上进行了制度创新，特别是在人脉资源管理方面。在经营活动中，晋商时常打破常规，如让店员伙计入股，创立了人身顶股制度，这也是我国历史上最早出现的人力资本制度之一。晋商的身股制，是在明代“东伙合作”制基础上形成、发展起来的。随着清代统一局面的形成和商品货币经济的发展，嘉庆、道光年间，东伙合作制发展成了以个人劳力顶股的制度。这种身股与银股一起参与分红的制度，是晋商的创新。

5. 积德行善、乐善好施的奉献精神

商人关心社会公益事业、关心国事，是中国的传统。晋商在经商活动中就体现了这种精神，他们对社会、对国家毫不“抠门”。他们乐善好施，多行义举，为国家、为家乡做出了突出贡献。明嘉靖十六年（1537），明政府经历了多年征战，最终平定了北方的蒙古。晋商范世逵为军队运送军需，得到朝廷的嘉奖。嘉靖三十三年（1554），山陕盐商为了反抗海盗入侵，曾挑选骁勇善战的五百名商兵协助防守扬州。隆庆元年（1567），江苏松江倭寇进犯，山陕商人“协力御之”。进入清代，尽管清政府后期腐败无能，但由于多年儒家思想的影响和忠义精神的熏陶，晋商在国家有难时，依然伸出援助之手。

2. 科学管理阶段

20 世纪 20 ~ 40 年代是科学管理阶段。这一阶段出现了资本家同管理人员的分离，管理人员总结管理经验，使之系统化并加以发展，逐步形成了一系列管理理论，其主要特点是企业规模相对较大，靠人治已是鞭长莫及，要把人治变为法治，管理不再是单纯凭借个人经验的活动，从无序逐渐发展为有序。典型的代表人物和理论包括泰勒及其科学管理理论，韦伯、法约尔及其行政组织管理、人际关系理论等。他们共同关心的根本问题是企业的效率和投入产出比，其根本目的都是为了最大限度地挖掘人的潜力，提高个人和组织的生产效率。

客观来讲，第二次世界大战之前，科学管理在企业扩大规模，提高生产经营效率方面做出了非常巨大的贡献。然而，这一理论的局限也非常明显，即，对人的认识还是经济人假设，靠规章制度来管理企业，对员工的激励和控制还是外部的，通过惩罚与奖励来使员工工作。假设员工因为期望得到奖赏或害怕惩罚而工作，通过外力促使员工按照企业的规章制度去行事，在管理者的指挥下统一行动。

延伸阅读　　福特汽车的科学管理

福特汽车公司之所以取得今天的巨大成就，与福特汽车公司创始人亨利·福特推行科学管理是分不开的。

1910年，福特开始在高地公园新厂进行工厂自动化实验。福特率领一群效率专家，研究装配线上每一个环节，试验各种方法以求提高生产率，其中最重要的突破，一是利用甘特图进行计划控制，二是创造了世界上第一条汽车装配流水线，实现了机械化，大幅度提高了劳动生产率，出现了高效率、低成本、高工资和高利润的局面。

1914年，福特宣布8小时日工资为5美元（取代了9小时2.34美元的工资标准），这个报酬是当时技术工人正常工资的两倍。福特想：这样，制造汽车的工人就能够成为汽车的拥有者了。5美元一个工作日的消息一公布，大约有数万人不顾冰冷刺骨的天气，涌到福特的高地公园制造厂申请工作。

亨利·福特开创了一个新时代，他独特的汽车生产线和为大众服务的经营理念一方面给自己带来了丰厚的利润，另一方面也改变了美国人的消费观念，由此将美国推向世界上第一个"车轮上的国家"。

3. 文化管理阶段

20世纪50年代以后是文化管理阶段。这一阶段，企业的边界开始模糊，管理的前提开始转向社会人假设，即认为"人性本善"，人是有感情的，喜欢接受挑战，愿意发挥主观能动性，积极向上。这就需要企业建立相应的"以人为本"的组织氛围，通过人本管理来达成企业的目标。

文化管理阶段并不是不需要经验管理和科学管理，经验仍然是必要的，科学管理也是实现文化管理的基础，文化如同软件，制度如同硬件，二者是互补的。只是到了知识经济时期，员工更加重视个人价值的实现，对人性的尊重已经成为企业管理和发展的必然选择，由此，以人的满意、敬业为目标的企业文化建设走向前台。

延伸阅读　Z理论与日本的企业文化

第二次世界大战后，作为战败国的日本，国民经济遭受到严重破坏。但经过短短的几十年时间，日本就彻底治愈了战争创伤，日本商品遍及全球各地，甚至长驱直入占领美国本土，成为仅次于美国的世界第二大经济强国。此时，美国人不得不接受这样一个事实：在某些方面，日本企业的竞争力已经远远超过美国，成为世界第一。

日本的迅速崛起让美国企业界和管理学界受到了极大的震撼，同时也引发了针对日本企业的研究热潮，包括彼得·德鲁克和迈克尔·波特在内的美国管理学大师纷纷展开了针对日本优秀企业的研究。

通过研究，美国学者发现：虽然美国企业无论在基础设备、经济实力还是人员素质、管理水平等诸多方面均优于日本企业，但在管理上美国企业更偏重于理性化管理，而当时的日本企业则更偏重于人性化管理。在日本经营最成功的企业里，位居第一的决定性因素并非之前提到的各种“硬件”，而是促使企业员工产生凝聚力和向心力的“特殊元素”，这种“特殊元素”被美国学者定义为“企业文化”。

日裔美籍管理学家威廉·大内（William Ouchi）从1973年开始转向研究日本企业管理，经过对日美两国管理经验的比较，大内于1981年出版了《Z理论：美国企业界怎样迎接日本的挑战》一书，在这本书中，他首次提出Z理论及企业文化的概念。

正如后来日本本田汽车公司创始人之一的藤泽武夫所言，日本管理与美国管理有95%都是相同的，所不同的只有5%，而这5%，就是企业文化，企业文化正是使日本经济突飞猛进的真正原因。

这一发现令美国的管理学者和企业界人士意识到，虽然科学管理在企业发展的初始阶段会给企业带来效率的大幅度提高，但由于理性化管理缺乏灵活性，对人们的创造力产生了很大的制约。企业要想获得更大的竞争优势，除了原有的管理方法和理论外，还需要注入一种更深层次的“思想”和“精神”，只有塑造出有利于创新和将价值与心理因素结合的文化，才能真正对企业长期经营业绩和发展起到潜在的却又至关重要的作用。

此后，针对企业文化的研究开始迅猛发展，西方管理学界围绕如何提高人的素质、调动人的积极性以及为企业寻求不竭的发展动力而开展了系统、深入的研究。可以说，企业文化的兴起是现代企业管理史上一个重要的里程碑，是管理思想的又一次革命。

随着研究的逐渐深入，企业管理也逐渐由科学管理阶段进入到文化管理阶段。在文化管理阶段，人们对管理的认识产生了突破式进展，企业管理也把重心从理性管理转向针对人的柔性管理上；管理学进化到“以人为本”的阶段，更加强调人在企业中的主导地位，在尊重人、把人作为企业最有价值资源的前提下开展管理活动。

案例1-2 独特的沃尔玛文化

沃尔玛是由山姆·沃尔顿于1962年在阿肯色州成立的。经过近50年的发展，现已成为全球500强榜首级别的企业。目前，沃尔玛在全球15个国家开设了8500多家商场，员工总数210多万人，每周光临沃尔玛的顾客有2亿人次。

山姆·沃尔顿所倡导并奉为核心价值观的三句话是：“顾客就是上帝”“尊重每一位员工”“每天追求卓越”。沃尔玛独特的企业文化体现在以下方面。

第一，坚持四个原则。

（1）日落原则。今天的工作必须在今天日落之前完成，对顾客的服务要求要在当天予以满足，做到日清日结，绝不延误。这个规则是创始人山姆·沃尔顿常说的一句谚语：“为什么要把你今天能做的事推到明天呢？”一个星期天的早晨，地处阿克·哈里森的沃尔玛商店的一位药剂师杰夫接到一个从商店打来的电话，店员告诉他，他的两个患糖尿病的顾客误把胰岛素当做垃圾扔掉了，杰夫知道糖尿病患者如果没有了胰岛素将会有生命危险，于是，放下电话立即冲进商店，打开药房，给顾客开了胰岛素处方。

（2）超出顾客期望。给予顾客更好的服务，超出顾客原来的期望。沃尔玛不断改进服务，给予顾客更好的服务，这种服务甚至超过了顾客原来的期望。一项服务做到让顾客满意还不够，还必须想方设法加以改进，以期提供比满意更好的服务。

（3）十步服务原则。它要求员工无论何时，只要顾客出现在离你十步远的时候，员工必须看着顾客的眼睛，向顾客问好，并询问是否需要帮助。山姆·沃尔顿每次到商店视察的时候，都鼓励员工与他一起发誓，他说："我希望你们保证，每当顾客离你十步远的时候，你们应将眼睛注视着顾客，向顾客问好并询问是否可以给他们提供帮助。"这个誓言就是所谓的"十步服务原则"，山姆·沃尔顿从年少时就开始实践它。

（4）薄利多销原则。让顾客以最低的价格换取最优良的产品和服务。薄利多销这一原则早已被广泛运用，但像沃尔玛公司这样实行力度之大、范围之广、持续时间之久、运用之成功的，很难找出第二家。山姆·沃尔顿在早期经营中发现，如果每件商品进货是0.8美元的话，标价1美元卖出的货物数量比标价1.2美元卖出的数量高3倍。这样做，虽然每件商品的利润可能会减少，但由于卖出的数量剧增，因而整体利润要高许多。这个道理虽然很简单，却蕴含着折扣销售的精髓：降低价格，刺激销售，提高整体赢利水平。山姆·沃尔顿认为，低价销售代表着零售业未来发展的方向，只有实行"真正低价"，才能赢得顾客。

第二，与员工分享利润。

沃尔玛成功的因素有很多，但真正使公司飞速发展的源泉在于管理者同员工的良好关系，这是一种真正意义上的合伙关系。山姆把员工看作公司成功的最重要因素，山姆·沃尔顿说："要和同仁分享利润，视同仁为伙伴""要想让员工好好地招呼顾客，就得先好好地招呼员工，这是企业成功的秘诀"。他倡导团队精神，鼓励员工与领导者以及员工之间的沟通，他自己也把这些原则融入他所热爱的事业中。

第三，沃尔玛式欢呼。

到世界各地的任何一家沃尔玛连锁店中，你都会感受到一种强烈的文化氛围，即长期以来形成的沃尔玛精神——勤恳、节俭、活跃、创新。正因为这些，每一位公司同仁都热爱着沃尔玛，默默地为服务顾客的事业而奉献。

沃尔玛员工的工作是辛苦的，这就要求有一个轻松愉快、兴趣盎然的氛围，而这种氛围也使员工和管理层团结一致，亲如一家。

每周六早 7：30 公司工作会议开始前，沃尔顿会亲自带领参会的几百名高级主管和商店经理们一起欢呼口号和做阿肯色大学的拉拉队操。

沃尔顿在巡视商店时，员工们要聚集在商店门口。他先喊起来："来一个 W！"员工们则大喊："来一个 W！我们就是沃尔玛！来一个 A！来一个 A！顾客第一沃尔玛！来一个 L！来一个 R！天天平价沃尔玛！我们跺跺脚！沃尔玛！沃尔玛！呼！呼！呼！呼！"欢呼总是以沃尔顿大喊一声"谁最重要"而结束，而员工们则大喊"顾客最重要"！

二、各国企业文化的比较分析

任何一种文化的产生都不会是空中楼阁，都会受其生长的客观环境所影响，企业文化也不例外，它必然会受到所处环境中特定的民族心理、风俗习惯、宗教信仰、道德风尚、伦理意识、价值观等的影响。因此，只有了解不同国家、不同地区企业文化的特点和成因，才能在企业文化建设过程中兼容并蓄、取长补短，形成与企业自身特点相适应、符合未来发展方向的企业文化。

1. 美国企业文化特点

20 世纪 80 年代以前，美国企业一直崇尚严密、定量的科学管理模式，在管理技术上倾向于战略计划、组织结构、规章制度等管理硬件，企业的管理软件，如技能、作风、人员、士气、文化等并没有得到充分的重视和发展。随着石油危机冲击及日本二战后的迅速崛起，美国管理学者逐渐认识到，除了科学管理等硬件管理外，企业文化等软件管理的力量同样不可小觑。认识到文化重要性的美国企业，充分借鉴了日本企业的成功经验，在其特有的移民文化基础上逐渐形成了特色鲜明的美国企业文化模式。

（1）利润为先

美国企业都是独立自主的经济实体，企业的一切活动都可以归结为经济活动，因此，企业的终极目标就是追求利益的最大化。企业的盈利情况不仅决定企业未来的命运，也决定了企业和企业家在社会上的地位。加之受资本主义生产关系的影响，美国企业形成了以利润追求为核心的文化取向。

（2）推崇个人英雄主义

美国的移民文化，是世界移民所带来的多种文化兼收并蓄的结果，富于冒险与自我奋斗的移民们崇尚独立、自由、平等、竞争的精神，他们相信“自己是自己前途的主人”，也正因如此，才造就了美国这样一个创业英雄辈出的国家。在近代工业革命中，涌现出了大量的创业英雄和实业巨子，创业者的价值不仅体现在对经济发展的贡献，还体现在对民众的启发与激励上，人们崇拜创业者持之以恒、不屈不挠、勇于拼搏的奋斗精神，视创业者为英雄，因此，美国企业在文化上更为突出地表现出推崇个人英雄主义的特点。

（3）尊重规则和契约

美国是一个崇尚法律和规则的国家，公民有很强的法律意识，这使美国企业普遍法律意识较高，一切行为都严格以法律和规章制度为准绳。美国人普遍认为只有正当的法律程序才能造就正义与公平，这使得美国企业讲求程序与秩序，坚持公事公办。此外，美国企业与员工的关系，也是在社会法制化的基础上由合同或契约确定下来的利益关系，因此，美国的企业文化在尊重规则和契约上体现得尤为明显，这一文化特点优点是企业管理有序，减少了人为因素的损失；缺点是员工与企业多是刻板的契约关系，缺少更深层次的人文关怀与感情色彩。

（4）追求思维开放和创新

与美国的社会民众一样，美国企业多数不满足于现状，崇尚进取，追求超越，具有强烈的创新意识，因此，思维开放和创新是美国企业文化最大的特点，也是最核心的特点。一向追求独立思考、推陈出新的美国人在企业管理中也充分显示出这一特点，“求变”“求新”的观念深入人心。企业普遍重视组织变革与科技创新，不断寻求技术创新、管理创新，以及开拓新的经营领域。

案例1-3 苹果公司的企业文化

苹果公司在1976年问世，在投资家马克的帮助下，3年后营业额突破1亿美元，并在同年上市，1982年入选《财富》杂志的500强企业。在乔布斯接管苹果后，通过产品改革和创新，苹果公司走出低谷，之后一直保持着较高的利润率，iPhone产品颠覆了手机市场，以至于它能在2009年的金融危机中依然火爆。如今，苹果已经成为全球市值最高的IT企业之一，快速的发展使它成为全球最大的手机生产商、PC生产商和市值最高的上市公司，一举成为美国风险投资业的神话。

苹果公司的成功固然与它与众不同的发展战略和思路有关，但同时，企业文化的独特魅力和乔布斯惊人的领导力在苹果公司的发展中同样起到了不可估量的作用。鼓励创新、勇于冒险是苹果企业文化的核心。除此之外，自由主义、反主潮流也成为公司发展的主要动力之一，以“一个人也可以改变世界”和“清空头脑、一切重来”的精神主导自己的产品开发，正是这样的企业文化才造就了苹果今天的成就。

1. 创新和冒险是苹果企业文化的灵魂

创新带动发展，没有创新，企业将会寸步难行。想要创新就需要忘掉一切，从头再来，不能再受曾经的条条框框的约束。与诺基亚和IBM相比，苹果注重的不是更新升级系列产品，而是无限发掘单一产品的独特性，再重新与高科技结合，从消费者的角度出发，加上一些满足消费者需求的人性化设计，形成科技和艺术的完美结合。毫无疑问，与产品的升级相比，创新设计的风险很大，但也正是这样的高风险才带来了公司的高收益。

2. 充分自信，相信苹果是世界上最强的公司

自信是成功的必备条件，充分自信、相信苹果是世界上最强的公司是苹果发展的主要动力。自信让每位员工都能在工作的时候信心满满，对于一些独特的想法和创造性建议，敢于直接说出来，从而形成自己独特的做事和管理风格。只有走在不同的道路上，才能欣赏到不同的风景，充分自信也为苹果公司的不断创新奠定了基础。

3. 小处入手，注重细节

注重细节不仅仅是苹果公司管理人员要努力做到的，它要求每一位普通员工在自己的日常工作中也要做事缜密，注意观察分析。苹果公司的监管十分严格，在一个3小时的新员工培训会上，关于安全监管的部分就占用了三分之一的时间，平时还每天都有特定的警卫人员不定期对园区的垃圾桶、废料区进行检查，以确保没有资料外漏。在生产运营环节上更是如此，如操作系统的开发总是不断在细节上改善，以取得消费者的长久信任。关注细节意味着长远回报，这成为苹果公司的一条重要经营之道。

4. 耐心倾听批评与不轻易认输

只有充分了解消费者的意愿和同行业的发展，才能做到与时俱进。自负不会让人进步，更不会让一个公司进步，耐心倾听别人的批评和建议是苹果的传统。同时，不轻易认输是苹果的又一主要特色，无论多么严厉的批评都会接受，但最终去改善和改进才是目的，在无数次竞争中，苹果凭借着不认输的精神走到了今天。无论是乔布斯时代还是库克时代，苹果的每一次进步都是这种不认输精神的体现。

5. 团队永远不可忽视

独木难成林，只有聚集他人的智慧才能实现巨大的成功。苹果公司人员的选拔极其苛刻，也正是这样的苛刻才能让每个人的闪光点得到充分展现。在这样的条件下，才能给予其适合的工作，提供尽可能大的发挥空间和条件，让其为公司和自己的价值不断努力。在苹果公司，每个人心里都没有什么所谓的领导和上司，而是潜心研究自己的领域。这样的情况不仅在研发层存在，在管理层面也同样存在，大家注重的是在各自领域内取得的成绩，而不是职位的高低和权力的大小。除此之外，团队的工作环境比较轻松，人与人之间的地位划分不明显，人们之间相互尊重，团队的管理主要遵循的是人性化原则。

6. 乔布斯的身影

一个公司的企业文化在公司发展中起着导向、规范凝聚和激励的作用，而作为苹果曾经的联合创始人和首席执行官，乔布斯用他独特的、强硬的、胆大的性格诠释了苹果的文化，苹果文化中处处渗透着乔布斯的身影。苹果因乔布斯而闻名全球。

首先，无限求知为企业的创新奠定了基础。他近乎偏执的创新灵魂至今影响着苹果。

其次，全方位寻找人才，打造一流的团队。乔布斯曾经说过："苹果公司之所以能研发出受消费者喜欢的产品，是因为人员的多样性，在这里有艺术家、音乐家、画家和诗人等。"苹果公司最终让这些人员都成了专业的电脑专家。一方面，苹果在选拔人才的时候不走寻常路，注重选拔不同领域、不同专业的优秀人才。同时，苹果对待团队的管理十分严格，使得每个人在各自的位置上能最大程度地发挥自己的才能。苹果的人员流动率特别低，重要的一点在于公司在管理的过程中公私分明，从不骄纵员工，一切按照规则办事，严格执行，以企业的发展为根本前提。

最后，自信和信任是公司文化的精髓。一方面，乔布斯是个十分有魄力的人，对待对手，从来都没有正眼相待，内心极其强大的乔布斯从来想的都不是怎么击败对手，而是怎么彻底击溃对手。他的这种自信使得苹果的企业文化中贯穿着"苹果公司永远是最好的"理念，不仅让企业的发展生机勃勃，而且也让企业员工信心十足，以公司为骄傲。

2. 欧洲企业文化特点

欧洲国家地理位置优越、气候宜人、历史悠久，宗教和历史对社会文化产生了非常大的影响，文艺复兴和工业革命为整个欧洲的发展带来了深厚的历史根基和不竭的动力，也涌现出了一大批古典管理学的代表人物和管理理论。

（1）宗教对企业文化的影响深远

宗教尤其是基督教在欧洲流传时间较久，信奉基督教的人数也很多，因此，宗教对欧洲企业文化的影响程度也相对较高。欧洲企业普遍强调员工互爱和劳资和谐，并在企业文化建设过程中重视培养员工的自豪感和主人翁意识。

（2）追求理性与民主管理

欧洲人普遍重视逻辑思维，考虑问题严谨周密，办事认真理性，这一特点在企业文化上集中表现为更加关注产品和服务质量，追求管理科学化和控制风险。

（3）崇尚贵族精神

贵族精神在欧洲国家，尤其是英国、法国影响较为深远。文化教养、社会担当、对艺术的追求和对经典的推崇已经渗透到了大部分欧洲人的灵魂深处。也正是这种贵族精神，使得欧洲诞生了大量我们所熟悉的化妆品、时装、酒类、汽车等领域的顶级品牌。在企业文化方面，大部分欧洲企业更加看重企业的长期运转，在继承传统上，更加关注品牌是否能持久发展。

（4）注重教育与素质培养

欧洲人历来注重教育，同时也源于欧洲企业对高品质产品的追求，使得大部分欧洲企业格外关注员工培养与综合素质的提升，花巨资培训员工与创建学习型组织，在欧洲企业较为普遍。

案例1-4　西门子的企业文化

作为一家德国企业，SIEMENS这一品牌一向被描述为一位一丝不苟的工程师，充分体现了德国人严谨稳重的风格。作为一家举世瞩目的跨国公司，西门子毫不例外地拥有自己深厚的企业文化。这种文化体现在经营管理上，首先是创始人维尔纳·冯·西门子的名言："我们决不会为了短期利益而出卖未来。"公司创建伊始，领导者们就在用长远而独到的眼光审视整个社会的发展和行业的进步，他们的每一个决策都着眼于公司未来的发展。西门子不会企图用促销、降价来获取暂时的高销售额、破坏健康稳定的市场，也不会因为回报周期长而放弃对新领域的投资与涉足。

西门子把自己独特的文化精神归结为五大原则：Customers（顾客）、Innovation（革新）、Value（价值）、People（员工）、Responsibility（责任）。西门子把公司的成就归功于顾客，他们认为，正是顾客的需要推动了新产品的研发，以便顾客更快、更有效地达到自己的目标。技术革新是西门子的生命线，西门子人无时无刻不在进行着思考和实践，研究高新科技、创造优质产品，其万余种产品中问世不到4年的达到40%，革新使得西门子始终处在科技进步的领先地位。

1. 理性管理

在西门子公司，各级人事主管都是该层级领导班子成员，人事总裁就是西门子董事会的董事。这样的安排非常有利于将人力资源管理与开发纳入企业总体战略与决策。随着市场竞争的加剧，人才问题越来越成为各种竞争之关键，因此，他们开始将注意力转向人力资源管理与开发上来。

通常，企业的人事部门往往作为企业内部的行政管理部门而开展工作，与企业的业务、产品等没有直接关系。而在西门子公司，人事部门是业务部门的伙伴，人事经理必须清楚公司的发展目标是什么，必须了解公司产品的性能如何，将要开发什么产品，需要招聘什么样的人才。也就是说，人事部门在业务部门的运作中要全面介入，而非只听从业务部门的调遣。

公司人事经理的日常工作之一是访问高等院校，在那里，他们首先寻找的是“企业家类型的人物”。在学习期间，西门子对未来的“企业家们”的基本要求是：良好的考试成绩，丰富的语言知识，实习好、工作好。此外，还向他们提出一些更高的要求，诸如：有广泛的兴趣，有好奇心，有改进工作的愿望，以及在紧急情况下的冷静沉着和坚忍顽强，等等。

西门子公司也特别重视对管理人才的选拔和录用。他们要求聘用的管理者必须具备以下四个条件：一是具有超强的工作能力，特别是冲破障碍的能力；二是具有不屈不挠的精神和坚强的意志；三是具有老练的性格，能使部下信赖，富有人情味；四是具有与他人协作的能力。

2. 创新与研发

创新能够为一个企业乃至一个民族立于不败之地提供不竭动力。"二战"期间，由于支持法西斯集团扩张战略，西门子的海外资产几乎损失殆尽，国内资产也折损大半，它之所以能够重新站起来，其核心就是能够不断地实现技术创新。正是靠着这一核心竞争力，西门子不但成了百年老店，而且还在不断书写新的辉煌。

研发是西门子发展战略的基本动力。作为关键专利的持有者，无论是已经成熟的工艺，还是正在发展的技术，西门子都是客户强有力的合作伙伴。西门子的目标是，使所涉足的众多业务都占据技术领袖地位。西门子不断调整业务组合，以便为全人类共同面临的最严峻的挑战提供解决方案，从而使企业得以创造可持续的价值。

西门子富于独创，也欣赏这种素质的所有含义：独创性、创造力、奇思妙想等。西门子的创新是开放式创新，其与50多个国家的1000多所大学开展合作，与美国、欧洲和中国的顶尖大学建立了战略伙伴关系。自1999年起，西门子创业投资公司向超过170家技术公司和40家风投基金的投入超过9亿欧元。在德国、中国和美国，西门子有专职的团队在市场上寻找具有前景的技术，用以补充技术实力。为了鼓励创新，西门子在内部营造了勇于承担风险的文化，通过营造开放的环境，鼓励大家尝试新事物，迎接改变。员工不会因为尝试新事物犯错误而遭到批评，企业的管理层也时刻准备着提供帮助并承担责任。

3. 参与文化

西门子对员工的参与文化非常重视。每名员工每年至少要与上司有一次非常系统的对话（即CPD员工对话），特别是表现突出的重点、核心员工。通过员工对话，公司可以了解员工的想法，并针对其提出的问题制定解决之道。

事实上，员工与上司的对话随时都在进行。公司每年也至少进行一次"员工沟通信息会"（Information Session to Employee），在公司政策、员工福利、职业发展等众多问题上听取员工的意见，与员工进行双向沟通。员工在工作上若有不同的意见，也可以越过自己的直接上级向公司高层直接反映，进行对话。

同时，西门子公司为新员工开设了“新员工导入研讨会”，公司的CEO会参加每一期“新员工导入研讨会”，为新员工介绍企业文化、公司背景等信息，CEO面对面地与新员工进行交流，并且无论是新员工培训还是经理人培训，公司都为员工之间进行沟通提供机会。在所有的集体培训上，公司CEO等高层领导都会亲自参加，与员工进行面对面的交流。

员工建议制度也是让西门子引以为豪的做法，西门子鼓励员工为公司提出合理化建议与意见，为改善公司业务与管理出谋划策。被采纳的建议将迅速在公司中实施推广，而提出合理建议被公司采纳的员工将得到公司从小礼物到10余万元现金不等的奖励。

3. 日本企业文化特点

日本国土面积狭小，可耕地少，人口密度大，自然资源匮乏，国内市场容量有限，对外依存度高，且地震、火山等自然灾害频发，甚至曾有人将日本形容为“被诅咒的土地”，因此，日本人普遍危机意识极强。

然而，正是在这片土地上，日本人创造出了巨大的成就，在20世纪80年代，日本GDP一度达到美国的80%，这一切，都与日本独特的文化有关。日本的企业文化具有自己鲜明的特点。

（1）对先进文化的超强学习能力

日本近代历史，既是经济高速发展的历史，也是对外来文化高效学习的历史，日本前首相吉田茂曾经说过：“当明治时代的日本人面临一种陌生的强大文明时，大家无所畏惧地放弃了长期的习惯，引进了外国文明。”这种对文明社会的向往与超强的学习能力对日本企业文化产生了极其重大的影响。追求极致、追求完美、追求高质量产品与服务，是大部分日本企业的共同特点。

（2）“武士道”精神对企业的深远影响

受幕藩体制下武士阶层长期积累的文化影响，在日本，“公司利益和国家利益高于一切”这一思想深入人心，员工与企业的关系也不是简单的雇佣关系，通常会将自身利益与公司利益融为一体。员工对企业的绝对忠诚、长期稳定的雇佣关系、员工之间彼此和睦共处等文化特质，在日本企业中体现得淋漓尽致。

（3）重视“以人为本”与“柔性管理”

企业文化之所以走进世界各国学者和企业家的视野，与日本经济在战后的迅速崛起有着非常大的关系，因此，日本企业文化中的很多内涵和特质也代表着企业文化所推崇和期望的目标，尤其是“以人为本”和“柔性管理”，更是日本企业文化的精髓所在。

案例1-5　京瓷的企业文化

日本京瓷公司从精密陶瓷起家，已经成长为一家能够提供从精密陶瓷元器件、电子元器件到移动电话、打印机、复印机等系统产品的生产制造企业，一家提供从原材料到系统整机的跨国集团公司。目前，京瓷主要集中于信息通信产业、环保产业、生活文化产业3个领域，在世界范围内（包括美国、欧洲、中国、巴西）拥有140多家子公司、40多个生产厂家和200多个销售网点，公司员工人数1.46万人，总资产达144亿美元。

京瓷的成功，得益于创始人稻盛和夫所创立的以“爱人”“利他”为核心的“京瓷哲学”。稻盛和夫在日本“经济奇迹”时代被誉为“经营之圣”，以“利他”为代表的核心价值观为京瓷构建和提升竞争力打下了坚实的基础。京瓷成立时间较短，规模较小，但其增长速度和盈利却很高，一举以年营业收入116亿美元的业绩跻身《财富》2000年度世界500强，年度利润额为20亿美元，净利润率高达17%，跻身2019福布斯全球数字经济100强，位列77位。

京瓷四十多年的发展历史中，持续繁荣，步步走向胜利，从来没有出现过一次赤字，可谓“枝繁叶茂”。由此不难推断，为其提供养分和起支撑固定作用的“根系”必定非常强壮。

根深，才能叶茂，京瓷开创了以哲学理念办企业的先河。“京瓷哲学”是由京瓷创始人稻盛和夫创建，由西口泰夫继承、发扬，按照新的时代要求归纳提炼的企业经营理念。它总结了稻盛和夫思考问题的方式和态度，并以京瓷自身的经营实践为基础，不断提炼、修正所依循的理念结晶，使之保持着持续的生命力。

“敬天爱人”是“京瓷哲学”的基本理念，也是稻盛和夫的人生哲学。“敬天爱人”的含义包括两个方面：一是“敬天”，崇敬自然，热爱自然，保护自然。二是“爱人”，也就是“利他”。

稻盛和夫在《人生与经营》一书中写道，“公司并不是经营者个人追求梦想的地方，无论现在还是将来，公司永远是保障员工生活的地方。”让员工和企业结成“命运共同体”，重视员工的成就感与归属感，强调“物质和精神的双重幸福”，要求员工以光明正大的谦虚姿态对待工作，在追求精神和物质幸福的同时为社会的进步和发展做出贡献。“爱人”就是不要“过分自爱”，过分自爱就会不顾及他人，治学不精、立业不成、有过不改、居功自傲、因循守旧，皆因过分自爱而起，往往导致失败。

所谓“敬天”，就是按事物的本性做事。这里的“天”是指客观规律，也就是事物的本性。稻盛和夫以“将正确的事情用正确的方式贯彻到底”为准则，提出了“经营十二条”，这十二条原则都是事物的本性要求，按照本性要求去做事，无往而不胜。

所谓“爱人”，就是按人的本性做人。这里的“爱人”就是“利他”，稻盛和夫认为，“利他”是做人的基本出发点，利他者自利。要从“自我本位”转向“他人本位”，以“他人”为主体，让自己服务他人，辅助他人。对于企业来说就是“利他经营”，这个“他”是指客户。广义的客户包括顾客、员工、社会和利益相关者。要从“企业本位”转向“客户本位”，全心全意为客户服务，一切从客户的角度出发考虑问题，满足客户的要求。当然，只要为客户创造了价值，企业也就可以从中分享价值。

稻盛和夫把“敬天爱人”定义为“爱、真诚和和谐”。他认为，不论是人生还是工作，要使其产生与众不同的成果，思维方式、坦诚的心起着极其重要的作用，指引人们走向成功道路的便是洋溢着爱、真诚、和谐的心。稻盛和夫主张，办企业不能一味只是赚钱，其最终目的是贡献社会，既要利己，更要利人。

基于“敬天爱人”的基本理念，京瓷处处体现“尊重员工利益、以回报社会为己任”，实施员工终身雇佣制，并提出了“用信念来经营”“与自然和谐共存”“用乐观去构思，用悲观去计划，再用乐观去实行”“以未来进行式对待能力”“认清潜在意识，持之以恒地追求理想”“经常做创造性的工作”“做无愧于社会期望的企业”等经营哲学理念，这些理念推动京瓷走向持续的成功。

附　　　　京瓷哲学和理念摘录

京瓷哲学	内容诠释
经营理念	在追求全体员工物质与精神两方面幸福的同时，为人类、社会的发展、进步做出贡献
以心为本的经营	京瓷是从一个既没有资金，也没有信誉和业绩的街道小工厂起步的。它所拥有的只是仅有的一点点技术和相互信赖的28名员工。为了公司发展，每个人都竭尽全力。经营者也拼命工作，不负众望；员工们相互信任，不图私利私欲；以在公司工作为荣，盼公司发展壮大。这就是京瓷的经营之道。虽然常言说人心善变，但同时也没有比人心更为可靠的东西。正是以相互信赖、紧密相连的“心”为基础，才有了京瓷今天的发展
光明正大地追求利润	作为企业，不追求利润就无法生存下去。追求利润既不是什么可耻的事，也不会违背做人的基本道理。在自由经济的市场上，通过竞争决定的价格就是正当的价格，以这个正当的价格堂堂正正地做生意所赚得的利润，当然就是正当的利润。在严峻残酷的价格竞争中，只有为追求合理化，提高附加价值而付出不懈努力，才能赢得利润。不积极地为顺应顾客的要求脚踏实地地努力工作，光靠投机和不正当的手段，贪图暴利，梦想一下子发大财，这样的经营观点风行于世，但京瓷公司的经营之道是：自始至终坚持光明正大地开创事业，追求正当利润，多为社会作贡献
贯彻实力主义	一个组织在运营管理上最为重要的是，这个组织的各部门负责人是否由真正有实力的人来担任。所谓真正有实力的人，是指不仅拥有恪尽职守的能力，同时人格高尚，值得尊敬与信赖，并且愿意为了大家的利益而发挥自己能力的人。一定要建立起这样的组织环境，要给这样的人提供出任组织负责人的机会，并要让他们能够充分施展才能。如果依靠实力主义进行运营，这一组织便会不断得到强化，并进而形成为全体员工谋福利的组织。在京瓷公司，衡量一个人的标准不是看工龄或者资历，而是看他所拥有的真正实力

续表

京瓷哲学	内容诠释
重视合作伙伴关系	京瓷自创立以来，一直致力于建立心心相印、相互信赖的伙伴关系，并以此作为事业的基础。因此同事之间，经营者与员工之间并不是纵向的从属关系，而是为了同一个目标，为了实现自己的梦想走到一起来的同志关系，这也就是说这种横向的伙伴关系在京瓷成为最基本的关系。京瓷能有今天的发展，并非来自于那种仰仗权力和权威而发号施令的上下级关系，而是这些志同道合的伙伴们，为了公司的发展而齐心协力，共同奋斗的结果。正是因为同事之间作为合作伙伴而结成了相互理解、相互信赖的关系，才使得这一切成为可能
以纯洁的心灵来描绘愿望	如果没有以纯洁的心性来描绘的愿望，就不能达到成功的彼岸。即使抱有强烈的愿望，如果是因私利私欲而产生的话，也许能够带来一时的成功，但这样的成功不可能长期持续下去。与世间道理相反的动机而产生的愿望，越强越会与社会发生碰撞与摩擦，结果只会带来更大的失败。要想把成功长期地持续下去，其描绘的愿望和热情必须是纯洁的。换而言之，渗透到潜意识里的愿望纯洁与否，那才是问题的关键。持有纯洁的愿望，坚持不懈地努力，那么愿望一定会实现
纯朴之心	所谓纯朴之心，就是勇于承认自己的不足之处，由此保持谦虚谨慎的姿态。有能力的人，性情急躁的人，自我意识强的人，往往不听取别人的意见，即使听了，也会反驳。但是，真正能够上进的人，应该怀有纯朴之心，经常听取别人的意见，经常自我反省，正确认识自己。有了这样的心性，这个人的周围就会有志同道合的人聚集，这样力量凝聚，就能够使事业顺利发展
始终保持开朗之心	不管遇到多么艰难、多么痛苦的事，自始至终地保持明朗之心，抱着理想和希望坚持不懈地奋斗，这才造就了今天的京瓷。人生充满光明和希望。时常抱有“我将迎来辉煌的人生”这种念头很重要。绝不牢骚满腹，消极处世，或者憎恨别人，嫉妒别人。因为这会使人生变得黯然无光。对于自己的未来充满信心，并为之积极奋斗，这才是使工作、人生顺利发展的首要条件
为伙伴尽力	在人的行为中，最美好而宝贵的，莫过于帮助他人。虽说一般人往往首先考虑自己，但实际上，在每个人的心中都内藏以帮助别人为人生最大幸福的想法。曾经发生过这样一件事：在一个严冬，美国发生了一起飞机坠机事故。一个男人在自己将获救的瞬间，把率先获救的机会留给了身边力气用尽的女性，而自己却沉入水中。人类的本性原来是如此的美丽。正因为我们心存尽力帮助伙伴的同志关系，并不惜付出努力，所以才构筑起了强大的集团

续表

京瓷哲学	内容诠释
自我燃烧	像物质可以分为可燃物、不燃物和自燃物一样，在人的类型中也存在着点火就可以燃烧的可燃型的人、点火也不能燃烧的非可燃型的人以及靠自己就可以熊熊燃烧的自燃型的人。想要干一番事业的人，必须具有自我燃烧的热情。高中棒球队那些从内心里热爱棒球的年轻人们，以进军甲子园球场为远大的目标，齐心协力生气勃勃地刻苦训练。从他们的身影中，能感受到他们未来的希望和蓬勃的活力。他们是能够自我燃烧的自燃型的团队。要想自我燃烧，除了要热爱自己所从事的事业之外，同时还要抱有明确的目标
热爱工作	做成事业，需要极大的能量。这种能量靠自我激励、自我燃烧来获取。自我燃烧的最佳办法，就是热爱工作。无论什么工作，如果全身心地投入并最终完成，将会产生巨大的成就感与自信心，从而引发向下一个目标挑战的欲望。如此反复，对工作就会更加热爱。这时，任何努力也会不觉其苦，就能取得杰出的成果。只要把自己的心境调整到这种状态，就能取得辉煌的成功

延伸阅读　《菊与刀》与日本文化

美国学者鲁思·本尼迪克特写过一本有关日本文化的书，名为《菊与刀》，在研究日本文化的学者之间广为流传，读了这本书才会深刻地理解：为什么战后日本会出现企业文化这一独特的管理现象。

第二次世界大战后期，美国和日本正在太平洋展开殊死搏斗，但美国已经预测到胜利属于盟国一方，于是，请文化人类学家本尼迪克特提前开展对日本的研究。本尼迪克特采访了被拘留的日本人，并参考了大量的书籍，主要是文学作品，写成了报告，向政府提出建议，即：日本不像其现在显示的那样，坚持“一亿玉碎”，而是会投降，但美国不能直接对其实行统治，因为两国或者说欧美与日本的文化差异太大。从某种意义上说，本尼迪克特的预言是正确的。

看这部书时，最先触动我们的可能是书的名字：《菊与刀》。

菊是日本皇室的徽章。在古代，日本天皇仅仅是一个部族的酋长，随着其战胜其他部落，势力逐渐强大，而被称为首领，但在管理国家的体制方面尚无经验。于是，日本天皇向中国学习，引进了隋唐的典章制度甚至文字，比拟中国的皇帝，实行皇权专制，从这里不难发现，日本的文明很大程度上来自于古代中国。美国著名的日本通赖肖尔曾经说过，如果以欧美文明做比，中国就是日本的希腊和罗马——日本的文明是从模仿中国开始的。因此，我们可以说，菊是文明的象征。后来，虽然日本武士夺取了日本的实际统治权，但天皇朝廷一直存在，并且以上流社会的风貌保持在日本人的视野之内。

刀通常被称为武士刀，研究显示，日本武士刀由于淬火时的水质关系，异常锋利，在冷兵器中占据首位，能劈能刺，具有一招制敌的力量。日本是个尚武的民族，他们常说，日本刀是日本武士灵魂的故乡。武士是在日本中世纪出现的，起初，他们仅仅是一些中小地主及地主武装，被称为“侍”，即侍者的意思，以侍奉天皇等朝廷贵族为其使命；但后来他们夺取了政权，建立了幕府政治，将实权收入征夷大将军——武士首领手中，而天皇和贵族们逐渐成为没有实权的牌位。

如上所述，在日本，正统的文明来自于朝廷，而武士在某种意义上意味着野蛮。直到明治维新，天皇再一次被抬出来，成为日本中央集权的象征，而那时的武士也成为日本国的国民，但这样的文明区分是否还存在，却难以断言。这部书的名称是否出于以上文化和历史背景，不得而知，更大的可能性是因为本尼迪克特在调查中发现了日本文化的双重性：一面是温文尔雅，一面是残忍冷酷；一边是善于学习，一边又妄自尊大；一面是饮茶坐禅，一面却又好勇斗狠。这种两面性正是日本民族的特质，与欧美有着巨大的差别。

20世纪初的日本，学术界和媒体曾有过对于国民性的研究或报道，但这是不科学的，因为国民性是指固定的、无变化的某个民族的特性。事实上，国民及其文化是流动的，譬如，18世纪的英国人是好吵闹的。到了19世纪却成为了沉默寡言的民族。正因为如此，本尼迪克特在探究日本文化或人的双重性格时，并没有使用国民性这种懒惰的方法论。她认为，日本人之所以有这样的表现，是由于幼儿教育与成人教养的割裂以及等级制度等外部规定的影响，她的探索和研究给了这个问题一个令人信服的答案。

同时，和所有文化人类学家研究一个民族或部族时一样，对这种异己的文化要有一个整体上的评价或定义。本尼迪克特认为，日本文化是“耻”的文化，而西方则是“罪”的文化。

这部书难能可贵地开创了日本学这一专门学问。出版时，日本业已战败，美国占领并统治了日本。当时，日本人尤其是先进的知识分子开始以《菊与刀》为指导，在与欧美文明的比较下剖析、批判日本文明，于是，日本学术界和舆论界出现了和明治维新初期很相像的现象——明治维新时期，日本看到西方的发达和强大，于是就认为日本文化是野蛮的，否定日本传统文化的风潮一时汹涌澎湃，佛教等都遭到批判和蔑视；同时，也和那时的日本完成了现代化改造而成为帝国一样，战败的日本经济实现了高速增长，迅速崛起于世界。到了20世纪60年代，日本文明和日本人的研究开始转向，即赞美起日本的固有文明了。

即便如此，《菊与刀》的价值和影响却没有丝毫减弱。一本书，能矗立学术之林这么多年，有这样的影响力，堪称奇迹。

三、企业文化在中国的起步与发展

20世纪80年代初，企业文化研究潮流兴起。80年代中后期，随着改革开放，企业文化理论开始传入我国。顺应企业文化兴起的大潮，吸收国外企业文化建设经验，许多大型企业如华为、联想、海尔等纷纷根据自身情况开展各具特色的企业文化建设，并取得了显著的成效。

纵观企业文化在我国的发展历程，大致可分为以下几个阶段。

1. 第一阶段：适时引进，积极实践

企业文化理论正式传入我国是在20世纪80年代中期，作为“舶来品”，一上岸就受到我国理论界和企业界的热切关注，大量企业文化理论被引进、翻译，并出版了大量著作，企业文化的建设初见萌芽。

国内学术界最早介绍企业文化的是文献是杨斌于《世界经济》杂志（1982年第10期）发表的关于《Z理论》和《日本企业管理艺术》两部企

业文化名著的评介文章，但并未出现“企业文化”的字样。

在这个时期，我国企业界出现了第一次企业文化热潮，许多企业设立了专门的企业文化建设部门，把培育建设企业文化列入议事日程。在这一时期，企业注重的主要是企业精神、企业口号、企业作风、企业风貌等。同时，各种企业文化学术团体和刊物如雨后春笋般出现，各地先后举办过多次企业文化研讨会，企业文化“热”起来了。然而，也有许多人并不认可这种“热”是正常的，这个阶段“热”起来的企业文化，还需要争取自己的合法地位。

1988 年，中国共产党第十三届三中全会原则通过并正式发布了《中共中央关于加强和改进企业思想政治工作的通知》，通知中虽然没有出现“企业文化”一词，但提出要“大力培育富有特色的企业精神，把实现四化、振兴中华的共同理想同企业承担的特定任务结合起来”，由此，企业文化（企业精神）建设得以上升到国家意识形态层面，成为企业的共识，为企业文化建设与精神文明建设的结合奠定了政策基础。

随着企业文化概念的进一步推广，这一时期出版了一系列有关企业文化的著作，如邹广严主编的《管理之魂——企业文化理论与实践》，尹元玄主编《企业精神塑造论》，郝镇华编著的《企业文化论》，路英民主编的《企业文化探索》，上海产业社会学研究会编著的《闪光的企业精神》等，这些著作系统介绍了企业文化的基本理念与知识，总结了企业文化建设的方法与经验，为企业文化的广泛推广和应用提供了工具、素材与技术支撑。

2. 第二阶段：热潮涌动，稳步发展

1990 年 5 月 18 日，中国职工思想政治工作研究会第六次年会明确提出：“近几年社会上出现了许多新的文化现象，社区文化、企业文化、校园文化、家庭文化的兴起越来越受到广大群众的欢迎。如何把思想政治教育渗透到各种文化、娱乐活动中去，在满足人们审美需求和兴趣爱好的过程中，使群众得到哲理的启迪、心灵的感染、情操的陶冶，进而帮助人们分清是非，提高觉悟，树立正确思想，升华精神境界，这是我们思想政治工作面临的一项重要而紧迫的课题。”进一步明确了企业思想政治工作与企业文化建设相结合的方针。

1990 年 10 月 24 日，全国“扫黄”工作会议又指出：“对形式多样的节日文化、民俗文化、社区文化、企业文化、校园文化、军营文化、家庭文化等群众活动要精心组织。”

1992 年，中国共产党第十四次代表大会报告明确提出，我国经济改革的目标是建立社会主义市场经济体制。在精神文明建设方面，再次提出“要搞好企业文化建设”。

1993 年 11 月 14 日，中国共产党十四届三中全会通过《关于建立社会主义市场经济体制若干问题的决定》，这个决定在论述“改革和完善企业领导体制和组织管理制度”时，明确地提出“加强企业文化建设，培育优良的职业道德，树立敬业爱厂、遵法守信、开拓创新的精神”的要求，这是对企业文化的一次认识上的飞跃。该决定明确指出，企业文化建设不仅仅是职工群众的业余活动，而是企业领导的本职工作；企业文化建设不仅要和思想政治工作相结合，还必须要和企业的生产经营活动相结合。自此，企业文化建设得以正名，开始成为企业管理的一项重要工作内容。

1997 年，中国共产党第十五次代表大会提出“建设有中国特色社会主义文化”这一概念，使之同建设有中国特色社会主义的经济、政治一起，构成社会主义初级阶段的基本纲领，使得文化建设提升到前所未有的地位，为企业文化的发展再次注入了强大动力。

随着党和国家、政策和舆论层面对于企业文化的定性逐步准确、清晰，企业文化建设开始成为企业的基本管理活动，由此带动了企业界对企业文化的积极实践与探索，到 20 世纪 90 年代中期，掀起了新一轮的企业文化建设热潮。这一时期的企业文化建设，以企业形象建设为基础，以文化理念提炼为核心，涌现出一大批优秀的企业文化案例，中国的大型企业、知名企业如首钢集团、海尔集团、联想集团、大庆石油、沈飞集团、西安杨森、双鹤药业、伊利集团、长安汽车、北京城建、平安保险等纷纷开始了系统的企业文化建设工作。

同时，这一时期的理论界与研究者开始提出企业文化的测量、诊断与评估模型，开始对企业文化与组织管理、领导艺术、经营业绩的关系进行追踪研究，并出版了大量研究著作。

在领导层、理论界、企业界对企业文化建设统一认知的前提下，我国企业文化建设逐步进入坦途，开始呈现星火燎原之势。

案例1-6 海尔的企业文化与品牌建设

海尔集团创立于1984年，其前身青岛电冰箱总厂是一个亏损147万元、濒临倒闭的小厂。历经30余年的改革与发展，海尔已成为在海内外享有较高声誉的大型国际化集团，产品从1984年的单一冰箱发展到拥有白色家电、黑色家电、米色家电等在内，96大门类、15100多个规格的产品群，出口到世界160多个国家和地区。2018年，海尔全球营业额达到2661亿元。

在品牌战略、全球化战略等的协同下，海尔的品牌效应不断扩大。在国际品牌实验室2018年度（第十五届）《国际品牌500强》排行榜的评选中，海尔在国际品牌500强中排名第41位。此前揭晓的2018（第24届）中国品牌价值100强中，海尔连任榜首，品牌价值2092.08亿元。随着互联网与新技术的涌现，海尔集团主要业务已从传统的“家用电器”转型为“物联网生态”，在贡献了一个国际级家电品牌之后，海尔即将贡献出一个人单合一的国际级物联网品牌。

海尔集团在国内外能够实现如此之快的发展，最主要原因之一就是几十年来形成的企业文化，它驱动着海尔持续腾飞，造就了驰名中外的海尔品牌。

1984年12月，厂长张瑞敏一上任，很快就从用户来信中得知，许多产品卖不出去是因为产品有缺陷。出现这种情况的原因，主要是职工思想涣散。于是，为振奋精神，张瑞敏带头将不合格的76台冰箱统统砸毁，并自责自罚，让全厂职工真正领悟到了市场的残酷无情，真正认识到在市场的激烈竞争中，制造有缺陷的产品，就是制造积压品、制造废品，就是自我淘汰和自取灭亡；企业要兴旺，就必须树立“要么不干，要干就干好、干大、干强”的决心，真正认识到干什么都有竞争，竞争中不是胜利就是失败，作为海尔人一定要具备敢与强者较量、“两军相遇勇者胜”的雄心壮志。在市场经济的浪潮中，用户是永远的主导者，“一个用户就是一个市场”。对用户真诚与否，是能否赢得用户的分水岭。企业拥有了用户，便拥有了一切；失掉用户，便必然失掉一切。企业卖的不只是产品，更主要的是企业的信誉和文化。

创始人张瑞敏常说：名牌不仅要有知名度，更要有美誉度。产品质量无论是在创立之初还是享有盛誉的今天，都是海尔始终关注的核心。1984 ~ 1991 年，海尔硬是用了 7 年的时间，扎扎实实地打基础、改机制，从一台台冰箱的创优、一家家用户的优质服务中夺得国家第一块冰箱金牌，博得广大用户的赞誉。

海尔的名牌凝聚了顾客满意的质量和服务。海尔 1990 年提出，1/3 产品在国内生产、国内销售，1/3 国内生产、国外销售，1/3 国外生产、国外销售，随后在发达国家打出“海尔中国造”进行品牌销售。1997 年，海尔提出 2006 年前进入世界 500 强的目标，至今已得到“亚太地区声望最佳企业”“全球最佳运营企业”“世界家电 10 强”和联合国开发计划署及美国环保局颁发的“全球气候奖”等荣誉，张瑞敏亦被英国《金融时报》评为“全球 30 位最受尊重的企业家”之一。

3. 第三阶段：全球视野，与时俱进

进入 21 世纪，企业文化建设进入了第三个发展阶段。随着经济全球化的不断发展，中国加入世界贸易组织，成为全球经济体中的一员，受国际企业的影响，越来越多的国内企业意识到文化建设对于企业长期发展的意义，并开始将文化作为企业发展的核心动力。在企业形象建设的基础上，逐步将文化建设的目标定得更长远，旨在通过企业文化建设将企业带上新的台阶，企业文化建设愈发得到社会各界的关注，第三次“企业文化热”随之到来。

伴随着企业文化理论的逐步成熟和实践活动的不断发展，2005 年 3 月 26 日，国务院国资委下发了《关于加强中央企业企业文化建设的指导意见》（国发 2005 第 62 号），要求中央企业“力争用三年的时间，基本建立起适应世界经济发展趋势和我国社会主义市场经济发展要求，遵循文化发展规律，符合企业发展战略，反映企业特色的企业文化体系。”

《指导意见》突破了以往对企业文化存在的种种狭隘和片面的认识，将企业文化的地位上升到人本管理的高度，并视之为企业的灵魂。定义中提到的归属感、积极性、创造性，分别揭示出先进企业文化具有的凝聚、激励与创新的功能，全面对应了企业人本管理的三个重要方向。伴随着62号文的出台，国内大型企业，特别是中央直属企业如中石化、中石油、兵器集团等分别出台了相应的企业文化发展指导意见，自此，我国实业界、理论界和咨询界再次掀起企业文化建设的新热潮。

与以往不同，此轮企业文化建设已经上升到了战略的高度，并被赋予了国际化、与时俱进的标签，为了建设能够使企业“基业长青”的文化，国内企业迅速将借鉴的目光集中在那些布点广、活得久、成长快、创新多的全球500强企业身上，关注它们在各自具体的时间、地点、条件下如何思考、动作、应战、取胜，如何建立理论与实践相结合、与时俱进、符合实际、可以引领企业持续发展的企业文化。例如：关注沃尔玛如何从无到有、从小到大、从农村走向城市，使一个看似普通的百货连锁店成为全球排名第一的企业；关注三星如何坚持“第一主义”“除了妻儿一切都要变”理念，不断创新而成为电子市场的领跑者。以世界卓越企业为参照，使得中国企业看到了差距，明确了努力的方向，为自身的做大、做强、做久提供了宝贵了经验和思考。

案例1-7　华为企业文化的形成与发展

30年来，华为不断刷新着经营业绩的新纪录，创造着全球的品牌影响力和竞争力，同时也在不断坚守着自己的信仰体系。华为信仰体系的基石是企业文化所产生的观念性力量，这是一种容易得到一致拥护的观念。

首先是领导人任正非非常重视企业文化。他认为，资源是会枯竭的，唯有文化生生不息，文化是推动华为打造全球竞争优势的重要因素。

华为企业文化的源头在哪里？从表面看是《华为基本法》以及一系列的文件、规范等，而这些又来自任正非的“思想云”和“思想雨”，其本人对自己的角色定位是：30多年来七成务虚、三成务实，主要在学习、思考、交流、传播。

1. 扁平化传播带来的凝聚力

在与部分华为员工的交流中，我们了解到这个组织在传播知识和思想上的用心。任正非将军队组织里的“书记式”思想交流沿用到企业管理中，这种方法可以非常稳固、持续地了解到每位员工的感受，同时又可及时对不同观点在未形成负面思想之前进行矫正。

比如，每周一次的部门思想交流会，要求大家各抒己见。这个会议不分工作级别，不分新员工还是老员工，大家都尝试从部门管理者的角度提建议和做法。另外，几乎每个周末都有各种培训，员工可以挑选，可以参加任何感兴趣的培训，并不一定与自己的业务相关，但是培训时间累积是有硬性要求的。也就是说，员工自我能力的培养是组织赋予他的权利和义务。以上两种极其普通而简单的做法，意味着员工随时可以接受从上至下的统一思想传播，同时，员工也有非常宽敞的渠道可以从下至上地反映问题并提出解决方法。

正因如此，在当下所谓“信用大幅缩水，忠诚加速折旧”的时代，18万华为人对华为这个商业组织可以形成特有的凝聚力和向心力。

2. 与生俱来的危机感

“华为没有成功，只是在成长”，这是任正非对华为发展的自我评估。随意翻看任正非文字间记录的华为，即使没有听过他在华为的各类讲话，也会深深地感觉到他与比尔·盖茨一样的居安思危。危机感是一种意识，更是大公司领导者积聚能量的内心动力。危机感常在，最终会让公司这个机体保持对外刺激的敏感性，保持一种警惕和临界状态，如此，才有可能保持我们常常所说的“活力”。

关于华为，任正非始终不敢掉以轻心，始终在提防任何可能的风险和潜在的对手。他认为，无论发展怎样，企业至少有三个问题是不可能回避的。

第一，不能相信自己无所不能。即使华为在集聚人才、资本、技术方面形成了很强的能力，但是否可以持续掌控行业发展的脉络，是否能维持强大的盈利能力，都不可预见。

第二，市场只靠纵向产品不够。整个通信领域一直遵循着纵向产业模式向横向转换的趋势，也就是说，只提供纵向产业模式中的产品已经不能获取更多的市场，只有扩大产品的横向市场能力才能继续创造新的利润体系。

第三，高利润和模块化产品可能带来困境。在原有的通信制造业领域，一个足够长的产品线中往往潜伏着无数的对手，创新规则、行业变迁、竞争重点随时都可能让利润点转移，华为是否做了足够的准备?

任正非说:“10年来我天天思考的都是失败，对成功视而不见，也没有什么荣誉感、自豪感，而是危机感。也许是这样才存活了10年。我们大家要一起来想，怎样才能活下去，也许才能存活得久一些。失败这一天一定会到来，大家要准备迎接，这是我从不动摇的看法，这是历史规律。”

3. 批评与自我批评

任正非是一个敢于自我否定，并把自我否定作为一种领导者关键气质的人。

2001年是华为飞速发展的一年，外界称那段时期是华为的春天。但在春天里，他在内部会议上提出华为要为过冬做准备，这曾被IT企业称为行业的盛世危言。也正是在他的倡导下，华为人始终没有放松学习。

当华为已经成为全球通信行业领先者的2010年，他再次提醒华为管理者“让听到炮火的人做决策”，全力打造企业的组织转型。

2012年的新年，他再一次创造性地设计了“轮值CEO制”，带领这个已经站在行业前列的企业进行全面的管理转型。

到了2019年，当华为迈入千亿美元俱乐部的时候，任正非再一次创造性地设计了“华为治理体系文件”，带领这家企业持续走在领先者的进化路径上。

每一次任正非的报告和发言，每一次华为的转型和成长，都会引发人们内心的巨大触动。从这些文章里我们感受到的是他始终如一地发展自己并引导组织不断学习的态度。

面对跨国公司，任正非并没有将它们看成简单而可怕的竞争对手，他认为，它们是老师，也是榜样，“它们让我们在自己的家门口遇到了国际竞争对手，知道了什么才是世界先进。它们的营销方法、职业修养、商业道德，都给了我们启发。我们是在竞争中学会了竞争的规则，在竞争中学会了如何赢得竞争。”

“科学的入口真正是地狱的入口处，进去了的人才真正体会得到。基础研究的痛苦是成功了却没人理解，甚至被曲解、被误解。像自杀的梵高一样，在他死后他的画卖到几千万美元一幅。当我看到贝尔实验室的科学家的实验室密如蛛网、混乱不堪，不由得对这些勇士肃然起敬。华为不知是否会产生这样的勇士？”

《下一个倒下的会不会是华为》的作者田涛讲过一个“第一排水果”的故事：将军到部队视察，第一排的战士个个气宇轩昂，一表人才。将军就问陪同他的团长，从哪里选了这么帅的一批小伙子，团长说这个营的营长原来是摆水果摊的。卖水果的人都把最好的水果摆在前面，把差的、坏的水果都放在后面。一个企业，一个组织，如果总是背负成功与辉煌的包袱，这个企业其实也离死亡不远了。

因此，任正非讲，华为是没有历史的公司。在华为的任何角落看不到华为过去的历史，没有一张图片有任正非的形象，全球各地的办公场所看不到哪个中央领导视察华为的照片……

华为也是一个没有功臣的公司，华为某高管说：华为是一个不承认功臣的公司，老板也是，即使任正非退休以后，也不会被供在华为的殿堂里。

任正非说过，我从来不在乎媒体现在、今天、明天怎么看我，我也不在乎接班人是否忠诚，接班人都是从底层打出来的，打出来的英雄同时又能够进行自我否定、自我批判，同时又有开放的胸怀，又有善于妥协的精神，同时在看人的问题上能够多元视角而不是黑白分明，他就是自然而然成长的领袖。领袖不是选拔出来的，是打出来的。这也是华为跟很多企业、组织很不同的特点。

4. 组织的力量

任正非重视组织的成就远远超过重视自己的成就，他没有将自己放在组织的顶部，而更多的是托起这个组织，并用组织的整体力量成就华为。

“我是在被生活所迫、人生路窄的时候创立华为的。那时我已领悟到，个人才是历史长河中最渺小的，组织的力量、众人的力量，才是力大无穷的。人感知自己的渺小，行为才开始伟大。”任正非认为：“也许是我无能、傻，才如此放权，使各路诸侯的聪明才智大发挥，成就了华为。”华为有今日的成绩是“17 万员工以及客户的宽容与牵引”，而他不过是“用利益分享的方式，将他们的才智粘合起来”。

任正非对组织力量的深刻理解，与其军旅生涯相关，在一支队伍中，个人能力突显的团队往往会负于个人能力看似平平但整体能力突显的团队。

在处理利益的问题上，任正非有着宽广的心胸。他认为，作为企业不同的管理层级，在利益的问题上应当有不同的角色和取舍。一个是董事，一个是员工，在一致对外开拓时，大多数员工都是积极的，但在事关利益时，大多数员工会选择利益；那么，对董事来说，如何产生组织的最大力量，让大多数员工选择华为利益就是最重要的核心。

华为的核心竞争力来源于组织和个人相结合，任正非将华为人个人的核心能力与组织的核心能力聚合，形成强大的冲击力。这种冲击力被任正非称为狼性。值得注意的是，狼的组织只适合于狼，一只狼率领一群羊是不可能形成狼群效益的。

关于对组织力量的理解，任正非一直倡导公平原则、利益共享，甚至对华为下游供应商都会在危难时期承诺“绝不让利益共同体吃亏”，“我不知道我们的路能走多好，这需要全体员工的拥护，以及客户和合作伙伴的理解与支持。我相信由于我的不聪明，引出来的集体奋斗与集体智慧，若能为公司的强大、为祖国、为世界做出一点贡献，30 多年的辛苦就值得了。”

由此可见，华为的力量来源于组织整体而绝非个人，这也是华为持续发展的动力所在，是任正非创造的组织整体的可持续力量。组织的力量在华为完全被释放出来，使得华为的增长成功抵御了外部的冲击，哪怕是2008年的金融危机，也没有影响华为强劲的增长。华为依靠对行业的理解、对技术的理解，更重要的是对组织的理解，成就了华为的辉煌。

任正非这样感慨：一个人不管如何努力，永远也赶不上时代的步伐，更何况在知识爆炸的时代。只有组织起数十人、数百人、数千人一同奋斗，你站在这上面，才摸得到时代的脚。

在一个巨大变化的环境中，只有认识到个人的局限，并借助于组织的力量才会与环境全维度、全方位互动，而这也是任正非与华为能够驾驭变化的本质驱动力。

如果希望公司保持活力，就需要领导者和管理团队处于自我批判精神中，以保持组织与文化的驱动力。

面对新时代宏观环境的变化、经济结构的转型升级，企业文化建设在内容上要强调和突出以下几个与新经济相适应的特点。

一是重视速度。当前全球及国内经济活动变化迅速，企业要跟上变化，速度就是生命，企业的成败往往取决于其快速适应变化的能力。

二是强调创新。新时代的经济发展环境充满不确定性，企业原有的业务、市场、客户、商业模式，随时都有可能变化甚至消失，企业之间的业务边界已经非常模糊、跨界竞争随处可见，企业必须不断创新，才能保持自身的地位，实现持续发展，墨守成规是肯定没有出路的。

三是提倡共享。新经济的典型运营模式就是共享，通过共享提高资源的利用效率，更好地满足客户需求。同时，企业不再是“关门做生意”，而是与上下游企业、客户甚至竞争对手共享信息、共享基础设施、共享技术资源等，从而实现个人之间，个人与企业之间，企业与企业之间的互利共荣，而企业文化也一定要与这种经营模式的变化相适应。

四是重视学习。新时期的知识更新很快，知识获取的渠道很宽，如果不能够建立持续的学习能力，很容易被信息的更新所淹没，因此，打造学习型团队，培养快速、高效的知识获取和消化能力，是适应时代、跟上时代的必然要求。

五是强调合作。新经济还有一个重要的特点就是融合。经济全球化导致竞争的内涵发生了变化，竞争中的合作、整合、融合成为常见现象。在企业文化的建设中，也要强调融合、包容，才能适应这一变化，推动企业之间的优势互补和资源重组，实现更为广泛的双赢或多赢。

速度、创新、共享、学习、融合，新时代企业文化建设的内容一定要体现以上特点，从而使企业文化符合时代的要求，使企业获得持续发展的动力。

案例1-8　　阿里巴巴的企业文化

随着网络时代的到来，电子商务大规模发展，由此带来了商业运作模式的变革。作为全球电子商务的著名品牌，阿里巴巴的迅猛发展让世人惊叹，公司成立时间虽然不长，但已成为电子商务界的神话。

1999 年，以马云为首的“十八罗汉”在中国杭州创建了阿里巴巴；2001 年，阿里巴巴注册用户超过 100 万；2005 年，阿里巴巴与雅虎中国合作成为中国最大的互联网公司；2008 年以来，阿里巴巴不断整合业务与平台，至今已经形成了一个围绕电商核心业务、支撑电商的金融业务以及本地生活服务、健康医疗、泛娱乐业务、智能终端业务的完整商业生态体系，成为中国最大的网络公司和世界第二大网络公司。

马云曾经说过：“外界看我们，是阿里巴巴网站，是淘宝，但只有我们自己知道，我们的核心竞争力是我们的价值观。”阿里巴巴的成功，让全世界将眼光关注到其企业内在的文化上。

回顾阿里巴巴企业文化的发展历程，可以划分为三个阶段。

第一阶段：可信、亲切、简单

2000 年 3 月到 2001 年 3 月，阿里巴巴处于湖畔花园创业时代。当时的企业文化还只是在雏形阶段，并没有一个明确的概念。以马云为首的“十八罗汉”将团队使命总结为“可信、亲切、简单”。“可信”即诚信正直，言行一致，在发展的道路上阿里巴巴一直遵循这一原则，直至后来将之奉为企业的核心价值观；“亲切”代表着人情味，意味着阿里巴巴与客户亲如一家；“简单”主要包括阿里巴巴主业和软件的简单，也宣示着组织与人际关系的简单。因为阿里巴巴主要服务中小企业主，而一般来讲中小企业主的网络水平不是很高，所以阿里巴巴的软件应用界面必须力求简单；组织人际关系的简单即杜绝办公室政治，培育组织内部和谐的人际关系。

第二阶段：独孤九剑

2001年4月到2004年7月，阿里巴巴处于其发展的华星时代。2001年是阿里发展最艰难的一年，同时，这一年对于建设阿里巴巴企业文化具有至关重要的意义。随着关明生的加入，GE架构也被引入阿里巴巴，从而慢慢总结发展出了“独孤九剑”。“独孤九剑”即九大价值观，分别是“创新、激情、开放、教学相长、群策群力、质量、专注、服务与尊重、简易”。这九大价值观可以分为两个轴线，其中创新、激情、开放、教学相长是以激情为核心的创新轴，群策群力、质量、专注、服务与尊重被划分到系统轴的范畴，而简易贯穿于创新轴和系统轴，即创新和系统都需要简易，再次强调了要杜绝办公室政治。“独孤九剑”形成文字后，就被奉为阿里第一个正式的价值观，并在阿里灌输了三年多。它不仅规范了阿里的员工行为，也被视为阿里员工绩效考核中最重要的元素。

第三阶段：六脉神剑

2004年8月至今，是阿里巴巴发展的创业大厦时代。“独孤九剑”时期，客户并不是阿里最重视的要素，对客户、员工和股东三者的重要性程度，阿里巴巴一直没有一个清晰明确的排序。自从经历了2003年的“非典”，阿里巴巴意识到了这个问题的重要性，并将“客户至上”放在了首位。接下来，阿里巴巴决定简化“独孤九剑”，最终发展成为现在的“六脉神剑”，即“客户第一、团队合作、拥抱变化、激情、诚信、敬业”。

“客户第一”即客户至上。客户就是上帝。尊重客户，始终站在客户的角度思考问题，切实维护好客户的利益。在把握自身原则的同时，以积极乐观的态度并选择客户喜爱的方式去面对客户，让客户感受到诚意从而赢得客户的信任。持续改革创新以最大化地满足客户需求，达到甚至超过客户期望值，同时还要维持好公司利益和客户期望之间的平衡，从而实现双赢。在满足客户需求的基础上，实时为客户更新资讯，给客户提供好的建议，从而实现客户的不断成长。

“团队合作”强调共享共担，树立主人翁意识，积极融入并配合团队，协同合作，促进团队建设。作为电子商务行业，一个人的力量肯定是不够的，需要群策群力，形成团队的向心力和凝聚力，从而依靠团队的力量来解决各种问题。充分参与团队讨论，积极发表建设性意见并坚决有效地执行决策。主动与同事分享业务知识和经验，再一次强调了“独孤九剑”所提及的教学相长。阿里巴巴的成功得益于它有一支优秀的团队，相互支持，配合默契，才发展到如今这么大的规模。

“拥抱变化”强调迎接变化，勇于创新。在工作中具备超前意识，不断尝试新方法，转换新思路。要认真思考并充分理解行业和公司的变化，影响并带动同事来积极接受变化。理性对待变化对个人产生的影响，即便因为变化而导致了个人的挫折感或失败感，也能重新调整心态，更加积极地去迎接下次变化。

“激情”代表着一种积极饱满的工作态度。这一点与马云的个人特性有很大的关系。他曾被戏称为“疯子”，正是因为他的永不言弃，不断突破，才造就了阿里巴巴的神话。激情反映了阿里巴巴的乐观主义，并以必胜的信念带动同事和团队，从而衍生出很多创新性的产品。

“诚信”即诚信正直，坚持原则，不随意承诺，言行一致。由于阿里巴巴的电商性质——面向广大客户群体，因此诚信问题必须始终得到重视。对员工来说，要抵得住利益和压力的影响；对整个企业来说，要勇于承认错误并敢于担当责任。

“敬业”主要表现为专业执着，精益求精。强调今日事今日毕，就像2003年的“非典”时期，在很多人被隔离的时候，马云仍能带领他的团队没日没夜地工作，这种专注，体现出了阿里巴巴的敬业精神。对员工来说，要持续学习，对自己严格要求，不断提升自我。在阿里巴巴分工明确，员工不仅要做好自己职责范围内的事情，还要积极给予同事帮助，促进共同成长。同时，阿里巴巴也一直致力于以较小的投入获得较高价值的产品，从而提高企业的效益。

第四阶段：新六脉神剑

阿里巴巴在成立20周年之际，宣布全面升级使命、愿景、价值观。

这是一种以文化、制度、人才为驱动力的企业传承的开始。

面向未来，阿里巴巴坚守使命：让天下没有难做的生意。

初心不变，阿里巴巴清晰地阐释了愿景——活102年：我们不追求大，不追求强，我们追求成为一家活102年的好公司；到2036年，服务20亿消费者，创造1亿就业机会，帮助1000万家中小企业盈利。基于崭新的愿景，阿里巴巴将自身的发展目标立足于为全社会担当责任、创造价值。

“新六脉神剑”价值观由六句阿里巴巴土话组成，每一句话背后都有一个其发展历史上的小故事，表达了阿里巴巴与世界相处的态度——客户第一，员工第二，股东第三；因为信任，所以简单；唯一不变的是变化；今天最好的表现是明天最低的要求；此时此刻，非我莫属；认真生活，快乐工作。这六句朴素的土话将成为阿里巴巴继续践行使命、实现愿景的出发点和原动力。

“新六脉神剑”出炉历时14个月，前后修改过20多稿。升级的使命、愿景和价值观体现了阿里巴巴鲜明的态度、对企业发展方向的本质思考，更是企业对于如何走向未来的共识。它们将帮助阿里巴巴凝聚同路人，进一步提升组织的创造力，进而更好地拥抱数字经济时代的机遇与变革。

使命、愿景、价值观是阿里巴巴的DNA。无论环境如何改变，阿里巴巴对使命的坚持不会变，对愿景的坚信不会变，对价值观的坚守不会变。

以使命、价值观驱动的独特文化和良将如云的人才体系，保障了阿里巴巴此次领导力升级。过去20年，阿里巴巴因为价值观而与众不同。未来20年，阿里巴巴应该也必须因为坚持价值观而与众不同。

第二章

企业文化建设

在与企业的交流中我们发现，企业在进行文化建设时经常感到束手无策，既无从下手，也抓不到重点，不知道这项工作该如何开展；或者虽有一大堆理念和口号，但如何向员工推广和传递仍令企业感到困惑和迷茫。

企业文化建设是一项系统工程，从前期了解现状、集思广益、形成理念体系及行动纲领到文化落地，要有一套系统的思维逻辑作为支撑，这样才不致使企业文化工作陷入混沌的状态，才能使企业文化这只“无形的手”在经营管理中真正发挥出强大的作用。因此，在进行企业文化建设之前，有必要首先进行基本概念的学习，理清思路，明确企业文化建设的流程与工作重点，了解每项工作应取得的成果与目标，这样才能有的放矢地开展工作。

第一节　企业文化基本理论

作为全新的管理理念，对于企业文化的研究起源于日本，成形于美国。在总结日本企业快速崛起的成功经验之后，结合本国企业实际，美国理论界于 1981 ~ 1984 年间先后出版了《Z 理论——美国企业如何迎接日本的挑战》《日本企业管理艺术》《公司文化——现代企业的精神支柱》《成功之路——美国最佳管理企业的经验》四部论述企业文化的著作，被称为企业文化研究“四重奏”。在这四部著作中，提出了“Z 理论”“7S 管理模式”“五大要素理论”“革新性文化理论”等享誉至今的研究成果，标志着现代企业文化理论体系的诞生。

一、Z 理论

1981 年，美国加利福尼亚大学教授威廉 · 大内（William Ouchi）在他的《Z 理论——美国企业如何迎接日本的挑战》一书中首次提出企业文化理论这一概念。他指出，美国长期以来忽视对管理的研究，现在必须向日本人学习。美国企业向日本学习的重点在于信任、微妙性和人与人之间的紧密性，要逐渐开始把企业员工作为复杂的“社会人”来加以认识。为此，大内教授在书中重点提出了“Z 理论”，在仔细分析了在美国占多数的 A 型组织和日本类型的 J 型组织之后，大内提出，应建立一种“Z 型组织”并在企业中建立“Z 型文化”。

“Z 型组织”的主要特点如下。

①实行长期的、经常是终身的雇佣制，使职工在职业有保障的前提下更加关心与自身前途关系重大的企业长远利益。

②相对缓慢的长期考核与逐级提升制度。

③对人才的培养采取“非专业”的方式，以使他们适应各种工作。

④在管理控制的含蓄与明确之间保持一种平衡。

⑤采取集体研究与个人决策相结合的“统一思想式”的决策方式。

⑥在职工中贯彻平等主义原则，使他们在不受监督的情况下可以自主地酌情处理问题。

针对“Z 型文化”，大内指出：“一个公司的文化由其传统和风气所构成，此外，文化还包含一个公司的价值，如进取性、守势、灵活性，即确定活动、意见和行动模式的价值。一家 Z 型公司的所有领域，从其战略到人事，都应由这种文化来主导，即使产品，也应由这些价值观所决定。”大内教授非常清楚地认识到，一个经济组织不只是一种经济产物，同时也是一种社会产物。他以卓越的见识、从案例分析和实际操作的角度首次提出了“企业文化”的概念。

二、“7S”管理模式

大内教授《Z 理论》一书出版后，在短短的两年间，美国又连续出版了三本企业文化专著。美国斯坦福大学教授理查德·特纳·帕斯卡尔（Richard Tanner Pascale）和哈佛大学教授安东尼·G. 阿索斯（Anthony G. Athos）合著的《日本企业管理艺术》一书，提出了一种由 7 种关键要素构成的“7S”管理模式，即战略、结构、制度、共同价值观、技能、风格和人员。

①战略（Strategy），指企业为谋求自身生存和发展的规划和决策。

②结构（Structure），指一个企业的内部组织形式。

③制度（Systems），指信息和决策在企业内传递的程序和系统。

④共同价值观（Superordinate goals），指能真正激励员工，并将其个人目标与企业发展目标结合在一起的信念或目标。

⑤技能（Skill），指企业员工所特有的工作能力。

⑥风格（Style），指企业员工的行为方式，也包括企业的传统作风。

⑦人员（Staff），指企业内各方面的人员构成及其素质。

根据“7S”模型，帕斯卡尔和阿索斯两位教授指出，美国企业在管理过程中过分重视了前三个硬性的“S”，即战略、结构、制度，而这在现代社会中已渐渐不适应管理过程中日益复杂的行为，美国企业应像日本企业那样，在不忽视这三个硬性“S”的前提下，更好地兼顾了其他四个软性的“S”，即重视企业文化。

该书把日本企业管理方式提高到一种艺术的高度来研究，并以此来反思美国企业管理中的失误，被美国著名的麦肯锡咨询公司总经理丹尼尔誉为“剖析美国企业管理错误的里程碑”和“企业管理思想研究的指南针”。

三、五大要素理论

虽然以上两部著作都涉及了企业文化问题，提出了各自独到的见解，但并未对企业文化作系统的理论研究，直到 20 世纪 80 年代初，美国哈佛大学教授特伦斯 · E. 迪尔（Terrence E. Deal）和美国麦肯锡咨询公司的艾伦 · 肯尼迪（Allan Kennedy）合作出版了《企业文化——企业生活中的礼仪与仪式》（简称《企业文化》），开始对企业文化进行系统而全面的论述。此书的问世标志着企业文化理论的正式诞生，并确立了它的理论体系。

迪尔和肯尼迪在长期的企业管理研究中积累了丰富的资料，并对管理中的文化问题深有体会。在日本企业文化的启发下，他们调查了近百家美国公司的实际状况，以日本企业的经验为基础、以美国企业的实际为素材构建了企业文化理论框架，并提出了“杰出而成功的公司大多具有强有力的企业文化”的结论。

根据两位专家的论述，企业文化系统由五大要素组成：企业环境、价值观念、英雄人物、文化仪式、文化网络，这五大要素都有其特定的内容。

①企业环境：是指企业性质、经营方向、外部环境，企业的社会形象、与外界的联系等，这些因素影响和决定了企业的行为。

②价值观念：是企业内成员对某个事件或某种行为好与坏、正确与错误、是否值得仿效的一致判断。价值观念是企业文化的核心，统一的价值观念使员工在判断和选择行为时具有统一的标准。

③英雄人物：是企业文化的核心，其作用在于作为一种活的样板，给企业中其他职工提供可供仿效的榜样，对企业文化的形成与强化起着极为重要的作用。

④文化仪式：包括各种表彰、奖励、聚会以及文娱活动等，它可以把企业中发生的某些事件加以戏剧化和形象化处理，从而生动地宣传和体现本企业的价值观念，使人们通过这些生动活泼的活动和寓教于乐的形式来领会企业文化的内涵。

⑤文化网络：指非正式的信息传递渠道，主要作用是在企业内部传播文化信息，它是由某种非正式的组织和人群以及某些特定场合共同组成，它所传递出的信息往往反映出职工的真实愿望和心态。

在《企业文化》一书中，迪尔和肯尼迪两位专家根据对美国企业的研究，把企业文化分成四种类型：强人文化、拼命干尽情玩文化、风险文化和过程文化，并在书中对企业文化这一新兴理论体系，从最深层、最核心的价值观直至最为表象的文化仪式、文化活动都作了具体而生动的阐述。此书的问世，对企业文化理论的探索具有里程碑意义。

此书在1981年出版，成为年度最畅销的管理学著作，后又被评为20世纪80年代最有影响的十部管理学专著之一，成为研究企业文化的经典之作。

四、革新性文化理论

此后，美国麦肯锡咨询的研究人员托马斯·J. 彼得斯（Thomas J. Peters）与罗伯特·H. 沃特曼（Robert H. Waterman）又合著了《成功之路——美国最佳管理企业的经验》。

此书运用企业文化理论框架研究了43家美国优秀企业的成功经验，并提出了著名的“革新性文化”理论。这一理论指出，这些优秀企业之所以出类拔萃，就是因为都具备“革新性”的文化力量并始终坚持文化在管理中的主导地位。而这种“革新性文化”的根本标志，就是与“人”紧密相关的八种品质，即“敏捷果敢，贵在行动”“亲近顾客，仰赖上帝”“鼓励革新，容忍失败”“尊重职工，以人促产”“深入现场，以价值观为动力”“不离本行”“人员精干，注重实效”“宽严相济，有张有弛”。

美国电话电报公司的一位副总经理评论说：“此书将对新企业成功起到根本性的作用。”作为“四重奏”的最后一章，这两位作者指出：“我们愈加探索，对那些充满神奇传说的优秀公司就愈有认识。我们开始认识到，这些公司和任何一家日本公司一样具有牢固的文化传统。无论身处哪一行业，这些优秀公司大多是殊途同归，保证所有的雇员都成为其文化传统的一员。”

以上四部企业文化理论著作的陆续问世，见证了企业文化理论由诞生到逐步走向成熟的过程，在管理学界初步形成了企业文化研究的基础理论结构。

纵观管理思想发展史，企业文化理论研究具有极其重要的地位，并有着广阔的发展前景，它对企业管理的思考立意更高、角度更新、信息包容量更丰富，促使人们对以往的企业管理模式进行了深刻的反思。

企业文化理论首次将“人”作为生产主体进行研究，认为这一要素在生产全过程中有着远未被充分发掘的作用，调动这种力量，不仅要用科学经济的方法，更重要的是要用文化的手段。无数实践证明，与其他管理理论相比，企业文化理论有着很强的实践性和可操作性，它确实能对企业发展起到直接、有力的促进作用，这就是企业文化理论的魅力所在。

第二节 企业文化建设的核心要点

一、企业文化建设目标

企业文化建设应紧紧围绕企业的发展战略，推进精神文化、制度文化、行为文化和物质文化的全面性、系统性建设，深化员工对于企业文化理念的认知、认同与实践，全方位塑造企业形象，构建企业品牌效应并使之成为企业的核心能力，为企业战略目标的实现提供精神动力。

二、企业文化建设的原则

企业文化建设，要遵循以下四项原则。

第一，以人为本原则。人是文化生成与承载的第一要素，企业文化应以人为载体。企业文化中的人不仅指企业家、管理者，也包括企业的全体员工。企业文化建设中要强调关心人、尊重人、理解人和信任人，企业团体意识的形成首先是全体成员有共同的价值观念、一致的奋斗目标，这样，才能形成向心力，成为具有战斗力的整体。

第二，战略服务原则。企业文化建设必须紧紧围绕公司的战略部署和工作实践来开展，从战略目标、发展方针、管理模式、队伍状况等实际情况出发，为促进企业持续、健康、快速发展服务。

第三，系统性原则。企业文化建设不是单纯的提“口号”，也不是设计一本文化手册，更不是简单地进行公司 LOGO 和网站的升级。正如前文所述，文化建设要从精神层、制度层、行为层、物质层进行全面的构建，同时，文化体系的建设之后，要对文化体系运行的组织保障、推广机制和动态管理机制进行系统设计，这是文化落地的重中之重。

第四，差异化原则。差异化是企业文化的一个重要特征。每个企业都有自己的历史传统和经营特点，文化的发展不能脱离这一现实，企业文化建设要充分关注这一点。企业有了自己的特色，而且被市场和顾客所公认，才能在企业之林中独树一帜，形成竞争优势。

三、企业文化建设的核心关注点

企业文化建设，要重点关注以下四个方面。

首先，价值观建设是企业文化建设的核心。企业文化建设应当在正确思路引导的基础上开展，而正确思路引导的核心在于企业共同价值观的塑造。企业共同价值观决定员工的思维方式和行为方式，一定是为企业全体员工共同接受和遵守的。因此，企业管理者不仅要确定企业的价值观，还要了解企业每个员工自己的价值观。这就决定了在制定企业价值观的时候，需要企业上下员工的参与，进而使价值观实现一致。如果企业中部分成员的价值观与企业价值观发生冲突，管理者就必须解决这种冲突。只有这样，才能保证企业上下协调一致，保持企业价值观的一致。

以日本知名企业松下电器为例，松下在全球有近九万名员工，每天早上 8 点的时候，员工都要背诵“精神价值观”，放声高唱公司之歌。在所有日本企业中，松下是第一家拥有价值观和司歌的企业。松下幸之助曾经说：“如果你犯了一个诚实的错误，公司是会原谅你的，把它作为参加学习的学费，从中吸取教训。然而，如果你背离公司的原则，就会受到严厉的批评，甚至会被解雇。”这就是松下对企业共同价值观的解释。因此，管理者不仅要使每个人都具有价值观，还要使企业上下的价值观能够统一。只有拥有共同的价值观，企业才会得到实质性的发展。

其次，应在共同价值观的基础上建立制度文化，使之成为文化的基石。海尔的企业文化萌芽于“不准随地大小便”的警语和公告，格兰仕的文化建立在“先有满意的员工，才有满意的顾客和市场”。企业在生产经营过程中，必须建立广大员工能够自我管理和自我约束的机制，并且这种机制能够使广大员工的生产积极性和自觉能动性不断提高。

企业里的规章制度就是企业的“法”，在贯彻执行中，应当充分维护制度的严肃性，如果一个企业没有逐步完善的规章制度，无章可循，循而不通，员工的行为就没有准则，企业管理也就没有了依据；有章不循，制度就形同虚设；违章不究，制度就没有达到应有的效力；漏洞百出，朝令夕改，既不规范，也不完善的规章制度，只能成为员工茶余饭后的笑柄。

现代企业的生存和发展，需要企业形成良好的向心力、亲和力和凝聚力，需要员工自觉扩大和维护品牌的知名度和美誉度。体现在制度文化层面，就是对各项规章制度的了解、执行与不折不扣的遵守。

其三，战略规划与贯彻执行能力，是企业文化长盛不衰的基本前提。企业如果想构建能助力企业长盛不衰的企业文化，只是共同价值观和制度建设还不够，还必须有战略规划的能力和能够贯彻战略意图、完成预定目标的执行力。在过去20年的发展中，中国绝大多数企业的成功根本谈不上战略，基本上是靠对机会的捕捉，随着中国经济的转型以及国内市场经济环境的进一步规范，战略规划能力将决定企业是否能够为自己未来的发展找到机会和目标，这也是为什么像万科、阿里巴巴、腾讯、海尔等知名企业非常重视自身战略规划能力的原因。战略规划能力仅是开始，如何将规划好的战略目标落到实处，这就是执行力需要解决的问题。对个人而言，执行力就是办事能力；对团队而言，执行力就是战斗力；对企业而言，执行力就是经营能力。在构建执行力文化的过程中，不管是企业、团队还是个人，都应以结果为导向，把结果放在第一位，实事求是地对成果和目标负责；作为企业领导人、一把手，更应该以身作则，通过自己的精神动力、价值观、思维和行为模式去影响组织和员工的行为。战略得以实现，企业文化之花才能长盛不衰。

最后，企业文化必须顺应时代要求，服务社会发展。随着和谐社会的推进，越来越多的企业认识到，在自身发展的同时，需要积极地履行社会责任。虽然企业文化受所处政治经济环境、地域、文化以及企业自身发展情况等诸多因素的影响，不能简单地对某一种企业文化用“对”和“错”来评价，但企业是社会的企业，企业文化建设必须与全社会所倡导的公序良俗保持一致，企业的存在必须对社会、对员工、对股东、对企业利益相关者有所贡献，企业在决策选择的时候所依据的价值观必须同时确保对社会公众产生价值，这是社会责任，也是企业文化必须要遵循的外部价值指引。

震惊世界的9·11事件中，可口可乐和百事可乐两家企业的员工在处理突发事件时的不同表现，引发了社会舆论的热议：可口可乐员工主动上街将饮料和饮用水无偿派发给需要救助的逃亡者；百事可乐员工则先将大门紧闭，防止混乱的市民冲击，向总部请示处理意见（虽然后来百事员工也走上大街参与救援），由此被媒体批评为“缺乏公民道德行为和人道主义的企业”，差点引发全面信任危机。与此相反，我国2003年“非典”时期，家电企业格兰仕主动联系小汤山医院，捐赠了200台光波炉用于杀菌，“光波杀菌安全、健康”的由此不胫而走。从以上事例不难发现，可口可乐和格兰仕的举动都是企业勇于承担社会责任的体现，也因此赢得了社会的尊重。

建立共同价值观，建立被企业及员工接纳并自觉遵守的制度体系，建立战略规划和战略执行能力，建立顺应时代要求与服务社会发展的经营立场，是企业文化建设核心所在。在此基础上建立起来的企业文化，才能在企业的生存与发展过程中真正发挥作用。

第三节　企业文化建设地图

企业文化建设的核心逻辑是从认知到认同。通过对众多企业文化建设案例的总结、分析、研究与整理，我们以“内化于心，外化于行”为主线，构建了一套行之有效的“企业文化建设地图”。这一地图涵盖了企业文化建设的各个步骤及重点工作，从文化现状调研、理念提炼、表达系统设计、落地实施到量化评估、反馈和调整，构成了企业文化建设的闭环系统。这一模型在大量企业的文化建设实践中得到验证，成为具有较高共识度的文化建设方法论。

在本地图中，将企业文化建设分为五个阶段：文化调研与诊断评估，文化理念设计提炼，文化表现系统设计，文化落地实施规划，文化落地推广执行、评估及整合管理，具体如图2-1所示。

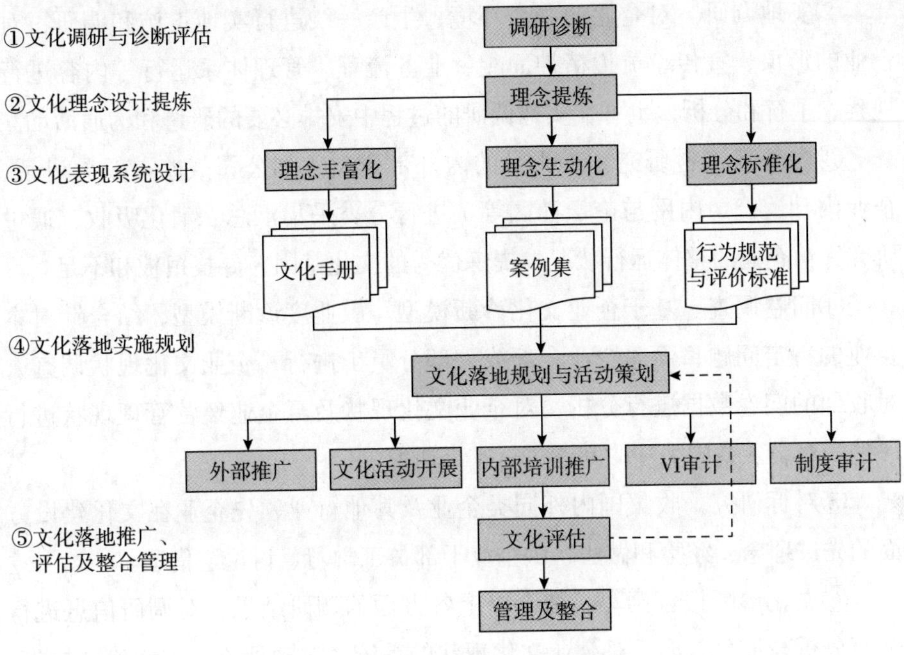

图 2-1 企业文化建设五阶段模型

一、企业文化调研与诊断评估

文化调研与诊断的目的是明确当前企业文化基本情况、主要问题及未来文化建设的方向。通过与企业领导者、中层管理人员、基层管理人员、一般员工进行访谈、座谈、实地调研、问卷调查、资料研究、外部对标等形式，对企业内外部环境、企业文化现状进行广泛深入的调研，从定性和定量的角度分析当前企业文化现状，厘清未来发展目标，寻找文化建设工作的重点和方向，并作出准确的判断和定位，为编制企业文化诊断报告和企业文化建设规划提供依据。

本阶段具体工作包括如下内容。

①人员访谈。针对企业的领导者、中层管理者、基层管理者、一般员工进行一对一的沟通或座谈，了解管理者和员工对于企业文化的认知，对于企业文化现状的评价与感知体验，以及对于文化建设方向的建议和意见。

②实地调研。对企业的办公环境、生产一线进行实地走访和调研，对企业的形象、宣传、员工精神面貌、业务流程、管理体系运行等内容进行观察、了解和分析，也可在实地调研的过程中安排必要的研讨和沟通活动。

③内外部资料研究。对相关的内外部资料（如公司战略、领导讲话、企业内刊、公司内网与论坛社区等）进行分类采集汇总、消化吸收，通过研究评估企业的整体运行状况，提炼优秀的文化基因，寻找短板和不足。

④问卷调查。基于企业文化诊断模型、敬业度诊断模型，结合针对本企业的特定问题，面向企业全部或大部分员工进行《企业文化现状调查》，对收回的问卷数据进行分析，对企业文化现状乃至企业经营管理现状进行评估，对员工共同关注的问题进行重点研究。

⑤对标研究。收集国内外同类企业及其他行业领先企业在文化建设方面的先进理念、经验和做法，供企业干部员工学习、讨论、借鉴。

⑥文化诊断报告撰写。结合以上各方面的调研结果，对调研信息进行全面分析与汇总，形成对企业文化现状的系统、客观评价，编制诊断报告，与企业的各级管理者与员工分享观点。

二、企业文化理念设计与提炼

文化理念体系是形成制度文化、行为文化和表象文化的思想基础和根基，也是企业文化建设工作的根本前提，后期的企业文化落地实施等工作都要围绕这一核心理念展开。在这一环节，应在企业总体战略规划的指导下，通过系统的梳理和完善，挖掘企业文化基因，结合企业自身实际与未来发展需要，通过讨论，统一认识，形成全体员工所共同接受的文化理念与价值主张。具体来说，本阶段的工作可分为讨论热身、总结提炼、凝聚共识等关键环节。

①讨论热身。在讨论热身环节，需要将前期调研诊断所获得的信息以及评估报告等在企业内部用合理的方式进行一定范围的发布，包括：选择合适的场合宣讲《企业文化诊断报告》；分享对于同类型企业文化的对标研究结果；提出若干讨论主题，启发企业领导层、管理层、员工层对于企业文化

核心命题的思考，等等。

②总结提炼。在总结提炼阶段，根据调研结果与员工的普遍共识，归纳、提炼、形成企业的核心文化理念，对企业使命、愿景、核心价值观、企业精神等内容进行提炼与诠释，面向各级团队进行方案沟通，并进一步征求全体员工的意见。

③凝聚共识。组织各层级、各部门、各团队员工，以多种形式进行沟通并随时听取讨论成果。通过内部研讨会、意见征询会、高层闭门会、线上意见征询等多种方式、多种信息沟通平台，促进全员针对企业文化核心理念的充分讨论、互动与意见交换；在此基础上，聚焦核心问题，进行方案的调整与优化，并引导各级管理层与员工的讨论逐步趋向一致，达成共识。

三、企业文化表现系统设计

企业文化表现系统是企业文化成果对内及对外展示的“窗口”，是企业向内部员工和外部相关方展示文化形象的重要手段，也是企业文化落地实施的重要表现。此处的文化表现系统，可以归纳为（文化）理念丰富化、理念生动化、理念标准化三个方面，简称为“三化”。

1. 理念丰富化——形成企业文化手册

企业文化核心理念往往非常精炼，有时甚至比较抽象，要全面理解这些理念，就需要对其进行系统、全面的分析与解释；同时，将企业文化理念与企业发展历程、企业战略、获得荣誉、经营管理方针等放在一起，将会使得文化理念更为系统和丰富。因此，很多企业都将上述内容纳入一体，编制成为《企业文化手册》。

企业文化手册是整个企业文化建设的核心成果，它使得员工对文化理念的理解更为完整，也为后续开展企业文化培训与推广奠定了基础，是统领企业文化建设工作的“魂”。

2. 理念生动化——编制企业文化案例集

企业文化案例集是对企业核心理念和价值观的最生动的诠释，通过一个个发生在员工身边的故事和案例，向员工展现企业文化的倡导方向，通过典型人物的树立，让员工清晰地看到，企业鼓励与推崇的是什么。

如果说，企业文化手册圆满诠释了企业文化是什么的问题，企业文化案例集则将抽象的文化理念生动地展现在员工面前。通过收集整理案例，树立楷模，宣传典型事例和讲述身边人的故事，员工可以更加直观、真切地了解到企业所倡导的价值观和行为。近年来，越来越多的企业开始重视企业文化案例的搜集、整理工作，并将其作为企业文化内部传播的重要手段。

3. 理念标准化——形成员工行为规范

企业文化只有与员工的实际行为相结合才能产生价值，而员工行为规范，就是将企业文化理念进行分解和细化，形成指导员工日常行为的规范和标准。因此，员工行为规范可以理解为是以标准和制度的形式将企业的核心理念和价值观进行外化和固化，精确界定在日常工作及对外交往中员工应遵循的统一、规范的语言及行为方式，如行为规范、礼仪规范、服务规范等。

通过对员工行为的指引和约束，使员工养成正确的行为方式，自觉践行企业所倡导的价值理念，是员工行为规范的目的，也是企业文化落地的关键内容之一。

四、企业文化落地实施规划

文化落地实施规划是文化推广的准备工作，也是确保文化落地推广有序开展的基础和前提，具体包括三个方面的工作。

①对企业文化落地推广工作计划进行论证、丰富、细化，明确年度或阶段文化建设主题、建设目标、工作重点、工作形式、资源投入等。

②提出文化建设的组织体系方案。要明确各级文化建设组织和文化管理人员（兼职或专职）的责任、权力、工作模式，要把文化管理人员的工作纳入考核。

③对重大文化宣传推广活动进行初步策划。重大文化宣传推广活动对于企业文化的落地和企业品牌的宣传具有关键作用，既要确保活动的质量、创新性与效果，又要综合考虑活动的成本以及与现有经营活动的冲突等，要力争做到成本相对最优、效果相对最佳。

五、企业文化落地推广与文化管理

企业文化落地推广与文化管理，又称文化深植、文化落地、文化扎根，是企业文化建设的关键环节，也是企业文化建设工作最终成败的标志。让员工从了解文化、相信文化到自觉按照文化要求做事，是一项非常艰难和复杂的工作，其中，既需要对员工进行宣教、推广，也需要对内部与文化相关的管理环境进行梳理、净化；既要对内进行文化推广，也要对外进行文化和品牌的传播；既要内化于心，又要在外化的形象方面有所体现；既要解决当前文化落地问题，也要关注企业文化管理长效机制的建设。

具体来说，本阶段工作包括内部培训推广、文化活动开展、VI审计、制度审计、文化外部推广、文化评估、文化管理与整合等。

①内部培训与推广。内部培训与推广的主要工作包括：制订《文化推广工作计划》，明确文化推广的主要手段、资源需求、时间安排等；完成《文化推广讲师团工作细则》，对讲师进行系统的培训和认证；对文化推广的宣传教育材料进行精心准备，总结经验，分阶段进行全公司范围内的文化推广工作。同时，通过公司内部刊物、微信、网站、办公系统等进行广泛的宣传，烘托企业文化建设的氛围，有力支持文化推广工作的开展。

②企业文化活动组织。基于文化实施规划，进行年度文化推广活动的具体策划与深度设计，结合公司业务开展的节奏，充分利用司庆、节庆、年会等重要的时间窗口，开展多种形式的文化活动，激活组织氛围，通过活动引导和激发员工对于企业的认同感和归属感，在活动的过程中加深员

工对企业文化的认知和理解，并通过潜移默化的活动逐步影响员工的行为。

③视觉识别系统审计（VI审计）。VI是企业文化的外在表现，VI是否反映了企业文化的内涵、是否得到了全面贯彻、在具体使用中是否规范得体，是从外部观察企业文化的最直观的窗口，也是激励员工自豪感、自觉性的重要手段。因此，在企业文化建设中，应对VI系统的完备情况、建设质量、使用情况等进行审计，如有必要，应进行企业VI手册的编制或更新工作，制订详细的VI使用规范，使得VI体系能够充分体现公司的文化内涵。

④制度审计。制度是企业文化理念与行为管理的衔接层，好的制度起到规范、约束、引导员工行为的作用，而与文化理念严重背离的制度则会导致员工的无所适从，因此，制度审计是文化落地的重要支撑。针对企业文化方向的制度审计，主要是审核现有制度，尤其是与员工利益相关的人事、分配、激励制度与文化体系的内在统一性，并提出相应的修改意见，提交相关部门，在条件成熟的前提下有序整改，从而可以有效解决文化制度“两张皮”甚至矛盾、对立的现象，实现文化与管理的内在统一。

⑤外部文化推广。品牌形象是企业面向社会的形象展示，良好的企业品牌能够对业务发展带来巨大的助益，这一点已经得到了大量研究者的证实。在内部推广企业文化的同时，企业应考虑同步开展文化与品牌的外部推广，使得文化的推广过程成为品牌建设和业务促进的过程。

本阶段工作经常与品牌管理部门协同开展，主要方式包括：确定年度“文化主题”并向社会、媒体进行宣传；在内部推广的同时，策划大型主题活动，实现内部文化推广、外部形象宣传、业务推广宣传的同步开展；通过文化建设活动，积极参与社会痛点与热点问题的修复与解决，弘扬价值理念，凸显社会责任，等等。通过外部推广，使得企业的形象、品牌、文化、战略、业务五大核心识别系统为社会所认可和接受。

⑥企业文化评估。企业文化评估一般从企业文化建设工作和建设结果两个方面进行。首先是建立企业文化评估体系，对文化评估的基本原则、评估对象、理论模型、评估形式、评估内容、实施方案、改进方案等进行设计，使之能够客观、真实地反映企业文化建设情况与企业文化现状。其

次是企业文化评估的组织与实施，通过定期（一般一年或两年）开展企业文化评估，对企业文化建设工作以及文化落地效果进行测评，使企业文化评估贯穿于企业文化管理的全过程。在总结经验与成果的基础上，明确问题与不足，开展有针对性的改进与提升，有利于企业文化工作形成闭环、具备自我诊断与螺旋上升的能力。

⑦文化管理及文化整合。文化建设经历了认知、认同的阶段之后，管理者、员工对于文化的内涵已经有了一定的认识，文化推广工作也积累了一定的经验，在这一阶段，有必要将企业文化管理工作推进到一个新的层次。具体来说，一是推进企业文化管理的常态化，关注文化体系与公司战略、品牌、组织、制度、流程等多元体系的互动与整合；二是进一步凸现企业文化的"文化"属性和特征，提升企业的文化品位；三是基于文化、战略、品牌的有机结合与成功实践，提炼、整合企业的品牌与文化内涵，面向社会进行系统传播。

企业文化建设的各个阶段层层递进，步步深入，共同推进企业文化从无到有、从知到行、从内到外的系统建设过程。

第四节 企业文化建设中的常见问题

每家企业都有自己的企业文化，也大都经历过企业文化建设的历程，其中不乏成功经验，但更多的是困惑、困境与困难，共性的问题往往体现在以下六个方面。

一、企业文化建设缺乏系统思考

企业文化建设是从核心理念塑造，到文化落地实施，到文化评估反馈的闭环系统，是一项需要全体员工共同参与的浩大工程，缺乏系统性的文化建设往往流于碎片化的活动，虽有一定的效果，但距离形成真正的"文化力"还有很大的差距。

加强企业文化建设的系统性，首先要正确认识构成企业文化的四个层次——精神层、制度层、行为层、物质层之间的辩证关系。精神层是企业安身立命的价值观和灵魂，是企业文化稳定的核心，决定着制度层、行为层和物质层；制度层和行为层是构成精神层与物质层的中介，必须体现企业精神的要求，并对物质层进行规范。

加强企业文化建设的系统性，还要尊重企业文化建设的规律。首先，根据内外部情况确定企业的经营战略，这是企业文化建设的前提；其次，以企业战略为依据，引入企业价值观与企业精神，这是企业文化建设的基础框架与方向；第三，在企业价值观和精神的指引下，进一步完善企业制度与员工行为，将核心文化理念制度化、行为化，具备更好的操作性和落地性，从而推进文化理念对员工行为的牵引和转变；第四，企业文化物质层建设是企业文化精神层在硬件设施与环境因素层面的体现；最后，企业文化的宣贯和落地。

企业文化的结构层次与建设步骤是一个有机整体，环环相扣，缺一不可。不从战略出发进行价值观的导入和精神文化的确立，或者确定了精神文化而不注重制度文化与物质文化的维护、体现与强化，这种所谓的企业文化建设，没有系统支持，最多只是昙花一现，很难落地生根，也很难使员工共鸣。

二、企业文化缺乏个性特征

企业文化是在特定的环境与背景下企业所独有的文化形式，是一个企业区别于其他企业的最重要的因素之一，也是企业核心竞争力的体现，不同企业拥有不同的价值内涵，因此，企业文化也应是充满个性的。

企业根据自身的发展历程与价值追求选择不同的文化理念，包括不同的管理文化、不同的经营文化、不同的品牌文化与行为规范等，并以不同的方式表现出来，由此形成了企业文化的个性特征。优秀的企业文化往往是个性鲜明的，因为它已经根植于一个企业的内在发展过程中，表现在每一个员工的工作作风与行为方式中，体现在企业的整体形象中。

当前，很多企业在文化建设过程中的投入不足，文化理念的研究过于简单化、形式化、千篇一律，缺乏建立在本企业优秀传统基础上的文化因子的提炼与挖掘，无论使命、愿景、价值观还是企业精神，都浮于表面，整个文化系统缺乏张力，缺乏与所在企业息息相关的文化个性，无法让人感受到其深层次的文化内涵。

三、将企业文化等同于文化活动与形象设计

在为企业提供文化咨询的过程中，我们发现大量企业对于企业文化的认识还处在比较浅的层次，很多企业把企业文化建设等同于文化活动，认为企业经常性地组织员工的各项文体活动，统一了着装，统一了企业标识，也就是完成了企业文化的建设工作。其实，这些都只是企业文化建设的部分工作，系统的企业文化建设包含精神层、制度层、行为层和物质层四个层面，需要循序渐进，任何一个层面的不完善都会影响整体企业文化作用的发挥。

企业文化建设必须在必要的人员配备、组织保障和资金支持的基础上，结合企业长期发展战略，形成从企业文化愿景、使命、核心价值观塑造，到通过各种手段在员工内部进行培训、宣导，到多种方式和渠道的文化落地实施，到对文化建设效果的评估与提升的全过程。只有把握好文化建设的所有环节，才能最终实现提高员工归属感、凝聚力的目标。

四、文化建设脱离实际，形同虚设

企业文化是一种管理科学与艺术，每个企业所从事行业不同、地域不同、发展战略不同、成长路径不同、管理理念不同，文化的侧重点必然有所不同，盲目照搬其他企业的文化理念，非但与实际不符，缺乏个性，有时还会造成南辕北辙的尴尬，阻碍企业的发展。

我们曾经遇到过这样的企业，领导层对企业发展本身缺少深入、系统的思考，对本企业员工的了解也不甚全面，在进行企业文化建设时思虑不

全，看着别人企业文化做得不错，就东拼西凑、搬来几句时髦口号，作为自己的文化理念进行盲目推广，导致的结果是文化理念与企业实际情况不匹配甚至脱离实际，文化建设形同虚设、无人理会，非但不能促进企业发展，更甚而成为企业发展的累赘。

五、墨守成规，文化不能与时代同频共振

面对快速变化的经济环境和激烈的市场竞争，求变、求新成为众多企业生存与发展的主题，企业文化建设也是如此。但在实际工作中，仍有很多企业的文化建设工作难以跟上外部环境与企业发展的变化，管理者及员工沉浸在既往形成的文化氛围之中，不知有汉，无论魏晋，完全无视外部环境的天翻地覆的变化，出现了企业战略、业务发展要求与当前企业文化的严重脱节甚至背离。当然，我们承认，企业文化的一些最本质、灵魂性的东西，不会因外部环境的变化而轻易更改；但另一方面，企业文化也应当与所处的时代同频共振，适时变更企业文化的理念、载体、制度与执行方式等，这样的企业文化才具有生命力。

以知名企业联想集团为例，联想“以客户为中心、创新精神、创业精神、正直互信、合作共赢”等文化理念也不是一蹴而就的，而是经过长期摸索、试错与调整而形成的。创业期的联想，注重经营意识和市场目标导向；起步期的联想，强调组织适应和严谨文化；发展期的联想，强化规范管理和亲情文化；而新创业期的联想，则注重战略规划、文化推进与业务创新。

再比如，曾经担任 IBM 董事长的郭仕纳，继承了 IBM 创始人汤姆·沃森形成的核心价值观“尊重客户”，但是却废除了员工上班“穿深色西装、白衬衣、素色领带”的要求，因为在创始人汤姆·沃森年代，“穿深色西装、白衬衣、素色领带”是对客户尊重的有效表现形式，但是在郭仕纳担任董事长的 90 年代，这种形式已经过时，并不能体现对客户的尊重，反而为员工的工作与生活带来了诸多不便，废除它也就是自然而然的了。

六、管理政策与文化不一致，组织信任度较低

管理政策主要是指发展规划、业务计划、管理制度与各项管理措施。当前很多企业存在的问题是，管理者在制定政策时忽略了与企业文化的一致性，或者从短期、局部利益出发，人为地牺牲了企业文化中所倡导的价值理念。

例如，有些超市把“方便、快捷”作为企业文化，这就要求企业尽可能为客户提供快捷、方便的购物环境与服务，但企业的经营者在规划店面布局、产品组合、业态配置时，却没有体现上述要求，物品搜寻很麻烦，结账排队时间很长。再比如，有些清洁品生产企业把“洁白”定位为企业文化品格，但公司内部的卫生环境、员工衣着等却经常是脏、乱、差。这些现象都反映了管理政策与企业文化的抵牾，最终必然导致组织成员对企业文化产生怀疑和不信任的态度。

第三章

企业文化调研与诊断评估

任何一家企业，无论是否有显性的企业文化体系，都会有自己的文化因子。因此，在开展系统的企业文化建设之初，首先必须研究企业的文化背景与成长脉络，发现潜藏在企业深处的文化基因，如此，才能对企业文化的现状和基础给出客观的评价，从而明确未来文化建设的方向与目标。

第一节　文化诊断的目标、原则与流程

深入、周密的调研与诊断评估，能够让我们掌握系统、全面的第一手资料，通过挖掘企业的文化背景，深入了解潜藏在企业家、管理者与员工内心和行为中的价值取向，从而对企业文化现状给出客观的评判，对企业文化面临的问题和痛点有切身、透彻的感受。

一、企业文化诊断的目标

企业文化调研与诊断，是企业文化建设工作的起点，也是制订企业文化建设工作目标和实施路径的依据，成功的企业文化调研与评估至少应达到以下五个方面的目标。

①全面评估当前企业文化现状，明确不同层级、不同部门人员对于企业使命、愿景、价值观、企业精神等问题的不同看法。

②全面评估企业文化管理工作开展情况与开展方法，对企业文化管理工作本身的质量、能力、效果等进行评定。

③对企业的发展历程、业务特点、治理状态、文化成因等进行分析，了解企业文化的形成机理。

④对企业的发展战略进行研究和解码，明确现有文化是否与企业长期战略方向一致，如果存在差异，评估上述差异是否对企业的经营发展造成

影响。

⑤对比同行业企业或先进企业，观察本企业在文化理念、文化推进方法与实践方面与行业通行标准的差异，与先进企业的差距，为文化建设提供借鉴。

二、企业文化诊断与评估的原则

如前所述，企业文化诊断与评估是文化建设工作的起点，也是后续文化建设工作的决策基础，为确保诊断工作的质量，应坚持以下四项基本原则。

（1）独立视角原则

在企业文化调研诊断与评估的过程中，应站在第三方的立场，按照专业的程序和方法开展工作，以客观、公正的角度开展评估。诊断分析观点与结论，应着眼于企业的实际与未来的战略发展需要，不应受到某一单独个体或利益相关人的影响，也不应代入调研者自身的感情或信仰的色彩。

（2）分层分类原则

企业文化调研与诊断应坚持分层分类原则。不同的管理层级在企业当中所处位置不同，对于企业的发展、企业文化有着不同的理解。坚持分层原则，可以更加全面和客观地掌握企业内部不同层级人员对于现有文化的看法以及期望。企业不同业务板块、不同职能领域、不同下属机构、不同地域的人员，其亚文化特点可能有所不同，文化诉求点也有差别，对不同类别的组织、团队进行有针对性的数据挖掘，就可以洞察这一群体的共性诉求。对于企业文化研究来说，整合统一的分析数据固然重要，分层分类的数据对于揭示问题，有着更为具体和直接的意义。

（3）充分参与原则

企业文化的调研诊断工作，应建立在大量、充分的样本基础上，为此应做好充分的宣传、造势和动员工作，让各级管理者和员工能够积极响应调研安排，做好充分的沟通准备，主动反馈意见和建议。从信息获取对象看，要有效采集各层级、各类型人员的信息样本，使之具有代表性，当然也要考虑调研成本与可操作性。

（4）关联分析原则

在开展企业文化诊断时，应对结论的前置条件进行深度剖析，使诊断的论据与结论之间形成正向推论关系。在调研中，应对与企业文化密切关联的法人治理、战略发展、业务环节、经营管理、组织管控、制度流程、机制运行等方面进行综合性的扫描和研究；在形成诊断结论的过程中，应充分考虑企业文化与企业内部相关要素的关联关系，以便做出更加准确和有针对性的诊断。

三、企业文化诊断工作框架

为确保企业文化调研与诊断评估工作的有序开展，科学、严谨的工作框架尤为重要。我们基于十余年来开展企业文化调研与诊断的经验，经过系统梳理，提出了“企业文化评估诊断工作框架”，如图 3–1 所示。

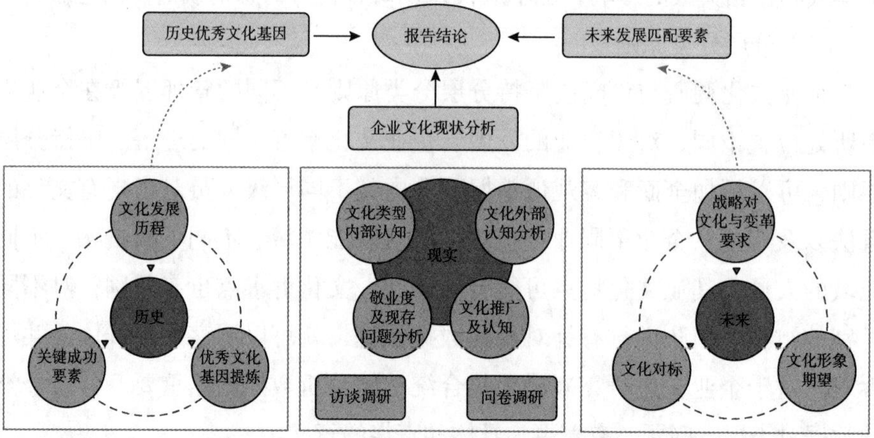

图 3-1　企业文化评估诊断评估工作框架

基于图 3–1，企业文化调研与诊断评估主要包括三个方面的工作。

①挖掘“历史”。即，研究企业发展历史与关键成功因素，提炼优秀文化基因。针对企业文化历史的研究，是对企业发展过程的剖析和总结，侧重解决的是“文化从何处来”的问题，具体操作过程详见本章第二节。

②分析“现实”。即，分析企业文化与文化管理现状，此方面研究包括文化类型划分、企业文化形象的外部认知、员工敬业度及问题分析、文化推广及文化管理工作现状分析等。针对企业文化现状的研究，是对企业当前文化全貌的概括和评估，侧重解决的是“文化当前是怎样的”的问题，具体操作过程详见本章第三节。

③研判“未来”。即，研判企业未来发展所应匹配的文化要素。对于企业未来所需文化要素的研究，主要从战略对文化的要求、外部先进企业文化对标与差距分析、管理层及员工对文化形象的期望三个方面进行，侧重解决的是“文化要到哪里去”的问题，具体操作过程详见本章第四节。

上述诊断评估工作框架融合了对于企业文化历史、现状与未来三个时空的思考，是较为全面、系统的企业文化诊断框架。

四、企业文化调研与诊断的信息来源

企业文化调研与诊断的信息，主要来自于以下几种途径。

①内部资料。在调研正式开始前，制定详细的资料收集清单，按照文化、战略、领导指示、运营管理、员工行为、大事件等类型进行分类，将资料清单送交相关人员进行准备。对于当下难以采集或不能及时采集的信息，应在调研过程中实时跟进，以保障信息收集的全面性。

②人员交流。按照高管、中层、基层等不同层级制定访谈提纲，并在正式访谈前下发给被访者，以便于被访者提前梳理及进行准备。根据层级不同，访谈侧重点亦有不同，但一般会涵盖企业发展历程、战略思路、管理模式、文化演变、关键成功因素及重大发展事件等信息。访谈一般按照结构化的程序开展，个别需要深度追问和展开讨论的问题，可在访谈过程中临时安排。

③问卷调查。问卷调查可通过线上、线下两种渠道开展，无论采取何种渠道，均应在调研开始前提前设计好问卷。问卷中的问题应紧扣调研主题，并注意前后问题的逻辑关联性。问卷需要在规定时间下发和回收，并在过程中及时跟进回收情况，以确保问卷的有效性及问卷回收比例的支

撑性。

④外部企业研究。外部企业研究主要是从外部最佳实践的角度，寻找企业未来发展过程中可能或者有必要借鉴的成功经验。其中，标杆企业的选取应充分考虑企业规模、企业类型、所处行业、所处地域、发展模式等因素，基于“可比”原则，进行标杆企业的选择。企业文化的借鉴研究，有时未必要求上述因素有特别强的对应性，主要是发展历程、业务模式、文化特点方面有相似性就可以，也即我们通常所说的“神似”。

第二节　企业文化溯源与发展历史研究

企业文化调研与诊断评估，首先要梳理企业文化之“源”，弄清企业文化的成因及发展脉络。这是企业文化调研诊断的重要任务之一。它对于后续的企业文化建设、文化落地深植都有至关重要的意义。

一、研究目的

文化溯源与发展历史研究，主要是解决两个方面的问题。

1. 厘清企业文化发展脉络，明确不同时期的企业文化特征

企业文化是先有企业，才有文化，文化是紧跟企业的发展而不断变化的。在文化溯源与发展历史研究的过程中，要首先厘清企业的发展脉络，对企业的发展阶段有清晰的认识。在此基础上，对不同时期的关键事件进行筛选、分析，如企业在某一阶段取得了哪些成绩，攻克了哪些发展难关，有哪些重大的里程碑事件，出现了哪些典型人物，等等。在这些信息的基础上，总结、归纳不同发展时期的文化特征，这些特征或许有好有坏，有的具备双面性，但都能充分反映企业在这一特定时期的管理和文化现象。

2. 总结关键成功因素，挖掘优秀文化因子

企业在漫长的发展过程中会不断积累和沉淀文化基因，文化溯源的一项关键工作就是，在企业漫长的发展历程与众多关键事件中，分析、提炼企业过往的关键成功因素，找出那些推动企业长远发展、不断渡过难关、对企业取得良好业绩起到重要作用的助推器，明确其中的哪些文化因子应予以保留和发扬，而哪些应坚决改变和放弃，也就是要回答“过去为什么成功？”“过去的成功因素是否能够保障未来成功？”的问题。

二、企业发展历程研究

企业文化与企业本身是伴生关系，文化随企业的产生而出现，随企业的发展而革新，要研究企业文化的发展历程，首先要厘清企业的发展历程，由此发现、分析、推演企业文化的形成过程。

如何全面、快速地厘清企业的发展历程呢？首先，要对企业成立至今的总体发展有宏观上的概念；其次，要在充分研究企业资料的前提下，对企业的重大发展事件有清晰的认知。在以上两种认知的基础上，要对企业的发展进行阶段划分。按照企业生命周期理论，企业的发展一般会经历创业期、发展期、成熟期、持续发展期或衰落期四个阶段。当然，不同企业对于发展阶段的划分会有一定区别，具体的阶段划分要符合企业实际，不能一概而论。

在实际的企业发展阶段划分中，根据不同企业的实际，有可能会划分出更多的阶段，且不同的发展阶段都有各自不同的目标。有的企业会直接用初创期、发展期等命名对应的阶段，有的则会以不同发展时期实现的目标进行提炼总结，以此来命名对应的发展阶段。

文化与企业是伴生关系，那么，企业的发展又是如何影响企业文化的发展呢？企业的发展过程中会面临多次大的变革，这些变革遍布于企业不同的发展阶段，变革会给企业带来新的挑战、新的发展，也会带来新的管理方式，这些新挑战、新发展、新管理都有可能衍生新的文化。

比如，创业期的企业，由于经历的是从无到有的过程，对企业的创立者而言，企业的创建本身就是一次大的变革。这一时期，企业在组织、制度、流程上往往不成熟、不健全，但由于规模小、管理简单，企业内部的团结性反而更高，往往领导者的个人魅力、其本身所推崇的管理方式主导了企业的发展。领导者本身及其所推崇的理念和管理方式，明显主宰了这一时期企业的发展轨迹，也决定了企业的文化基因。

随着企业规模的不断扩张，受经济转型、行业变革等影响，企业的发展方向、组织形态、管理机制等都会发生变化，这些变化与企业文化的形成相互关联，也会带来文化的变革。到了这一时期，企业规模大了，业务多元化了，出现了多个管理层级，在这种情况下，领导者个人魅力的影响就不再突出，他所推崇的理念和管理方式也不一定能够为全体管理层和员工所接受了。这一时期，一方面，领导者的理念和管理方式会发生变化；一方面，他的号召需要得到员工的参与和认同，需要广大员工不断地在企业向前发展的过程中通过实际行动推动其发挥作用，并保持团队的凝聚力。为了达成这一平衡，领导者要改变，员工也要改变，最终形成的平衡点，就是这一时期的企业文化。与创业期单纯的文化因子相比，已经不知不觉走出了相当的一段历程。

因此说，企业文化并不是无源之水，无本之木，它随着的企业的产生而萌芽，随着企业的壮大、规范而逐步趋于理性。组织的不同发展阶段，赋予了企业文化不同的特性。通过对企业发展历程的研究，可以推演出不同时期的文化渊源与价值导向，对于研究今天的企业文化同样意义重大。

三、企业关键成功因素分析

关键成功因素是指影响企业在经营发展过程中取得成功的重要的内部或外部因素，对于企业来说，找到过去的关键成功因素非常重要，因为在相当大的程度上，这些因素也很可能导致未来的成功。因此，我们将其作为企业文化溯源研究的重要内容。

企业的关键成功因素不是唯一的，可能来自于很多方面，如企业的物质资源禀赋（资金、矿产资源、土地资源等），以及企业的非物质资源禀赋（地理优势、社会关系、专利技术、具有专属性的客户群体、人工成本优势等），也可能是企业在经营管理过程中形成的独特能力与资源，如销售能力、研发能力、创新能力、成本优势、品质优势、客户资源，也包括品牌价值、企业氛围、员工队伍等等。无论何种形态的关键成功因素，有一点是共同的，那就是它一定是对于企业的成功具有不可替代的作用。

如何识别企业发展中的关键成功因素呢？企业发展过程中所面临的内外部环境的变化、重大挑战和阻碍、重大变革和发展的紧要关头，这些"关键时刻"，都是使企业关键成功因素"浮出水面"的催化剂。通过访谈、座谈、资料阅读，研究企业发展历程中的重大事件，从中推断企业的关键成功因素，是最为直接和便捷的方法。

例如，华为成功背后有一个典型的文化因素，就是"危机意识"。2000年，华为公司开始绩效管理改革时，任正非说："活下去是企业的硬道理，一个人再没有本事，也可以活到60岁，但企业如果没有能力，6天都活不下去。企业每时每刻都面临着外部变化莫测的环境、激烈的市场竞争，以及内部复杂的人际关系，所以企业要长期思考和研究的问题就是如何活下去，因此要积极寻找活下去的理由和活下去的价值。"华为文化的内核是基本假设，任正非的基本假设（也是他每天都在提的）是，"华为明天就会垮掉"。在一次国际咨询会上，华为公司的英国顾问期望任总能谈一谈未来10年或者20年的远景，当时任总说了两个字——"坟墓"，这就是任总对华为未来的假设。从2002年到2020年，遭遇数次生死攸关的危机，华为都能够很好地应对，并在危机后得到更好的发展。当然，华为内部并不习惯对外宣称遭遇危机。任正非曾说，所谓的危机只是这段时间问题多一点而已，解决就好了。而且在每次危机时刻，华为的员工愈发团结。这些都和华为的文化理念密不可分。

四、企业文化优秀因子提炼

企业文化的优秀因子是在企业长期发展中逐渐累积形成的，是构成企业文化的内核。无论企业处于初创期、发展期、成熟期、持续发展期的任何阶段，优秀的文化因子都能够发挥其文化传承“定海神针”的作用，丰田的精益管理、谷歌的创新组织、可口可乐的百年不老泉神话，都足以证明企业的发展过程中，除了产品、战略、内部运营管理之外，优秀文化因子的力量同样不可小觑。优秀的文化因子，贯穿于企业日常管理的每一环节；而企业特定时期对重大事件的处理，则更能凸显优秀文化因子的巨大作用。

与此同时，在企业不断向前的发展过程中，有些过去的优秀文化因子需要继续发扬光大，而有些文化因子则不再适应新的发展需要，从而会被新的文化因子所取代。

在企业面临重大挑战、遭遇重大危机时，文化因子体现的作用最为明显，优秀的文化因子往往会成为企业战胜挑战和危机的决定性因素。因此，在提炼文化因子时，要充分了解和掌握的就是企业过去所发生和遭遇的重大历史事件，只有在充分了解历次历史事件演变过程的基础上，才能更加准确、客观地提炼出这些优秀因子。

文化因子提炼有多种方式可以使用，其中比较普遍的一种是采用“企业文化因子模型”进行提炼。“企业文化因子模型”阐述了企业文化建设中需要分析研究的各项因子，以及各因子的地位和关系。它以企业的员工为核心，横向是与员工个人事业发展密切相关的行业与企业因子，纵向是与员工个人情感和责任密切相关的家庭和社会因子。围绕企业文化，员工对与之紧密联系的企业、行业、家庭、社会的看法、态度、愿望、观念，决定了企业文化的内容。

按照“企业文化因子模型”，员工是企业文化建设的核心，企业文化离不开员工的个人信仰、道德准则、价值观念以及其对工作、对生活的态度，而员工所处的企业、行业、家庭和社会对员工这些方面的形成又有着非常重要的影响，员工在这些方面的反映和行为集中体现了上述观念。因此，文化因子的提炼应围绕员工对自己、对企业、对行业、

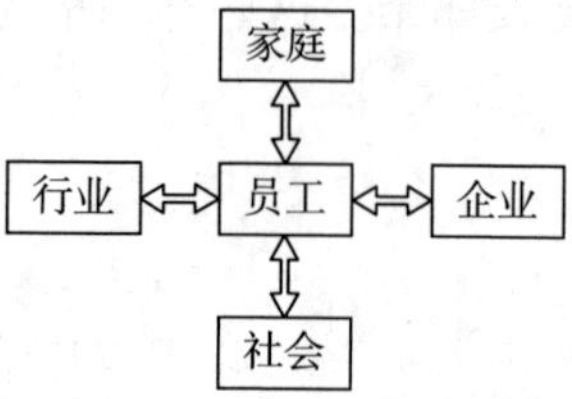

图 3-2 企业文化因子模型

对家庭、对社会的看法来开展，并在此基础上，进一步筛选出其中优秀的文化因子，为后续的企业文化建设提供有力的支撑。

五、研究结论的形成

对于企业文化的溯源研究，主要包括企业发展历程研究、关键成功因素分析与优秀文化因子提炼三个方面。

首先，通过企业发展阶段划分，识别不同时期企业的发展主题、任务目标、发展特点、关键事件、标杆人物以及管理思想的演变，归纳不同时期的文化特征。

其次，以访谈、座谈、资料分析等形式对企业的发展历史、重大事件进行分析，提炼企业的关键成功因素。

第三，基于企业发展历史、不同阶段的文化特性以及员工对于企业、行业、家庭、社会等多个维度的看法，分析、提炼企业的优秀文化因子。

文化溯源是企业文化建设中不可或缺的内容，只有对企业的历史进行了分阶段、分层次、分事件、分群体的系统分析和研究，才能深刻、客观地认识到企业文化的真正成因。

案例3-1　　中石油某公司 企业文化溯源研究

本研究对中石油某公司自1950年到2008年的发展历程进行了全面梳理，并提炼了每一年代的宏观环境、企业定位、代表事件、代表人物、管理特色与文化元素，对每一时期的成功经验与教训进行了总结，面向不同层级干部和员工进行了关键成功因素的调研，同时，也对集团文化、行业文化、地域文化、干部领导风格对中石油某公司企业文化的影响进行了评估，在此基础上，完成了对其文化历程与成因的总体评价。

以下为本研究的部分内容节选，供参考和学习。

中国石油某公司的形成和发展经历了漫长的过程，站在历史和未来的交汇点，回首过去，不难从以下方面体会到文化的渊源

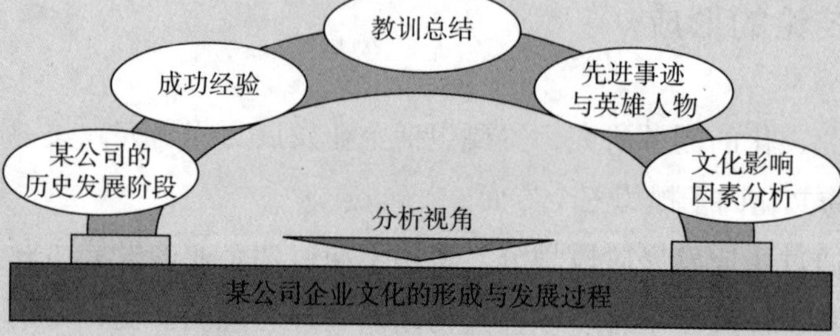

从发展历史的角度看，某公司的发展经历了从单一燃料油炼制到现代炼化一体企业转变

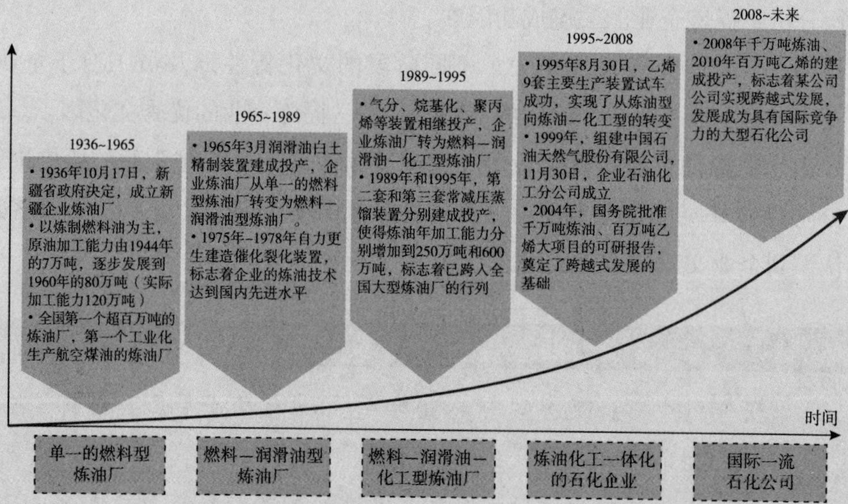

根据管理环境和管理思想的演变，可以更加清晰地勾勒某公司的五大发展阶段

主题	创业		发展		腾飞
历史时期	五十年代	六七十年代	八十年代	九十年代	二十一世纪
宏观环境	满足国家需求	计划经济体制	向市场经济转轨	进入市场经济	国际化竞争
治理环境	新疆石油管理局	新疆石油管理局	新疆石油管理局	中石油天然气集团	中石油股份公司
企业定位	勘探、炼油企业	以炼油为主体的中型企业	以炼油为主体的大型企业	炼油化工一体化企业	生产型地区公司
代表事件	克拉玛依找油会战，齐古找油会战；运油会战；建油罐会战；夺焦大战	常减压联合装置/延迟焦化装置移植到炼油厂；自力更生建催化	第二套常减压蒸馏装置建成投产；申请小乙烯项目	第三套常减压蒸馏装置建成投产；乙烯大会战	千万吨炼油、百万吨乙烯大项目
领导人	许士杰	段振廷	杨生汉	杨生汉、陈宗禹	徐福贵
管理特色	注重技术创新和专业人才培养	以岗位责任制为核心的制度建设	厂长经济目标责任制	目标管理和达标管理，加强班子和员工队伍建设	形成“以全面提升核心竞争力为目标，以制度、技术和管理创新为动力，以和谐管理为核心，以夯实安全基础、强化基础管理为保障，以人才队伍建设为支撑”的现代企业管理模式

➢ 五十年代

宏观环境	响应国家号召，满足国家建设需要
代表事件	■ 发现克拉玛依大油田 ■ 黑油一号完钻出油 ■ 齐古一号开钻 ■ 杨虎城之女在三塘湖光荣牺牲 ■ 从克拉玛依拉运原油
理念元素	■ 我为祖国献石油 ■ 全力支援克拉玛依，困难留给自己 ■ 又让又上，团结闯关，发展自我 ■ 克拉玛依之歌 ■ 有条件要上，没有条件创造条件也要上
理念精华	■ 自力更生、艰苦奋斗、创业奉献
点评	具有战争年代特色的奉献文化，以为祖国找到石油、支援国家建设为主基调，具有极强的民族英雄主义色彩，令人感动。

➢ 六七十年代

宏观环境	传统计划经济体制
代表事件	■ 大庆精神 ■ 延迟焦化装置“移植” ■ 自力更生建催化
理念元素	■ 头上青天一顶，脚下荒原一片，找米下锅：清、修、改、代、找，六字方针闯难关 ■ 自力更生，挖潜革新改造，不断提高经济效益 ■ 讲精神、讲科学、讲干劲，爱厂如家，振兴中华
理念精华	■ 自强自立
点评	和平建设时期，依靠自己的双手突破技术壁垒、建设家园的豪情主义。 大庆精神是整个石油系统乃至整个国家学习的精神标杆，其核心是自力更生，不怕困难，自强不息。

➢ 八十年代

宏观环境	向市场经济转轨
代表事件	■ 厂长经济目标责任制，深化改革
理念元素	■ 企业是我家，我爱我家 ■ 为企业做贡献，感觉真好 ■ 职工的心，企业的魂 ■ 总厂在我心中，效益在我手中 ■ 关心企业发展，参与企业管理（厂区出险，自觉行动，无声命令） ■ 加班加点，不计报酬 ■ 当天工作当天完，需要我时就加班
理念精华	■ 爱厂如家、追求经济效益
点评	改革开放初期，市场经济模式启动，开始关注管理与经济效益，开始思考个人与企业的关系。在这样的大背景下，强调传统，强调热爱企业、责任与奉献精神，以在市场经济的冲击之下保持员工干部思想的稳定与对优良传统的把持。

➢ 九十年代初

宏观环境	全面进入市场经济
代表事件	■ 乙烯大会战
理念元素	■ 吃三、睡五、干十六 ■ 挥起榔头二十磅，建设独炼献力量 ■ 弄潮儿向涛头立，手把红旗旗不湿 ■ 英雄笑忍寒天上牙打下牙，好汉不怕茹饥前心贴后心，上下贴心完成乙烯工程 ■ 谁英雄谁好汉，乙烯会战比比看 ■ 战斗牺牲都不怕，哪怕手上开血花 ■ 思想上不能等靠要，越等时间越晚，越靠思想越懒，越要志气越短 ■ 企业的事，要靠企业人来办 ■ 挺进克拉玛依，松辽大会战，江汉油田、四川气田、华东管线、乌石化、泽普石化、格尔木炼油、苏丹喀土穆炼油等工程建设凝聚了某公司人的智慧与汗水 ■ 我们是中国石化企业发展的“母鸡”，为共和国创造财富的“金鸡” ■ 最具有感召力的企业精神“领导班子有正气，职工队伍有士气，社会有好风气” ■ 炼塔在我心中
理念精华	■ 自信自豪，积极进取
点评	以建设和发展为主题，强调企业的自立意识，强调不等不靠，企业人的事要靠企业人自已来办，自力更生，通过建设和发展改变自身的经营和生活环境。务实、自立文化的开始。

➢ 九十年代中

宏观环境	全面进入市场经济
代表事件	■ 石油化工总厂成立，多经集团公司成立
理念元素	■ 反对脱离实际的瞎指挥和形式主义 ■ 以王继谓为代表的科研工作人员 ■ 不摆花架子，脚踏实地地干工作 ■ 不要做叶子，要做石头 ■ 效益不是说出来的，是干出来的 ■ 当天工作当天完，工作不完不下班 ■ 领导必须亲临现场，机关要为基层服务 ■ 在游泳中学会游泳 ■ 指挥靠前，现场办公 ■ 发展才是硬道理 ■ 每个人都不能掉链子 ■ 面对市场，丢掉幻想 ■ 把企业做强做大，争创一流石化企业，一次又一次把握机遇，在发展中解决“孤岛经济”产生的一系列问题
理念精华	■ 求真务实，坚持发展为第一要务
点评	务实管理思想的形成和发展阶段，强调管理的实效性，强调关注市场、谋求发展是生存之道。

➢ 九十年代后

宏观环境	全面进入市场经济
代表事件	■ 炼油系列产品通过国际质量体系标准认证 ■ 中国石油天然气股份有限公司某公司分公司成立
理念元素	■ 人生有尽，事业无尽，要使无尽的事业天长地久地传下去，就要解决好接班人的问题 ■ 一级带着一级干，一级干给一级看 ■ 三位一体变革战略，平稳度过变革振荡 ■ 精神文明建设“六大”工程：核心工程、形象工程、繁荣工程、育才工程、温暖工程、平安工程 ■ 民汉职工一帮一，结对子，提高汉语学习水平 ■ 超前安排人才培养
理念精华	■ 以人为本，学习意识，和谐发展
点评	强调与区域社会的和谐相处，关注人才的重要性，强调人才的培养。

➢ 走进二十一世纪

宏观环境	迈向国际化竞争
代表事件	■ 2000年，荣获“全国质量效益型企业”称号 ■ 在国内石油行业第一家通过ISO14001环境管理体系认证 ■ QHSE认证合格 ■ 2004年荣获“国家环境友好企业”，是中石油系统及自治区唯一获此荣誉的企业
理念元素	■ 照葫芦画瓢是保险，那不是某公司人的作风，要敢干别人没干过的事 ■ 不干则已，要干就要争第一 ■ 我们要做好，我们会更好 ■ 把企业做强、做大，争取一流石化企业 ■ 如果都是别人干过的，我们才能干，我们还有什么追求 ■ 稳定是政治，稳定是大局 ■ 上下级平等，相互理解，相互信任的人际关系氛围 ■ 无情制度有情操作 ■ 盛开的民族团结之花体现了家庭式的和谐 ■ 民主管理是考核部门绩效的重要指标
理念精华	■ 敢于突破，追求卓越，和谐发展
点评	树立卓越目标，关注国际化，强调锐意突破与民主管理，强调企业的社会责任，与国际接轨的新思维的发端……

某公司企业文化历史发展阶段

总体来看，某公司企业文化的历史沿革如下图所示：

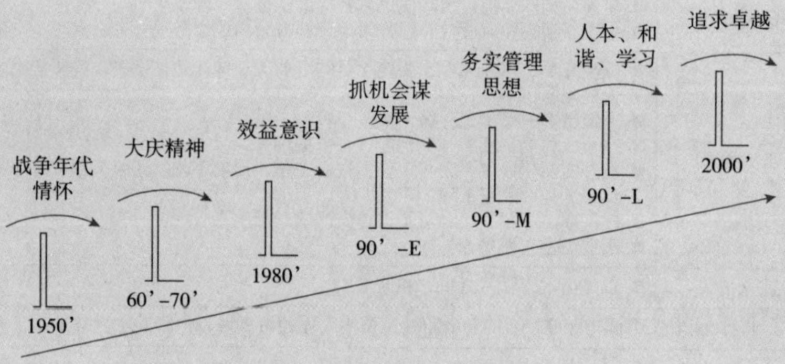

从企业成功经验角度看

在深度访问中，部分干部对“您认为公司过去70年来获得成功的关键因素是什么？”发表了自己的观点：

- 石化公司的人，大部分人是企业荣誉感强，70年代很多东西是自己做的，精神很强。领导层前瞻性比较好，包括上催化，上乙烯，大项目，领导层比较有远见。
- 企业人认同企业，有归属感，能够加班加点，不计报酬，对形成的一套工作作风和宣传执行的理念能够融入到日常工作中，有延伸和提高。
- 企业的氛围，不服输，包括每一个员工。企业人比较朴实，领导一挥手，大家就往前冲。
- 员工负责，出事都往厂里跑；人际关系简单、纯洁；重实干，干部都是从基层提拔上来；关爱员工、讲感情，公司不仅关心员工工作，也重视员工生活，而不是完全推向社会。
- 地理条件不好，不属于国家重点规划的。独立自主、自力更生，历来提倡企业的事情企业自己办，催化裂化国家没有批，但是我们觉得先进就不停地跑步前进，到石油部争取项目，自己筹集资金建成，建乙烯也是，乌石化和克石化都在，我们没有优势，自治区党委很支持，只要在新疆，不管在哪里。在管理上严格要求严格管理，自成体系。建了很多制度，规范大家的行为，有一套自己的体系。
- 职工比较敬业，主人翁精神、跟踪国内外技术指标。引进国内外先进技术。乙烯以中石化为标杆。在各个指标盯不同企业，如抚顺，大连。组织、鼓励技术调研。领导有大战略眼光，提倡务实、奉献、踏实工作、淡泊名利。树典型，用物资、精神鼓励。用人标准跟提倡的一致。以业绩为导向的用人标准，同时也重视过程。
- 危机感，迫使抓住机会。如果不建乙烯，向下游发展，就没有前途，为现在大项目打下基础。务实精神，对外学习和交流，吸收各种先进经验，注重从基层培养员工，注重培训员工和干部。

该公司的人如何看待成功经验？

在问卷调查中，干部、员工对“您认为某公司过去取得成功的主要原因是什么？”做了如下回答：

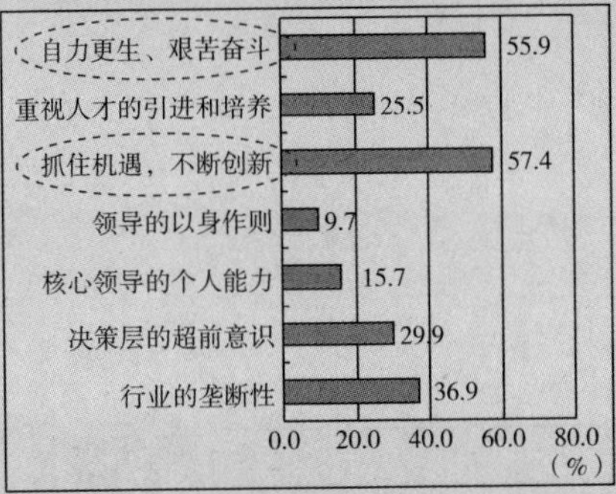

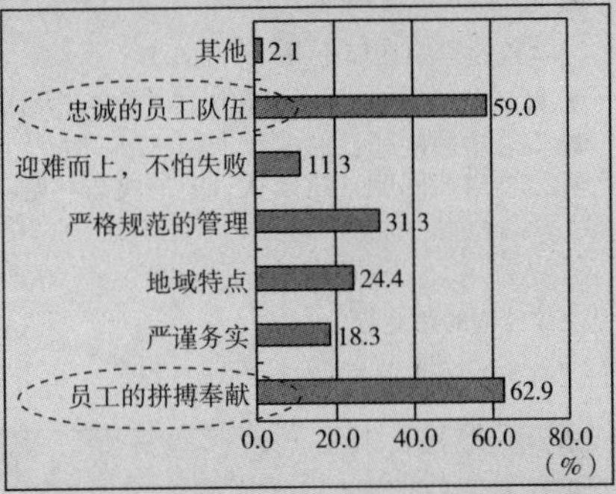

该公司的人如何看待成功经验？

总体来看，干部和员工对于某公司的成功经验看法基本一致，只是由于角度的原因，对各要素的排序看法不同，但在务实、实干的问题上，看法不是十分一致

访谈结果（中高层）	问卷调查结果（中基层）	结论（共性部分）
务实、实干		?
领导班子团结、朴实、有远见	决策层的超前意识、能力、以身作则	领导班子
基础管理好、管理体系完善、管理严格	严格规范的管理	高标准管理
敬业、负责	员工的拼搏精神	拼搏奉献
奉献精神		
追求卓越、不服输、荣誉感		
员工对企业的热爱	忠诚的员工队伍	热爱企业
地理特点，相对封闭	自力更生，艰苦奋斗	艰苦奋斗
资源优势	抓住机遇、不断创新	善抓机遇

从企业经验教训角度看

在深度访问中，部分干部对"在公司发展过程中曾经出现过哪些经验、教训？"发表了自己的观点：

- 发展中也曾经有过波折，90年代中期国家压缩投资，7.2万吨烷基苯，我们想会在我们这里落成，结果这个项目没有批，这是一个很大的遗憾。
- 我们是生产中心，没有什么重大投资失误产生，细节上、质量上有些失误。项目管理从源头立项、审查，避免投资失误，造成开工浪费。建设转为生产后，出现很多问题，项目评价比较表面，缺乏一个真实评价，有些项目上后，出现停下来的现象。
- 项目的前期评估有时做得不好，比如炼油加氢，乙烯也有，调研，前期论证不够。
- 安全环保的重视从血的教训中来，人才的流失，看不到事业的前途，年轻人多。
- 1998年出过一次事故。以后建立以安全为重的文化。杜邦把安全作为一种商业文化，安全是基础，必须坚持第一，但不是最终追求，应是效益最大化。
- 有很多，比如决策失误，配套装置建起来，没有开起来、拆掉。
- 总厂炼建公司扩建厉害，牵涉很多官司；改制时对三修定位不清。原来划到总厂，后来发现不好配合，又委托公司代管，但是人事又不在公司。
- 安全，企业是高危性企业，安全至高无上，个人的失误导致企业受到损失。1997年检修的炼油厂在检修过程中造成损失。
- 决策失误，催化、焦化建两套装置，现在看没有意义，当时有必要，要动态看问题，具体分析。
- 也曾经有过波折，乙烯刚开始亏损，大家说乙烯建成，造成亏损开始。

该公司的人如何看待经验教训

经验教训集中在以下几个方面：

- 科学建设问题：项目前期论证不充分造成的不能达产、技术失误，或者经济效果不佳；
- 安全事故问题：血的教训；
- 干部自律问题：建设项目中的腐败问题。

从英雄人物的角度看

对于英雄人物，某公司人的观点有两类：

<table>
<tr><td>观点一</td><td colspan="3">观点二</td></tr>
<tr><td>平凡英雄论</td><td colspan="3">有英雄论</td></tr>
<tr><td rowspan="8">典型观点：
■ 身边的人都让我感动，突出一个人说不上；
■ 在自己的岗位上兢兢业业的人；
■ 不主张评先进，其实很多人相当优秀，每个人都有自己的特点。比如一个团体，需要两三个人在危险时敢于冲上去，需要几个脑子活的，需要各种类型的人。</td><td>潘××</td><td>发扬大庆精神，爱岗敬业，奋不顾身保护国家资产</td><td>70年代</td></tr>
<tr><td>王××</td><td>烈士，优秀的专家，成就斐然，淡泊名利</td><td>90年代</td></tr>
<tr><td>徐××</td><td>爱岗敬业，不断学习，贡献突出</td><td>21世纪</td></tr>
<tr><td>薛×</td><td>爱岗敬业，技术比武优秀</td><td>21世纪</td></tr>
<tr><td>董××</td><td>身患绝症仍坚持工作的眼科大夫</td><td>90年代</td></tr>
<tr><td>谭××</td><td>不怕吃苦，业务优秀</td><td>21世纪</td></tr>
<tr><td></td><td>十大杰出和优秀青年、劳动模范和先进个人、优秀员工、十佳车间主任…</td><td></td></tr>
<tr><td>…</td><td>人物志、英雄谱</td><td></td></tr>
</table>

无论哪种观点，大家一致认可：新时代某公司的英雄人物应当具有以下特点：

- 热爱企业
- 甘于奉献
- 工作扎实
- 技术和能力突出
- 不断学习
- 淡泊名利
- 品格高尚
- …

通过以上分析，汇总提炼出企业的文化历程及总体评价

文化历程与成因总体评价

文化历程	成功经验	教训总结	英雄人物	文化影响因素
经历了50、60~70、80、90年代以及新世纪五个重要的发展阶段，每个阶段都有鲜明的文化主旋律	领导班子 高标准管理 拼搏奉献 热爱企业 艰苦奋斗 善抓机遇	科学建设问题 生产安全问题 干部自律问题	平凡英雄论 王继谔 徐凯军 …	中国石油企业文化 一把手风格 石化行业特征 传统文化 公司发展历程

第三节　企业文化现状调研与评估

明确企业文化从何而来、“根在哪里”的问题，目的是要更好地服务于企业文化的建设与升级；而要构建企业文化体系，还需要采用科学的工具和方法对当前的企业文化现状进行评估，解决“当前是怎样”的问题。

一、研究目的

所谓文化现状调研，是对当前企业文化建设情况、员工敬业度状况、文化倾向、外部利益相关者对本企业的看法等进行全面了解，从而对当前的文化状况“精确画像”的过程这一工作从不同角度对文化进行研究，通过多元视角使得文化高度还原，是后续文化建设与创作工作的土壤和基础。

二、组织文化类型与内部认知

所谓组织文化类型，是指按照模型或特定工具分析之后所定位出的文化状态与型式，如大家经常所说的“俱乐部型文化”等，这种状态与型式的确定，主要采用的是“文化类型量表”+“内部调研”的方式。

内部认知，就是从企业内部员工的视角所看到的企业文化的“样貌”，在分析组织文化类型时，可依托科学的分析工具和模型，例如目前在中国得到广泛应用、具有较高信效度的“竞争性企业文化分析模型”（详见本章第五节），通常采取访谈＋座谈会＋问卷调查的方式，通过收集员工的真实感受、员工提及的先进人物、典型事例等，提取表征组织文化类型的信息。

三、企业文化的外部认知

企业的业务来源于外部市场，资源或服务也可能由外部市场提供。同时，企业也在为外部市场提供服务、创造价值的过程中实现自身的利润创造，积极、诚信、专业的形象是企业开拓市场、创造利润的前提。因此，通过客户与合作者的声音，了解自身在外部人心目中的真实形象，不但对于企业文化建设至关重要，对于管理层理性认知企业的优势与不足，有针对性地发挥优势与弥补短板，同样重要。

一般来说，企业文化的外部认知研究，主要面向企业的外部利益相关者，如客户、供应商、合作伙伴、股东及投资人等，调研样本一般由企业提供，从中选取具有代表性的外部机构，由独立的第三方机构进行问卷调查或面访，以中立的视角获取企业文化外部认知的相关数据，进行定性与定量分析。

四、现存问题分析与敬业度调查

企业文化诊断的一个重要内容，就是员工在企业内部的真实感受，以及员工对于企业的态度，这方面信息的收集一般通过问卷调查，经常采用的问卷内容包括三个方面。

一是对于企业战略、组织、流程运营、人才管理与发展等方面现状的评估。这种评估的优点是比较全面地复原了员工所在的工作氛围，不但对于企业文化建设，对于企业经营管理也具有一定的评估和优化功能，缺点是无法进行横向和外部的比较。

二是敬业度调查。所谓敬业度调查，是在员工满意度调查基础上发展起来的、针对员工对企业态度的系统性调查。传统的员工满意度主要侧重于衡量员工对于工作环境、收入、福利、成长等方面的具体满意水平，而敬业度则从更深层次反映员工对组织文化的接受程度。

目前国内外多家研究机构都有针对员工敬业度的调研分析系统，如翰威特咨询的员工敬业度调查是从 say（说），stay（留），strive（努力）三个层面去评估员工是否敬业。本书中重点介绍的盖洛普 Q12 敬业度调查，主要通过 4 个敬业阶梯、围绕员工工作环境的 12 个方面对员工敬业度进行评估，详细调研内容介绍见本章第五节。

三是开放性问题调查。所谓开放性问题，即只提出问题，由答题者根据自己的理解自由答题，这一方法的优点是不限制答题者的思维，获得的回复更有创造性，缺点是无法进行量化统计和分析。因此，该方法往往作为企业现状评估或敬业度调查的辅助方法使用。

由于信息化手段的普及，以上调查可以面向企业全部层级、尤其是大量的基层员工开展，可以实现跨业务、跨地域、跨人群的大范围信息收集，实现成本较低。对于获取的数据和信息，既可以进行全面的分析与应用，也可以进行分层次、分类别的特定人群分析，由此进行问题的聚焦，并有针对性地提出管理改进建议。

五、文化认知及文化管理现状调查

所谓企业文化认知，主要是调查员工对于企业文化核心理念（使命、愿景、价值观、企业精神）的认知程度，如员工是不是了解企业文化，是不是理解企业文化理念的内涵等等。企业文化的认知程度，在很大程度上反映了企业文化推广的强度与效果。

同时，针对企业文化管理的调研还包括：企业文化是否有专门的组织或人员进行管理，企业文化工作是否有明确的年度规划，企业文化宣传推广的各项活动是否定期组织、效果如何，有关于企业文化的表述是否精确，是否有与文化推广相匹配的宣传物料与传播媒介，企业文化是否与企业的管理思想内在一致，企业是否有完备的视觉形象系统以支持文化的外在表现，企业品牌管理体系是否完备，是否与企业文化有紧密的联系，等等。

在获取员工文化认知及企业文化管理的信息时，也会采用定性和定量相结合的方式。一方面，通过调研访谈获取有关于企业文化管理的基本情况；一方面，通过问卷调查了解员工对企业文化的认知情况。两者结合，可以全面体现企业文化管理的基本状况和水平。

六、研究结论的形成

综上所述，文化现状调研与评估主要包括组织文化类型分析、文化外部认知分析、现状问题与敬业度分析、文化认知与文化管理情况评估四个方面的工作。

组织文化类型关系到企业文化的导向，比如目标绩效导向、层级规范导向、团队支持导向等等，不同的导向代表着不同的企业文化风格。

文化外部认知则还原利益相关方眼中的企业文化形象，使得对于企业形象的认知更加全面、客观。

企业管理现状与敬业度分析能够全面反映企业的管理现状、企业管理环境对于文化的影响，以及员工对于企业的认同感、归属感与荣誉感。

文化认知与管理评估，则是站在将文化管理作为一项管理工作的角度，看其组织、流程、方法与效果。

在以上四方面分析与评估的基础上，应对企业文化现状给出一个全面、客观的评价，从管理现状、内外部文化认知、文化类型、员工敬业度、文化管理等方面提出结论性观点，从而为后续的文化建设工作划下起跑线。

第四节　面向未来的文化发展诉求研究

解决了企业文化“根在哪里”和“当前是怎样的”的问题之后，还要明确企业文化“要到哪里去”——企业文化建设除了回望过去、立足当前之外，更重要的是服务未来。企业战略之所指，即是文化之所至。

一、研究目的

前文谈到，企业文化是随企业的产生而产生的，企业的不同时期、不同阶段都有不同的文化特点；以此类推，企业的未来也必然有与其相符合的新文化。如果说企业战略是告诉企业要去哪里，企业文化建设目标就是要告诉企业文化应该朝哪个方向去努力。面向未来的企业文化研究，就是要找到一种能够支撑战略、服务战略的企业文化与精神层面的动力机制，并通过持续的努力，使这种机制相伴战略，良性发展。

二、战略对文化变革的要求

研究战略对文化的影响，首先需要面向未来分析文化诉求的核心所在，因此，首先应保证企业战略方向的制定是充分、合理与可行的，只有建立在符合企业实际的发展战略基础上的企业文化，才能在战略目标实现的过程中真正发挥作用。

通过对企业未来战略的深度解析，可以总结战略对文化的要求，从中提炼新的文化因子，将新因子与原有文化因素相融合，就可以逐步培养服务企业未来发展的新型文化。

企业战略与文化之间是相互影响与方向统一的关系。企业战略是在企业价值观、经营理念等文化要素的规范下产生的，也就是说，有什么样的企业文化，就有可能导向什么样的战略，文化对战略的制定和实施具有引导和制约作用。同时，在更多的场合，企业战略要求文化与之相适应、相协调。如果企业根据外部环境和内部条件的变化制定了新战略并要求新文化与之相匹配，但原有文化变革意愿不强烈，变革速度缓慢，就有可能成为新战略实施的阻碍。因此，企业内部新旧文化的协调、革新与更替，是战略获得成功的重要保证。

三、企业文化对标

企业文化对标，顾名思义，就是对照标杆企业的文化要素与文化管理，建立、改善或提升自身的文化体系与运行管理机制。通过标杆研究，可以为企业的文化建设打开一扇窗，使企业文化建设找到努力方向与目标，为企业文化建设提供借鉴。

如何在文化对标过程中选择对标企业与对标要素？一般而言，拟选择的对标企业应该与本企业具有业务上的、所有制结构上的相似性，两个完全不同行业、不同战略目标的企业是难以对标的。例如：对于高科技企业来说，创新远比成本重要，只要能保证创新和质量，成本稍高可以接受；而对于传统制造业而言，可能成本就是主要的竞争因素，两者的管理思想是截然不同的。因此，对标企业一般是在同行业中选取，如果选择行业外的企业，也应考虑到至少在某一方面，对标企业与本企业现在或未来的规划方向具有相似性和借鉴性。

在对标要素的选择上，应基于“企业文化理念”与“企业文化运营”两个方面考虑。

文化理念的对标，主要集中在愿景、使命、价值观等核心文化理念的横向对比，对于其他企业具有独特性的文化理念，如惠普的“惠普之道”，日产的“行为价值观”，京瓷的“阿米巴”，海尔的“日清日高”，阿里的“六脉神剑”，都是企业独特的文化理念或原则，更加值得关注。

文化运营的对标，主要体现在文化的组织与管理，各类文化活动的规划与实施，特别是文化在员工管理、奖惩激励、任用发展中的具体应用，这些应用往往也是对标企业文化得以落地的基础和关键，是“表”与“里”的问题，例如，华为提出“不让雷锋吃亏，奉献者定当得到合理的回报”。这仅仅是一个文化理念的问题，其背后有大量的激励政策、考核方式、晋升机制作为支撑，倘不把这些因素研究清楚，单纯的理念对标，永远是苍白无力的。

四、文化形象期待的讨论与分析

在进行文化内外部认知、文化类型定义的过程中，采用同样的调查工具，我们可以了解到企业内部各层级人员（股东、管理层、员工）和外部各利益相关者所期望的企业文化形象，例如，员工希望企业文化中更多协同、创新，减少等级观念等。

对于文化形象的期望，反映了员工及外部相关者对该企业文化“应当是怎样”的期待。当然，这种期待是否合理、是否具有先进性、可操作性，需要进行科学的判断和分析，但它代表了民心所向，显然是不容置疑的。

五、研究结论的形成

面向未来的文化发展诉求研究，主要是以远期的、战略的、外部的视角对文化建设方向进行分析和论证，它以企业战略为指引，以外部对标、员工期望研究为基础，精确定位文化建设的方向。

实现战略支撑方面，为了支持企业战略目标的实现，应当依据对企业内外部环境的分析，致力于营造企业战略落地所需要的文化氛围。

满足文化期望方面，要认真分析员工、利益相关者对于企业文化形象的期待，促进企业文化建设方向与员工内心期望与感知的高度契合，为后续文化的落地和推广奠定良好的基础。

落实文化对标方面，要对同行业、同类型、同管理模式企业的优秀文化因子进行吸收和借鉴，为文化注入新鲜的血液，使文化焕发新的活力。

案例3-2　H集团面向未来的文化发展诉求研究

对H集团面向未来的企业文化发展诉求研究，分别从战略需要、员工对文化的期望、企业形象塑造三个方面进行。

以下为本研究的内容节选，供参考和学习。

H集团企业文化诊断报告

在《H集团2017年度工作报告》中，提出了如下五个方面的战略要求，由此对H集团未来的组织和管理提出更多的、更高的、甚至是全新的要求

<table>
<tr><th>序号</th><th>战略要求</th><th>关键举措</th><th>对于组织与管理的要求</th></tr>
<tr><td>1</td><td>审时度势
前瞻布局
明晰集团
发展方向</td><td>•提升质量、壮大规模，做实“大制造”新成果
•树立品牌、创立标准，开创“大教育”新局面
•精心谋划、稳步推进，开辟“大健康”新产业
•防范风险、优化结构，构建“大服务”新模式</td><td rowspan="5">1. 在复杂多变的环境下，H集团如何形成完备的信息收集与感知能力，从而把握政策趋势，趋利避害，进行产业布局的调整和动态管理
2. 对于金属加工、教育两大主业，如何通过全球化、全国化的并购实现规模扩张，提升业务竞争力，实现规模效益的同步发展
3. 对于集团布局的新产业，缩减投资的产业，拟退出的产业，判断的标准和依据是什么由哪些机构和能力来推动这项工作
4. H集团的成功因素，源于用人，未来，在用人理念、多元化激励与绩效管理、人才系统培养方面，H集团应当如何做
5. 对于新近搬迁杭州的集团总部，其与二级专业集团的管理定位是什么？其运行制度流程与机制建设的原则是什么？
6. 作为投资控股型集团，在投资管理方面的决策机制和流程是怎样的？
7. 新时期H集团文化的基本点是怎样的？如何持续做好企业公民、处理好与利益相关者的关系？
8. 市值管理方面的短板，影响到了H集团长期的资本市场形象，也是资源的浪费，这方面如何考虑和改善？
9. 新时期H集团的职业经理人文化是怎样的？
10. 如何在企业决策层逐步更替的过程中，总结和提炼H集团既往的成功经验，实现可持续、可传承？</td></tr>
<tr><td>2</td><td>全面谋划
彰显优势
优化集团
发展方式</td><td>•充分利用好资本市场
•继续深化国际化发展
•控制好资产负债率风险
•把不利于发展的业务坚决剔除出去</td></tr>
<tr><td>3</td><td>积极变革
强化协同
提升集团
管理效率</td><td>•提升集团总体管理效率
•提升集团总部服务水平
•整合优化资源共享模式</td></tr>
<tr><td>4</td><td>诚信共赢
积极向上
打造优秀
企业文化</td><td>•诚信文化是H集团文化的基石
•创新文化是H集团事业的动力
•匠心文化是H集团品质的支撑
•实干文化是H集团精神的基因
•健康文化是H集团形象的特质</td></tr>
<tr><td>5</td><td>敢于担当
善于作为
履行集团
社会责任</td><td>•提升社会综合价值
•努力扩大就业
•推行诚信制度
•致力于发展慈善事业
•致力于环境保护</td></tr>
</table>

企业文化必须与企业战略相契合，H集团战略对企业文化的要求

战略目标

铜加工成为全球第一；教育成为全球知名，规模第一；农业成为全国前三：
- 销售的快速增长
- 赢利能力的提高

战略对组织的要求

- □ 在复杂多变的环境下，H集团如何形成完备的信息收集与感知能力，从而把握政策趋势，趋利避害，进行产业布局的调整和动态管理
- □ 对于金属加工、教育两大主业，如何通过全球化、全国化的并购实现规模扩张，提升业务竞争力，实现规模效益的同步发展
- □ 对于集团布局的新产业、缩减投资的产业、拟退出的产业，判断的标准和依据是什么，由哪些机构和能力来推动这项工作
- □ H集团的成功因素，源于用人，未来，在用人理念、多元化激励与绩效管理、人才系统培养方面，H集团应当如何做
- □ 对于新近搬迁杭州的集团总部，其与二级专业集团的管理定位是什么？其运行制度流程与机制建设的原则是什么？
- □ 作为投资控股型集团，在投资管理方面的决策机制和流程是怎样的？
- □ 新时期H集团文化的基本点是怎样的？如何持续做好企业公民、处理好与利益相关者的关系？
- □ 市值管理方面的短板，影响到了H集团长期的资本市场形象，也是资源的浪费，这方面如何考虑和改善？

新的企业文化要素

1. 前瞻与洞察
2. 成长与发展
3. 有所为有所不为
4. 速度与效率
5. 人才与激励
6. 创新与变革
7. 法治与规范
8. 团队与合作
9. 风险控制

访谈分析：当被问及“H集团未来事业发展所应坚持的原则应该有哪些？应该追求什么样的发展速度和发展规模？”的时候，中高层干部的观点是（多选）

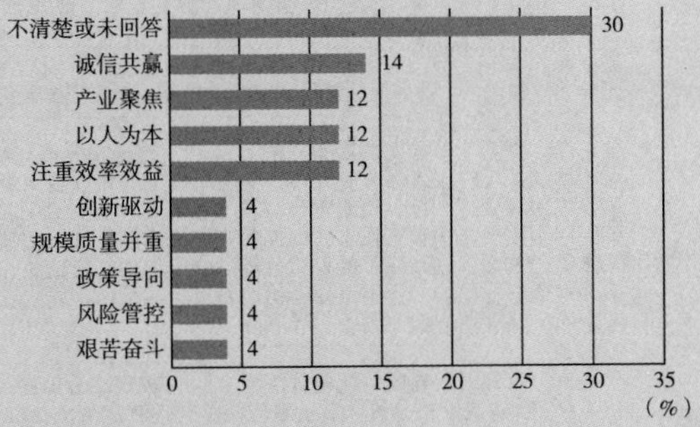

汉哲分析：
- 从调研访谈的情况来看，管理层对于未来的事业发展原则方面，并没有特别清晰的观点，很多人没有思考；
- 排名居前的观点包括：诚信共赢、产业聚焦、以人为本、注重效益；
- 从以上观点来看，聚焦产业、注重效益是大家对于未来H集团事业选择的基本看法；诚信共赢、以人为本是大家对于未来事业发展过程中所秉持的原则的看法；
- 聚焦，是H集团在铜加工、教育产业上实现突破的关键，这是今后在产业发展方面需要坚持的原则。同时，如何在投资的过程中充分论证，确保投资项目的效益和效率，提高投资项目的成功率，显然也是大家所关注的方面。

H集团员工期望文化类型的变化

团队支持、层级规范导向为主导，创新变革导向、目标绩效导向相对均衡发展的企业文化

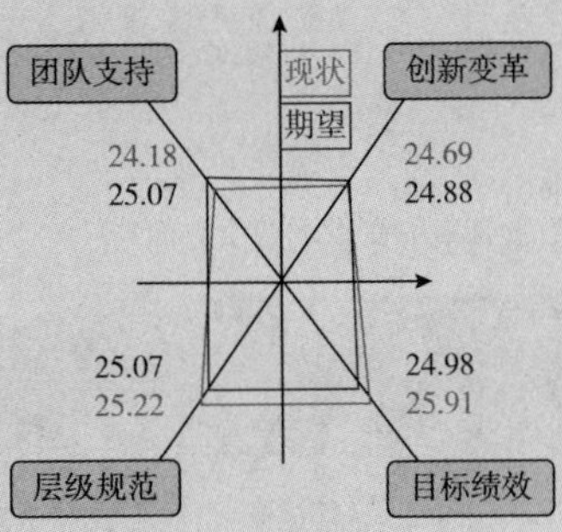

管理方面	团队支持	创新变革	目标绩效	层级规范
总体	25.07	24.88	24.98	25.07
企业氛围	24.89	24.93	25.11	25.07
管理方式	25.06	24.89	25.09	24.96
领导风格	25.13	24.78	24.86	25.23
凝聚力	25.15	24.85	24.97	25.03
战略重点	25.02	24.85	24.99	25.14
成功标准	25.14	24.95	24.91	25.00

注：浅色数字和线条代表现状文化特征
　　深色数字和线条代表期望文化特征

从“内部-外部”看，员工期望H集团在关注企业外部的同时，更加关注企业内部；从“灵活-控制”看，员工更希望采取灵活自主的工作方式

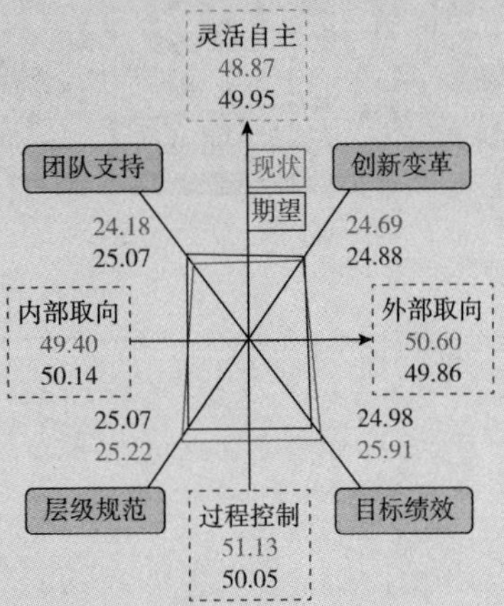

从“内部-外部”角度看，员工期望的关注企业内部较多一些，结合访谈资料来看，这意味着员工希望能更加关注团队协作和优化内部管理，比如关注部门之间的协作沟通，员工的职业发展，优化绩效考核指标等；但外部取向值的减少并不代表着要减少对外部的关注，恰恰相反，需要比目前更加关注外部市场与客户；内外部取向对比反映现阶段H集团需要对内部要重点加以关注。

从“灵活-控制”角度看，灵活自主与过程控制比较均衡，过程控制稍微多一些。结合访谈资料来看，对于过程控制方面员工集中体现在：制度过多，而且有重复，相互冲突、甚至矛盾的地方；制度的制定过于随意，并且针对性不强，对工作中出现的问题没有认真的研究，找到真正原因，从而制定制度以规避风险；制度的执行力度不够，导致很多制度不能很好地落地。在合规的前提下，员工对尊重、信任、适当授权的需求较高，希望给予员工更开放的工作空间和更宽容的管理氛围。

注：浅色数字和线条代表现状文化特征
　　深色数字和线条代表期望文化特征

通过期望与现状的对比，我们可以看到团队支持导向和创新变革导向较现状均有所增加，团队支持导向增加的较为明显

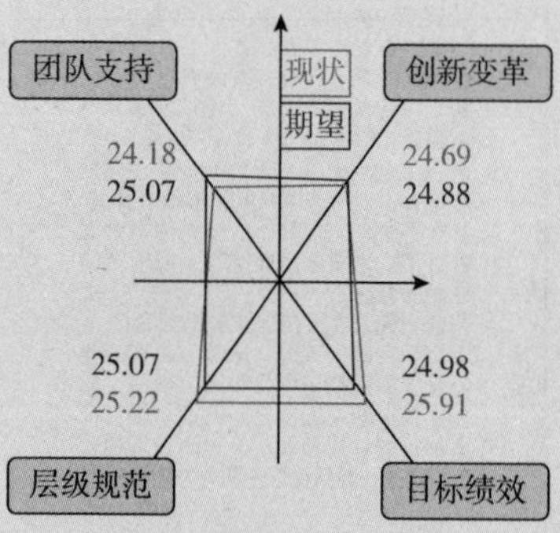

注：浅色数字和线条代表现状文化特征
深色数字和线条代表期望文化特征

变化一：团队支持导向的期望分值为25.07，较现状分值增加了0.89，表明了员工期望H集团更多提倡“以人为本、员工为本、团队协作”的工作氛围，加强团队建设力度，形成合力，增加员工的归属感，部门之间能够相互协作，个人能够得到组织的充分关注和认可，业务上能够得到切实的指导，能实现个人价值。

变化二：创新变革导向的期望分值为24.88，较现状分值有所增加，增加了0.19，结合访谈资料，中高层员工对创新变革期望主要集中在管理创新，机制创新，技术创新等，员工对创新变革的期望主要集中在工作方式的创新以及鼓励创新容许犯错的工作氛围方面。创新变革的期望值较现状值增加幅度较小，并不表示创新变革的文化不重要，恰恰相反，这是H集团应该在未来的文化变革方面要大力倡导和改变的。

变化三：目标绩效导向的期望分值为24.98，较现状分值减少了1.04，结合访谈资料分析，员工希望能够合理制定考核指标，并给予更多的资源支持，并加强激励机制的建设，在管理上能够多给予员工指导，多沟通，多鼓励员工。

变化四：层级规范导向的期望分值为25.07，较现状分值减少了0.15，结合访谈资料分析，员工期望优化制度、流程，管理科学高效，减少日常工作操作过程中不必要的环节。

综上所述，从期望的企业文化类型来看，员工的期望主要集中在以下四个方面

1 加强团队建设，增强部门内部、部门之间及不同产业间的沟通与协作，上下一心，形成合力，提升员工凝聚力、归属感和幸福指数。

2 能够增强创新意识，鼓励员工多学习，多创造性工作，允许员工犯错并给予改正学习的机会，形成良好的学习氛围，同时增加有针对性的培训和学习交流的机会，帮助员工成长。

3 绩效考核指标能够科学合理，能够给予员工业务上的指导以及资源的支持。公司能够有一个确切的奋斗目标，并有切实可行的操作方案。

4 加大对工作效率的关注，通过管理能力提升和团队协作来提升企业的运行效率。

问题一：将来，您认为我们H集团在社会上最应该树立什么样的形象

A. 我们提倡人性化管理，关心、关爱员工，尊重员工。
B. 我们注重精细化管理，精益求精是我们的职业素养。
C. 我们敢于争创一流，追求卓越。
D. 我们注重履行责任，敢于担当。
E. 我们时刻为客户着想，客户满意是我们工作绩效的重要评价指标。
F. 我们团队亲和，可信任，谦虚，做事低调不张扬。
G. 我们互帮互助，团队合作，致力于不断创造价值。
H. 我们充满斗志、充满激情、有干劲、闯劲，富有拼搏精神。
I. 我们富有创新精神，不断改进、不断突破。

问卷统计结果显示：超过50%的员工认为集团未来梳理社会形象应该包括以下要素——人性、精细化、争创第一、服务客户、团队协作、互帮互助、重诺守信。

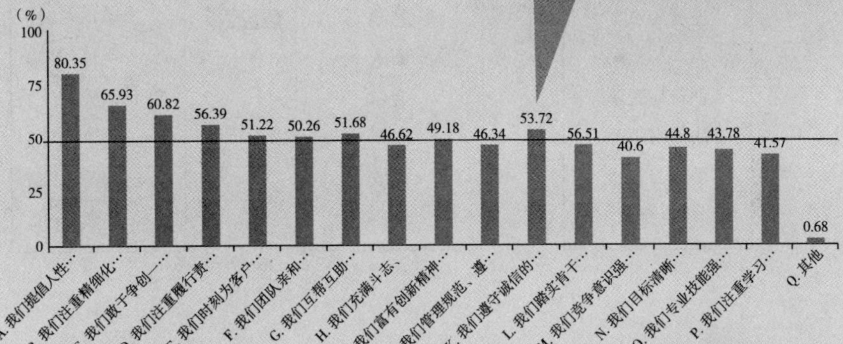

问题二：您认为H集团在发展中，应该秉持怎样的价值理念

A. 务实 B. 创新 C. 人本 D. 规范 E. 坚韧 F. 团队 G. 和谐 H. 进取 I. 高效 J. 稳健 K. 担当 L. 规矩 M精细 N. 认真 O. 合作 P. 诚信 Q. 卓越 R. 敬业 S. 信任 T. 绩效 U. 责任 V. 主动 W. 精益求精 X. 合规 Y. 公平 Z. 融合 AA 共享 BB 执行 CC 奉献 DD 专业 EE 灵活 FF 品质

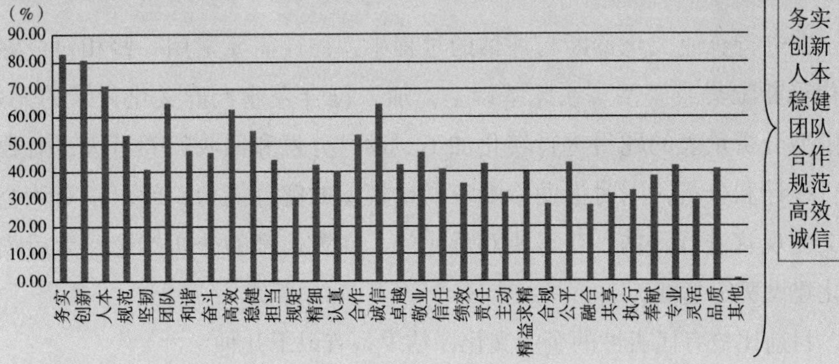

面向未来的H集团文化内容要素

综合访谈调研、资料调研、问卷调研，得出H集团对未来的期望为：

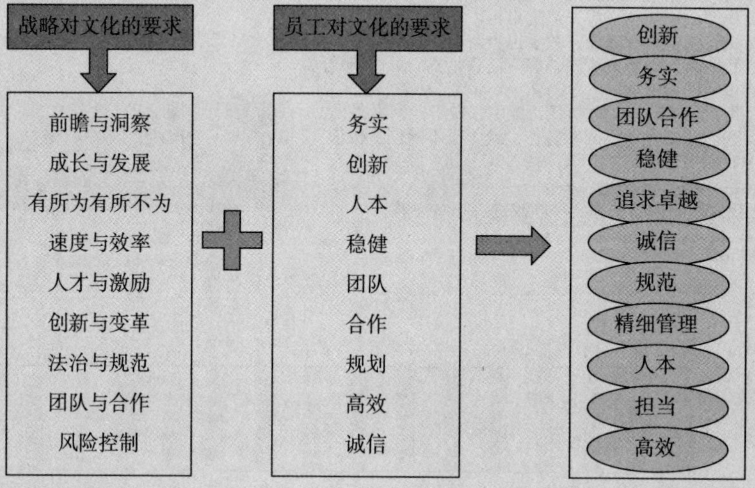

第五节　企业文化评估工具与方法

一、企业文化评估模型概述

在进行企业文化诊断与评估的过程中，往往需要采用一些相对成熟的文化诊断工具或模型。在此基础上，加入符合企业人群文化背景的元素，对模型分析量表的题目进行转化加工。通过分发和回收问卷量表，对数据进行统计和分析，同时借助诊断工具或模型的解释能力，就可以对该企业的文化现状进行评估，获得相对量化的、高置信度的分析结论，为后续的文化建设奠定基础。

目前比较有代表性的企业文化评估模型有以下几种。

①奎因与卡梅隆的OCAI量表：该量表从内在—外在、控制—灵活两个维度，将组织文化分为目标、规则、支持、创新四种导向，据此分析各种导向的文化类型对企业竞争力的影响。

②丹尼森和米歇尔的 OCQ 量表：该量表从具体的商业运营环境中发展而来，直接与组织经营业绩相联系，易于应用，能够比较准确地确定某一组织的文化类型与明显特征。

③盖洛普 Q12 调查：该量表是一种敬业度量表，通过询问员工四个层次、12 个方面的问题，评估员工的敬业度状况，作为企业文化现状研究的重要支撑，在企业文化诊断中经常使用，也纳入企业文化评估模型的范畴。

④埃德加·沙因的评测模式：沙因认为，文化评测最高效的方法是通过个人与小组的面谈，文化评测要针对组织的具体问题，否则没有价值。

⑤吉尔特·霍夫斯塔德的 MMOC 量表（多维度组织文化模型）：该量表从人类文化学的角度对组织文化进行探讨，主要根据管理层的判断来决定一个组织是否可分成若干个文化同质的单元。

⑥梵德·珀斯特的整合测量量表：该量表是对多个学者成果的整合，因此，也成为企业文化测量的重要工具。

⑦查德曼的 OCP 量表：该量表从匹配的角度研究人与组织的匹配、个体结果变量间的关系。

各类量表的具体内容如表 3-1 所示。

表 3-1　　国外主要企业文化测量量表汇总

研究者	工具名称	主要内容
奎因和卡梅隆（Quinn & Cameron）	OCAI 量表	OCAI 根据六方面的判据来评价企业文化：主导特征、领导风格、员工管理、企业凝聚、战略重点和成功准则。问卷共有 24 个测量条目，每个判据下有四个陈述句，分别对应着四种类型的企业文化。对于某一特定企业来说，它在某一时点上的企业文化是四种类型文化的混合体，通过 OCAI 测量后形成一个剖面图，可以直观地用四边形表示
丹尼森和米歇尔（Denison & Mishra）	OCQ 量表	该模型认为，有四种文化特质与组织有效性显著相关，即适应性（Adaptability）、使命（Mission）、一致性（Consistency）和投入（Involvement），其中每种文化特质对应着三个子维度，在此基础上设计出的 OCQ 量表包括 60 个测量项目

续表

研究者	工具名称	主要内容
乔治·盖洛普（Gallup，George Horace）	Q12 分析法	Q12 是测评一个工作场所优势的最简单、最精确的方法，包括了测量企业管理优势的 12 个维度，12 个问题
埃德加·沙因（Edgar H. Schein）	评测模式	该模型的测评步骤是：组建一个包括组织成员和专家的小组；提出企业的问题，聚焦于可以改善的具体领域（问题）；确保小组成员理解文化的层次模型；确定组织文化的表象；确定组织外显价值观；研究价值观与组织表象的匹配度，从不匹配处探查深层次的潜在假设；如果探查效果不理想，重复以上步骤，直到理想为止。最后，评测最深层的共享假设，发现哪些假设有助于或阻碍目标问题的改善
吉尔特·霍夫斯塔德（Hofstede G.）	MMOC 量表（多维度组织文化模型）	该模型认为，组织文化就是集体的思维模式，由价值观和实践两个部分组成，价值观是核心，实践部分则包括仪式（ritual）、象征（symbol）等，并用 10 个文化维度来表示。基于这种思想，提出了多维度组织文化模型（MMOC）。其中：价值观层三个维度：职业安全性、对工作的关注、对权力的需求；管理行为层（实践部分）六个维度：过程导向 - 结果导向、员工导向 - 工作导向、本地化 - 专业化、开放系统 - 封闭系统、控制松散 - 控制严格、规范化 - 实用化；制度层一个维度：发展晋升 - 解雇机制。在此基础上，霍夫斯塔德提出了 MMOC，并建立了用于组织文化差异比较的 VSM94 量表（Value Survey Module 1994）
梵德·珀斯特（Van der Post）	整合测量量表	该模型将企业文化分为 15 个维度，即冲突的解决、文化管理、顾客导向、部署变革、员工参与、目标清晰、人力资源导向、组织认同、关注权力、组织整合、绩效导向、薪酬导向、任务结构，通过 97 个量表源进行测量
查德曼（Chatman J.）	OCP 量表	该量表包含了 7 个维度和 54 个测量项目，7 维度指：革新性、稳定性、尊重员工、结果导向、注重细节、进取性和团队导向。该量表具有较好的区分效度，但缺乏相应的组织文化理论框架，与组织外部环境适应性的相关维度不足

在众多评估量表和模型中，目前国内应用较为广泛且在评估实践中被认为最有效的工具主要是奎因模型、丹尼森 OCQ 量表、盖洛普 Q12 问卷等，以下对几种模型和量表进行重点介绍。

二、奎因模型

1. 奎因模型简介

奎因模型是目前企业文化评估中应用最多的文化特征判断模型，是一种竞争性价值分析模型。该模型从20世纪90年代开始在世界范围内广泛应用，逐渐成为国际公认比较权威的文化分析工具。

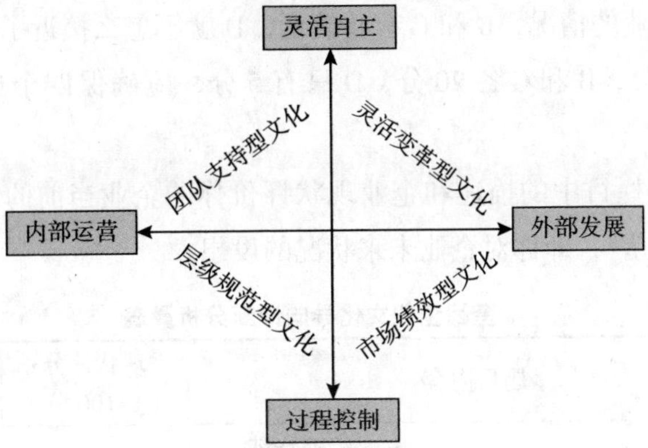

图3-3 奎因模型

就像人类的血型分为A、B、AB和O型一样，奎因模型把企业文化状态按照“内在—外在”“控制—灵活”两个坐标轴划分为四个象限，分别代表团队支持型、灵活变革型、市场绩效型、层级规范型四种文化类型。与人体血型所不同的是，事实上任何一个企业的文化都不会单纯地表现为一种类型，而是某一种文化类型占主导，其他文化类型特征相对较弱而已。

2. 奎因模型的应用领域

基于奎因模型开展企业文化诊断，可以达到如下目的。

①诊断企业文化的真实现状，确定企业的主导文化类型。

②识别企业文化短板，明确企业文化建设工作重点与难点。

③了解现状文化与期望文化的差距，明确文化建设的目标和方向。

④诊断管理者的领导力与领导风格，明确未来的改进目标。

3. 奎因模型相关分析量表介绍

奎因企业文化导向诊断分析量表包括管理特征、组织领导、员工管理、组织凝聚力、战略重点和成功标准六大模块，每个模块分成A、B、C、D四类问题，分别代表：A——团队支持型；B——灵活变革型；C——市场绩效型；D——层级规范型。

每个模块有4个选择题，将100分分配到这些选项中，情况越接近本企业情况的选项将获得越多的分数。例如，在管理特征模块，你觉得选项A最接近你企业的情况，B和C有些接近，D就不怎么接近了，那么你就给选项A打55分，B和C各20分，D只有5分，应确保四个选项的总分是100分。

除了根据栏目中的描述和企业现状评价你的企业当前的情况之外，还有一栏是“期望”，即你对企业未来状况的设想。

表3-2　奎因企业文化导向诊断分析量表

题号	题目内容	现状评分（1–100分）	期望评分（1–100分）
	一、管理特征		
A	1. 组织是一个人性化的地方，就像家庭，人们不分彼此		
B	2. 组织具有很强的活力和创业精神，人们勇于冒险和承担责任		
C	3. 组织的功利性很强，人们主要的想法是完成工作，员工的能力很强而且期望成功		
D	4. 组织被严格控制且纪律严明，员工严格按照规章制度办事		
	二、组织领导		
A	5. 组织的领导通常被视为导师和推动者		
B	6. 组织的领导风格主要是创业、创新和尝试冒险		
C	7. 组织的领导风格主要是“没有废话”，具有进取性和高功利性		
D	8. 组织的领导风格主要是有条理、有组织、运行流畅且充满效率		

续表

题号	题目内容	现状评分（1–100分）	期望评分（1–100分）
	三、员工管理		
A	9. 管理风格是团队合作，少数服从多数以及参与性强		
B	10. 管理风格是个人英雄主义、喜欢冒险、勇于创新、崇尚自由和展现自我		
C	11. 管理风格具有很强的竞争性，要求和标准都非常严格		
D	12. 管理风格主要是保持雇佣关系，人们的关系是可以预见的、稳定的和一致的		
	四、组织的凝聚力		
A	13. 组织靠忠诚、互信黏合在一起。人们都具有承担义务的责任感		
B	14. 人们靠创新和发展结合在一起，走在时代的前端是重点		
C	15. 成功和完成目标是把人们联系在一起，进取和取得胜利是共同目标		
D	16. 人们靠正规的制度和政策联系在一起，维持一个顺畅运作的组织是非常重要的		
	五、战略重点		
A	17. 组织重视人力资源发展、互信、开诚布公和员工持续参与		
B	18. 组织主要寻求新的资源和迎接新的挑战。尝试新的事务和寻求机遇是员工价值的体现		
C	19. 组织追求竞争和成功，打击对手和在市场中取得胜利是组织的主要战略		
D	20. 组织希望看到持久和稳定，效率和顺畅地运作是工作重点		
	六、成功标准		
A	21. 组织对成功的定义是人力资源、团队合作、员工的贡献和对员工关怀上的成功		
B	22. 组织对成功的定义是组织是否具有最特别和最新的产品，组织是不是产品的领导者和创新者		

续表

题号	题目内容	现状评分（1–100 分）	期望评分（1–100 分）
C	23. 组织对成功的定义是赢得市场份额并且打败对手，成为市场的领导者		
D	24. 组织视效率为成功的基础，互相沟通、平稳的工作安排和低成本是至关重要的		

4. 奎因模型所指向的四种文化类型

奎因模型把企业文化划分为团队支持型、灵活变革型、市场绩效型、层级规范型四种文化类型。

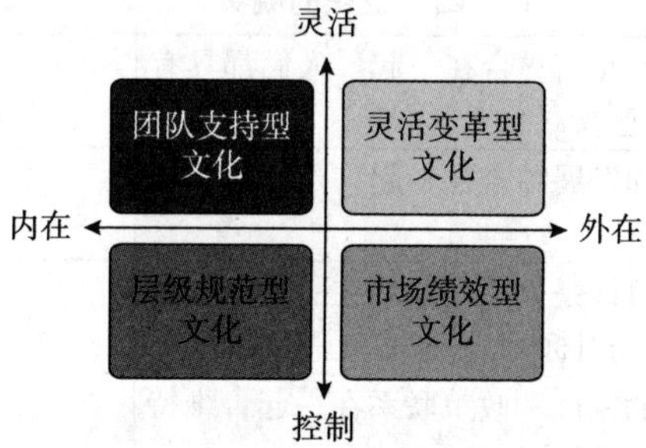

图 3-4 奎因企业文化导向诊断分析模型

（1）团队支持型组织的主要特点

①人们在一个非常友善的场所工作，共同分享成果，就像一个大家庭。

②组织的领导通常被看做导师，甚至家长。

③组织通过忠诚和传统来维系，成员自觉自愿地承担义务。

④组织强调人员的发展和长期目标，同时认为凝聚力和士气都非常重要。

⑤在这里，成功的定义是对客户的敏感和对员工的关心程度。

⑥组织专门为团队协作、参与、协调设置了奖励机制。

（2）灵活变革型组织的主要特点

①人们在一个动态的、充满冒险和创业激情的工作场所，努力寻求着他们的需要。

②组织的领袖被看做革新者和冒险家。

③对试验和革新的义务感使得整个组织结合在一起。

④站在行业前端是组织的工作重点，长期目标是创造和获得新的资源。

⑤在这里，成功被定义为创造出新的产品和服务。

⑥组织期望成为产品和服务的先行者，同时也鼓励员工个人的创造能力。

（3）层级规范型组织的主要特点

①人们在非常正规和等级森严的工作场所里按程序工作。

②好的协调者和高效专家被看做是好的领导。

③维持组织的顺畅运作是至关重要的。

④组织靠严格的制度和政策结合在一起。

⑤组织长远目标是稳定和高效的生产运作。

⑥管理员工的重点是确保雇佣关系的稳定和可预见性。

（4）市场绩效型组织的主要特点

①一个以结果为导向的组织，它的重点就是能完成任务。

②员工非常有竞争力且以目标为导向。

③组织的领导是强有力的推动者、生产者和竞争者。

④组织的长期目标是赢得竞争。

⑤成功的定义是市场占有率和市场渗透能力。

⑥具有竞争力的价格和市场领导地位是组织考虑的重点，组织的风格也是强势的竞争者风格。

案例3-3 某上市公司基于奎因模型的文化诊断

采用奎因模型为国内某上市公司开展企业文化诊断。

①通过问卷调查，各维度的得分如下。

国内某上市公司奎因企业文化导向诊断分析结果

题号	类型	现状值	期望值
A	团队支持型	25.19	27.60
B	灵活变革型	22.91	24.17
C	市场绩效型	26.02	23.98
D	层级规范型	25.88	24.25

②根据评分结果，得到各维度的雷达图如下。

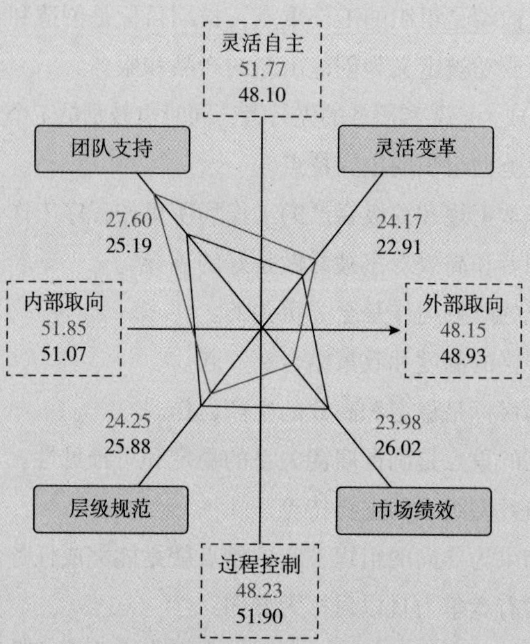

注：深色数字和线条代表现状文化特征
浅色数字和线条代表期望文化特征

企业文化导向评估结果

③从图中可以清晰地看到，该公司的企业文化属于较为典型的“市场绩效型”，企业最大的特点是“绩效导向”，其次比较清晰的是“团队支持”，“层级规范”紧随其后，最为薄弱的是“灵活变革”。

在面向未来的文化变革方面，员工的期望是：“团队支持”更为突出，“灵活变革”大幅提高，适度减少“层级规范”与“绩效导向”。

从这一分析不难发现，员工所期待的是团队合作、灵活变革、具有创新性的文化，希望从过度绩效导向、层级壁垒森严的文化中解脱出来、营造更加宽松和谐的工作氛围，这一需求是如此地迫切。

④同时，本项目还对不同业务条线、不同年龄、不同工龄、不同学历的员工群体进行了分析，分析结果显示如下。

不同链条员工群体企业文化导向示意图

	团队支持	创新变革	目标绩效	层级规范
总体	25.19	22.91	26.02	25.88
研发链	24.08	21.28	27.96	26.68
产品链	26.31	23.63	24.83	25.23
营销链	24.47	22.67	26.51	26.35
支持链	21.48	22.43	28.72	27.37

通过将各链条员工的文化类型得分与总体文化类型得分相比较，可以看出各链条亚文化的一致性与差异性。

①研发链员工的感受：企业过分追求绩效导向，忽视创新与变革。工作中的自主创新比较弱，以结果为导向的研发较多，从侧面也反映出研发人员对创新的较高要求，对此应给予关注。

②产品链员工的感受：企业是层级规范的，有团队合作意识的。这跟生产企业采购、供应、技术、工艺、车间各环节密切联系有关。

③营销链员工的感受：企业层级森严，绩效导向比较突出，创新与团队合作方面偏弱。

④支持链员工的感受：企业等级森严、绩效导向且看不到团队间的支持与合作。支持链员工的“团队支持”导向得分最低，说明支持链的员工在为大家提供支持的同时，自己感受到的团队支持较弱；“目标绩效”导向得分最高，说明支持部门员工的日常考核较为严格，工作严格按照规章流程执行。

不同业务系统的人员对于企业文化有不同的感受，是正常的现象，产生这一现象的原因，部分是由于工作性质的差异带来的，部分则可能与本系统领导的管理风格等有关。

正常的偏差是可以理解的，但特别突出的趋势则需要重点关注，在本例中，创新变革的平均得分在21~22分，远低于各维度的平均得分25~26分，且差异在20%以上，这说明，这家企业在创新方面的氛围是严重缺失的。

另外，从分体系的分析来看，支持类部门在团队合作方面的得分为21.48，远远低于其他维度，也低于全公司各维度的平均值。这说明，职能部门在协同合作或流程畅通方面可能面临着较大的压力。

以上问题，都是需要在文化建设乃至企业的管理提升中特别关注的。

三、丹尼森组织文化模型

丹尼森组织文化模型也是目前应用较为广泛的企业文化分析模型之一，由瑞士洛桑国际管理学院教授丹尼尔·丹尼森在对1500多家样本企业的深入研究之后提出。丹尼森认为，以下四大特征对于组织的经营发展具有重大影响，即：适应性（Adaptability）、使命（Mission）、参与性（Involvement）与一致性（Consistency）。

在四大特征的基础上，丹尼森又将每一种文化特征细分出三个维度。

①参与性。从授权、团队导向、能力发展三个维度来考察。

②一致性。从核心价值观、配合、协调与整合三个维度来考察。

③使命。从愿景、目标、战略导向与意图三个维度来考察。

④适应性。从组织学习、顾客至上、创造变革三个维度来考察。

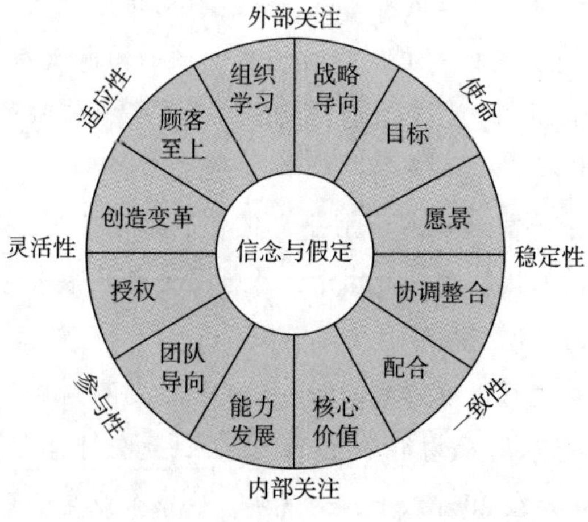

图3-5　丹尼森组织文化分析模型

（1）参与性（Involvement）

涉及员工的工作能力、主人翁精神和责任感的培养。公司在这一文化特征上的得分，反映了公司对培养员工、与员工进行沟通，以及使员工参与并承担工作的重视程度。

①授权。员工是否真正获得了授权并承担责任？他们是否具有主人翁意识和工作积极性？

②团队导向。公司是否重视并鼓励员工相互合作以共同实现目标？员工在工作中是否依靠团队的力量？

③能力发展。公司是否投入资源培训员工，使他们具有竞争力，跟上公司业务发展的需要，同时，满足员工不断学习和发展的愿望？

（2）一致性（Consistency）

用以衡量公司是否拥有一个强大且富有凝聚力的内部文化。

①核心价值观。是否存在一套大家共同信奉的价值观，使员工产生强烈的认同感并对未来抱有明确的期望？

②配合。领导者是否具备足够的能力让大家达成高度的一致，并在关键的问题上调和不同的意见？

③协调整合。公司各职能部门和业务单位是否能够密切合作？部门或团队的界限会不会变成合作的障碍？

（3）适应性（Adaptability）

主要是指公司对外部环境（包括客户和市场）中各种信号迅速做出反应的能力。

①创造变革。公司是否惧怕因变革而带来的风险？公司是否学会观察外部环境，预测变化的到来并及时实施变革？

②客户至上。公司是否了解自己的客户，使他们感到满意，并能预计客户未来的需求？善于适应环境的公司都善于从客户的角度出发。

③组织学习。公司是否将外界环境的信号视为鼓励创新和吸收新知识的良机？

（4）使命（Mission）

用于判断公司是一味追求眼前利益，还是着眼于未来的战略与目标。

①愿景。员工对公司未来的理想状况是否达成共识？这种共识是否得到公司全体员工的理解和认同？

②战略导向和意图。公司是否有明确的战略目标，如希望在本行业中脱颖而出。明确的意图展示了决心，并使所有人都知道应如何为公司战略做出贡献。

③目标。公司是否周详地制定了一系列与使命、愿景和战略密切相关的目标，可以让每个员工在工作时参考？

在丹尼森组织文化分析模型中，组织文化的四个维度既相互促进，又相互对立和矛盾。其中，强调灵活的“适应性”与关注内部整合的“一致性”存在矛盾；自上而下的“使命”与自下而上的“参与性”也存在矛盾。

“适应性”和“参与性”表现出企业适应变化的灵活性；“一致性”和“使命”则体现出企业保持可预测性及稳定性的能力；“适应性”和“使命”与企业对外部环境的适应相关；“参与性”和“一致性”则与企业内部管理相关。

丹尼森的组织文化模型可以广泛运用于各类企业，对于大部分企业来说，运用该模型可以达到以下目的。

①对目前企业文化的优势和不足做出评价。

②对标其他优秀企业，根据企业的期望确定文化建设与变革的目标。

③明确企业文化建设的短期、中期、长期目标与任务。

④找出与经营业绩（利润、销售或收入增长率、市场份额、质量、创新和员工满意度）密切相关的文化要素，明确哪些导致了经营业绩的增长，哪些阻碍了业绩的提高。

⑤提高领导者个人对企业文化的认识，进一步引导他们积极发挥企业文化的作用。

⑥提供企业和个人双方都可以使用的分析报告，促进共同认可的文化氛围的形成。

案例3-4 丹尼森模型在青岛啤酒文化评估中的应用

在众多研究企业文化的模型中，丹尼森组织文化模型有其独到之处，它是在对1000多家企业、4万多名员工长达15年研究的基础上建立起来的。该模型不仅有其研究和学术价值，而且有很强的应用性。其中，青岛啤酒股份有限公司成功引入该模型并进行了实证研究，由此获得《哈佛商业评论》2008年“管理行动金奖”。

以下对青岛啤酒使用丹尼森模型开展文化评估的过程进行复盘，为中国企业会用、用好该工具提供参考和借鉴。

一、丹尼森模型的优势

国内很多研究企业文化的专家都提出了自己的评估模型，自成体系甚至更符合国人的思维方式，但问题也显而易见，那就是缺少实践的验证。任何一家企业都不希望以自身为试验品，花费大量的时间和成本，去获得一个不确定的结果。而丹尼森模型从产生到发展一直非常注重数据佐证，它拥有一个全球基准数据库，有近千家企业的数据，这些企业来自于16个国家、80个行业，可以提供不同行业、不同国家的整体平均分值。

丹尼森模型的另一个优势是与组织经营业绩直接相关，有利于将企业文化与企业绩效提升建立关联。企业文化的因素非常多，比如有的企业只准员工穿白衬衫，而有的则要求穿条纹，这当然也是文化的一部分，但和绩效的联系非常微弱，在对企业的实地研究中，丹尼森模型剔除了这些因素，在大量数据的对比中，提纲挈领地提炼出了12个与公司绩效联系最为紧密的维度。

二、青啤的文化诊断诉求与模型选择

青啤是国内企业文化工作开展最早的企业之一。从1998年第一本《企业文化手册》的编制，到2005年企业文化的全面升级，文化理念的提炼、构建与推广工作已经初步完成，青啤的文化建设工作正式

进入文化运营阶段。企业最大的诉求点在于两个方面：一是如何使得文化与企业绩效的联系更为紧密，二是如何评估企业文化运营工作的成效。

2002年开始，青啤开始推进战略转型。随着变革的深入，文化的冲突日益显现，青啤的传统文化开始成为变革的重重阻力，文化提升势在必行。随着研究的深入，研究重点从开始的对核心价值观、精神理念、道德规范及行为准则等内容的梳理、优化与构建，转向对公司文化影响的关注，开始深入研究公司文化与生存发展的关系以及对经营增长的影响，开始把文化建设、文化变革与提高公司核心竞争力结合起来。这就使得2005版的青啤文化天然地与公司绩效联系在一起。但是，在推广过程中，企业也发现：一些基础相对薄弱的基层单位仍然存在“为文化而文化”的现象。如何纠正这种倾向，把文化工作引导到为公司生存发展服务的道路上来，是急需解决的问题。

青啤的战略从“做大做强”转变为“做强做大”，不断创新，不断变革，对这样一个过程的感受是“累并快乐着”。不同位置的人员对公司发展的认识是不同的。有的盲目乐观，认为公司无论业绩上还是能力上都有了长足的进步，国际化道路一顺百顺；相反，也有的员工抱比较悲观的态度，因为大家看到，青啤在与同业的横向对比中失去了规模老大的地位，大家开始反思甚至对公司的策略提出质疑。从某一方面看，这些观点都有其合理性，但是，作为一家大型企业，必须要把大家的认识统一起来，这就需要有说服力的数据。同时，新版企业文化的落地实施效果如何，除了调查员工对于新文化的认知、认同度之外，也迫切需要一个来自外部的对比，使得评估更加客观。

从对丹尼森模型的优势分析可以看出，绩效是一个非常明显的交叉点，此外，评估的客观性也是促成青啤采用此工具的重要原因。

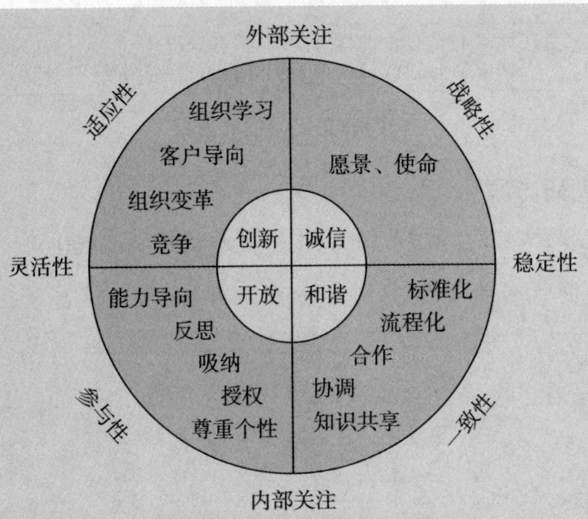

青啤文化细胞剖面图

事实上，2005年青啤团队就对公司的文化进行了深入的研究，绘制出了公司文化细胞剖面图，并得出了如下结论。

①图的上部表现了公司与外部的适应能力，下部强调了公司内部的协调能力，左面表现了公司的创新能力，右面表现了公司的平衡能力。

②关注内部更多地会影响投资回报率和职工满意度；关注外部则会影响市场份额和销售额的增长。

③灵活性反映了产品和服务迅速而有效地适应变化的反应能力；稳定性直接影响资产收益率、投资回报率、销售利润率。

④上与下、左与右都是矛盾的统一体，关键在于平衡与和谐，和谐的基点表现在利润增长与价值增长方式之间的平衡。

通过对比可以看出，青啤自己绘制的“企业文化细胞剖面图”在对四个象限的定义和理解方面，与丹尼森模型是非常接近的，这也是促成青啤选用这一模型的重要原因之一。

三、评估实施过程

本次评估的实施，以青啤企业文化团队为主，由咨询机构提供核心数据库和协助成果解读，按照四个环节有序推进。

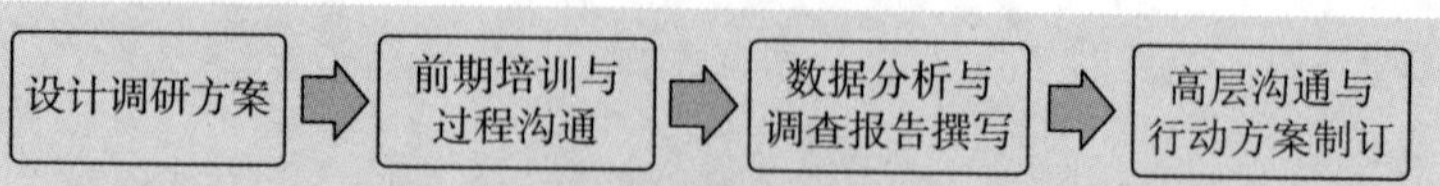

青啤文化评估流程

1. 设计调研方案

调查面向全公司，按照10%的比例发放问卷2800份，收回有效问卷2082份，回收率为74%。问卷覆盖公司81家单位，包括八大营销公司、总部各职能部室、所有生产厂、经营性公司，单位覆盖率为100%。从人员分布来看，各系统中层及以上人员占60%，普通员工占40%，年龄从20岁到55岁，较为全面地反映了各系统、各地区、各层次员工对企业文化现状的认识。

2. 前期培训与过程沟通

在组织文化调查前，由企业文化中心将丹尼森组织文化模型做成课件，对所属各单位的企业文化工作者进行培训。一方面，加深了各单位对青啤文化细胞结构图的理解；另一方面，使文化工作人员对此工具有初步了解，为调查的实施做了铺垫。

只有认真参与，调查的结果才有参考价值，才能反映本单位的真实情况。在调查过程中，文化中心加强与各单位的沟通并及时跟进，使有效问卷的回收率得到保证。各单位都非常认可调查的意义，因此，工作进展比较顺利。

3. 数据分析与调查报告撰写

在出具调查报告的过程中，借助专业的力量，采用丹尼森组织文化调查的标准分系统，使用全球基准数据库进行对比，把青啤放到更广阔的背景中进行比较，由此了解公司在行业、地区乃至全球公司中的表现。作为一家以“成为拥有全球影响力品牌的国际化大公司”为愿景的企业来说，这种对比是必要的。通过对数据的分析，看到了公司目前的强项和需要提高的地方，分析了重点关注的方面，出具了较有针对性的调查报告。

4. 高层沟通与行动方案制订

调查报告完成之后，与公司高层包括总裁、负责人力资源和企业文化的副总裁以及营销、制造中心的相关领导进行了面对面的沟通。公司高层普遍认同调查结果，认为较为客观地反映了公司的文化现状，并对强项和不足产生的原因进行了探讨，也对下一步的行动方案提出了建议。

根据调查结果和沟通掌握的情况，完成了《青啤企业文化行动方案》的编制，行动方案的实施由相关职能部门共同完成。在行动方案中，把针对调查显示的三个弱项作为工作重点，各系统根据工作重点设定了工作项目。

四、实施效果

这次丹尼森组织文化调查，将青啤放在全球化的背景下，所有的分数都是与数据库中的基准线对比而来，很有说服力，至少达到了如下两个方面的效果。

1. 对于公司的文化及发展现状有了更为清醒和理性的认识

丹尼森调查的结果和公司对文化现状的判断基本是一致的，整个系统对自己运行的优点和不足有了理性的认识，并对企业文化工作的成果做出了客观的评估，对企业文化队伍也是一次检阅和激励。公司不但了解了自身的强项与弱项，而且知道强弱的程度，知道不同系统（制造与营销）、不同地区的差异，使原来感性的认识或定性分析因数据的支撑而清晰起来。

从结果上，大家在三个方面达成了一致，这充分说明公司前期工作的方向性是正确的，文化的提升和实施是有效的，文化的有效性已经体现在了公司的经营效果上。由此也坚定了青啤继续推进变革的信心。

2. 在企业文化与人力资源等工作的改进中更有针对性

丹尼森调查的结果对确定企业文化工作的开展走向提供了方向。针对调查结果显示的三个有待改进的方面，公司在企业文化工作、人力资源工作中制定了相应的措施。如：调查显示，青啤员工对目标的认同感有待加强，员工认为自己的能力发展还不足以实现目标。公司通过分析认为，这个调查结果是客观的，因为啤酒行业的竞争态势决定了企业必须制定较高的目标，正是因为目标的高置，导致员工对自身的能力缺乏自信，这对公司在员工能力提升方面的投入提出了更高的要求。为了保持公司的发展速度，公司不可能降低目标，只能在提高员工能力上做文章，因此，除了在机制、制度上进行优化之外，公司相应地启动了三个项目。

第一是成立“青啤管理学院”，使其成为软资源研发中心、技能训练营与青啤文化课堂，通过塑造符合公司战略需求的员工，满足企业在经营上的需求；第二是做好知识管理，通过知识频道的推进，带动开放创新的文化氛围，将个人能力转化为组织资源，提高公司的知识共享与学习能力；第三是员工行为规范的修订和落实。每人每天有一点改变，整个公司汇集起来就是了不起的变化，员工素质的提高是对公司发展的有力支撑。

综合来看，丹尼森模型固然对于企业文化评估能够给出相对客观和量化的结论，但它本身只是一种工具，只能找出问题，并不能告诉企业如何做；定量分析必须与定性分析相结合，才能真正发现问题的本质。

同时，丹尼森模型所展示的问题多达12个维度，涉及企业运行的方方面面，只有企业文化部门的行动是远远不够的，需要全体员工的共同努力，才能实现文化的变革与转型升级。

四、盖洛普Q12调查

1. Q12方法的由来

盖洛普公司是一家创立于1935年的，全球知名的民意测验与商业调查公司。盖洛普Q12方法，是一种针对员工敬业度和工作环境的调查方法。盖洛普认为，没有测量就没有管理，要想把人管好，首先要把人看好、用对，给他创造环境，发挥他的优势，这是管人的根本，用通俗的说法就是使每一位员工产生主人翁责任感，对于所在单位有归属感，对此，盖洛普称之为“敬业度”。Q12就是盖洛普员工敬业度与参与度的测量标准。

盖洛普 Q12 方法，通过询问员工 12 个方面的问题来测试员工的敬业度，并帮助企业评估干部的管理能力。在用 Q12 方法为其他公司提供咨询之前，这套方法早已在盖洛普公司内部充分使用，所有盖洛普员工每年要接受两次 Q12 调查，高层也会与员工进行多次交流，以确保公司队伍的优秀与引进优秀的人才。

因其效度高，使用简便，Q12 方法迅速得到普及，在全球知名企业中具有很高的认知度。

2. Q12 方法的分析模块与问题内涵揭示

Q12 方法包括员工获取、员工管理、员工归属、共同成长四大模块，共 12 个问题：

【Q01】我非常清楚地知道公司对我的工作要求：要求是我们衡量自身进步的里程碑，知道公司对自己的要求如同知道通往成功的路径，是员工在企业内良好发展的基础。

【Q02】我有完成我的工作所需要的资源（材料、设备、人力等）配置：为员工提供做好工作所需要的资源和设备，是支持员工工作的基本前提，也是最大限度发挥员工潜力的基础。

【Q03】在工作中，我每天都有机会做我最擅长做的事：知人善任是当今公司和经理们面临的最重要挑战。员工只有在工作中用其所长时，才能充分发挥其潜力。当一个员工的天生优势与其所任工作相吻合时，他就有较大的可能出类拔萃。

【Q04】在过去的七天里，我因工作出色而受到表扬：认可和表扬如同建设良好的工作环境的砖和瓦。员工作为个体，需要不断获得认可以及由此而生的成就感。盖洛普的研究发现，表扬已成为一种与员工沟通的最有效方式。

【Q05】我觉得我的主管或同事关心我的个人情况：多种调查显示，当前的公司管理中，经理和主管对员工的影响很大，对员工的关心可以增加双方的信任度，而这种信任会左右员工对公司的看法。离职的员工往往不是要离开公司，而是要离开他们的经理和主管。

【Q06】团队/部门有人鼓励我的发展：我们的工作使我们有机会每天接触新情况和发现新方法以迎接挑战。盖洛普发现，在今天的工作场所，员工关注的不仅仅是在企业的稳定工作，而是终生就业机会。优秀的经理们会挖掘员工自身的优势、才干，鼓励他们在适合自己的方向上不断发展。

【Q07】在工作中，我觉得我的意见受到重视：所有员工都希望他们的意见受到公司的重视，而是否使员工有此种感觉，又取决于公司如何倾听和对待他们的意见，这个问题往往被称为员工的"内部股价"，它测量员工对工作和公司所产生的价值感，并能增强员工对公司的信心。

【Q08】公司的使命/目标使我觉得我的工作很重要：员工如果能将公司的价值、目标和使命与他们自己的价值相联系，就会有很强的归属感和目标感。如果员工认为他的工作对整个公司目标的实现很重要，将大大强化他的成就感。

【Q09】我的同事们致力于高质量的工作：盖洛普研究发现，员工对工作质量的精益求精，是影响团队业绩的关键因素，高质量的工作能增强团队精神，继而在整体上提高效率和改进质量。

【Q10】我在团队/部门有一个最要好的朋友：高质量的人际关系组成一个良好的工作场所，良好的工作场所会帮助员工建立对公司的忠诚度。公司往往关注员工对公司的忠诚度，而优秀的管理者认识到，忠诚度往往存在于员工之间，员工之间关系的深度对员工的去留会产生决定性的影响。

【Q11】在过去的六个月内，团队/部门有人和我谈及我的进步：员工往往并不了解他们的才干在具体行为中会如何表现，他们需要从上级管理者那里获得反馈来发挥才干和产生效益，优秀的管理者会不断与员工进行交流，会谈及员工近期的进步，帮助员工认识和理解他的才干，以及如何在工作中发挥出来。

【Q12】过去一年里，我在工作中有机会学习和成长：学习和成长是人类的天然需要。对于员工来说，只有有机会学习，才能实现自身的成长，才能更好、更有效地工作，因此，能否在工作中提供必要的学习与成长机会，对于员工的工作也会产生巨大的影响。

Q12 调查一般采用五点量表计分，如表 3-3 所示：

表 3-3 Q12 调查

序号	问题	选择
员工获取	1. 我非常清楚地知道公司对我的工作要求	1 2 3 4 5
	2. 我有完成我的工作所需要的资源（材料、设备、人力等）配置	1 2 3 4 5
员工管理	3. 在工作中，我每天都有机会做我最擅长做的事	1 2 3 4 5
	4. 在过去的七天里，我因工作出色而受到表扬	1 2 3 4 5
	5. 我觉得我的主管或同事关心我的个人情况	1 2 3 4 5
	6. 团队 / 部门有人鼓励我的发展	1 2 3 4 5
员工归属	7. 在工作中，我觉得我的意见受到重视	1 2 3 4 5
	8. 公司的使命 / 目标使我觉得我的工作很重要	1 2 3 4 5
	9. 我的同事们致力于高质量的工作	1 2 3 4 5
	10. 我在团队 / 部门有一个最要好的朋友	1 2 3 4 5
共同成长	11. 在过去的六个月内，团队 / 部门有人和我谈及我的进步	1 2 3 4 5
	12. 过去一年里，我在工作中有机会学习和成长	1 2 3 4 5

案例3-5 某上市公司Q12调查及敬业度分析

某上市公司在企业文化建设之初，采用 Q12 方法进行了一次员工敬业度调查，采用线上问卷调查，组织全体员工作答，实际问卷回收有效率为 65.4%。

在分值计算方面，先计算每个问题的均值（Mean），再计算大均值（GrandMean™），即公司员工的整体敬业度。同时，根据员工所处业务体系的不同、年龄段的不同、管理层级的不同，也分别进行了分数统计，以对比各群体之间的差异。

数据显示，该公司总体 Q12 敬业度分数为 3.49（最高分 5.0，最低分 1.0），表中无灰底的部分，是低于总分的维度。

总体得分情况

序号	员工工作环境的 12 个方面	均值	敬业度阶梯
1	我非常清楚知道单位对我的工作要求	3.9	员工获取（3.82）
2	我有做好我的工作所需要的材料和设备	3.74	
3	在工作中，我每天都有机会做我最擅长做的事	3.57	员工管理（3.3）
4	在过去的七天里，我因工作出色而受到表扬	2.93	
5	我觉得我的主管或同事关心我的个人情况	3.4	
6	部门有人鼓励我的发展	3.3	

续表

序号	员工工作环境的 12 个方面	均值	敬业度阶梯
7	在工作中，我觉得我的意见受到重视	3.28	员工归属感（3.55）
8	部门的使命 / 目标使我觉得我的工作重要	3.59	
9	我的同事们致力于高质量的工作	3.71	
10	我在部门有一个最要好的朋友	3.61	
11	在过去的六个月内，部门有人和我谈及我的进步	3.24	共同成长（3.41）
12	过去一年里，我在工作中有机会学习和成长	3.58	
总体敬业度指数		3.49	

这些无灰底的维度集中在员工管理、归属感与共同成长方面，其中，“在过去七天，我因工作出色而受到表扬”方面的得分远远低于平均，其他得分较低的维度还包括“过去六个月有人和我谈及我的进步”“部门有人鼓励我的发展”“在工作中我觉得我的意见受到重视”“主管和同事关心我的个人情况”。

从这些问题的描述我们不难看出，在这家企业的工作环境中，苛责多于表扬，对于员工个人的成长关注不够，员工没有感受到自身的价值感与重要性，显然，这样的文化氛围是不利于员工发挥能力与特长的，是比较压抑的工作环境。

同时，根据员工所处业务体系不同、年龄段不同、受教育情况不同、管理层级不同，也分别进行了统计和分析。

以业务体系的分类统计为例：分析结果显示，支持链和营销链的员工敬业度分别是 3.83 和 3.69，高于公司平均水平，说明上述体系的员工对公司的归属感和与公司共同发展的意愿更强。研发链在员工管理维度的得分为 3.16，是全公司各业务体系分维度得分的最低分，远低于其他部门，说明这一体系的员工在工作成就感、个人发展、管理支持方面感受非常不好，这一问题足以引起管理层的关注。

不同链条的员工敬业的得分

各链条	均值	问题项											
		员工获取		员工管理				员工归属感				共同成长	
		1	2	3	4	5	6	7	8	9	10	11	12
公司总体得分	3.49	3.82		3.3				3.55				3.41	
研发链	3.48	4.03	3.77	3.47	2.84	3.19	3.15	3.35	3.59	3.70	3.55	3.16	3.46
		3.90		3.16				3.55				3.31	
产品链	3.43	3.68	3.65	3.56	2.94	3.39	3.24	3.15	3.51	3.64	3.57	3.13	3.48
		3.67		3.28				3.47				3.30	
营销链	3.69	4.21	3.84	3.63	2.98	3.51	3.47	3.48	3.71	3.79	3.73	3.49	3.82
		4.02		3.40				3.68				3.66	
支持链	3.83	4.26	4.06	3.77	3.17	3.80	3.80	3.49	3.91	4.14	3.86	3.54	3.80
		4.16		3.64				3.85				3.67	

五、吉尔特·霍夫斯塔德的MMOC模型

1. MMOC（多维度组织文化模型）简介

多维度组织文化模型（The Multidimensional Model of Organizational Cultures，MMOC）是荷兰学者吉尔特·霍夫斯塔德（Hofstede G.）提出的。在多维度组织文化模型中，霍夫斯塔德从文化学的角度，对组织文化进行深入的探讨。他从组织文化本身的内容和结构出发，构建了由价值观和实践两部分组成的组织文化测量问卷，其中价值观是核心，实践部分则包括仪式（ritual）、象征（symbol）等，并用10个文化维度来表示。基于这种思想，他提出了多维度组织文化模型。

其中，价值观层三个维度：职业安全意识、对工作的关注、对权力的需求；管理行为层（实践部分）六个维度：过程导向—结果导向、员工导向—工作导向、本地化—专业化、开放系统—封闭系统、控制松散—控制严密、规范化—实用化；制度层一个维度：发展晋升—解雇机制。

表 3-4　　多维度组织文化模型（MMOC）　　续表

第一层次	第二层次
价值观	职业安全意识
	对工作的关注
	对权力的需求
管理行为层	过程导向—结果导向
	员工导向—工作导向
	本地化—专业化
	开放系统—封闭系统
	控制松散—控制严密
	规范化—实用化
制度层	发展晋升—解雇机制

由于霍夫斯塔德认为组织文化是组织而非个人所拥有的特征，因此组织文化问卷的因子分析是以单元而非个体为单位进行，也忽略了组织文化对外部环境适应的内容。因此在实践部分的维度结构中，没有考虑像客户导向、社会责任之类反映适应外部环境的维度，而被组织文化学术和实务界所熟悉的价值观（如关注客户、创新求变等）并没有在价值观维度中得到体现。

2. VSM94 量表

在 MMOC 基础上，霍夫斯塔德建立了用于组织文化差异比较的 VSM94 量表（value survey module 1994）。

表 3-5　　国际问卷（VSM94）示例

序号	问题	选项
请设想一下你理想的工作—如果你有一份工作，请不要与你现在的工作联系起来。在选择一份理想的工作时，你认为以下的因素有多重要……（请在每行的答案上画圈）1= 至关重要；2= 很重要；3= 重要；4= 有点重要；5= 无关紧要。		
1	有充足的个人或家庭生活的时间	1　2　3　4　5
2	有良好的物质工作环境（例如：有良好的通风和照明，充足的工作空间）	1　2　3　4　5
3	与直接的上司有良好的工作关系	1　2　3　4　5
4	职位有保障	1　2　3　4　5
5	跟你一起工作的同事能很好的合作能力	1　2　3　4　5

续表

序号	问题	选项
6	直接上司作决策时向你咨询	1　2　3　4　5
7	有升职的机会	1　2　3　4　5
8	工作中存在变化和挑战的因素	1　2　3　4　5
对个人生活来说，以下的因素对你有多重要？（请在每行的答案上画圈）		
9	个人的稳固和安定	1　2　3　4　5
10	节俭	1　2　3　4　5
11	持之以恒（坚忍）	1　2　3　4　5
12	尊重传统	1　2　3　4　5
13	你一般多长时间会在工作中感到紧张和压力？	1. 从不 2. 极少 3. 偶尔 4. 常常 5. 一贯
14	根据你的经验，下属通常会害怕在上司面前发表不同意见吗？	1. 几乎不会； 2. 极少； 3. 偶尔； 4. 通常会； 5. 一贯就会
在多大程度上你赞成或反对以下的言论（请在每行的答案上画圈）1= 非常赞成、2= 赞成、3= 不能确定、4= 反对、5= 极力反对		
15	大多数人都值得信任	1　2　3　4　5
16	一个人即使不能准确地回答出下属提出的关于工作的问题，他也能成为出色的管理者	1　2　3　4　5
17	在任何一个组织机构中，应不惜代价地避免一群下属同时有两个老板的情况	1　2　3　4　5
18	雇员之间的竞争通常都是弊大于利	1　2　3　4　5
19	即使是在员工认为只有违规才能最大程度保障公司利益的情况下，一个公司或组织的制度也不容破坏	1　2　3　4　5
20	人们在生活中遭遇挫败时通常都源于他们个人的过失	1　2　3　4　5
关于你个人的信息（仅作统计之用）		
21	你是	1. 男性 2. 女性

续表

序号	问题	选项
22	你的年龄	1. 20 岁以下 2. 20 ~ 24 岁 3. 25 ~ 29 岁 4. 30 ~ 34 岁 5. 35 ~ 39 岁 6. 40 ~ 49 岁 7. 50 ~ 59 岁 8. 60 岁或以上
23	你接受过多少年正规学校的教育（或同等程度的其他教育。从小学开始）	1. 10 年或以下 2. 11 年 3. 12 年 4. 13 年 5. 14 年 6. 15 年 7. 16 年 8. 17 年 9. 18 年或以上
24	如果你现在或曾经有一份有偿工作，工作的性质是什么？	1. 无偿工作（包括全日制的学生） 2. 无技术或半技术的体力工 3. 受过一般训练的办公室人员或秘书 4. 受过职业训练的技工，技师，咨询人员，护士，艺人，或其他同等性质的职业 5. 受过学术训练的教授或同等性质的职业（不包括管理者） 6. 一个或几个下属（非管理人员）的管理者 7. 一个或几个管理人员的管理者
25	你的国籍	/
26	你出生时的国籍（若不同于以上）	/

案例3-6 MMOC（多维度组织文化模型）在IBM的应用

霍夫斯塔德和他的研究小组对 IBM 跨国公司分布于 150 多个国家的子公司的 11.6 万员工进行了问卷调查。在大量调查数据分析的基础上，得出了民族文化的四个维度。一个维度是文化的一个方面并且可以衡量相关的其他维度。后来，在加拿大心理学家迈克尔·哈里斯·邦德集中在远东地区研究的基础上又补充了第五个维度。具体包括：权力距离感、不确定性规避、个人主义/集体主义倾向、男性文化/女性文化、长期时间导向/短期时间导向，用来测度群体的文化特征。

（1）权力距离（Power Distance）

这是与对人类不平等这一基本问题的不同解决方式相关的维度。人们天生具有不同的体力和智力，从而造成了财富和权力的差异。社会如何处理这种不平等呢？霍夫斯塔德使用权力距离一词作为衡量社会对机构和组织内权力分配不平等这一事实认可的尺度。一个权力距离大的社会认可组织内权力的巨大差异，雇员对权威显示出极大的尊敬。称号、身份及地位占据着极为重要的地位。一些公司发现，在与权力距离大的国家谈判时，所派出的代表应至少与对方头衔相当才有利。这样的国家有菲律宾、委内瑞拉、印度等。相反，权力距离小的社会则尽可能减少这种不平等。上级仍拥有权威，但雇员并不恐惧或敬畏老板。丹麦、爱尔兰及奥地利是这类国家的典型。

（2）不确定性规避（Uncertainty Avoidance）

这是与如何面对不确定未来的社会压力水平相关的一个维度。我们生活在一个不确定的世界中，未来在很大程度上是未知的。不同的社会以不同的方式对这种不确定性作出反应。一些社会使其成员接受这种不确定性，在这样的社会中，人们或多或少对风险泰然处之。他们还能对与自己不同的行为和意见表现容忍，因为他们并不感觉因此而受到了威胁。霍夫斯塔德将这样的社会描述为低不确定性规避的社会，也就是说，人们感到相对的安全。属于这类的国家有新加坡、瑞士和丹麦。

高不确定性规避的社会以成员中的高焦虑水平为特征。其以不安、压力、进取性为特征。在这种社会中，由于人们感到受社会中不确定性和模糊性的威胁，他们创建机构来提供安全和减少风险。他们的组织可能有更正式的规则，人们对异常的思想和行为缺乏容忍，社会成员趋向于相信绝对真理。在一个高不确定性规避的国家中，组织成员表现出较低的工作流动性，终身被雇用是一种普遍实行的政策，这一点是很显然的。属于这类的国家有日本、葡萄牙和希腊等。

（3）个人主义与集体主义（Individualism versus Collectivism）

这是与个体和团体关系定位的维度。个人主义指的是一种松散的社会结构，在这一结构中，人们只关心自己的或直系亲属的利益。在一个允许个人有相当大自由度的社会中这是可能的。与个人主义相反的是集体主义，它以一种紧密结合的社会结构为特征。在这一结构中，人们希望自己所归属的群体(比如一个组织)中的其他人在他们遇到困难时能帮助和保护自己。以这种安全感为交换条件，他们感到自己应该对群体绝对忠诚。

霍夫斯塔德发现，一个国家的个人主义程度与这个国家的富足程度密切相关，像美国、英国和荷兰等相对富裕的国家，都是极为个人主义的；而像哥伦比亚、巴基斯坦等发展中国家，则是极为集体主义的。

（4）男性气质与女性气质（Masculinity versus Femininity）

这是与男性和女性之间情感角色区分相关的维度。男性气质是指主导价值观对于自信以及获取金钱和其他物质资料的强调程度。比较而言，女性气质强调“女性的”价值观念——关注人际关系和生活质量。在高度男性气质的社会（如奥地利），人们承受很大的职务压力。职务和家庭角色之间存在较多冲突。在低度男子气质的国家（如瑞士），这种冲突和压力则比较少。

有的书上称这一维度为生活数量与生活质量，是为了消除性别歧视。有的文化强调生活数量（quantity of 1ife)，这种文化的特征是过分自信和物质主义，其实也就是男性气质。还有的民族文化则强调生活质量（quality of life），这种文化重视人与人之间的关系，并对他人幸福表现出敏感和关心。霍夫斯塔德发现，日本和奥地利在生活数量维度上得分高；而挪威、瑞典、丹麦和芬兰则在生活质量维度上得分高。

（5）长期导向与短期导向（Long Term Orientation versus Short Term Orientation）

这是和人们选择努力的焦点——将来、现在还是过去——相联系的维度。这一维度主要考查一个民族对长远利益和短期利益的价值观。长期与短期导向强调一个组织是否愿意长期忠诚于传统的、先前的思想和价值观。长期导向文化倾向于从事并探求正确的行为，而短期导向文化则更倾向于发扬平等的关系并强调个人主义。中国文化中长期导向十分明显，较注重对未来的考虑，对待事物以动态的观点去考察，注重节俭和储备，做任何事均留有余地。相对中国文化，西方文化中短期导向性则非常明显，注重过去与现在，着重眼前的利益，注重对传统的尊重，注重承担社会责任，在管理上最重要的是此时的利润。

每个国家都可以通过每个维度上的得分来和其他国家进行定位。每个维度都截然不同，可能出现所有的组合，虽然有些组合的概率总是高于其他组合。

六、查德曼的 OCP 量表

1. 查德曼（Chatman）的组织文化剖面图

大部分个体层面上的组织文化研究者认为组织价值观是组织文化的核心，而且它能通过理论和方法上进行重复鉴定，也能做操作性定义和测量，所以大多数个体层面上的组织文化量表严格地说都是组织价值观的量表。这些测量问卷中以查德曼的 OCP（organizational culture profile）问卷影响力最为广泛。

美国加州大学的查德曼教授为了从契合度的途径研究人—企业契合和个体有效性（如职务绩效、组织承诺和离职）之间的关系，构建了企业价值观的 OCP 量表。最初的 OCP 量表由 54 个测量项目组成，反映了企业价值观的一些典型特征。查德曼认为 OCP 量表可以区分出七个文化维度（革新性、稳定性、尊重员工、结果导向、注重细节、进取性和团队导向），但是在实际的不同测量应用中，每个维度对应的测量项目可能有所差别。

OCP 量表的测量项目通过对学术和实务型文献的广泛回顾来获得，经过细致的筛选最终确定下 54 条关于价值观的陈述句。和多数个体层面上的研究采用 Likert 的计分方式不同，OCP 量表采用 Q 分类的计分方式，被试者被要求将测量条目按最期望到最不期望或最符合到最不符合的尺度分成9类，每类中包括的条目数按2–4–6–9–12–9–6–4–2分布，实际上是一种自比式（ipsative）的分类方法。在西方国家，OCP是最常用的企业价值观测量量表之一，它在我国台湾和香港地区也有一定的影响。

学者Cable and Judge在1993 ~ 1997年间进行的“个人组织契合与组织选择决策”的跟踪研究中，基于调研反馈，进一步将OCP精简为包括40个测量项目的量表。

表3-6　　　　OCP的40个测量项目

有高的工作热情	稳定发展	职责明确	不断创新	承担社会责任
公平公正	勇于承担风险	为个人职业健康提供机会	工作自主	有健全的规章制度
投入尽量多的时间到工作中	注意细节	业绩挂帅	团队合作	同仁融洽
以人为本	做事有条不紊	给高绩效者高薪	宽容大度	注重员工职业稳定性
迅速果断	竞争精神	不要有太多条框限制	努力进取	有清晰的经营理念
克服一切困难达到既定目标	对工作有比较高的期望	沉着冷静	勇于面对冲突	不拘泥于形式
表扬先进	相互支持	自我激励反省	信息共享	快速掌握机会
有较强的环境适应能力	凡事理性分析	注重声誉	强调产品品质	突出自身特色

2. 查德曼（Chatman）的组织文化剖面图的应用

通过这样的分类，你可以判断出企业价值观中哪些是企业现在所重视的，你还可以和偏好的价值观相比较，看看价值观还需要做怎样的改进。如果从头等重视（重要）到第九等重视（重要）按9–8–7–6–5–4–3–2–1的方式计分，则每个价值观都有具体的得分。你可以通过组织企业中对企业文化和企业经营熟悉的人员组成一个团队，通过讨论（不是平均）发现本企业“客观”和“将来应该（偏好）”的价值观条目得分。这样，你还可以去观察企业员工和企业之间对价值观的现状和偏好的差距。这些信息对于企业的价值观设计和建设是非常有用的。

例如，如果你的企业现状中“稳定发展”“做事有条不紊”排名靠前，而偏好反映出“快速掌握机会”和“迅速果断”排名靠前，那么在设计企业价值观时，就要注意反映创新、结果导向的内容。你还可以考察员工们的偏好和企业偏好之间价值观的差距，重点通过各种方式向员工灌输差距大的价值观。

在实际的管理应用中，OCP 量表的维度和陈述方式，往往会结合企业实际情况进行适当的改进，Q 分类计分方式也可以进行适当的调整，以便进行更加适用、有效的调研。

案例3-7　某企业OCP量表修订案例

序号	问题	Q 分类计分方式
	第一部分　团队导向	
1	公司要求您明确自己的职责，了解自己的工作任务	2-4-4-6-8-6-4-4-2
2	公司重视您工作团队的合作，注重分工和协同效应	2-4-4-6-8-6-4-4-2
3	公司要求您与同事相处融洽，不为小事争执	2-4-4-6-8-6-4-4-2
4	公司强调团队精神，鼓励你们工作中相互帮助和支持	2-4-4-6-8-6-4-4-2
	第二部分　注重细节	
5	公司要求您注意日常的工作行为细节	2-4-4-6-8-6-4-4-2
6	公司在产品研发过程中注重产品品质，并要求你们也同样注重	2-4-4-6-8-6-4-4-2
7	公司注意自己的声誉和外部形象	2-4-4-6-8-6-4-4-2
	第三部分　进取性	
8	公司要求您有比较高的工作热情，积极地完成工作任务	2-4-4-6-8-6-4-4-2
9	公司用很多方法来培养你们对自己工作的期望值	2-4-4-6-8-6-4-4-2
10	公司鼓励你办事迅速果断，不拖泥带水	2-4-4-6-8-6-4-4-2
11	在你们遇到困难时，公司鼓励你们用尽一切办法去克服苦难	2-4-4-6-8-6-4-4-2
	第四部分　结果导向	
12	公司会以业绩引导您积极工作，并以绩效评判您的工作能力	2-4-4-6-8-6-4-4-2
13	公司的薪酬以及其他分配制度给高绩效者较高的薪酬	2-4-4-6-8-6-4-4-2
14	集团鼓励你们有一个激烈的竞争环境，并对你们工作能力进行排名	2-4-4-6-8-6-4-4-2

续表

序号	问题	Q 分类计分方式
15	公司会对工作业绩表现好的员工进行表扬和宣传	2-4-4-6-8-6-4-4-2
	第五部分　尊重员工	
16	公司日常非常关注您和您的同事，尽量倾听你们的合理需求	2-4-4-6-8-6-4-4-2
17	公司重视你们工作的积极性和努力程度	2-4-4-6-8-6-4-4-2
18	公司对您的工作失误能宽容大度处理，不加过于严厉的惩罚	2-4-4-6-8-6-4-4-2
19	公司给您公平和公正的工作氛围，不以私人关系作为衡量工作能力的标准	2-4-4-6-8-6-4-4-2
	第六部分　稳定性	
20	公司非常注重您的职业稳定性，保持员工一定而不过分的流动性	2-4-4-6-8-6-4-4-2
21	公司鼓励您承担一定的社会责任，为改善社会问题贡献力量	2-4-4-6-8-6-4-4-2
22	公司要求您清楚公司需要长期稳定的发展	2-4-4-6-8-6-4-4-2
	第七部分　创新性	
23	公司鼓励您不断创新，想出好的点子为公司改进工作	2-4-4-6-8-6-4-4-2
24	公司鼓励你们不要拘泥于形式，要冲破思维禁锢	2-4-4-6-8-6-4-4-2
25	公司鼓励您勇于承担风险	2-4-4-6-8-6-4-4-2
26	公司重视发挥你们的主观能动性，在工作中尽量减少过多的条条框框	2-4-4-6-8-6-4-4-2

第四章

文化理念体系构建

从企业管理实践来看，企业文化理念主要解决四个问题：企业为什么存在？未来的发展方向在哪里？在面临重大问题时应秉持何种态度？日常生产经营活动中又应遵照何种原则开展？企业文化理念正是通过对这四个问题的回答，从相对抽象的、意识形态的高度来指导、规范企业的生产经营活动、组织行为与员工行为。

案例4-1　中国石油化工集团公司的文化理念体系

中国石油化工集团公司（以下简称“中国石化”）在继承中国石油石化优良传统和作风的基础上，积极吸收、借鉴国内外企业管理与文化建设方面的先进经验，致力营造积极向上、和谐融洽、艰苦奋斗、无私奉献的组织氛围，为推动企业的科学发展提供了强大的精神动力。

2009年11月，中国石化首次制定、颁布《中国石油化工集团公司企业文化建设纲要》，系统提出了集团公司的核心价值理念体系，规划了公司企业文化建设的路径与目标，在凝聚员工共识、引领企业发展、塑造企业形象等方面发挥了重要的作用。

2014年8月，在充分调研的基础上，中国石化对2009版《企业文化建设纲要》进行了修订和完善，颁布了《中国石油化工集团公司企业文化建设纲要（2014年修订版）》（简称新《纲要》）。

新《纲要》突出了以人为本、绿色低碳、环境保护、社会责任以及国际化、市场化等内容，确立了“为美好生活加油”的企业使命，“建设成为人民满意、世界一流能源化工公司”的企业愿景，以及“人本、责任、诚信、精细、创新、共赢”的企业核心价值观。

一、企业使命：为美好生活加油

中国石化以“为美好生活加油”作为企业使命。坚持把人类对美好生活的向往当作企业发展的方向，致力于提供更先进的技术、更优质的产品和更周到的服务，为社会发展助力加油；坚持走绿色低碳的可持续发展道路，加快构建有利于节约资源和保护环境的产业结构和生产方式，为推进生态文明建设作出贡献；坚持合作共赢的发展理念，使公司在不断发展壮大的同时，为各利益相关方带来福祉。

二、企业愿景：建设成为人民满意、世界一流能源化工公司

中国石化以“建设成为人民满意，世界一流能源化工公司”作为企业愿景，包含了三个层面的涵义。

1. 致力于成为人民满意的企业

要更加突出发展质量和效益，更加突出技术进步，更加突出绿色低碳，更加突出以人为本，努力提供一流的产品、技术和服务，展现一流的社会责任形象，让员工、客户、股东、社会公众以及业务所在国（地区）的民众都满意，努力成为高度负责任、高度受尊重的伟大企业。

2. 致力于成为世界一流企业

世界一流企业不仅需要一流的规模、质量和效益，也需要一流的企业管理和社会形象，更需要一流的市场化、国际化竞争能力，中国石化要对照世界一流企业的标准，通过艰苦不懈的努力成为治理规范，管理高效，文化先进，市场化程度高，国际化经营能力强，拥有世界一流技术、人才和品牌的先进企业。

3. 致力于成为绿色高效的能源化工企业

以能源、化工为主营方向，做好战略布局和业务结构优化，在发展好传统业务的同时，不断开发和高效利用页岩气、地热、生物能等新兴能源，研制开发化工新材料，促进煤残资源清洁化利用，成为绿色高效的能源化工企业。

上述三个方面有机统一，体现了全球化背景下企业的发展要求，体现了能源行业的发展趋势，也体现了国际化企业的特征，是中国石化改革发展的自觉追求。

三、核心价值观：人本，责任，诚信，精细，创新，共赢

中国石化以“人本，责任，诚信，精细，创新，共赢”为企业核心价值观。

1. 人本——以人为本，发展企业

从广大客户和社会公众的需要出发，确定企业的发展方向，研发一流产品，提供一流服务。把员工作为企业发展的主体力量，为员工全面发展创造条件，让员工生活更加幸福。

2. 责任——报国为民，造福人类

在履行好国有企业责任、贡献国家的同时，还要履行好国际化公司的责任，要同步业务所在国（地区），履行相关的经济、法律和慈善义务；研发一流产品，提供一流服务，努力造福全人类。

3. 诚信——重信守诺，言出必行

坚持“每一滴油都是承诺”，把信用立企作为企业的发展之基；教育、引导每一位员工做老实人，说老实话，办老实事，依法诚信经营，规范运作，为企业树立良好的品牌形象。

4. 精细——精细严道，止于至善

以严格的要求和一丝不苟的态度，养成全员精细严谨的工作作风，追求生产上精耕细作，经营上精打细算，管理上精雕细刻，技术上精益求精，努力提升生产经营管理水平。

5. 创新——立足引领，追求卓越

把创新贯穿于企业生产经营的全过程，大力推进观念、体制、机制、管理、技术、产品、服务等方面的创新，引领市场发展，打造行业标杆，成就卓越品质。

6. 共赢——合作互利，共同发展

坚持开放包容，精诚合作，遵循和尊重业务所在国（地区）法律法规、文化习俗，汲取、融汇合作方的优秀文化和先进经验，帮助客户提升价值，做到企业与利益相关方共同发展，互利共赢。

第一节　文化理念体系构架设计

企业文化理念体系，是对于企业文化核心内容的高度凝练，是企业文化具象化的主要手段，是文化推广和传播的基础。

从中国石化文化理念体系的案例中不难发现，核心文化理念至少应当包括使命、愿景、核心价值观等关键内容。在核心理念之外，很多企业的文化理念体系还包括了运营理念。所谓运营理念，是在核心理念影响之下企业在生产、经营与管理的各环节所秉持的工作信条，如经营理念、服务理念、人才理念、安全理念等，它们贯穿于企业生产经营发展中的各个环节。

一、核心文化理念

每家企业对于核心文化理念的定义不同，但一般来说，核心文化理念往往包括愿景、使命、核心价值观、企业精神、企业作风、文化品格与象征等。

1. 愿景

愿景，是企业对前景与发展方向的高度概括与综合描述，企业愿景由组织内部成员所制订，并经充分讨论获得组织的共识，最终形成全体成员全力以赴的方向，是企业期望经过长期努力和不断进步而达到的状态，愿景可以激发企业的成长与变革。

2. 使命

使命，是指企业因承担社会责任和义务，或由自身的业务功能定位而决定的、面向社会及利益相关者必须达成的目标，是对企业形象的直接描述，解决了企业“为什么存在”的问题，如果一个企业没有使命，那么它可能只知道“做什么”“何时做”，却不知道“为什么做”。只有清楚“为什么做”，才能使企业发挥最大的潜能，取得最佳的绩效。

3. 核心价值观

价值观，包括人的向往、兴趣、爱好、选择等，是一个比较广泛的价值取向，以及基于上述取向对事物好与坏的评判标准，是存在于个人内心深处的最本质的观念。企业的核心价值观，是指企业所倡导的、最为核心的价值理念，是企业坚守的终极信念，是企业判断是非的基本标准。当然，也是企业所期待和要求员工信奉的价值理念。

4. 企业精神

企业精神，是以核心价值观为基础，以企业发展目标为动力，基于自身业务性质、任务目标、使命宗旨、发展环境与时代要求等，在长期的生产经营过程中形成的企业成员群体的精神风貌。

5. 企业作风

企业作风，是企业在长期生产经营等实践活动中形成的一种风气，是企业内质的外在表现。表面看企业作风看不见、摸不着，但实际上却贯穿于企业经营管理的方方面面，对企业的发展方向、经营行为等均有深入的影响。

6. 文化品格与象征

文化品格，是指企业在生产经营活动中表现出来的品质、品德、品性等方面的特点的集合，是具体行为之上的抽象性、总体性文化概念。文化品格往往借助于象征物进行传播。象征物通常表现为反映企业文化的人工制作物，通常被放置在公司广场、花园、大堂、办公楼等显要的位置，有时也被印制在公司礼品或促销品上，作为传播企业文化理念的一种载体。

在企业文化体系模型中，象征物属于物质文化的范畴，是企业视觉识别系统的一部分。企业的LOGO、吉祥物、特定的工作服、企业的模范人物等都具有文化的象征意义。

二、企业运营理念

企业为实现其使命和目标，运用各种资源，从事着与其使命和目标相关联的活动，从而有效地实现其使命和目标，这个资源不断运转的过程就是企业的运营。

企业具有多个业务系统，从价值链增值环节来看，包括研发、营销、供应、生产、服务等；从价值链职能环节来看，包括计划、财务、资产、人事、信息化、投资并购等，每个环节都是一个相对独立的系统，都有自己的业务特点。每个系统都对文化有不同的看法和诉求，要使各系统都体现企业的使命、愿景与价值观并将其落实到经营活动中去，就必须建立面向各系统的运营理念，以具体指导其经营活动。

企业运营理念的建立，离不开企业的核心价值观、价值链以及企业所处的经营环境。

首先，运营理念的建立离不开企业核心价值观，是企业使命、愿景、价值观在业务层面的具体体现，其间有很强的逻辑关系。运营理念的构建与设计不能脱离企业的使命、愿景与价值观，同时要能够与企业的经营实践相结合。

其次，运营理念的建立离不开企业的价值链。企业价值链，其本质是战略、营销与运营的相互连接。从价值链角度看，战略是“做什么”，营销是“是谁要，要多少”。不管是战略问题，还是营销问题，都需要资源条件进行支撑，包括人、财、物、技术、设施、信息等，而运营则实现了这些资源对于战略、营销等的支撑，因此，运营理念的设计必须符合企业内部价值链的运转要求，且需要根据价值链的变化进行调整。

第三，企业所处的经营环境。企业的运营理念往往会随着企业所处经营环境的变化而不断变化，在制定和设计运营理念时，要充分考虑企业目前的经营环境并凸显当前的经营管理特点，这样的理念才能在企业内部得到有效的响应，而不是束之高阁。

根据企业业务性质的不同，运营理念也有不同的“称呼”。有的企业称之为“某某理念”，如管理理念、安全理念、服务理念等；有的企业称之为

“某某哲学”，如经营哲学、品质哲学等；还有的企业称之为“某某观”，如质量观、安全观、人才观等。

无论何种称谓，企业运营理念围绕核心价值观、服务价值链、关照经营环境的三个特征不会变，指导企业经营管理实践的使命不会变。

三、文化理念构架设计

在开展文化理念体系建设之前，通常要事先确定企业文化理念的内容框架，如，分为几个层次，包含哪些理念内容等等。通常意义上，会将文化理念划分为核心文化理念和企业运营理念两类。

结合汉哲咨询多年的经验，将文化理念架构按照定位层、思维层、执行层三个层次划分，应当更为合理和容易理解，如图 4–1 所示。

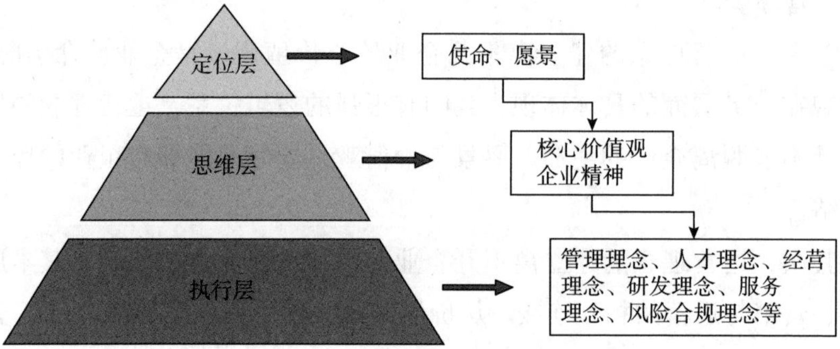

图 4-1　企业文化理念体系模型

1. 定位层

所谓定位，就是明确企业的存在价值与发展方向，在文化理念中，使命和愿景恰恰行使了这方面的功能。使命，阐述了企业存在的价值和理由，以及企业相对于社会的价值所在，定位了企业今天的位置；愿景，是企业致力于达到的目标和方向，定位了企业的明天与未来。把这两个理念放在定位层，不但说明了它们在全部文化理念中的地位，也明确了它们对于企业发展的启明星般的作用。

2. 思维层

思维层，是企业文化在员工思维层面的反映，其中的内在因素是核心价值观，外在表现是企业精神和企业作风。

核心价值观回答了企业在处理重大利益关系上的立场和观点，企业精神、企业作风则是核心价值观在员工精神面貌、企业做事程序上的折射与体现，三者共同构成了企业在价值取舍、做人做事方面的系统论思维。

特别值得说明的是，思维层承上启下。对上，是对企业愿景和使命的有力支撑，是企业及其员工在实现愿景、履行使命的过程中表现出来的崇高追求与思想境界；对下，是链接愿景、使命与运营理念的精神桥梁，是判断生产经营活动是否符合企业价值标准的标尺。

3. 执行层

执行层，也称运营理念层，包括管理理念、经营理念、产品理念、服务理念、人才理念、发展理念、合规理念、安全理念等等，是企业在生产运营各关键环节所应采取的行为方针与原则。

需要说明的是，执行层理念同样是企业文化理念结构中不可或缺的部分，脱离了运营理念的支撑，企业的核心理念往往会变得虚无缥缈，被认为曲高和寡、脱离现实，只有与执行层的业务实际相结合，才能够迈出文化落地的第一步。

总体来看，三个层次的文化理念互为支撑，互为解释，不可或缺。在现实企业中，根据文化建设的需要以及员工的理解与接受能力，可能会重点设计某些文化理念，但不等于可以忽略文化理念的整体构架，在条件允许的前提下，应把缺少的部分以合适的形式尽快补充完整。

第二节 企业的愿景与使命

20 世纪 90 年代开始，随着市场经济的蓬勃发展和国外先进管理理念的引进，“愿景”和“使命”这两个词开始在中国企业中流行起来。在摆脱了生存的压力之后，越来越多的企业认识到：要想做到基业长青，就必须回答“企业生存价值”这一哲学问题，以及“企业要做什么？”“为什么要做？”“怎么去实现？”等一系列衍生的问题。要弄清楚这些，企业就必须明确自己的愿景和使命。没有愿景和使命的企业，就像一个没有人生目标的人，只会随波逐流，随遇而安，难以突破进取，达成令人瞩目的高度。认识到这一点之后，很多企业纷纷行动起来，开始研究、制定自己的愿景与使命。

一、愿景、使命的定义

之所以要把“愿景”和“使命”放在同一个章节进行讲述，最关键的原因在于，企业的愿景和使命密不可分且互相作用。企业有什么样的“愿景”，就会形成什么样的“使命”，而企业的“使命”，也注定将会引导企业向规划的“愿景”前行。

正因为愿景与使命的关系如此密切，在管理学界和企业界对这两个词的定义一直以来都有混淆，有的将愿景当作使命，有的将使命当作愿景，也有的用“经营宗旨”或者“经营目标”来代替愿景和使命，甚至有些企业直接用价值观或者经营理念来替代愿景和使命……那么，企业的愿景和使命到底是什么呢？

简单来说，愿景回答的是“企业未来想成为什么”或“企业希望由于自己的存在而实现什么”的问题，是对“企业将做成什么样子”或“企业在远期要达成什么样的目标”的一种清晰描述，是企业在大海中远航时的灯塔。明晰的愿景是对企业内部员工和外部利益相关者的承诺，是对组织未来的远期追求，是企业为之奋斗的崇高理想。只有对愿景进行了精确的描述，公司员工、合作伙伴、社会公众才能对企业有更清晰的认识。一个美好的愿景能够激发出企业天然的感召力，形成强大的向心力与凝聚力。例如，阿里巴巴的愿景是“成为一家活 102 年的好公司”，苹果公司的愿景是“让每人拥有一台计算机”。

而“使命”，则是企业存在的目的和理由，企业使命回答的是“企业为谁创造价值”以及“创造什么样的价值”的问题；或者说，企业的“使命”就是企业在社会生活中将要承担的责任和义务。

企业愿景是对未来目标的陈述，而使命是对当前任务的描述；愿景是企业战略规划的重要支撑点，是企业发展的指南针；而使命则是促进企业生存，立业，实现自身价值与服务社会的基石。也就是，企业愿景回答的是“我们想要成为什么”的问题，而“使命”回答的是“我们如何成为”的问题，没有“使命”支撑的“愿景”只能是无本之木，无源之水，只能是美好的愿望而已。

二、愿景、使命对企业的意义

为什么愿景和使命对企业如此重要？答案是：因为有了愿景和使命，企业才能找到自身存在的意义，才会有努力的方向；有了意义和方向，才有可能在企业内部产生凝聚力和向心力。1907 年，亨利·福特为福特汽车公司提出了“使汽车大众化”这一在当时看来几乎不可能实现的目标，今天，回望大街上奔流不息的“车河”，正是因为这样一个伟大的梦想，支持福特汽车包括整个汽车工业取得了今天的进步。

1. 是产生凝聚力、激发潜能的原动力

曾经有一个流传很广的故事：在欧洲的某个小镇上，两位泥瓦工人正在砌一道墙。这时候，有人过来问他们在做什么，其中一位工人回答说：“我正在砌一道墙。”说完他就继续工作了；而另一个工人则回答“我正在盖一座教堂，教堂盖好后，这里会有成千上万的人来做礼拜。”人们注意到，很明显，第二位工人砌墙的动作更加认真、专注，这是因为，他的思维已经完全突破了眼前这道墙，开始对未来新建成的教堂以及教堂内聚满人群、虔诚祈祷的景象产生憧憬与期待。

愿景和使命的力量在于，它能让参与其中的人对自己所从事的工作产生美好的憧憬和向往，产生崇高的使命感与责任感。企业的愿景和使命，

不仅能让员工为了共同的理想而努力，激发员工的自觉参与意识，也是对企业股东、供应商、客户等全体利益相关者的群体激励，让这些利益相关群体清晰了解自身在企业愿景实现的过程中创造的价值与可能获得的利益。

2. 是指引发展方向、不致偏离航线的灯塔

随着经济的高速发展，企业的外部环境不断发生变化。大千世界，不仅个人会受到各种来自外界的诱惑，企业也是如此，只有明确了企业的愿景和使命，清晰地划定了企业未来的发展方向，清晰地定位了今天所从事的事业，才能在众多机会中做出正确的选择，使企业的发展不致偏离方向。从某种意义上说，企业愿景是文化与战略的交集，既是战略的指向，也是文化的指向。企业战略的确定，可以分为阶段战略、中期战略、长期战略，那么，企业发展的超长期或者说终极战略目标是什么呢？就是企业的愿景。同时，企业在进行战略选择时，也要考虑与企业使命的内在符合性问题，使命决定了企业在社会中的定位以及应为社会承担的责任，这就决定了企业业务选择的边界以及战略目标，例如，国有的轨道交通集团，其使命往往是“为市民畅通出行服务”（或类似），它就不适宜投资化工企业，因为这与它的使命不符。同时，它在战略制订中，必须兼顾服务社会与创造经济效益两个方面，服务社会的目标甚至要放在创效之前，这也是它的使命所决定的。

愿景和使命也是企业战略选择和业务重组的重要依据，作为企业领导者，要做的就是“把握方向、明确战略，使企业坚定不移地朝着既定的目标前进”，要有能力对是与非、做与不做进行判断，而决策和判断的根本标准就是企业的愿景与使命。例如，20 世纪 90 年代开始，国内房地产行业进入高速发展时期，房地产的利润空间巨大，很多从事实业的企业包括一大批上市公司都进入了房地产业，以华为的实力，如果当时进入地产业，今天也一定会是行业排名居前的企业，但华为始终不为所动，专注通信领域，将所有资源投入到通信领域的研发中去，才有了今天的华为。俗话讲“将军赶路，不追小兔”，就是这个道理。

3. 是协调利益相关者之间、企业与社会之间关系的媒介

一个企业如同一个人一样，其生存和发展有赖于其良好的社会关系。从传统意义上讲，企业是一个经济体，它的主要任务是代表投资者的利益，从事创造利润、保值增值的活动。就企业公众关系而言，股东、消费者都是其最重要的“利益相关者”；随着社会的发展，越来越多的企业感觉到，影响企业目标实现的相关者不仅仅是股东和消费者，还包括政府、媒体、社区、员工、供应商、战略合作伙伴、社会公众，等等，是一个非常庞大的利益相关生态系统。

由于这个生态系统中的每一个体都有独特的定位、使命与利益诉求，如何使得企业能够与这些利益相关方密切合作，并在它们的支持下蓬勃发展呢？在企业获得发展之后，这些利益相关方又能获得何种价值呢？这些问题，都是企业在愿景和使命中需要说明的。

企业的使命，可以让社会各界清楚地了解企业存在的价值，明确企业在整个社会经济发展中的作用与地位。企业的愿景，对内，吸引具有同样理想的员工坚定不移地追随企业前行；对外，将使企业与具有同样理想的客户、供应商和合作伙伴紧密地团结在一起，共谋发展。总体而言，企业建立愿景与使命的目标，就是建立与社会及利益相关生态进行沟通的话语体系，实现企业与社会的和谐互动与共同发展。

延伸阅读　　隐形冠军的成功之道

“隐形冠军”就是一些名不见经传，却在某个窄小的行业里做到顶峰的中小企业。它们有无可动摇的行业地位，稳定的员工队伍，高度的创新精神和丰厚的利润回报。

“世界隐形冠军”之父、哈佛商学院教授赫尔曼·西蒙先生长期从事这些企业的研究工作，通过大量研究，西蒙教授认为，“世界隐形冠军”的成功之道在于如下八个方面，核心在于使命与愿景的高度明确并聚焦。

第一，隐形冠军们有着非常强大的企业文化，企业领导非常杰出，

而且一般都掌舵几十年。与之相联系的是卓越的员工认同感与积极性，对新员工的挑选非常苛刻。

第二，隐形冠军们奋斗的目标就是在自己的领域成为全球领袖，以此为梦想，并孜孜不倦地追逐这一梦想。

第三，隐形冠军们把市场定义看作战略的一部分，通过亲自观察顾客的需求和相关的技术，把各自的市场定义得很窄，高度专注，强调深度而不是广度。

第四，隐形冠军们把自己在产品和专有技术方面的独到造诣与全球化营销结合起来，通过自己的子公司来服务全球的目标市场，不把客户关系交给第三方。

第五，隐形冠军们都非常贴近客户，尤其是顶级客户。他们不是单靠技术或者市场取胜，而是通过技术、市场与服务共同驱动取胜。

第六，隐形冠军们无论产品还是生产流程都是高度创新的，他们的创新活动是全球导向，持续不断的。

第七，隐形冠军们在产品质量和服务方面创造战略竞争优势。他们总是和最强大的对手“亲密接触”，为了保持企业的活力，他们会主动出击，会不惜一切代价维护行业地位。

第八，隐形冠军们依仗的是他们自己的力量。他们不相信什么战略联盟，也不像其他公司那样热衷于业务外包，他们认为他们的竞争优势就在于有些事情只有他们才做得了。

三、企业愿景的描述

愿景，回答的是“我们想成为什么”的问题，反映的是企业对未来的憧憬。愿景是战略与文化的交叉点且首先体现于战略。正确的逻辑是，企业愿景形成后，围绕愿景制定企业的长期、中期战略规划，再细化为具体的年度经营计划。显然，明确的愿景是制定战略规划的基础和前提。

愿景是对企业未来状态的描述，在文字表达上应力求简洁和精炼，通常，一个企业的愿景描述不应超过 20 个字，越是简短，往往越容易记忆、使用和传播。同时，愿景应至少包括事业发展地域、业务取向（行业、产品、服务范围等）、面向社会的价值点、期望达到的高度或水平这四个方面的关键内容，以及必要的定语、修饰语等。

如，迪士尼的愿景是“成为全球的超级娱乐公司”，其中“全球”是事业发展地域，业务和社会价值点是“娱乐”，期望达到的高度或水平是“超级”。

再如，中国石化的愿景是“建设成为人民满意、世界一流能源化工公司”，其中“世界”是事业发展地域，“能源化工”是业务取向，“人民满意”是面向社会的价值点，“世界一流”代表了公司期望达到的水平。

在具备以上四大要素的基础上，对企业愿景的描述应尽可能通俗易懂、言简意赅、易于记诵，且能够起到鼓舞人心的作用，具体来说，在措辞上应符合以下要求。

①清晰准确。愿景描述的是企业的长期发展取向，在表达上不应拖泥带水，不要试图把企业未来的所有可能都说到。一个清晰准确、简单明了的愿景，才更容易被外部利益相关者和员工所理解和接受。

②简单朴实。从国内外企业的实践来看，愿景在表达上应尽量使用简单、朴实的词语，因其内涵打动人心而不是华丽或晦涩的辞藻，好的企业愿景，看起来平实，仔细研究却回味无穷。

③鼓舞人心。所谓愿景，也就是企业的终极发展目标，是需要全体员工，甚至几代人终身为之奋斗的方向，因此，在表达上应有气势和张力，能够让听者热血沸腾，充满激情。

由此可见，一个好的企业愿景，既要平实，又要富有感染力；既要考虑外部，又要兼顾内部；既要照顾当前，又要谋划未来，需要大量认真、细致的研究工作来支撑。

四、企业使命的提炼

使命，关键在于阐明企业的根本性质与存在理由。企业使命通常具有一定的抽象性，绝不仅仅是对业务的直接描述，而是对企业所提供的产品

（服务），产品（服务）的价值，以及产品（服务）所能发挥的功能和作用三个方面的概括。

如，沃尔玛的使命："为顾客节约每一分钱，使他们的生活更美好"。此处没有说沃尔玛是从事何种服务，因为这个是尽人皆知的；重点说的是服务的价值："为顾客节约每一分钱"，以及服务所能发挥的功能："使他们生活更美好"。

如，中国联通的使命："联通世界，创享美好智慧生活"。此处也是说了两个方面，服务的价值："联通世界"，服务所实现的功能："创享美好智慧生活"。

再如，阿里巴巴的使命："让天下没有难做的生意"。没有说阿里巴巴提供何种服务（这样说，实际上容易对业务有过度的限定），而是重点说了服务的价值：让天下的生意更好做。

需要注意的是，企业使命在措辞方面应考虑以下因素。

①表达要聚焦。应尽量对自己的目标客户群和所提供的服务进行精准定位，不能过于宽泛和笼统。要考虑与企业经营实际的一致性，不宜过于夸张。

②语言要朴实、生动。通过平实的语言对企业的业务、业务的价值进行生动的描述，可以让员工和社会公众更易接受。

③要挖掘业务背后的东西，不应停留在业务概括的层面，而是要挖掘业务的价值，以及因为这项业务的发生而给社会带来的改变。

好的使命提法，能够把企业的事业、事业的价值说得非常清楚，让员工和社会都能够理解：企业存在的价值是什么，能为这个世界提供什么。

案例4-2　　华为的使命

作为全球知名通信与信息技术企业，华为创造了发展与创新的奇迹。

华为创立于1987年，是全球领先的ICT（信息与通信）基础设施和智能终端提供商，致力于把数字世界带入每个人、每个家庭、每个组织，构建万物互联的智能世界。目前华为约有19.4万名员工，业务遍及170多个国家和地区，服务30多亿人口。全年营收从2015年的3950亿元人民币增加到2019年的8588亿元人民币，五年增长逾4600亿元人民币，2020《财富》世界五百强排行榜中排名第49。

之所以取得今天的成绩，与华为在发展初期就确定了清晰的使命有关。华为将“成为世界级领先企业”作为发展目标，并以此确立了华为的使命：**“华为的追求是在电子信息领域实现顾客的梦想，并依靠点点滴滴、锲而不舍的艰苦追求，使我们成为世界级的领先企业。为了使华为成为世界一流的设备供应商，我们将永不进入信息服务业。通过无依赖的市场压力传递使内部机制永远处于激活状态。”**

华为领导人任正非认为，“我们若不树立一个企业发展的目标和导向，就建立不起客户对我们的信赖，也建立不起员工的远大奋斗目标和脚踏实地的精神。华为公司若不想消亡，就一定要有世界领先的概念。”

为了向这个富有使命感的高目标冲击，任正非在《华为的红旗还能打多久》一文中提出了如下支撑措施：

①以客户价值为导向，将客户满意度作为评价标准。

②追求在一定利润水平上的成长最大化，达到和保持高于行业平均和行业中主要竞争对手的增长速度，以增强公司的活力，吸引最优秀的人才和实现公司各种经营资源的最佳配置。

③坚持按大于10%的销售收入拨付研究经费。在设计中构建技术、质量、成本和服务优势，建立产品线管理制度，贯彻产品经理对产品负责而不是对研究成果负责的制度。

④鼓励和提倡务实，通过做实产生沉淀。贯彻“小改进大奖励、大建议只鼓励”的制度，大的经营决策要有阶段的稳定性，每个员工主要是做好本职工作；但鼓励员工开展小改进，将每个缺憾弥补起来，使公司不断进步。

⑤破釜沉舟，把危机意识和压力传递到每一个员工。使内部机制永远处于激活状态。

延伸阅读　知名企业使命与愿景示例

企业名称	愿景	使命
华为	丰富人们的沟通和生活	聚焦客户关注的挑战和压力，提供有竞争力的通信解决方案和服务，持续为客户创造最大价值；最低的总体拥有成本（TCO），更高的工作效率
金地	以品质提升价值，做中国最受信赖的地产企业	创造生活新空间。为员工创造平台；为客户创造价值；为城市创造美丽；为社会创造财富
华侨城	华侨城集团是企业家创新的舞台，是明星企业的孵化器，是创业者梦想成真的家园，是具有高成长性和鲜明文化个性的国际化企业	致力于人们生活质量的改善、提升和创新，以及高品位生活氛围的营造，致力于将自身的发展融入中国现代化事业推进的历史过程中
万科	成为中国房地产行业领跑者	建筑无限生活
中国石化	建设成为人民满意、世界一流能源化工公司	为美好生活加油
阿里巴巴	成为一家持续 102 年的企业，成为全球 10 大网站之一，只要是商人就一定要用阿里巴巴	让天下没有难做的生意
腾讯	最受尊重的互联网企业	通过互联网服务提升人类的生活品质
五粮液	成为生产经营世界名优酒的全球知名公司，确保行业综合效益第一，竞争力第一	弘扬历史传承的精髓，用我们的智慧、勇气和勤劳来造福社会
伊利	成为世界一流的健康食品集团，不断进取，坚持以世界领先的标准要求自己，以全球化视野、国际化胸怀，竭诚满足不同区域消费者的健康生活，就是成就我们的事业	不断创新，追求人类健康生活。时时求创新，处处可创新，人人能创新。每一次创新，都是为了人们的健康；每一次努力，都是为了人们的幸福
蒙牛	做质量最好、最专业、最专注的乳制品企业	为消费者奉献安全、优质、健康的乳制品，与客户、员工、股东及所有利益相关方共同成长
美的	做世界的美的，致力于成为国内家电行业的领导者，跻身全球家电综合实力前五强，使美的成为全球知名的品牌	为人类创造美好生活，为客户创造价值，为员工创造机会，为股东创造利润，为社会创造财富
万达集团	国际万达 百年万达	共创财富 公益社会
老凤祥	共创经典，共享品质	继承创新民族经典，国际时尚的首饰产品与文化

续表

企业名称	愿景	使命
通用电气（GE）	使世界更光明	①无边界，快速、远大；②以科技及创新改善生活品质，在对顾客、员工、社会与股东的责任之间求取互相依赖的平衡；③在我们服务的每一个市场中，要成为数一数二的公司，并且改革公司，拥有小企业一般的活力
微软公司	计算机进入家庭，放在每一张桌子上，使用微软的软件	致力于提供使工作、学习、生活更加方便、丰富的个人电脑软件
索尼	为包括我们的股东、顾客、员工，乃至商业伙伴在内的所有人提供创造和实现他们美好梦想的机会	体验发展技术，造福大众的快乐
迪士尼	成为全球的超级娱乐公司	使人们过得更快乐
苹果电脑公司	让每人拥有一台计算机	藉推广公平的资料使用惯例，建立用户对互联网之信任和信心
英特尔	成为全球互联网经济最重要的关键元件供应商，包括在客户端成为个人电脑、移动计算设备的杰出芯片和平台供应商；在服务器、网络通讯和服务及解决方案等方面提供领先的关键元件解决方案	超越未来
百事	使百事公司成为世界首屈一指、主营方便食品和饮料的消费品公司	环境、社会、经济等各个方面不断改善周围的世界，创造更加美好的未来

第三节 核心价值观

企业价值观是企业在生产经营过程中遵循或推崇的基本信念和准则，它回答的问题包括："我们信奉什么？""对于我们什么最重要？""我们认为什么是值得尊重的？""什么样的选择才是正确的选择？"等等。

由于价值观的不同，人们对同一事件会产生不同的理解和看法。与个体一样，每个企业也都有自己的价值观。如果说愿景和使命描述的是企业未来发展方向，那么，核心价值观表达的就是企业的共同价值标准，是企业为追求愿景、实现使命而明确提出的信念和原则，并用以引导员工思维，约束员工行为，以及作为员工对人对事的价值判断标准。

站在企业层面，价值观又是企业确定政策、进行决策以及选择行为方式的指导方针。通俗地讲，就是企业在面对决策和选择时要考虑的因素和价值排序，也是全体员工判断好与坏、对与错的基本标准。作为企业经营管理的依据和企业行为规范的基础。企业价值观已经成为决定企业品格与发展空间的关键因素。

一、树立正确的企业价值观

树立正确的企业价值观是企业文化建设的基础，企业价值观在某种程度上具有主观性，每个企业会根据自己的实际情况形成不同的价值观和价值判断标准，如，诚信、服务、质量、利润等，从这一点上看，价值观具有一定的主观性，不能一概而论。

但我们也必须看到，只有那些符合外部环境要求、基本道德标准与经济发展规律的价值观，才能够引导企业持续、健康发展，所谓“走正道”，因此，研究和确立正确的价值观，未必对当期的企业经营带来多大的改变，但确是企业长治久安、永续经营的基础和前提。

通常，企业价值观应遵循以下基本原则。

1. 符合企业存在的目的与要求

企业作为一个经济实体，其基本特征之一就是在满足顾客需求的同时创造利润。满足顾客需求是企业存在的使命，这里所说的顾客包括个人，也包括社会、公众等广泛的利益相关者。而履行使命，一定是以企业能够获得利润为基础，否则企业就失去了再生产的能力，也就无法持续下去。因此，企业的价值观一方面要立足于满足顾客、股东、社会等利益相关者的诉求；另一方面，要有利于企业的健康与可持续经营，两者必须兼顾。

2. 符合企业不断发展的需要

实践经验证明，没有发展战略的企业，尤其是存有小富即安心态的企业，都在一定程度上表现为“短期利益至上”的价值观，这种价值观又反过来对企业的发展产生束缚。

为使价值观符合企业不断发展的要求，必须要处理好两个关系：一是短期利益和长远利益的关系，要使短期利益服从长远利益。二是生存与发展的关系，为生存而生存，企业会逐渐失去发展后劲，路会越走越窄；为发展壮大而生存，才能逐渐形成坚固的生存基础，实现基业长青。当然，这必然是以牺牲短期利益为代价的，这也就是通常所说的眼光和胸怀的问题。

3. 符合广大员工的最根本利益

企业价值观是全体员工共同遵循的价值标准。因此，必须要能为企业大多数员工所认可和接受，要考虑大多数员工的根本利益，如员工对自我价值实现的追求，对生活幸福的追求，等等。如果企业的价值观与员工固有的价值观有较大的偏离，必然导致企业所确立的价值观很难被员工接受。事实上，不被多数员工所接受和认同的价值观，只能是企业自说自话的口号，不能称之为企业的价值观。

案例4-3　英特尔——用价值观引领行动

1968年，罗伯特·诺伊斯（Robert Noyce）、戈登·摩尔（Gordon Moore）和安迪·格鲁夫（Andy Grove）在硅谷共同创立了英特尔公司。经过近40年的发展，英特尔公司在芯片创新、技术开发、产品与平台等领域奠定了全球领先的地位，并始终引领着相关行业的技术创新及产业与市场的发展。

英特尔为计算机工业提供关键元件，包括性能卓越的微处理器、芯片组、板卡、系统及软件等，这些产品是标准计算机架构的重要组成部分。英特尔公司设有多个运营部门：数字企业事业部、移动事业部、数字家庭事业部、数字医疗事业部和渠道平台事业部。2019年，英特尔全球年收入达到720亿美元。

今天，计算、通信、消费电子正加速融合，数字经济面临着新的发展机遇。作为全球信息产业的领导公司之一，英特尔致力于整合资源，推动信息科技的发展和整个产业的进步。同时，英特尔公司在全球范围内坚持不懈地履行企业社会责任，涉及教育、环保和社区贡献等多个领域，并将其视为公司战略、文化和价值观的重要组成部分。

作为一个技术驱动型公司，英特尔不停地更新技术，驱动企业前进。在这样的企业中，企业价值观仍然重要吗？它的作用有多大？英特尔的高层认为：企业在成长过程中必须尽早确定自己的价值观，用企业的价值观来同化每一位员工，从而协调统一企业的行动。

英特尔的每位员工都挂着写有公司价值观的胸卡，英特尔的六条价值观（客户至上、纪律严格、质量为本、冒险精神、良好的工作氛围、注重结果）已深入人心。在价值观的引导下，“技术偏执狂们”变成了“英特尔人”，由此，英特尔才能一直保持着业内领先地位。

英特尔的六条价值观中，最核心的就是注重结果和良好的工作环境。英特尔认为做事情一定要有程序和方法，但如果把程序作为目标，一天到晚谈怎么做，最后却不行动，在当今的倍速时代就会被淘汰。英特尔把程序放第二位，最重要的是结果。绝不会花10年时间想一个全世界最完善的方案，而是要始终做得比别人快，比别人好。

良好的工作氛围，最重要的是要对员工的信任和尊重。老板也是雇员，工作责任使他成为老板，但他不能不尊重下属。有了尊重，就会开放，就会听取员工的意见。在英特尔，从首席执行官到总经理，乃至普通员工都是一个标准的、开放的办公小隔间，员工随时可以找上司沟通。

英特尔一直坚守创新理念，根据市场和产业趋势的变化不断自我调整。从微米到纳米制程，从4位到64位微处理器，从奔到酷睿TM，从硅技术、微架构到芯片与平台创新，英特尔不间断地为行业注入新鲜活力，并联合产业合作伙伴开发创新产品，推动行业标准制定，从而为世界各地的用户带来了更加精彩的体验。

英特尔的发展源于公司价值观驱动的管理，价值观深入员工心中，激发了员工创新的潜力；良好的工作氛围使员工切身体会到公司价值观在实际中的落实，从而提高了员工的认同和遵从，即使企业价值观随着时代变化而调整，员工依然能够恪守和实践。

任何一个创业企业，都是从三五人起步的。这时候，企业领导人的模范作用就是员工学习的榜样，但到员工逐渐增多后，就需要拿出一个成文的价值观，让新的员工可以学习，这一举措越早越好。而随着周围的社会和经济环境不断变化，价值观也需要不断发展。英特尔公司的价值观一开始是3条，后来发展为6条，后来又调整了6条价值观中的具体解释条款。通过这样的调整，企业的价值观能够始终保持着生命力，始终能在市场中保持正确的航向。

案例4-4　从立行之基到发展之道：中国农业银行的文化之旅

浪起潮涌几十年，沧海桑田几变迁。中国农业银行发展到今天，经历了曲折而又辉煌的历程，她的起起落落始终伴随着中国经济社会的发展脉搏，从一个侧面记录了改革开放以来共和国的沧桑巨变。在波澜壮阔的发展历程中，农业银行积累了丰富的人文精神与深厚的文化底蕴。从“诚信立业”的立行之基，到“稳健行远”的发展之法，农行的核心价值观展现了银行锐意进取、发展壮大的多彩画卷。

1. 诚信立业，支农岁月鉴真情

诚信立业是农业银行的立行之基。“无信身不立，无诚行不果”。诚信是农行人始终奉行的基本职业操守，是农行人品行的彰显，它传承于农业银行三十余年支农岁月的优秀文化积淀，贯穿于农业银行成长壮大的整个发展历程。农业银行第四次恢复成立伊始，按照党的十一届三中全会提出的“恢复农业银行，大力发展农村信贷事业”要求，再次承担起服务“三农”的使命。经历了风雨飘摇的“四起三落”之后，农行人带着经久不变的赤诚再次踏上漫漫支农之旅。作为国家专业银行，成立初期，农业银行严格按照党中央、国务院要求统一管理支农资金、集中办理农村信贷业务，领导农村信用社发展农村金融事业。农村金融市场的特殊性和农村金融模式的复杂性，塑造了农行人朴实忠诚、吃苦耐劳的职业操守。从那时起，以“铁款、铁账、铁算盘”为核心的“三铁”文化初步确立，彰显了农行人诚实守信、务实严谨的工作作风。

“索物于暗室者，莫良于火；索道于当世者，莫良于诚”。伴随着农业银行农村事业的不断扩展，农行人将诚信的文化基因深植于广袤的农村大地。从“集体公社”到“包产到户”、从“统购统销”到“自由流通”、从“计划经济”到“市场经济”，农行人以辛勤的汗水和无私的奉献推动着农村经济改革的每一次跨越，在支持家庭联产承包责任制、促进农林牧副渔业全面发展、加快农村流通体系建设和帮助贫困地区脱贫等方面开展了大量艰苦卓绝的工作，为我国农村经济和金融发展做出了不可磨灭的贡献。

“精诚所至，金石为开”。专业银行时期的十余载真情支农，使得农行在推动农村金融事业发展的同时，成长为全面办理农村各类金融业务的大型专业化银行，初步奠定了农业银行在农村金融体系中的骨干和支柱地位。

回顾立业之初，我们不难发现，在风起云涌的时代巨变中，农行人始终没有忘记党和国家交付的使命，以农行人固有的质朴与忠诚播撒着对农业、农村和农民的关爱，义无反顾地将更多的智慧与汗水浇注于广袤的农村大地，以无私的挚诚默默支持着祖国经济社会的发展。在漫长的支农岁月中，农行人不断将诚信质朴、坚忍不拔的优良品质融汇于农业银行的基业之中，以诚信之基石，构筑农业银行的长青伟业。

2. 稳健行远，革故鼎新为城乡

稳健行远是农业银行的发展之法。为了完成党和国家交付的使命，更好地服务城乡经济金融发展，农行按照国家金融体制改革的整体部署，稳步完成了一系列重大改革。每一次革故鼎新的背后，都体现了农行人的善行稳健与志存高远。在改革开放伊始和农村改革发轫之初，农行得以首先恢复设立；随着改革开放的不断深入，国家审时度势，适时调整了农业银行的经营职责和发展方向。农业银行的每一次改革，与国家的要求和赋予的使命无法分开，与国家城乡经济发展的长远战略需求息息相关，农业银行的发展壮大，正是对党中央、国务院和全国人民关怀厚爱的最好回报。

1979年春，在北京西交民巷一栋简易的楼房里，中国农业银行正式挂牌成立，简单的牌子上白底黑字写着“中国农业银行”六个大字。在中国金融改革的舞台上，农业银行就这样朴素登场，迈出了中国金融改革的第一步。“因时而变，随世而制”。为适应城乡经济发展，农业银行不断调整管理体制和组织架构，力求在支农惠农方面发挥更大的作用。

从1994年开始，农业银行迈开了由国家专业银行向国有商业银行转轨的步伐。在转轨过程中，农业银行确立了“巩固乡镇，拓展城市”的发展战略，坚持城乡并举的办行方针，逐步建立了自主经营、自负盈亏、自担风险、自我约束的经营机制，开始在更广阔的空间服务经济社会的发展。

在激荡的市场经济浪潮中，农业银行始终坚持稳健经营的原则。2000年，按照国家统一安排，农业银行抓住了政策性剥离不良资产的历史契机，资产质量得到极大改善，经营状况跃上一个大台阶，赢得了良好的发展机遇。为促进资产业务的稳健发展，构筑发展的长效机制，农行自2000年开始运行“信贷新规则”，后经过不断细化和完善，新规则的内涵逐步得到全体员工的认同和接受，银行整体的信贷经营理念发生了根本性的转变，稳健审慎的新型信贷文化逐步形成。

独特的城乡二元市场结构使得农业银行在向现代股份制商业银行转变的过程中，遇到了更多的困难和挑战。新时期，农行不断在商业运作和服务“三农”之间探索新的发展模式。2007年全国金融工作会议确定农行“面向三农、整体改制、商业运作、择机上市”的改革原则后，农行人励精图治，扎实推进股份制改革工作，努力探索面向“三农”与商业运作的有效结合，积极探索大型商业银行服务“三农”的新路径，切实加强面向“三农”的体制机制保证，按照市场定位和要求，厘清面向“三农”与商业运作的关系。

天道酬勤。一系列扎实稳健的改革引发的深刻变革，正越来越多地转化为现实的生产力和日益提升的企业价值，面向“三农”的市场定位和责任，正越来越多地转化为全行服务“三农”的自觉行动和实际效果，“三部六中心”的经营合力初步显现，有力推动了“三农”业务的开展。农行的各项支农贷款惠及农村千家万户和数以亿计的农民，县域贷款成就了一大批产业化龙头企业的崛起，惠农卡惠及数亿农民，强大的国际结算网络为诸多农工商进出口企业圆了出口创汇的美梦，金穗卡大大方便了城乡居民的现代生活。同时，农业银行自身在体制、机制、职能和定位等方面都发生了深刻的变革，历史性地开启了大型商业银行统筹服务城乡金融的崭新篇章。

诚信立业，稳健行远。伴随着改革开放的历史进程，农业银行经历了从专业银行到商业银行再到股份制银行的蜕变，成为了一家横跨城乡、服务“三农”的现代金融企业。在发展的道路上，农行人坚信：唯有诚信，方可夯实持续发展之基；唯有稳健，方可铺就科学发展之路。

二、企业价值观的提炼

在这里我们用到“提炼”一词，主要原因在于，首先，任何一家企业，无论它的价值观是否已经以一种直观的方式呈现出来，其实都早已隐藏在企业日常生产经营与管理过程之中；其次，企业的价值观体系不仅要有时代特色、行业特色，更要有企业特色，只能来源于企业自身，在企业经营与发展的实际中逐步形成。

因此，我们在企业文化建设中所要做的，就是要把已经存在于企业内部的价值观进行挖掘和提炼，进行排序和筛选，保留有助于企业发展的价值观要素，淘汰不适合企业发展的因素；同时，将对企业发展非常关键且能够被员工接受的价值观元素嵌入进去，进而形成企业的价值观体系。

企业价值观的提炼模型，如图 4–2 所示。

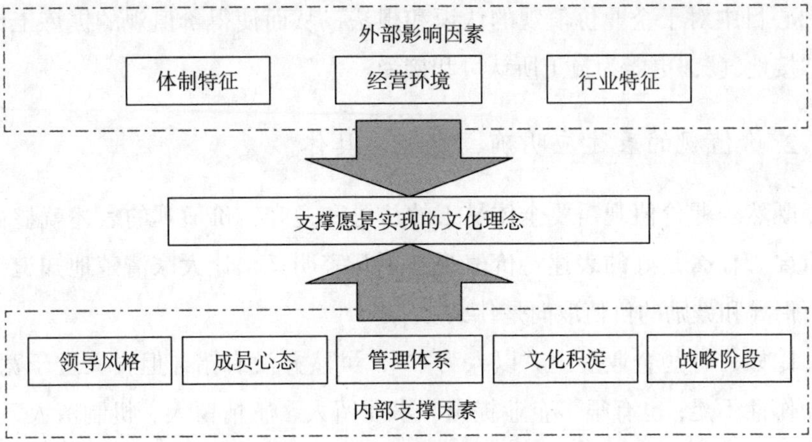

图 4-2 企业价值观提炼模型

1. 价值观的提炼是一项需要全员参与的工作

企业文化是全体员工的文化，需要员工的广泛认同。因此，引导、激励、带动全体员工参与价值观的讨论，本身就是企业文化建设的重要内容。

企业价值观潜藏在企业的日常行为中，在某种程度上反映了员工的真实感受。同样，价值观一旦形成，也需要全体员工的认同与遵守。好的价值观不可能一蹴而就，在企业价值观的提炼过程中，不仅需要领导层的参与，也需要鼓励和吸引更多的员工参与进来。要树立“大家的文化大家建”的意识，各级领导干部率先垂范，各部门密切配合，全员广泛参与，上下左右齐心协力，营造全员建设企业文化的浓厚氛围，让广大员工切实感受到企业文化建设的目的和意义。

在尊重和顺应社会发展潮流的前提下，企业高层领导的个人信念和价值观必然要对企业价值观的形成产生巨大影响。因此，帮助企业高层逐渐理清思路，将原本模糊不清的价值判断标准显性化，形成价值观词条，是企业价值观提炼过程中的关键和重要工作。

员工是企业日常经营活动的实践者，员工内心的真实感受对价值观的提炼同样至关重要。因此，在价值观提炼的过程中，也需要通过访谈、问卷、座谈会等多种形式，与企业各层级员工进行充分的交流与沟通，了解他们心目中对于企业价值观的认识和想法，从而使得价值观的提炼工作更加“接地气”，更能为员工所认可和接受。

2. 价值观的表述应明确、直观、具体

既然企业价值观需要全体员工的认可和遵守，价值观的表述就显得尤为重要。什么是好的表述？价值观必须开宗明义，让大家清楚地知道，企业所倡导和鼓励的价值取向是什么。

比如，有些企业提出“以人为本”，虽然并没有错，但含义过于宽泛，可操作性不足；也有很多企业提出“事业留人、感情留人、机制留人”“公开、公平、公正”等，这些观点都是正确的，放之四海而皆准，但如何具体在企业实现就成了问题，最终导致价值观“只能上墙，不能落地”。

那么，价值观究竟应如何表述呢？在企业文化建设中，针对价值观的表述应尽量明确、直观、具体。

所谓明确，就是要把所要表达的观点说清楚，不要含糊。比如，有的企业在价值观中提出“员工第一”，就是在客户、员工、公司、股东之中做了一个选择，这种选择是明确的，当客户感受与员工利益发生冲突时，这家企业优先考虑的是员工利益，这种选择无所谓对错，是一种价值取向；而有些企业则提出“客户为尊、员工为重、股东为大”，这就会让看的人陷入困惑：到底哪个群体是企业首先要关注的呢？

所谓直观，就是要用员工容易懂得的语言去阐述，避免搞成“曲高和寡”。曾经有一家生产袜子的企业，员工的学历平均在小学左右，但老板很喜欢中华文化，将企业的价值观设计为“博观、约取、致远”，调查显示，员工能够记住这六个字，但不清晰到底说的是什么，于是，公司又为每个词语做了一两百字的描述，这就不叫直观，不如华为“以奋斗者为本”这样的话，更加通俗易懂。

所谓具体，就是要把所要表达的观点具体化、形象化。比如，有的企业在价值观中提出“追求卓越”，那么应当明确，卓越的标准是什么，什么样的行为可以定义为是追求卓越，以及追求卓越的提法与公司的整体战略定位、客群定位、运营服务定位是否匹配。再比如，有的企业提“业以人兴，人才为本”，提法很好，但什么是人才，也要具体，在华为基本法中，对于人才有这样三句话的描述：

“认同公司文化、富有责任感、具有合作精神、善于学习和敢于创新的员工是人才。”

“比别人学得更快、持续改进和创新、勇于否定自我、敢于挑战极限、不断创造杰出业绩的员工是优秀人才。”

“忠诚公司、肯于奉献、精通业务的经营管理骨干和专业技术人才是公司的中坚力量，要在发展机会、经济利益、组织权利等方面明确地向他们倾斜。”

寥寥三句话，把人才、优秀人才、中坚力量描述得非常具体，具体到可以造出尺子来衡量。

3. 价值观并非一成不变，也需演变与创新

企业价值观并不是一成不变的，而应随着内外部环境的变化不断发展和演变。当一种文化形成时，它反映了企业成员的动机和思维定势，随后建立起来的有关制度和工作程序提供了企业获得成功所必不可少的行动力与约束力。但是，随着企业的发展和外部环境的变化，原有的文化理念可能会跟不上企业发展的步伐，或者与时代的主流趋势产生分歧、渐行渐远，在这样的背景下，旧的价值观反而会成为约束或影响员工充分发挥、倾力贡献的桎梏，从而最终影响到企业的生存与发展。在这样的背景下，企业的价值观必须进行变革与创新，从而为组织带来新鲜空气，为团队赋予新的动能。

一个得到充分认同的价值观，或者叫“扎根”的价值观，一定是经历了相当长时间的推行，并且与企业的战略、结构、责权体系、流程行动、领导风格等各方面都是紧密相连、不可分割的，这也决定了文化变革的难度异乎寻常。因此，在核心价值观的创新与变革过程中一定要关注四个方面：第一是自上而下的强力推动，第二是政策措施的配套调整，第三是标杆人物、典型事件的树立与传播，第四是充分的时间与必要的耐心。

案例4-5 华润集团的价值观

华润集团的前身是于1938年在香港成立的“联和行”。1948年联和进出口公司改组更名为华润公司。1954年华润公司成为中国各进出口公司在香港总代理。在这一时期，华润的主要任务是组织对港出口，为内地进口重要物资，保证香港市场供应，贸易额曾占全国外贸总额的三分之一。1983年改组成立华润（集团）有限公司，因应外贸体制改革的形势，企业逐渐从综合性贸易公司转型为以实业为核心的多元化控股企业集团。

华润集团目前涵盖大消费、大健康、城市建设与运营、能源服务、科技与金融五大业务领域，下设7大战略业务单元、19家一级利润中心，实体企业约2000家，在职员工42万人，2019年华润集团营业收入6546亿元，居《财富》世界500强第79位。直属企业中有7家在港上市，其中华润置地位列香港恒生指数成份股。

在多年的发展过程中，华润集团形成了自己的价值观：**诚实守信，业绩导向，以人为本，创新发展**。诚实守信是华润的核心价值观，是华润建基立业的根本；业绩导向是华润发展壮大的支撑；以人为本是华润价值创造的宗旨；创新发展是华润迎接挑战的动力。

1. 诚实守信

作为大型国有企业，华润倡导忠诚爱国，崇尚公平正义，敬畏法纪、尊重制度，坚守法律和道德底线。倡导遵守商业伦理与契约精神，维护利益相关方合法权益，信守承诺，知行合一。倡导真诚坦率的人际沟通，不唯上、不专断，构建简单透明的管理氛围。

2. 业绩导向

没有增长的业务不是好业务，没有业绩的团队不是好团队。业绩是华润选人、用人、评价人、激励人的重要标准。业绩是企业生存和发展的生命线，必须坚持以实力去竞争，以付出求回报，用业绩来说话，才能持续为社会创造价值。华润强调业绩的“均好性”，业绩不仅表现在经营规模、发展速度上，还要反映于组织能力的提升、管理模式的创新以及优秀人才的培养等各个方面，是全面、均衡、高质量的业绩。

3. 以人为本

华润提倡尊重人的价值，开发人的潜能，升华人的心灵，从生活、情感和成长环节关爱和善待员工，为员工构建价值实现的平台，共享发展成果。提倡顺应并满足人性的合理需求，倡导积极向上、绿色健康的生活方式，为客户提供优质的产品与服务。提倡心怀感恩，谦卑行事，强调均衡与可持续发展，追求多方合作共赢以及人与自然、社会的和谐共生。

4. 创新发展

华润致力于培育创新体系，健全激励机制、约束机制和容错机制，营造开放包容的氛围，持续提升创新能力。主张顺时应势，主动变革。坚持客户导向，勇于颠覆自我，不断寻求商业模式、技术、管理、产品与服务的全新突破。鼓励创新思维，坚持持续学习，善于借鉴先进模式、经验与方法，实现创新在基层，创新在岗位，人人创新、全员创新。

以上价值观伴随华润近四十年的发展，成为华润集团在多个业务领域持续成功的关键因素。

第四节 企业精神

企业精神是企业文化精神层的又一重要组成部分，是企业在长期生产经营过程中形成的、为全体员工所认同和实践的群体意志，可以说，企业精神是企业愿景、使命、价值观和行动指针的综合体现。

企业精神透露出的是企业由内而外的气质和形象，是企业和员工重要的精神支柱和活力源泉，是企业员工健康向上人格的外化，是员工对企业产生信任感、自豪感和荣誉感的基础，是一家企业有别于其他企业的最鲜明特征。

一、企业精神的主要特征

企业精神是企业最先进的意识和风貌的集中体现，与企业文化精神层的愿景、使命、价值观等有所不同，企业精神的特征更加鲜明和突出，综合来看，有如下四个特征。

1. 个性鲜明

企业精神是企业全体员工共同表现出的精神风貌，因此，每个企业的企业精神都应有自己的特色和独创性，要符合企业实际，要凸显行业特征，要有企业自己的鲜明个性。通常，企业精神会以简洁而富有哲理的语言形式加以概括，如三星的“除了老婆孩子，一切都要变”，佳能的“忘了技术开发，就不配成为佳能”，等等。

在实践中我们发现，很多企业在进行企业精神提炼的过程中往往忽略了个性，直接照搬其他企业的理念，或者选一些普遍、适用全民的口号作为企业精神，如，团结、奋进、进取、公平、公开，锐意进取、争创一流等，这就使得企业精神失去它的独特意义，变成了空洞的口号。

2. 积极正向

企业精神是全体员工共同表现出的气质与形象，但同时，企业文化的提炼又不能拘泥于现实，要从中选取积极向上的成分加以提纯和放大，使之成为正向能量。因此，企业精神不等同于企业精神生活的全部，它来源于企业实际，又要高于企业实际，能够使得员工为之鼓舞，这才是企业精神的真正价值。当然，这种正向强化又不能一味地拔高，不能脱离企业的现实，要能够与员工的所见、所听、所做、所想有机结合。

3. 时代特征

企业精神应体现时代特征。在一定时期内全社会所倡导的文化与价值观，必然会对企业精神产生影响，由此也使得不同时期的企业精神具有鲜明的时代特点。只有符合时代主旋律的企业精神才具有生命力，才更容易引起共鸣，为广大员工所理解、接受和认可。优秀的企业精神应能够让人从中把握时代的脉搏，感受到时代赋予企业的勃勃生机，例如，在经济蓬勃发展的今天，企业精神中必然会渗透着现代企业的经营理念、以客户为中心的观念、灵活创新的观念、市场竞争的观念、绩效导向的观念，等等。

4. 相对稳定

企业精神是企业在长期生产实践中沉淀下来的精华，与企业文化精神层中的其他要素一样，企业精神一旦确立，应在一段时间内保持稳定，这样才能让员工去体会、理解和践行。但这种稳定并不意味着一个固定的标准，它还是要随着企业的发展而不断发展。竞争的激化，时空的变迁，技术的飞跃，观念的更新，企业的重组，都要求企业做出与之相适应的反应，这就反映出企业精神的动态性。只有确保稳定性和动态性的统一，才能使得企业精神不断趋于完善。

二、企业精神的提炼

企业精神是企业文化建设的主要成果，也是企业视觉传播系统中常用的内容素材，尤其在文化落地的环节，企业会通过标语、口号、司歌等多种形式向全体员工和社会进行企业精神的宣示。

1. 企业精神核心要素的提炼

企业精神是企业风貌的集中体现，反映的是企业在解决困难的时候所展现出的精神状态。因此，在企业精神的提炼过程中，首先应围绕时代和行业特点，对能充分反映企业核心价值观的关键因素以及对克服困难、推动企业发展起到关键作用的要素进行分类、归纳和汇总。

通常，企业精神的核心要素可围绕企业要达成的战略目标、企业的历史文化、企业发展过程中的基本经验等几个方面进行提炼。

2. 企业精神的专业化表述

企业精神需要全体员工的理解和认可，核心要素提炼得再好，也需要有好的表达方式。在企业精神的撰写方面，表达上必须简单明了，深入浅出，同时又要生动形象、朗朗上口。一般情况下，企业精神的表达应尽量做到字句工整、平仄相间，如果确实无法做到，也应顺其自然，不必过分牵强，否则形式上的东西过多反而弄巧成拙，容易冲淡想要表达的原意，给人不实之感。

企业精神的表达方式并没有特别严格的要求，可以采用同仁堂的“同修仁德，济世养生”、玉溪卷烟厂的“天下有玉烟，天外还有天”等对仗的表达方式，也可以采用如本田的“用眼、用心去创造”、波音的“我们每一个人都代表公司”这种平实的表达方式。

以下是国内外知名企业的企业精神示例，供参考。

广州恒大：艰苦创业 无私奉献 努力拼搏 开拓进取

保利集团：永不满足，思变图强；永不止步，争创一流

万达集团：勤学敬业　志在必得

中铁置业：诚信为本　追求卓越

中南集团：以行动实现自我，用风险创造价值，把不可能变为现实

苏宁电器：执着追求，永不言败

雨润集团：青松——雨润的精神符号！坚韧、进取、挺直、敢当！

三一集团：自强不息　产业报国

四川宏达：认真做人　认真做事

北京市公交总公司：一心为乘客，服务最光荣

北京市邮政局：一封信，一颗心

同仁堂：同修仁德　济世养生

青岛海尔：真诚到永远

本田技研：用眼、用心去创造

百事可乐：胜利是最重要的

……

3. 为企业精神起一个名字

除简单明了的企业精神表达方式之外，很多企业还会为自己的企业精神进行命名，通过命名进一步对企业精神的核心要素进行提炼和聚焦，使之特色更加鲜明，更加易于理解和传播。

企业精神的命名并不是必须的，也没有严格的约定，通常采用以下几种命名方式。

①用企业名称或品牌命名，如宝钢集团的“宝钢精神”，日立公司的“日立精神”，上海自行车厂的“永久精神”等。

②用典型人物命名，如大庆油田的“铁人精神”，鞍山钢铁集团的“孟泰精神”等。

③用为人熟知的动、植物等进行命名，如日本索尼公司的“豚鼠精神”，美国玫琳凯化妆品公司的“大黄蜂精神”等。

④对企业精神中的核心要素进行提炼，如上海第一钢铁厂的“一厘钱精神”，原江南造船厂的“全局精神”等。

案例4-6 中核集团：“两弹一星”精神与核工业精神

在集团公司第六次党建工作会上，中核集团发布了企业文化理念体系。据了解，重组后，集团公司党组多次就文化融合工作作出部署，大力倡导核工业一家人理念，通过制定文化融合工作方案、统一集团标识、出台企业文化建设制度等，按照“战略引领、融合创新、逐步完善”的思路，开展文化理念提炼与调整工作。经过广泛征求意见、专家研讨评审并报集团党组研究，形成了新时代新中核的文化理念体系，其中，集团的企业精神总结为“两弹一星”精神和核工业精神。

（1）“两弹一星”精神：热爱祖国无私奉献、自力更生艰苦奋斗、大力协同勇于登攀。

（2）核工业精神：事业高于一切、责任重于一切、严细融入一切、进取成就一切。

20世纪50年代，刚刚诞生的新中国百废待兴，面对当时的国际形势，党中央高瞻远瞩、审时度势，果断作出了独立自主研制“两弹一星”的战略决策。在党中央统一部署、统一领导下，从全国26个部委、20多个省区市、1000多家单位抽调精兵强将参与研制，集中攻关，形成了全国一盘棋干事创业的强大合力。短短十余年时间，“两弹一星”从构想变成现实，这是中国人民在攀登现代科技高峰征途中创造的人间奇迹，充分体现了在中国共产党领导下社会主义制度集中力量办大事的优越性。

“干惊天动地事，做隐姓埋名人。”在为“两弹一星”惊世伟业奋斗的过程中，无数研制工作者以身许国，默默奉献，用自己的智慧、青春、热血乃至生命，铸就了热爱祖国、无私奉献，自力更生、艰苦奋斗，大力协同、勇于登攀的“两弹一星”精神内核，铸就了“两弹一星”的不朽丰碑。他们身上展现的忠诚、执着、朴实的鲜明品格永远激励着后人前进，他们的事迹和贡献将永远写在共和国史册上。

“科学虽然没有国界，科学家却是有祖国的。”我国原子能科学事业的开拓者和奠基人钱三强婉拒恩师约里奥—居里夫妇的挽留，在茫茫大海上颠簸一个月零八天后回到阔别11年之久的祖国。在祖国需要的时候，以钱学森、钱三强、王淦昌、邓稼先、朱光亚等“两弹一星功勋奖章”获得者为代表的科学家，毅然放弃国外优厚的科研生活条件，怀着对国家民族的一腔热忱，冲破重重阻挠，义无反顾回到祖国。

“我要调动工作了，今后恐怕都照顾不了这个家。”在接受研制原子弹历史重任的那天晚上，邓稼先对妻子说，“我的生命就献给未来的工作了，做成了这件事，我的一生都会过得很有意义，就算死了也值得。”他义无反顾走进茫茫大漠荒滩，销声匿迹整整28年。1985年他终于回来了，此时已是一位61岁的白发老人，一位癌症晚期病人！1986年7月29日，邓稼先离开了，临终时留下最后一句话——“死而无憾！”

老一辈核工业人在极其艰苦的环境下，攻坚克难，自主创新，成功掌握了原子弹、氢弹、核潜艇等国之重器的关键核心技术，挺起了民族脊梁。1964年10月16日我国第一颗原子弹爆炸成功，1967年6月17

日我国第一颗氢弹空爆试验成功，1970 年 12 月 26 日我国第一艘核潜艇下水。

彭士禄是我国第一任核潜艇总设计师，在急性胃穿孔手术切除 3/4 的胃后，他忍着剧痛说，“我喜欢这个工作，付出的一切都是值得的，就是死了也是值得的。”

郭永怀，被称为中国核武器研制初期的三大台柱之一，也是我国近代力学奠基人之一。他说：“我们这些人早在回国的时候，就把名啊利啊放在一边了。”当乘坐的飞机遭遇空难时，他为了保存重要数据资料，与警卫员紧紧抱在一起。当人们费力地将被烧焦的遗体分开时才发现，那只装有绝密资料的公文包竟安然无损地夹在他们胸前。郭永怀和他的警卫员，为了即将升腾的“蘑菇云”，用这种极为壮烈的方式为国捐躯。在郭永怀牺牲 22 天后，我国第一颗热核导弹爆炸试验取得成功。

除了这些科学家，还有当年在草原和戈壁滩上默默奉献的众多普通建设者。他们来自五湖四海，都怀着舍家为国的共同心愿。包头核燃料元件厂所在的戈壁滩，最初只有一口井、一棵树，风沙最大时人们需顶着盆出门。在这种环境下，第一批建设者们用肩膀把钢筋沙子扛到厂区建成厂房，在简易仓库里攻关，以极致的精打细算节省物资，为原子弹爆炸试制出关键部件。在研制“两弹一艇”过程中逐步建立起来的“五厂三矿”，使我国在 20 世纪 70 年代初就成为世界上为数不多的几个拥有完整核工业体系的国家之一。

“两弹一星”的研制成功令世界瞩目，极大地增强了中国人民的自信心和自豪感。正如邓小平同志所指出的：“如果六十年代以来中国没有原子弹、氢弹，没有发射卫星，中国就不能叫有重要影响的大国，就没有现在这样的国际地位。这些东西反映一个民族的能力，也是一个民族、一个国家兴旺发达的标志”。

“两弹一星”精神成为了激励几代核工业人不断进取的强大动力。进入新时代，中核集团迈上高质量发展的新征程。一批自主创新的科技成果取得重大突破，产业实力不断增强，国际合作不断深入，核安全保持良好记录，人才队伍不断壮大；建立起了先进核能利用、天然铀、核燃料、核技术应用、工程建设、核环保、装备制造等核心产业，发展了核产业服务、新能源、贸易、健康医疗等市场新兴产业，形成了高水平的核工业创新链和产业链。新一代核工业人正书写着新的辉煌，推动我国从核大国向核强国迈进。

案例4-7 松下精神

日本在1984年《经济白皮书》中写道："在当前政府为建立日本产业所做的努力中，应该把哪些条件列为首要的呢？可能既不是资本，也不是法律和规章，因为这二者本身都是死的东西，是完全无效的。使资本和法规运转起来的是精神……因此，如果就有效性来确定这三个因素的分量，则精神应占十分之五，法规占十分之四，而资本只占十分之一。"

松下电器是全球知名企业，也是日本第一家用文字明确表达企业精神或精神价值观的企业，企业界公认，松下精神是松下获得成功的重要原因。

一、松下精神的形成和内容

松下有两个纪念日，一是1918年3月7日，这一天，松下幸之助和他的夫人与内弟一起开始制造电器插座；另一个是1932年5月，这一天，是松下先生认为他开始理解自己的创业使命的日子，所以把这一天定为正式的"创业纪念日"，把这一年称为"创业使命第一年"。

两个纪念日表明，松下的经营观、思想方法并不是创办之日即产生的，而是在创办企业后一段时间才逐步形成的，直到1932年5月，在第一次创业纪念仪式上，松下才正式确立了自己的使命与目标，并以此激发职工奋斗的热情与干劲。

松下的创始人松下幸之助先生认为，人在思想意志方面有容易动摇的弱点，为了使松下人为使命和目标而奋斗的热情与干劲能持续下去，应制定一些戒条，以时时提醒和警诫自己。于是，松下于1933年7月制定并颁布了"五条精神"，其后在1937年又议定附加了两条，形成了松下七条精神，这七条是：产业报国的精神、光明正大的精神、团结一致的精神、奋斗向上的精神、礼仪谦让的精神、适应形势的精神、感恩报德的精神。

二、松下精神的教育与训练

松下电器非常重视对员工进行精神价值观的教育与训练，教育训练的方式可以概括为如下七个方面。

一是反复诵读和领会。松下幸之助相信，把公司的目标、使命、精神和文化让职工反复诵读，是把它铭记在心的有效方法。每天上午8时，松下遍布日本的87000名员工同时诵读松下七条精神，同唱公司歌曲，其用意在于让全体职工时刻牢记公司的目标和使命，时时鞭策自己，使松下精神持久地发扬下去。

二是持续的文化复述与加深理解。所有工作团体成员，每一个人每隔一个月至少要在他所属的团体中进行10分钟的演讲，说明公司的精神和公司与社会的关系。松下认为，说服别人是说服自己最有效的办法。在解释松下精神时，松下有一句名言：如果你犯了一个诚实的错误，公司非常宽大，会把错误当作训练费用；但是如果你违反了公司的基本原则，就会受到严重的处罚——解雇。

三是让员工感到自豪的仪式与活动。松下认为，当某个团体完成一项重大任务的时候，每个成员都会感到兴奋不已，因为从中他们可以看到自身存在的价值，而这时便是对他们进行团结一致教育的良好时机。因此，每年正月，松下电器都要隆重举行新产品的出厂庆祝仪式。这一天，职工身着印有公司名称字样的衣服大清早来到集合地点，作为公司领导人的松下幸之助，常常即兴挥毫书写清晰而明快的文告，如："新年伊始举行隆重而意义深远的庆祝活动，是本年度我们事业蒸蒸日上兴旺发达的象征"。在松下向全体职工发表热情洋溢的演讲之后，职工分乘各自分派的卡车，满载着新出厂的产品，分赴各地有交易关系的商店，商店热情地欢迎和接收公司新产品，公司职工拱手祝愿该店繁荣。最后，职工返回公司，举杯庆祝新产品出厂活动的结束。松下相信，这样的活动有利于发扬松下精神，统一职工的意志与步伐。

四是新员工的"入社"教育。进入松下公司的人都要经过严格的筛选，然后由人事部门安排进行“入社”教育。首先要郑重其事地诵读、背诵松下宗旨、松下精神，学习公司创办人松下幸之助的“语录”，学唱松下公司之歌，参观公司创业史展览。为了增强员工的适应性，也为了使他们在实际工作中体验松下精神，新员工往往被轮换分派到多个不同性质的岗位上工作，每个人至少用3～6个月时间在装配线或零售店工作，所有专业人员都要从基层做起。

五是管理人员的教育指导。松下幸之助常说：“领导者应当给自己的部下以指导和教诲，这是每个领导者不可推卸的职责和义务，也是在培养人才方面的重要工作之一。”松下公司实行终身雇佣制，他们认为，这样可为公司培养一批经过二三十年锻炼的管理人员，成为发扬公司传统的可靠力量。为了用松下精神培养这支骨干力量，公司每月举行一次干部学习会，互相交流、互相激励，勉励律己。松下公司以总裁与部门经理通话或面谈而闻名，总裁随时会接触到部门的重大难题，但并不代替部门作决定，也不会压抑部门管理者的积极性。

六是建立企业文化的哲学基础。与众不同的是，松下有自己的企业哲学并且十分重视这种哲学的作用。松下哲学既为松下精神奠定思想基础，又不断丰富松下精神的内容。按照松下哲学的观点，企业经营的问题归根到底是人的问题，人是最为尊贵的，人如同宝石的原矿石一样，经过磨制，一定会成为发光的宝石，每个人都具有优秀的素质，要从平凡人身上发掘不平凡的品质。

七是倡导员工的自我教育。松下公司强调，为了充分调动人的积极性，经营者要具备对他人的信赖之心。公司应该做的事情很多，首要一条就是经营者要给职工以信赖，人在被充分信任的情况下才能勤奋地工作。从这样的认识出发，公司把在职工中培育松下精神的基点放在自我教育上，认为教育只有通过受教育者的主动努力才能取得成效。上司要求下属要根据松下精神自我剖析，确定目标，每个松下人必须提出并回答这样的问题：“我有什么缺点？”“我在学习什么？”“我真正想做什么？”等等，从而设置自己的目标，拟定自我发展计划。有了自我教育的强烈愿望和具体计划，职工就能在工作中自我激励，思考如何创新，在空余时间自我反省，自觉学习。为了便于互相启发，互相学习，公司成立了研究俱乐部、学习俱乐部、读书会、领导会等业余学习组织，在这些组织中，人们可以无拘无束地交流学习体会和工作经验，体现互相启发、互相激励、奋发向上的松下精神。

三、松下精神——公司的内在力量

松下精神，是一种内在的力量，这种力量可以激发员工为社会服务的意识与热爱企业的情感，进而转化为各种有利于企业发展的行为，如积极提出合理化建议，主动组织和参加各种形式的经营管理改善小组，工作中互相帮助、互谅互让，对待顾客热情礼貌，以及干部早上班、晚下班，为下属做好工作前的准备工作或处理好善后事项，等等。

松下精神在松下电器的成长中形成并不断得到强化，它的强大凝聚力、导向力、感染力与影响力，是松下电器成功的重要因素。

第五节 企业作风

企业作风是企业在各种活动中所表现出来的一贯态度和行为处事的风格，是全体员工在企业发展过程中长期积累并形成的精神风貌。有好的作风，才有好的团队；有好的团队，才能创造一流的业绩。

一个企业是否健康，只看它的经济指标还不够，企业作风也是衡量企业健康的关键指标之一。只是在经营上取得了成绩，还不足以说明企业的成功，只有坚持不断地开展作风建设，才能保障企业的健康、持续发展。

一、企业作风建设的意义

（1）加强作风建设，是提升企业形象的基础

企业形象与企业作风密不可分，作风可以塑造形象，形象可以反映作风。企业形象是由员工的个人形象融合、凝聚而成的。因此，员工的工作作风、生活作风、学习作风是影响企业形象的最直接因素。

（2）加强作风建设，是增强企业内部竞争力的保证

正如管理学家所说，企业管理“三分靠策划，七分靠执行”，加强企业作风建设，有利于消除企业发展的不和谐因素，增强员工在工作中的使命感、责任感与紧迫感，不断改进工作质量，聚合强大力量，积蓄强大势能，永葆企业的生机与活力。

（3）加强作风建设，是决定企业最终成败的关键

毛泽东曾经谈道：“小米加步枪”为什么能够战胜“面包加大炮”，其中重要的原因就是“延安作风”打败“西安作风”。企业也是同样的道理。同样的发展基础，一家企业的作风是坚忍顽强、敢打硬仗、团队一心，而另外一家的风气是散漫疲沓、一触即溃、各怀鬼胎，三年五年下来，两家企业的未来必见分晓。

二、企业作风的提炼

企业作风是企业在长期发展和实践中形成的，反映企业员工处事待物态度和风格的文化特征。企业作风的提炼和描述，要注意以下三个问题。

第一，源于实践，回归实践。企业作风来源于企业的长期发展实践，是员工在工作与生活中的真实表现，因此，它的提炼必须“接地气”，能够从员工的生活中来，同时，还要能够让大家在工作和生活中理解它，遵循它，体现它。

第二，言简意赅，平易朴实。在企业的文化理念体系中，企业作风跟员工的工作状态关系最为紧密，要让成千上万，甚至数十万的员工理解它、记住它，就必须简洁明了，同时，也不宜采用生僻、复杂的用语，平实的风格更容易贴近受众。

第三，与企业精神的差异化定位。在有的企业，既有企业作风，又有企业精神，且二者都是企业和员工精神风貌的体现，如果不进行区别，员工很容易混淆。在此，我们以两家工程企业——上海建工和新疆交建的企业精神和企业作风为例，介绍其差异化定位。

上海建工集团的企业精神是，科学（Science）、合作（Cooperation）、进取

（Gumption），这三个词语的第一个英文字母分别是S、C、G，加在一起恰好是上海建工的英文简称（SCG）。“SCG精神”将企业名称与企业精神巧妙地结合起来，反映了成为广受赞誉的建筑全生命周期服务商的要求，体现了与时俱进的时代精神。上海建工的企业作风是，求真务实，顽强拼搏。

新疆交建集团的企业精神是，功崇惟志，业广惟勤。此语出自《尚书·周书》，意为：取得伟大的功业，是由于有伟大的志向；完成伟大的功业，在于辛勤不懈地工作。新疆交建的企业作风是，团结、进取、严实、博爱。

从这两家企业的文化理念不难发现，在企业同时使用企业精神、企业作风两个理念模块的时候，一般来说，企业精神侧重于精神层面，立意要高，要有意境和内涵，而企业作风则更贴近于行动，更加质朴平实，通俗易懂。

三、如何加强企业作风建设

企业作风建设，是企业文化建设的重要内容，体现在责任意识、效率意识、团队精神和奉献精神等诸多方面，要切实加强企业作风建设，应避免以下五种现象。

第一是“软”。主要表现在两方面，首先是怕得罪人，其次是怕承担责任。怕得罪人，主要体现为工作不大胆，手中的管理职权不能认真行使，有制度但未得到有效执行。究其原因，一是缺乏足够的工作勇气和魄力，二是老好人心态，用危害企业发展的代价送人情。怕担责任，主要表现为尽量回避问题和矛盾，或将问题和矛盾“上交”给领导解决。究其原因，一方面是存在畏难思想，不能正确地对待失败和挫折；另一方面是缺乏责任感，忽视了自己在组织中应肩负的责任。

第二是“懒”。首先，工作中的进取心和主动性不够，不能积极主动地做好、做精工作；其次，工作中的创造性不够，甘于平庸，安于现状，缺乏精品意识，囿于传统思维模式，缺乏在解决难题中展现个人能力的意愿。

第三是“拖”。主要体现在执行力不强，效率意识淡薄，不能积极主动地贯彻落实工作部署，缺乏行之有效的解决问题方法，缺乏及时完成工作的动力和压力。

第四是“浮”。主要表现在两个方面，一是心态浮，缺乏稳扎稳打的耐心、谦虚谨慎的细心和百折不挠的决心。二是工作浮，工作不扎实深入，形式多于内容，浮于表面，经不起检查。决策前没有经过充分细致的调研，落实中没有全程督察督办，完成后没有效果评估和考核。

第五是“散”。主要表现为两方面，一是缺乏团队精神，缺乏大局意识，置局部利益于全局利益之上。二是凝聚力涣散，干部缺乏对员工奉献和付出的认识与鼓励，少教育，多责备，组织氛围负面消极。

“软”“懒”“拖”“浮”“散”的企业作风，当然是各家企业都不希望的状态，但遗憾的是，相当多的企业虽然有完备的文化理念，但企业作风中这五个方面的问题都或多或少地存在，有的甚至非常突出。因此，企业作风建设必须从领导带头做起，从日常工作中的点滴细节抓起，才能让文化在企业员工的行为层面真正有所体现，更好地服务于企业的日常管理与形象建设。

案例4-8　某工程建设集团总部作风建设实例

某工程建设集团是2011年9月重组成立的综合性建筑集团，中央“八项规定”颁布后，集团通过“加强总部作风建设”这个龙头，带头严格执行，做好示范引导，有力地推动了“八项规定”在全集团的贯彻落实。

（1）基层关注的问题全面改。集团组建后的一段时间，基层企业普遍反映总部会多、调研多，难以招架。针对此意见，由集团办公厅统筹，对各职能部门上报的59个专项会议进行精简，合并8个，裁减12个，由现场会改视频会18个；对各部门上报的44项调研计划进行整合归并，削减了25项，规定凡未列入计划的，财务一律不予核销费用。重组后的第一个考核年度，各职能部门根据分管业务纷纷提出对基层进行检查考核的意见，集团再次考虑基层的承受能力，统筹安排了一次综合性检查考核工作，之后又进一步修改完善了考核办法与流程，只保留了经营目标、安全生产和党风廉政建设三项核心内容。集团采取的一系列措施，让基层真切地感受到了总部作风的变化。

（2）看准了的问题迅速改。针对中央提出的厉行节约、杜绝奢侈浪费的要求，集团总部不拖不等，立即落实。集团制定的《贯彻落实中央八项规定改进工作作风实施办法》，共7个方面20项具体要求，领会中央精神，既不照抄照搬，也没有左顾右盼，而是积极主动边整边改，每条要求都指向明确，切中企业运行管理中存在的弊端和薄弱环节，为民主监督提供了明确的标准。

2013年元月，集团公司召开年度工作会议，原定两天半的会期压缩了一天，会议不做背板，不摆花，会议材料印制不加封皮，事业部所属企业的业务工作会议全部采取套开形式。总部春节团拜会既没有张灯结彩，也没有聚餐，领导与职工以一杯清茶话成绩、谈发展，共商企业发展大计。为节约差旅费用，规定集团领导乘飞机坐公务舱、不得坐头等舱，接送站不走贵宾通道，住宿安排单间，总部部门负责人住普通标准间，总部人员出差须自己结算住宿费，凭住宿费发票报销差旅费。

（3）棘手的问题不回避。总部在改进工作作风中，对棘手的、易复发的问题，不躲闪、不回避，从集团领导到普通员工统一思想，齐心协力做工作。过去，逢年过节走访、宴请现象比较普遍。“两节”前夕，集团两次发禁令，严禁基层到总部走访，严禁成员企业间以及总部内部相互走访、宴请等，特别规定总部前台不代收、不代存任何礼品，凡强行存放的，一律交由监察部登记并予以通报。“三公”消费是职工议论的热点。集团规定，集团主要领导审签班子副职领导人员公务费用，各部门不再预算接待费用，公务接待统一由办公厅负责安排，严控接待开支。公务用车实行单车核算，集团领导用车相对固定、统一管理，同时还要保障总部公务用车，从源头上节约车辆运行成本。控制因公出国团组人数和行程，集团领导参加国际会议不带随行人员，不仅行程压缩，还顺道协调当地项目工作，大幅降低了出国费用。据统计，集团领导当年职务消费预算比上年下降34%，总部各部门招待费预算比上年下降

13%、会议费下降 29%、差旅费下降 47%。为强化责任，集团还把落实中央八项规定纳入年度党风廉政建设责任制考核，直接与领导人员绩效薪酬挂钩，切实形成抓落实的长效机制。

集团总部的率先垂范，带头开展作风建设，起到了良好的作用，使全集团上下一盘棋、一条心、一个调、一股劲，一心一意谋发展，全神贯注搞改革，在重组开局之年即得到较快发展，营业收入和利润双双超额完成了国务院国资委下达的任务和指标，在建设具有较强国际竞争力的世界一流工程建设集团的道路上迈出了坚实的一步。

第六节　企业文化品格及象征物

文化是企业核心竞争力的关键构成要素，企业要把握战略机遇，应对新的挑战，保持竞争优势，就必须不断提升企业的品牌形象，提高产品或服务的文化附加值，提升企业文化的品格。

文化品格是企业文化、企业品牌的进一步延伸，是企业以社会、客户价值为追求，对社会、对人文的关怀，是企业文化的另一种表现形式。

一、企业文化品格的定义

所谓企业文化品格，是指企业在运营活动中所表现出来的品质、品行、品性等方面特点的融合，它是在企业具体行为之上的一种抽象的、总体性的评价，是一种整合的概念，并被赋予了一定拟人化的特征。

企业文化品格这一概念最开始出现是在 2010 年前后，企业管理者希望企业文化能更容易被广大员工所接受，能够更加“亲民”，因此，希望在企业文化建设的过程中，给文化提出一个集合企业经营管理各项特点的拟人化描述，由此，逐渐演变为企业的文化品格。有别于企业愿景、使命、价值观等文化理念，文化品格是对企业经营、管理、运营等各方面特点的全面概括，而且往往是以生动具体的现象、形象、器物等作为比拟载体。

二、企业文化象征物

与企业文化品格相对应的，就是企业的象征物。通常来说，象征物是企业文化品格的载体与传递方式，企业文化象征物的选取范围非常广泛，可以是具体的事物，如有的企业以蚂蚁作为企业文化象征物，有的则以白鹤作为企业文化象征物，当然，象征物也可以是抽象的、无形的，如京宁热电的“凝”文化、华能集团的“三色”文化，等等。

文化品格与象征物相互关联，密不可分。良好的文化品格，其宣传、推广深入人心，得益于文化象征物的成功塑造；反之，成功塑造的文化象征物，有利于员工对企业文化的认识和理解，有利于员工形成共同的价值目标与一致行动，有利于企业文化的传播，更有利于缩短消费者和企业之间的距离，促进市场开拓，从而为企业带来更好的效益。

案例4-9　京宁热电“凝”文化

内蒙古京宁热电有限责任公司（简称“京宁热电”）于2012年10月25日在乌兰察布市成立，主营业务为电力建设、电力生产销售、供热销售等，是京能集团的全资子公司。京宁热电的企业愿景是“高效团队、一流管理、优质品牌、行业标杆”，使命为“成就企业价值、服务区域发展、助力员工成长”。京宁热电的核心价值观承接京能集团核心价值观，即“以人为本、追求卓越”，但结合自身运营实际，分别从企业行为和员工行为两个层面，进行了深入阐述。

京宁热电的企业文化定位为“凝”文化，其核心内涵是专注、团结、高效、理性、提升，既是整个文化理念体系的主线，同时也具有鲜明的京宁特色和较强的企业品牌传播作用。

凝，是对京宁热电过去发展历程的高度提炼，是对京宁热电当前发展现状的客观描述，是对京宁热电未来发展方向的明确指引。

凝聚——团结、聚合、协作。京宁人为了共同的追求，从四面八方汇聚而来，团结一心建成现代化的火力发电厂；如今的京宁热电，众志成城，内强基础，外拓市场，努力为企业创造着经济与社会效益；展望未来，京宁人只有心往一处想、劲往一处使，才能紧跟时代步伐，创造新的辉煌。

凝神——专心、专注、专业。基于京能集团电力主业的战略需求，京宁热电应运而生；一直以来，京宁热电心无旁骛，专注电力主业发展，完成了从基建期到生产期的顺利过渡；未来的京宁热电，也必将继续专注于电力主业，以专业化的运营打造核心竞争力，谋求有质量的发展。

凝结——积累、修炼、提升。京宁热电虽然起步较晚，但积极学习借鉴同行先进经验，注重点滴积累，脚踏实地提升；面对行业环境的不断变化，京宁热电重视企业的自我修炼，夯实基础，为跨越式发展积蓄力量；未来的京宁热电，仍将对照标杆找差距，与时俱进地全方位完善自我，一步一个脚印向着企业的美好愿景前进。

凝练——精炼、简洁、高效。京宁热电从基建到生产，时间紧任务重，客观环境磨炼出了京宁人求真务实、简洁高效的做事风格；面对电力体制改革背景下的市场新环境，京宁热电快速反应，果断决策，抢抓机遇，努力争取市场先机；企业未来的发展，更容不得拖沓敷衍、繁文缛节，京宁人将以精益求精的态度和雷厉风行的速度，追求高效率、高效益。

凝（宁）静——低调、平和、理性。从规划建设的第一天起，京宁人就铭记集团所赋予的战略职责，潜心做事，不事张扬，扎实走好每一步；虽然取得了不错的成绩，但京宁人仍保持着务实、低调的作风，默默地为集团发展和区域经济社会发展做着贡献；京宁热电的未来任重而道远，京宁人将继续以平和、理性的心态，高瞻远瞩，深谋远虑，不因一时之利影响企业的长远蓝图，潜心耕耘，用实际行动实现基业长青！

京宁热电的“凝文化”，涵义深远，内容丰富，使得公司的文化品格上升了一个层次，易于理解和传播，并且增加了文化的美学内涵。

案例4-10　宁阳农商行的"鹰—水"文化

宁阳农村商业银行股份有限公司起步于1951年，最初是根据政府在农村推行的合作化运动，以信用社的组织形式进行发展。1996年，信用社与农行正式脱离行政隶属关系，开始真正走向合作办社的道路。1997至2008年，宁阳农信社开始进行了一系列的改革。自脱离与农业银行的隶属关系后，逐步规范经营和管理，为后期的长足发展积累了丰富的经验。2013年，完成了由农村信用社向农商银行的成功改制，正式挂牌为宁阳农村商业银行股份有限公司。宁阳农商行也随之步入创新、突破期。

在完成改制后，宁阳农商行进行了自身企业文化体系建设，形成了涵盖使命、愿景、核心价值观、企业精神、宣传口号等内容组成的企业文化体系。其中，宁阳农商行企业文化体系中以"鹰—水"文化作为企业文化品格的代表。

"鹰"具有力量、勇敢、竞争、胜利等特性，极具阳刚之气，代表着外显、扩张的文化特质。宁阳农商行的发展深受中国传统文化的影响，文化表达过于含蓄内敛，在宁阳农商行成功改制之后，面临日益激烈的市场竞争，需要更多的勇气、力量、敏锐、效率来应对挑战，需要发扬雄鹰的逆风飞扬、知难而上、自强不息、奋斗不止的进取精神，与传统文化的基因相契合。同时，"鹰"的谐音为"盈"和"赢"，也意味着在激烈的市场竞争中步步为营、实现盈利、与客户共赢的美好寓意。

水，具有厚重、柔润、含蓄、灵活、透明、公平等特性，尽显阴柔之美，象征着东方文化。之所以选择水作为象征，首先，水的特质既是中华民族传统文化的特征，也是宁阳农商行成立60余年来取得成功的基本经验，需要传承并发扬光大；其次，农商行发轫于农村，其提供的资金支持就像生命之源"水"一样，在春耕、夏种、秋收、冬藏的整个过程中无时无刻不在滋养"三农"；第三，宁阳地处汶水南岸，自古以来宁阳人民靠汶水滋养，银行揽储如同从汶河汲水，而放贷则是用于滋养当地经济；最后，财如流水，水能生财，水是金融行业普遍偏好的象征物，“水”的谐音为“顺”，意指道法自然，刚柔相济，也带有企业经营顺风顺水的美好祝愿。

选择“鹰—水”作为文化象征的宁阳农商行，近年来发展势头良好，企业各项经营指标得到稳步增长，在企业的对外合作、内部管理、产品创新、客户服务等各个领域都取得了新的成绩。

第七节　企业运营理念

在企业核心文化理念（如愿景、使命、价值观、企业精神等）建设完成之后，多数企业会建立相应的企业运营理念。企业运营理念是企业文化核心理念在生产经营层面的具体反映和要求，也是连接企业核心理念与规章制度、行为规范的纽带。

一般来说，企业运营理念可分为三类：企业经营发展理念、企业运营管理理念、企业组织管理理念，具体包括事业发展理念、经营理念、品牌理念、产品理念、营销理念、质量理念、服务理念、法治理念、人才理念，等等。

一、经营与发展理念

所谓经营与发展理念，是指企业在规划发展路径、定位业务方向、明确事业领域、构造商业模式、建立增长机制、处理利益相关者关系等方面所秉持的基本理念，反映的是企业在经营与发展中遵循的基本逻辑，是将企业文化向客户、利益相关方、股东等进行传达的有效载体。如，耐克的“一切为了运动员”，微软的“创造优秀的软件，不仅使人们的工作更加有效益，而且使人们的生活更有乐趣”，等等。

受不同文化背景、思想、历史等因素的影响，不同的企业会选择不同的经营与发展理念，但对于绝大多数企业来说，共同的目标就是对利润的追求，当然，这种对利润的追求会因为国家的不同，法律的不同，社会文化、风俗、传统观念的不同而有所差异，同时，不能与时代潮流、社会意识相脱节，要把对社会的长期有益作为经营与发展的基本点和出发点。因此，在经营与发展理念的设计上，要把重点放在合情、合理、合法、合于时代社会、合乎消费者需要的方向上。当社会大众、利益相关者、消费者对企业的经营与发展理念产生了普遍的认同，企业的经营自然会顺风顺水，利益的实现更是自然而然。

经营与发展理念当中，最为重要的是事业定位理念。

事业定位理念简单来说就是企业做什么和不做什么的问题，对于一家成长中的企业来说，业务肯定会随着环境和需求的变化而不断改变，因此，大多数企业都在强调，我要做什么，我是怎样的整合平台，我是怎样的一体化服务商，但很少有企业会说，我不做什么。事实上，企业的资源是有限的，追求更多的机会固然无可厚非，但在某一具体的时间段，聚焦一点往往成功的概率会更大。对社会明确地说出企业要做什么，不要做什么，未来要成为什么样的企业，进入或退出什么样的领域，这一理念就是事业定位理念。

我国知名的信息技术企业华为，在其企业文化手册《华为基本法》的第一条中明确地写着“永不进入原则”：“为了使华为成为世界一流的设备供应商，我们将永不进入信息服务业”。这是典型的事业定位理念。除此之外，华为的创始人任正非在很多场合提到，华为不进入房地产行业，不追求上市（很多企业是期望通过上市后的并购实现规模扩张的）。这些都是华为的经营与发展理念，我们姑且不去评论理念的对错，但这些理念是鲜明具体的，而且华为也确实是按照这样的理念在经营和发展。

二、运营管理理念

所谓运营管理理念，是指在企业运营的全过程或某些环节所体现出来的基本管理理念，运营管理理念的确立，与企业战略定位以及所运营的业务价值链密切相关。

1. 运营理念与企业业务价值链的关系

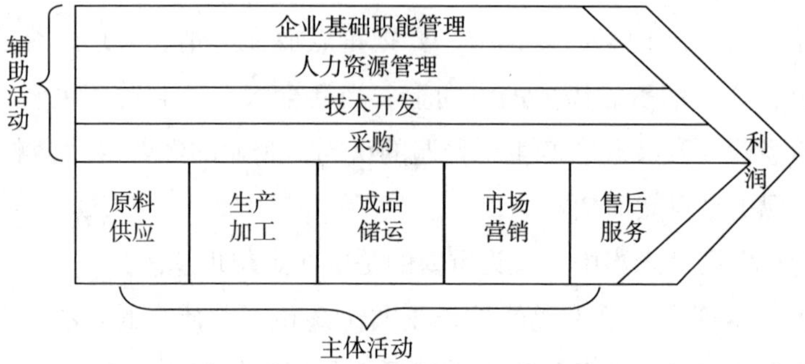

图 4-3 企业业务价值链的示意图

图 4–3 为企业业务价值链的示意图。价值链由若干价值创造活动组成，这些相互关联的活动，使得输入的资源转化为输出的产品和服务，因此，企业价值链反映的是物质上、技术上的价值增值活动，而运营管理理念往往是与价值链的主要环节甚至是每一个环节一一对应的，它具体说明了针对这一环节“企业应当如何做”的问题，是思想、精神层面的价值增值活动，两者处于企业管理的不同层面，但肯定是相互支撑和融合促进的关系。卓越的运营管理理念为企业价值链的关键环节提供了明确的努力方向、指标与追求，引导企业主动适应健康的、先进的、有发展前途的社会需求，并最终导向企业的成功。

2. 运营理念与企业所选择战略定位的关系

企业选择了不同的战略定位，必然要在运营管理环节设法实现这样的目标，由此也就必然会对运营管理的各环节提出要求，这种要求应当在运营管理理念中得到体现。

哈佛大学教授、著名的战略专家迈克尔·波特认为，一个企业的竞争优势有两种基本的表现形式，成本领先或标新立异，而这种定位最终都要在运营层面得以实现。

（1）成本领先战略下的运营理念

成本领先的目标就是使企业成为本行业最低成本的供应者。这种策略一般建立在规模效益的基础上，通过降低单位产品的成本取得高于行业平均水平的收益，并能使商品以廉价为优势迅速扩大市场份额。我国的大多数企业在创业之初都是通过成本领先策略进入全球价值链的。那么，如何做到成本领先？一是将成本领先融入企业价值链的各个环节，二是形成以成本领先为基础的运营管理文化——企业应将各种各样的缩减成本的方法和策略都运用到日常的生产运营中，无论采购、生产、营销、管理等各个环节，都应遵循这样的原则；当然，仅有这些远远不够，成本领先本身不是简单的压缩成本，而是在全价值链环节通过系统化的设计、采购、生产、营销等，实现全成本可控及优化，让每一个环节的每一位员工都认同和遵守，才能真正发挥作用。

例如，知名商业零售公司沃尔玛提出"天天平价"，把心思花在降低成本的每一个环节上，努力生产或购买价格低于对手的产品，用低廉的价格抓住消费者的心。

又如，知名企业丰田汽车提出了"看板式生产"，这种方式力图使每一个零部件都实现"即时化生产"，从而避免了大量的库存，降低了成本，杜绝了浪费。

再如，大家最初接受的小米产品，很多都是它的充电宝，样式新颖、质量稳定且价格远远低于市场。小米如何做到的呢？首先，小米选择了为国外企业代工的，但产能不饱满的电芯代工工厂，大批量采购，保证了电芯的质量和成本；其次，小米从设计的源头出发，以多个并行电芯的外围为模型开发铝合金模具，这就使得大批生产的铝合金型材经过简单切割、配上两个端板就成为了一个充电宝，大大减少了部件的数量，使得生产成本显著降低。这个案例可以更清楚地告诉我们，成本领先不是要一味压供应商价格甚至缺斤少两，而是要从全链条的角度研究如何有效控制成本。

（2）标新立异战略下的运营理念

标新立异，就是力求在客户关注的方面与竞争对手形成差异优势，使企业可以以高出同行业的价格出售产品。在内部价值活动中，要求企业能够控制时间、政策、规模等独特性的驱动因素，控制实现差异经营的成本，从而使经营差异转化为经营效益。同时，差异化经营在很大程度上依赖于企业的创新，一般来说，研发和营销是最能突出差异化的环节，如何指引或驱动员工突出差异化以及创造优势？这就需要形成一套能够为员工所接受的运营管理理念。

许多知名企业的文化中都把创新作为重要的元素，例如海尔的观念创新、机制创新、管理创新、市场创新和技术创新，惠普公司著名的企业文化体系——“惠普之道”中提出“相信不断的创新，做事情要有灵活性”，通用汽车提出“渴望变革”，谷歌提出“鼓励创新”等等。

3. 常见运营理念设计

除创新理念外，运营管理理念中品牌理念、质量理念、安全理念等都是非常常见的。

（1）品牌理念

品牌理念是企业品牌文化定位的基础。品牌定位要准确反映品牌理念，将品牌理念与产品、服务和营销的各个方面有机结合。企业在建立品牌战略之前，首先要准确定位品牌理念。

品牌理念的本质是品牌的价值观，是品牌的精神内涵，即企业所塑造的品牌形象是怎样的，以怎样的态度面对消费者、竞争者与利益相关者。品牌理念是品牌体系的核心部分，决定着品牌的行为表现和品牌的发展方向，企业在制定品牌理念时，应注意以下四点。

首先，品牌理念要以消费者为核心，体现品牌的利益认知；其次，品牌理念是企业文化的反映，要与企业文化保持一致；再次，品牌理念要符合企业的现状和特质，能够令企业表里如一；最后，品牌理念要符合社会的公序良俗，能够继承民族文化的精髓。

从某种意义上讲，品牌理念是将企业文化向社会公众传播的重要手段：通过品牌理念与企业文化的完美结合，不仅能提升消费者对品牌的认知和认同，更重要的是能够凸显品牌的独特性。我们不妨以两家家电企业为例。博世和方太同属家电行业，博世的品牌口号是“科技成就生活之美”，而方太的品牌口号是“伟大的企业导人向善”，从两者不同的品牌宣示我们可以看出，博世传达的是现代的、科技感的品牌理念，而方太则强调了人性的美与善，传播的是一种富于人性化的品牌理念。

（2）质量理念

质量是企业的生命线，质量理念以提高产品或服务质量为核心，不断提升品牌的知名度和客户的满意度。科学的质量理念是支撑企业在市场竞争中制胜的基石，美国质量管理大师威廉·戴明博士提出“质量是生产出来的，不是检验出来的”。日本著名企业家松下幸之助提出“对于产品质量来说，不是100分，就是0分”。这些都是著名的质量理念。

产品或服务质量对于企业的重要性不言而喻，不注重产品或服务质量，导致客户对产品或服务失去信任，企业的路会越走越窄，直至寸步难行。仅仅意识到质量的重要性还不够，还要将对质量的追求落到实处，落到企业每一名员工的心里，形成牢固的质量意识。从小事做起，像呵护生命一样呵护产品和服务的质量。

（3）安全理念

对于某些类型的企业，如化工、铁路、电力、燃气等，安全是企业生产经营中最为关键的环节，运营管理理念中首当其冲的就是安全理念。

安全理念是企业安全发展的核心，是在安全方面共同遵守的、用于指导和支配员工行为的基本准则。安全与风险并存，企业在制定安全理念时，应格外强调：安全理念应以预防为主。

首先，不存在绝对的安全，安全是相对的，风险是绝对的，“绝对安全”是一种理想状态。因为经济、技术的先进性只能逐步发展，不能跨越历史条件，但完全有可能把风险降低到可容许的程度，无限趋近“绝对安全”和“本质安全”。

其次，安全理念决定安全意识，安全意识决定安全行为，因此，必须在抓好员工安全理念渗透和安全行为养成上下功夫，通过内化思想，外化行为，不断提高员工的安全意识，压实安全责任，把安全第一变为每个员工的自觉行为，将安全理念落到实处。

运营管理理念是企业经营管理各环节的基本指导思想，运营理念应与企业愿景、战略、价值观、经营发展理念等保持统一，从而确保企业经营管理的各环节定位一致、步调一致、有效协同、同向发力。

三、组织管理理念

每家企业都有其特定的发展目标和组织的整体利益，为了达到这样的目标，就需要建立一套有关组织和人的管理逻辑，使组织的活动符合事物发展的规律，有利于目标的实现，有利于组织整体利益的达成。

组织管理理念是管理者构建组织、优化组织和驱动组织运转所遵循的基本准则和要求，是对组织运行与人事管理基本规律的总结和概括，其中包括公司治理理念、组织发展理念、人才理念、绩效考核理念、价值分配理念等，涉及从治理层、经营层到执行层的各层次，从组织机构、岗位设置、决策权限、流程制度到审核监督的各环节，以及从人才识别、人才培养、人才使用、人才评价激励到人才保留的全链条，以下以人才理念、团队理念为例，作一介绍。

1. 人才理念

企业在事业上的成功，无一能离开人才战略的成功，这就决定了人才理念的重要性与关键性。人才理念，是企业在看待人才、培养与开发人才、使用人才、激励人才、留住人才等方面的基本逻辑和态度。仅仅就“如何看待人才”这一问题，各家企业就有不同的看法，如百事可乐的“潜能、品质更重要”，丰田的“‘打杂’中提高”，安利的“选才重在诚信”，等等。

2. 团队理念

企业要发展，离不开员工的团队合作，尤其是在业务日益复杂、市场变化日益加快的今天，员工的合作意识、大局意识和协作精神，往往决定了工作的成败，好的团队可以在尊重个人的基础上最大程度地发挥团队的创造力，提高组织的凝聚力，而不好的团队氛围，即使大咖云集，也未必能取得好的效果。

团队理念，简单来说就是大局意识、协作精神和牺牲精神的集中体现，团队理念的基础是尊重个人的兴趣和成就；另一方面，也意味着为了实现团队共同利益而必须做出的牺牲，其终极追求是个体利益和整体利益的统一，全体成员的向心力和凝聚力，以及组织的高效运转。

团队理念是组织文化的重要组成部分，很多企业的组织管理理念中都体现了团队合作的内容，如哈药集团的“和谐、互动、共赢、同济”，中粮可口可乐的“拥有最受赞赏的专业团队”，等等。

组织管理理念，是企业文化与经营管理理念在组织和人的层面落地的结点：一方面，组织管理理念要符合公司核心文化理念与战略思想的要求；另一方面，组织管理理念要符合企业经营运作的需要，符合行业特点，甚至要符合当前员工人群的基本特征。从某种意义上说，运营管理理念的核心只有两种选择——成本领先与创新导向，而组织管理理念则是千企千面，各自不同，这也是企业文化最富有魅力的一个方面。

案例4-11　　小米集团的经营理念

2018 年 7 月 9 日，即便是处于全球资本市场风云变幻的非常时期，小米集团依然脱颖而出，在中国香港顺利上市，市值达 543 亿美元，且成为港股市场“同股不同权”的首家公司，同时，小米集团也成功跻身有史以来全球科技股 IPO 规模的前三位，十几万投资者参与了小米股票的认购，其中包括李嘉诚、马云、马化腾等行业领袖。

小米集团成立于 2010 年 4 月，在“为发烧而生”的理念之下，小米为用户提供了极致体验的小米手机和 MIUI 操作系统，吸引了大量铁杆粉丝。在过去近十年的发展历程中，小米始终围绕用户需求，在创新与追求极致的精神引导下，为用户提供高品质、高性能的前沿科技产品，同时，通过模式创新降低产品成本、中间成本和公司利润，贯彻“感动人心，价格厚道”的价值理念。

1. 用户参与，追求极致

“用户参与”一直是小米产品策略的核心理念之一。小米成立之初，主要产品就是 MIUI 操作系统。其实，MIUI 操作系统并不是小米公司独自研发的产品，大量用户通过小米论坛深度参与了系统的开发和设计。随着粉丝的沉淀和积累，小米又根据粉丝的需求顺势推出了小米手机，并在小米粉丝的热捧之下吸引了更多消费者的关注。产品推出之初，在“发烧友”文化的推动之下，小米只追求参数、配置的堆砌。而随着产品的批量推出，用户越来越成熟，用户的要求越来越理智，对产品品质、体验的要求也越来越高，从而推动小米从对参数的追求向对品质创新的追求转变，“发烧友”文化也逐渐成熟，转向对“极致理念”的追求。

在追求极致的产品理念之下，用户提出需求，小米要做的就是追求极致，不断提供高品质、高性能的产品，让用户获得极致体验。在产品的设计和制造过程中，小米选择最先进的工艺、最优质的材料，用心打磨产品的每一个细节。在同等价位区间内，小米总能提供性能最高、品质最好的产品，同时，凭借自身的创新能力不断提升传统产品的设计水平和产品功能，通过创新能力实现产品超出用户预期，让产品脱颖而出。

可以说，MIUI 系统、小米手机不仅是小米的产品，还成为上百万用户共同参与设计的产品，小米的文化也在与用户的互动中不断升级、成熟。这种与用户紧密互动、用户深度参与产品设计的文化，为小米带来了忠诚度极高的用户群，还深刻影响着小米的产品设计理念与企业文化。在之后的产品设计和开发过程中，小米一直坚持通过小米论坛、微博、微信现场粉丝会等多种渠道，加强与用户的互动，听取用户的意见，让用户成为产品的设计者，也让用户成为小米文化的缔造者。

2. 感动人心，价格厚道

小米不但致力于为用户提供有极致体验的高品质产品，还致力于以更低的价格让更多的用户可以享受小米产品带来的乐趣和生活便利。

小米产品的普及让更多的用户可以享受到科技的乐趣，而且小米也发现，过去的“小米粉丝”希望体验更多的小米产品，更多的新用户也愿意去尝试小米的产品，但是价格却成为小米产品进一步普及的障碍。在倾听用户的呼声后，雷军意识到仅仅提供优质产品并不能满足用户需求，更不能满足更多用户对科技和优质产品的追求。因此，雷军特别提出：“感动人心，价格厚道”。这八个字是一体两面、密不可分的整体，只有提供了远超用户预期的极致产品，还能“价格厚道”，才能真正“感动人心”。

为了降低价格，小米主动压缩企业利润，雷军提出小米“永远坚持硬件综合净利率不超过5%”，多出来的利润全部让利给消费者。同时，小米通过模式创新提高生产和流通效率，把中间成本压缩到极致。小米建立了自有或直供的高效线上线下渠道；在销售过程中采取预售、限量销售模式降低周转成本和采购成本；在自身主导产品设计和质量控制的前提下实行研发、制造和组装的外包，从而降低研发、制造成本。

凭借在产业链条上强大的组织和协调能力，小米尽最大可能性降低制造与中间成本，让更多的用户体验科技的乐趣，平等享受科技带来的美好生活。这是小米作为一家全球性科技企业的价值观，也是小米文化的升级。

资料来源：网络资料。

案例4-12 杜邦化学的安全管理理念

全球著名化工集团杜邦化学的安全管理一直以来被称为全球工业界的典范，在杜邦公司，所有的安全目标都是零，这意味着零伤害、零职业病和零事故，进入杜邦的任何一个工厂，面对这个有着200余年历史的跨国企业，从员工到来访者再到客户，谈论最多、感受最深的永远是安全。在安全管理方面，杜邦公司最为著名的就是“十大安全理念”。

一、所有的安全事故是可以预防的。从高层到基层，都要有这样的信念，采取一切可能的方法防止、控制事故的发生。

二、各级管理层对各自的安全直接负责。安全包括各个层面、各个角落、各位员工的点滴小事，只有高管对所辖范围内的安全负责，下属对各自范围内的安全负责，车间主任对车间的安全负责，生产组长对生产现场的安全负责，再到小组长对员工的安全负责，这个公司的安全才会真正有人负责。安全管理部门不管有多强，人员都是有限的，不可能深入到每个角落、每个地方、24小时监督，所有安全必须是从高层到各级管理层到每位员工自身的责任，安全部门只是从技术上提供支持。每位员工是每个单位的元素，只有每位员工都对自己负责，安全才有人负责，总裁才有信心说，我对企业安全负责。

三、所有的安全操作隐患是可以控制的。在生产安全管理的过程中，所有的隐患都要有计划、有投入地加以治理和控制。

四、安全是被雇佣的前提条件。在员工与杜邦的合同中明确写着：只要违反操作规程，随时可能被解雇。每位员工参与工作的第一天就意识到，这家公司是最安全的。从法律上讲，只要违反公司安全规定就可以被解雇，这就使得安全管理具有了至高的管理效力。

五、必须接受严格的安全培训。要求员工安全操作，就要进行严格的安全培训，要尽可能想办法对所有操作进行培训；同时，要求安全部门与生产部门合作开展培训。

六、各级主管必须进行安全检查。这个检查是正面的、鼓励性的，以收集数据、了解信息、发现问题、解决问题为主。如发现一名员工的不安全行为，不是批评，而是先分析好的方面在哪里，然后通过交谈，了解这名员工为什么会这样做，还要分析领导有什么责任。这样做的目的是拉近距离，让员工谈出内心的想法，鼓励员工通过各种途径把对安全的想法反映到高级管理层来，只有知道了底下的不安全行为以及背后的动因，才能对企业的安全提出规划和整改措施。当然，安全部门也要抓安全，重点是检查下属、同级管理员，对这些人员的管理做出评估，为管理层提供信息。这是两个不同层次的检查。

七、发现安全隐患必须及时更正。在安全检查中会发现许多隐患，要分析隐患发生的原因，明确哪些是可以当场解决的，哪些是需要不同层次管理人员解决的。要把发现的隐患加以整理、分类，知道这个部门的安全隐患主要有哪些，解决需要多长时间，不解决会造成多大的风险，如此，安全管理就有了目标。

八、工作外的安全与工作内的安全同等重要。从这个角度，杜邦提出了八小时外的安全管理预案，对员工的安全教育变成 7×24 小时的要求，而不仅仅局限于工作场所，而是涉及生活的方方面面，如，旅游如何注意安全，运动如何注意安全，驾驶如何注意安全，等等。

九、良好的安全管理是投资而非成本。这是看待安全投入的一种战略思想，如果把安全投入放在与业务发展同样的位置，就不会认为安全是投入、是成本，而应看作是投资——抓好安全能够帮助企业营造良好的工作环境和工作条件，避免高风险下运行，进而有利于企业战略目标的实现。

十、员工的直接参与是安全管理的关键。没有员工的参与，安全是空想，因为安全是每名员工的事，没有员工的参与，公司的安全管理是不可能落到实处的。

资料来源：网络资料。

第五章

企业文化表现系统设计

优秀企业文化的形成靠理念引领，靠实践养成。如前所述，企业愿景、使命、价值观等核心理念的设计是企业文化建设的基础。文化理念体系形成之后，采取必要的方式和手段使理念体系全面地展示在员工面前，指导员工的日常工作和行为，使员工在实践中对文化进一步认知与认同。这是文化落地的关键一步。

在多年企业文化体系建设与推广的过程中，汉哲咨询形成了文化理念落地的“三化”理论，即通过企业文化“理念丰富化”“理念标准化”和“理念生动化”三种渠道，在文化理念体系（理念层）与文化落地（行为层）之间搭建有效的桥梁。

第一节　理念丰富化：企业文化手册设计

所谓“理念丰富化”，就是要把文化理念体系介绍明白，把文化理念的由来、内涵等表述清楚，使得读者对于企业文化有一个系统、全面、立体的认识。其中，《企业文化手册》的编制和发布，是文化理念丰富化的标志性工作。

《企业文化手册》是对企业核心理念进行标准化阐述的文字范本。文化理念确定之后，为了确保各级人员对于理念理解的一致性，应通过《企业文化手册》的形式固化下来，不仅能够帮助员工更好地理解企业文化，也是后期文化宣传、培训与传播的蓝本。

一、企业文化手册的内容

各家企业对企业文化手册的叫法不尽相同，多数称为“文化手册”，也有的称为“企业文化理念手册”“企业文化纲要”“企业圣经”等，但无论名称如何，一般来讲，《企业文化手册》都会包含以下几个方面的内容。

①前言及说明。对企业文化建设的意义、文化理念提出的背景、企业文化建设的目标、指导思想等进行说明。

②企业简介与发展战略。企业简介与发展历程部分，主要介绍企业发展历史、主要经营范围、重大事件、主要成就、获得的荣誉与奖励等。多数企业也会在此部分概要地介绍企业的发展战略、发展目标等，从而可以使读者从历史、今天、未来三个维度理解企业的全貌。

③核心文化理念。本部分是文化手册的核心。一般会有一张文化理念体系的整体结构，使得读者能够了解文化理念的整体架构。同时，采用图文并茂的方式对企业愿景、使命、价值观、企业精神等核心文化理念的由来、内容、涵义等进行具体、深入的阐述和说明。

④主要运营理念。结合企业业务价值链的特点以及企业的战略定位，对核心经营理念、管理理念、组织理念等进行阐述。

⑤行为规范。将对员工的行为规范进行解释和说明，行为规范有的比较概括，有的则比较具体和详细。

⑥视觉识别系统。介绍与员工日常工作关系密切的视觉识别系统，如，企业色、企业标准字、企业标识、文化象征与吉祥物等，并介绍上述设计的来源及寓意。有的企业还有司旗、司徽、司歌等，一般也在这个部分进行介绍。

⑦结束语。对文化手册的内容进行总结和归纳，说明与企业文化有关的其他事项。

二、企业文化手册的编制

文化手册的编制，是对企业文化理念进行文本标准化和系统化的过程，也是补充相关文字、图片等材料，使得企业文化体系更加丰满和充实的过程，通常包括如下方面的工作。

1. 名称策划

文化手册的命名一般采用三种方式。

第一种，也是最简单的命名方式，直接以企业名称命名，如《××集团企业文化手册》。

第二种，对企业文化核心内容进行高度凝炼，以主副标题的形式命名，如《我是海尔我微笑——海尔企业文化手册》《感动宣言——锦江宾馆企业文化手册》。

第三种，直接以类似书籍、文件的命名方式对文化手册命名，如《华为基本法》《海亮之道》《东风日产行动纲领》《红塔文化力》等等。

2. 手册架构确定与资料准备

与书籍、文章写作类似，文化手册在编写前应先确定整体手册的架构，明确分为多少篇章，包含哪些内容，结构设计中要注意各篇章的整体性与连贯性。为了做好文化手册，需要大量文字、图片资料，这些素材往往也不是现成的，有的需要在浩如烟海的档案库中查找，有的需要重新编写，经公司相关部门的确认，这些都需要大量时间。

3. 文化手册编写

文化手册编写过程中，既要把大量的信息介绍清楚，又要重点突出，清晰明了；既要平实、易读，又要具有可读性和感染力；同时，还要注意结构的均衡性、读者的阅读习惯等。一个好的文化手册文稿，往往要历经千锤百炼。

4. 艺术设计

作为对内对外传播企业文化的载体，文化手册不仅要内容美，也要形式美，因此，一般手册都要经由专业机构的设计。

在设计的过程中需要注意如下几个方面。

首先，文化手册的格调是否与行业和企业的特点相符合，例如：科技、互联网类企业的文化手册多数采用浅灰、浅蓝色调，具有现代感、轻快感；而大型金融机构的文化手册就不太会选择这种风格，而更可能采用厚重的色彩，让读者感觉大气、具有强烈的视觉冲击力。

其次，文化手册的设计还要跟企业的文化主题、文化品格等力求一致，一家强调创新的企业，它的文化手册应当也是轻快、精巧、独具创意的；而以稳健、严谨为基调的企业文化，其手册风格应当是比较正式、严谨、色调偏于凝重的样式。

第三，为了增强可读性与美感，应适当加入图片、图案，做到生动形象、图文并茂，但也要避免盲目堆图，或图案风格迥异。无论何种设计风格，最终都是要服务于企业文化理念的阐述本身。

图 5-1　中国邮政企业文化手册内容节选

案例5-1　伊利集团企业文化手册（局部）

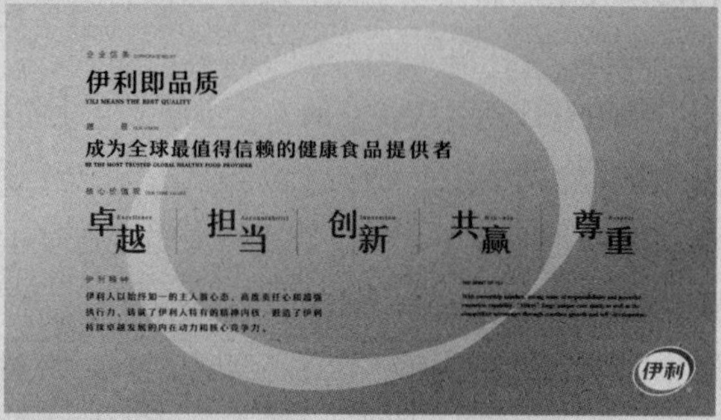

愿　景
成为全球
最值得信赖
的健康食品提供者
滋养生命活力，让世界共享健康
是我们存在的价值和意义
以消费者为中心，提供最优品质的产品和服务
为员工创造美好生活
倡导健康生活方式
引领全球行业发展
致力于可持续发展、善尽社会责任
OUR VISION
BE THE MOST TRUSTED
GLOBAL HEALTHY FOOD PROVIDER
伊利
核心价值观
卓越
担当
创新
共赢
尊重
伊利
卓越
Excellence
持续超越
不断突破
力争做到更好
自动自发，高标准完成工作
主动对标，设定并实现挑战性目标
持续超越，力争做到更好
伊利
担当
Accountability
用心尽责
大局为重
确保使命必达
勇担重任，用心做好每一件事
大局为重，主动协同解决问题
结果导向，全力以赴确保达成
伊利

创新 Innovation
持续学习
勇于尝试
不断创造价值
开放心态，持续学习以提高创新能力
敢于尝试，持续改善组织效能和效益
积极探索，以更敏捷的方式实现创新
伊利
共赢 Win-win
乐于分享
主动协作
实现多方共赢
乐于分享，与他人共同进步
主动协作，同心创造共享价值
携手共进，与企业、合作伙伴和社会共同发展
伊利
尊重 Respect
拥抱多元
换位思考
建立互信关系
正视差异，理解和接纳多元文化
换位思考，主动倾听并坦诚沟通
信任彼此，及时认可努力和贡献
伊利
伊利精神
伊利

案例5-2　广州轻工企业文化手册（局部）

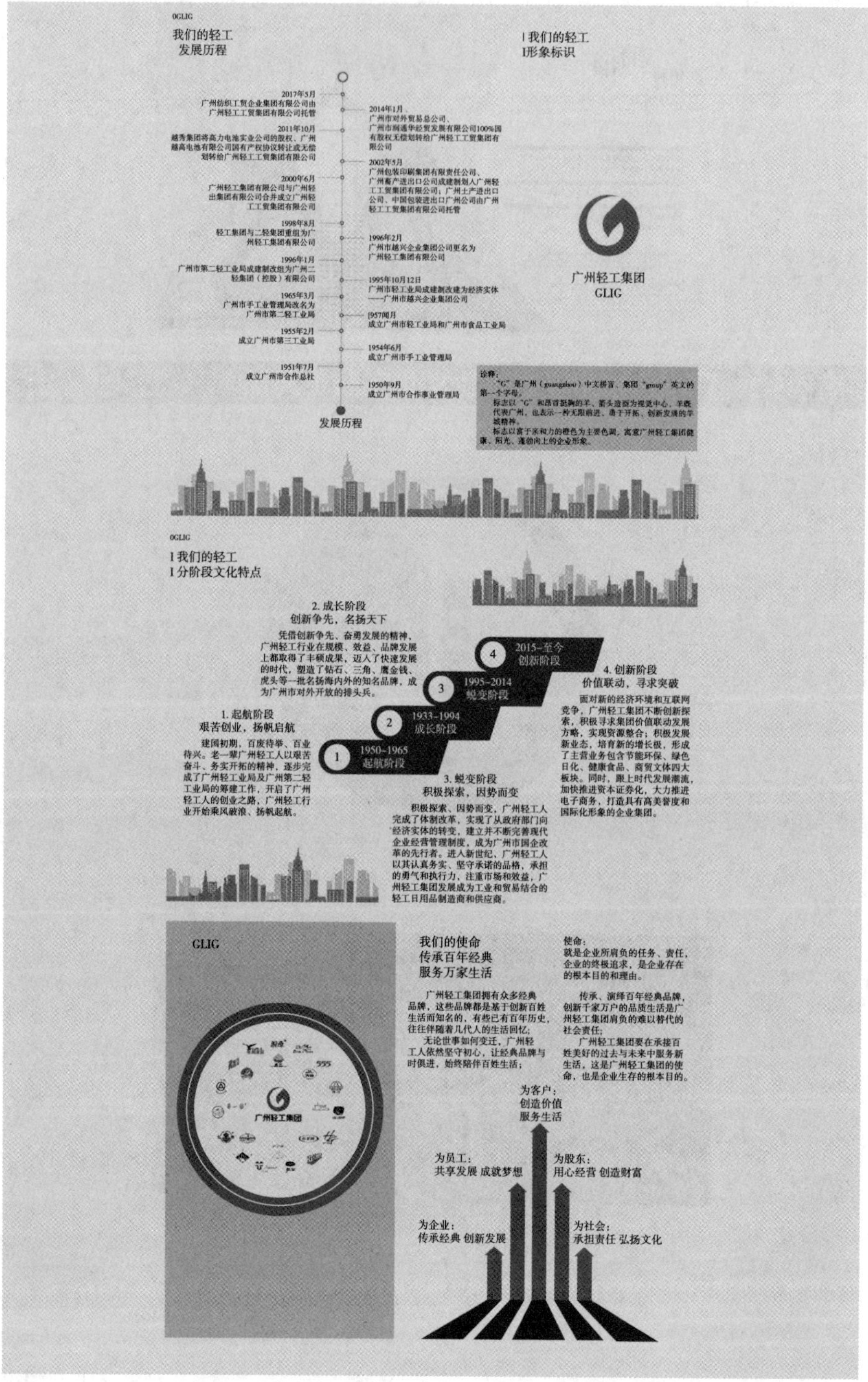
0GLIG
我们的轻工
发展历程
I我们的轻工
I形象标识
2017年5月
广州纺织工贸企业集团有限公司由广州轻工工贸集团有限公司托管
2014年1月
广州市对外贸易总公司、广州市润通华经贸发展有限公司100%国有股权无偿划转给广州轻工工贸集团有限公司
2011年10月
越秀集团将高力电池实业公司的股权、广州越高电池有限公司国有产权协议转让或无偿划转给广州轻工工贸集团有限公司
2002年5月
广州包装印刷集团有限责任公司、广州畜产进出口公司成建制划入广州轻工工贸集团有限公司；广州土产进出口公司、中国包装进出口广州公司由广州轻工工贸集团有限公司托管
2000年6月
广州轻工集团有限公司与广州轻出集团有限公司合并成立广州轻工工贸集团有限公司
1998年8月
轻工集团与二轻集团重组为广州轻工集团有限公司
1996年2月
广州市越兴企业集团公司更名为广州轻工集团有限公司
1996年1月
广州市第二轻工业局成建制改组为广州二轻集团（控股）有限公司
1995年10月12日
广州市轻工业局成建制改建为经济实体——广州市越兴企业集团公司
1965年3月
广州市手工业管理局改名为广州市第二轻工业局
[957闻月
成立广州市轻工业局和广州市食品工业局
1955年2月
成立广州市第三工业局
1954年6月
成立广州市手工业管理局
1951年7月
成立广州市合作总社
1950年9月
成立广州市合作事业管理局
发展历程
广州轻工集团
GLIG
诠释：
"G"是广州（guangzhou）中文拼音、集团"group"英文的第一个字母。
标志以"G"和昂首挺胸的羊、箭头造型为视觉中心，羊既代表广州，也表示一种无限前进、勇于开拓、创新发展的羊城精神。
标志以富于亲和力的橙色为主要色调，寓意广州轻工集团健康、阳光、蓬勃向上的企业形象。
0GLIG
I我们的轻工
I分阶段文化特点
2. 成长阶段
创新争先，名扬天下
凭借创新争先、奋勇发展的精神，广州轻工行业在规模、效益、品牌发展上都取得了丰硕成果，迈入了快速发展的时代，塑造了钻石、三角、鹰金钱、虎头等一批名扬海内外的知名品牌，成为广州市对外开放的排头兵。
4 2015–至今 创新阶段
3 1995–2014 蜕变阶段
2 1933–1994 成长阶段
1 1950–1965 起航阶段
1. 起航阶段
艰苦创业，扬帆启航
建国初期，百废待举、百业待兴。老一辈广州轻工人以艰苦奋斗、务实开拓的精神，逐步完成了广州轻工业局及广州第二轻工业局的筹建工作，开启了广州轻工人的创业之路，广州轻工行业开始乘风破浪、扬帆起航。
4. 创新阶段
价值联动，寻求突破
面对新的经济环境和互联网竞争，广州轻工集团不断创新探索，积极寻求集团价值联动发展方略，实现资源整合；积极发展新业态，培育新的增长极，形成了主营业务包含节能环保、绿色日化、健康食品、商贸文体四大板块。同时，跟上时代发展潮流，加快推进资本证券化，大力推进电子商务，打造具有高美誉度和国际化形象的企业集团。
3. 蜕变阶段
积极探索，因势而变
积极探索、因势而变，广州轻工人完成了体制改革，实现了从政府部门向经济实体的转变，建立并不断完善现代企业经营管理制度，成为广州市国企改革的先行者。进入新世纪，广州轻工人以其认真务实、坚守承诺的品格，承担的勇气和执行力，注重市场和效益，广州轻工集团发展成为工业和贸易结合的轻工日用品制造商和供应商。
GLIG
广州轻工集团
我们的使命
传承百年经典
服务万家生活
广州轻工集团拥有众多经典品牌，这些品牌都是基于创新百姓生活而知名的，有些已有百年历史，往往伴随着几代人的生活回忆；
无论世事如何变迁，广州轻工人依然坚守初心，让经典品牌与时俱进，始终陪伴百姓生活；
使命：
就是企业所肩负的任务、责任，企业的终极追求，是企业存在的根本目的和理由。
传承、演绎百年经典品牌，创新千家万户的品质生活是广州轻工集团肩负的难以替代的社会责任；
广州轻工集团要在承接百姓美好的过去与未来中服务新生活，这是广州轻工集团的使命，也是企业生存的根本目的。
为客户：
创造价值
服务生活
为员工：
共享发展 成就梦想
为股东：
用心经营 创造财富
为企业：
传承经典 创新发展
为社会：
承担责任 弘扬文化

我们的愿景
成为百姓信赖、员工自豪、社会尊重的美好生活服务集团
我们的战略目标
打造具有国际竞争力的日用消费品服务集团
共迎机遇·同创未来
精益求精，精进创新
诚实守信，诚信立本
善心善行，善作善成
和而不同，和衷共济
我们的核心价值观
“精、诚、善、和”
精
诚
善
和
我们的企业精神
专注、创新、担当
专注
担当
创新
我们的经营理念
客户思维 创新驱动
重塑品牌 开放共创
重塑品牌
开放共创
客户思维
创新驱动

第二节　理念标准化：员工行为规范编制

企业文化落地的重要标志是能否“内化于心，外化于行”。只有被员工理解、认同并自觉践行的文化理念，才能转化为企业的竞争力；只有渗透到员工日常行为中的文化理念，才能真正有效提升凝聚力与战斗力。因此，在核心文化理念的基础上编制《员工行为规范》，就成为各家企业在文化塑造中非常重要的一项工作。

一、行为规范在文化建设中的作用

制定《员工行为规范》的目的是通过规范员工行为，统一员工形象与行动，促使员工养成良好的行为习惯，由“他律”走向“自律”，推动企业文化在员工行为层面得以反映和体现，具体来说，行为规范的作用体现在三个方面。

1. 通过明确标准，对员工行为进行引导

通俗来讲，行为规范就是企业对员工行为所提出的统一标准。通过行为规范，企业明确告知员工：在何种情况下应当采取何种行为，以及什么是企业所倡导的行为，有了这一套标准，员工也就清楚了在公司文化的要求之下，应当如何做事。

2. 通过知识传递，对员工行为进行规范

行为，从某种意义上也可被看作是一种“技能”，有时员工做事粗糙、不够职业等，并不一定是其内心所想，而是确实不知道应当如何做才是职业的、高效的、正确的，从这种意义上说，行为规范有的时候更像是一份教材，通过对行为技能的培训和传授，告诉员工在什么情况下应采取什么样的行为方式，从而提升员工的职业素养。

3. 通过有效激励，对员工行为进行塑造

从心理学上讲，“趋利避害”是人的本能，人们对某种行为是否可行的判断，在一定程度上与这种行为所能带来的“价值”或“危害”有非常大的关系——那些对自身有利的行为会不断被强化，而对自身不利的行为则会逐渐弱化。行为规范，就是对企业所倡导行为的正向强化，通过它，员工可以了解企业所要求的行为方式，并通过自觉践行这种行为而获得企业的认可和其他员工的尊重，这种激励作用促进了员工良好行为习惯的养成。

二、行为规范的类型与设计原则

我们基于对数百家企业文化体系的研究，企业的行为规范大致可分为三种类型：第一种是覆盖全员的通用行为规范，第二种是分层分类的领域行为规范，第三种是以职业化为基础的服务型行为规范。

三种行为规范各有其特点和适用范围，通用行为规范的优点是管理简单，易于传播和推广；分层分类的行为规范，其优点是根据不同岗位层级、岗位序列的工作特点设定行为要求，针对性强；服务型行为规范，则把文化理念、服务标准、职业化要求等进行了融合，对于面客服务型企业来说，实现了文化与形象的一体化管理。

无论何种行为规范，其对员工行为的影响都是巨大的，因此，在规范的编写过程中要审慎细致，符合以下四个方面的原则。

1. 一致性原则

所谓一致性，是指员工行为规范要与企业文化理念保持一致，要与企业已有的各项规章制度保持一致，对员工行为的具体要求不能与规章制度相抵触。其次，行为规范中的各项要求应和谐一致，不能自相矛盾。一致性是对员工行为规范的最基本要求。

2. 针对性原则

所谓针对性，是指行为规范的各项内容及要求要从企业实际、特别是员工的行为实际出发，以便对积极的行为习惯产生正强化，对不良的行为习惯产生约束和负强化，令员工的行为能够达到企业的预期。缺乏针对性、“放之四海而皆准”的行为规范，所产生的作用非常有限，对于塑造特色鲜明的企业形象几乎没有任何意义。

3. 合理性原则

所谓合理性，是指行为规范的每一条款都要符合国家法律法规，符合社会公序良俗，同时要合情合理。部分企业的行为规范，个别条款过于苛刻，超越了社会公认的要求，一是员工很难做到，二也可能因此触犯相关的法律法规，这样的条款显然不适合于放在行为规范之中。

4. 简洁性原则

所谓简洁性，是指企业在制定员工行为规范时不应面面俱到，而要选择最主要的、最有针对性的内容，使得整个规范特点鲜明、文字简洁，便于员工学习、理解和参照执行。一味追求“大而全”，连篇累牍，洋洋洒洒，员工不容易记忆，反而不具有实用价值。同时，在行为规范的文字方面，也要尽可能采用简短、平实的语言风格。

三、通用行为规范

1. 定义

该类型的行为规范，是面向全体员工、要求全体共同遵守的行为规范，也是最经常使用的行为规范类型。规范内容来自于核心文化理念，严格对照文化理念，并进而提出，哪些行为是鼓励的，哪些是不被允许的，进而统一全公司员工的行为步调。

2. 编制要点

首先，应注意规范的全面性，要做到全面，需要先明确员工“基础行为”的概念，同时，要明确“基础行为”当中哪些要以行为规范的方式加以明确、规范、固化，在充分权衡每一“基础行为”的前提下进行选择。

其次，因为通用行为规范要面对企业的全体员工，而员工的学历、背景、对管理的理解等有非常大的差异，为了让更多的员工消化规范的内容，降低规范认知和接受的阻力，其编写风格一定要精简、通俗易懂。

再次，由于通用行为规范要覆盖不同岗位、不同工作性质的人员，对其描述的要求更高，不仅需要精练准确，还要符合不同环节的运作特点与管理实际，让不同角色的员工都能从中看到企业文化对自己的行为要求。

案例5-3　中国石化催化剂有限公司员工行为指引（节选）

中国石化催化剂有限公司是中国石化的全资子公司，是中国石化催化剂生产、销售和管理的责任主体，催化剂业务的投资平台。经过15年的专业化发展，催化剂公司的生产规模逐步扩大，技术水平不断提升，经营效益逐年攀升，已经成为国际知名、亚洲最大、中国第一的炼油化工催化剂生产商、供应商和服务商，初步具备了向世界一流催化剂公司迈进的基础和条件。

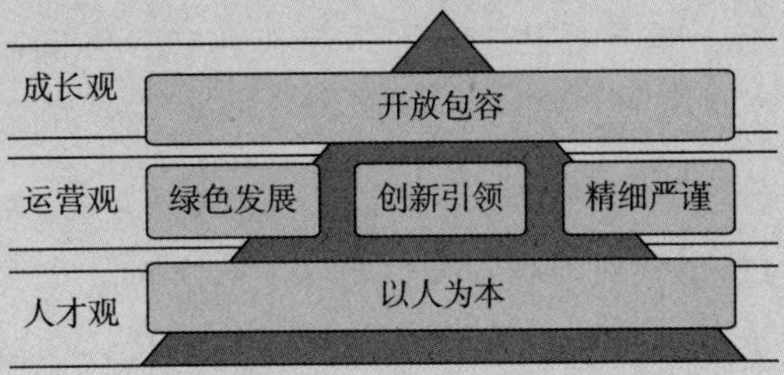

催化剂公司核心价值观

经过历时一年的研究与讨论，催化剂公司建立了以“开放包容、创新引领、绿色发展、精细严谨、以人为本”为核心的价值观体系，在此基础上，全面开展《员工行为规范》的设计工作。经过多轮研讨，对应于价值观的每一个构面，形成员工行为规范体系。以“核心价值观开放包容”为例：

开放包容，就是始终保持开放包容的心态，吸引全球优秀人才，接纳全球多元文化，学习全球先进的科技与管理经验，积极融入全球产业循环。坚持对外合作，对内融合，开放胸襟，拥抱他人与世界，实现包容性成长。

基于以上诠释，经过充分征集意见及研讨，确定如下四条行为规范可对“开放包容”的价值观形成有力支撑。针对每条行为规范，都按照【请了解】【请做到】的方式进行规范的描述。

（1）学会理解和尊重，你会收获很多

【请了解】公司希望与员工共同打造充满活力的工作氛围，希望同事之间相处更融洽，希望公司的每个团队及每位员工都能够具有兼容并蓄的境界和能力，这是我们取得世界级成就的基础。

【请做到】同事之间，要多了解对方的想法和立场，尊重对方，求同存异，消除分歧。遇到问题开诚布公、推心置腹地沟通，不要互相隐瞒和抱怨。部门之间要多一些换位思考，多替对方想一想。这样，我们就会拥有一个相互理解、相互尊重的团队，就能凝聚一切力量，化解一切矛盾，战胜一切困难，取得更大的成功。

（2）合作会让事情变得简单

【请了解】公司倡导每位员工和领导都具有合作精神，各分子公司之间能够相互取长补短，促进资源的有效利用，发挥其最大价值。同时，我们也要学会与全球的合作伙伴、供应商、客户、人才密切合作，以此为契机不断增强我们的核心竞争能力，促进我们走向世界一流。

【请做到】合作意味着决策时能集思广益，我们希望员工在工作中能够解放思想、开拓思路，寻找到“最优解”。合作也意味着积极地对接外部资源，开放地寻求合作模式，引入、融合社会各方资源，为公司发展提供最优的解决方案。

（3）共赢是我们永远不变的追求

【请了解】公司提倡“让对方多赢，最终实现共赢”的发展理念，秉承在一切活动中寻求互利的思维模式，通过平等协商，获得两全其美的解决方案。

【请做到】要有勇气表达自己的想法和感受，也能理解他人的情感和信念，通过换位思考，理解他人的诉求，在坚持核心原则的前提下适度让步，首先把事情做成，在成事的大背景下寻求价值分享与共同成长。

（4）做世界一流的企业不是说说而已

【请了解】我们是在一家世界500强企业工作，这是一种荣誉更是一份责任。未来公司还要不断发展壮大，提升能力，提高在国际上的影响力与知名度。做世界一流企业，首先要有开放的胸怀，要海纳百川，汇聚各方力量，共同为事业的发展而努力。需要一流的人才队伍，为此，公司与大家一起努力。

【请做到】秉承包容的心态对待身边的同事，秉承开放的心态面对竞争与挑战，以最高的标准要求自己的工作，凭借水滴石穿的不懈努力，助力企业走向世界一流，成为行业的领导者。

四、分层分类的行为规范

1. 定义

通用行为规范固然具有普遍性，但从另外一面来看，其对特定层级、特定领域人员行为的具体指导作用似乎缺少了针对性，这就容易形成“看起来都对，但似乎又不特别适用”的情况。因此，很多企业选择了更为复杂的方式，即根据岗位职级拟定干部行为规范、员工行为规范，或按工作性质划分序列，拟制不同序列人员的行为规范，如销售行为规范、生产行为规范、服务行为规范、管理行为规范等。这种行为规范的拟制方式，看似增加了复杂度，但是强化了对不同层级和序列人员的针对性，反而更加容易推广和使用。

2. 编写要点

首先，要考虑分层的问题，一般企业分为干部、员工两个层级，基于其不同的角色定位编制行为规范；也有的企业进一步划分为领导行为规范、管理干部行为规范、员工行为规范三个层次。同一层次的行为规范，应归纳其共性，求同存异。

其次，要考虑分类的问题。由于企业所处行业不同、类型不同，注定拥有不同的价值链、不同的职能与组织形态，因此，在编制不同价值链环节、不同职能环节、不同业务条线、不同岗位类别的行为规范时，既要考虑核心文化理念，也要兼顾企业战略定位、运营管理、组织理念等的影响，如此，才能使得分类的行为规范更加贴合业务的特点。

再次，应关注行为规范的覆盖面问题，无论是分层还是分类，都应尽可能覆盖到每一个层级、每一个类别的每一位员工，以使得人人有规范可以遵循。

案例5-4　某股份制银行员工行为规范（分层）

某股份制银行的行为规范分为三个层级：行领导行为规范、中层干部行为规范和员工行为规范，由此可一窥该行对不同层级人员的差异化要求。

1. 行领导行为规范

（此处行领导包括行经营班子及同等级高级管理人员）

第 1 条　坚持科学发展观，走理性、稳健、审慎、安全发展之路，实现效益、质量、规模的协调统一。

第 2 条　充分理解我行战略意图，敏锐把握政策导向、宏观经济发展趋势，结合我行实际，积极推动战略实施。

第 3 条　以大局为重，坚持民主集中制，对会议决议坚决执行，不打折扣。

第 4 条　和衷共济，相互支持，主动补台，从自身做起，营造和谐的工作氛围。

第5条　正确处理业务发展与防范风险的关系，积极推进风险文化建设。

第6条　决策之前充分调研，周密计划，勇于承担决策责任。

第7条　布置工作目标清晰，要求明确，责任具体。

第8条　与时俱进，持续学习，引领创新方向，打造比较优势。

第9条　培养人才，发现人才，关心人才，营造以人为本的组织氛围。

2. 中层干部行为规范

（此处中层干部包括总行各部门总经理、副总经理，以及各分支行行长、分支行部门经理、副经理等）

第1条　学习和落实科学发展观，坚持理性、稳健、审慎、安全发展之路，实现效益、质量、规模的协调统一。

第2条　以我行战略为导向统筹安排工作，坚决执行全行战略部署。

第3条　严格按照法律法规及我行相关规定开展工作。

第4条　树立风险意识，及时、准确向上级反映潜在风险，主动制定防范与化解风险的措施。

第5条　积极发挥参谋、助手作用，确保向上级提交的报告或提案明确、具体、可操作性。

第6条　服从组织安排，对会议决议和上级指示反应迅速、坚决执行；对下属工作要求明确，指导到位。

第7条　树立服务意识，急客户及基层之所急，主动沟通，主动作为。

第8条　在授权范围内主动承担领导责任，果断决策，不推诿，不扯皮。

第9条　适应全行发展要求，改进工作方式方法，推动本部门产品与服务创新。

第10条　制定政策之前，充分调研，立足现实，不随意，不盲目，不妄断。

第 11 条　任人唯贤，处事公正，善于识人、用人、育人。

第 12 条　胸怀坦荡，以德服人，营造和谐高效的团队氛围。

3. 员工行为规范

（此处员工指总行、各分支行科级及以下干部与普通员工）

第 1 条　学习领会我行发展战略，坚决执行全行战略部署。

第 2 条　认同我行价值观，个人职业生涯规划符合我行发展需要。

第 3 条　时刻保持风险意识，主动识别、抵制内外部违规、欺诈行为。

第 4 条　树立保密意识，未经授权，不泄漏本行保密信息。

第 5 条　及时、准确提供调研信息及经手业务资料，不制作虚假或误导性记录。

第 6 条　严格执行各项规章制度与业务操作流程，对于没有规定或不确定的事项及时请示、汇报，不自作主张。

第 7 条　服从工作安排，顾全大局，勤恳、踏实工作。

第 8 条　树立求真务实的工作作风，不做表面文章，不铺张浪费。

第 9 条　准确把握上级交办的任务，尽心尽责，注重效率，按时、保质、保量完成。

第 10 条　工作中出现失误，先从自身找原因，及时向上级汇报，不推诿责任并采取切实行动弥补过失。

第 11 条　细心观察内外部客户需求，在资源、制度允许的前提下，立足本职工作，努力实践服务创新。

第 12 条　开展工作中不摆架子，不吃拿卡要，以专业技能和严谨高效的工作作风赢得客户的理解与支持。

第 13 条　处理客户要求时，态度热情，及时沟通，明确答复，积极为客户排忧解难。

第 14 条　诚恳对待同事，主动体谅、支持、配合同事的工作。

第 15 条　正视自身不足，持续提高专业技能并运用到实际工作中去。

案例5-5　京宁热电员工行为规范（分层+分类）

京宁热电的员工行为规范，采取“全员”+“高层”+“中层”+“各岗位”（生产一线人员、机关工作人员）的综合分层分类模式，具有更好的系统性与灵活性。

一、全员行为规范

（1）热爱祖国：为自己是中国人而自豪，以振兴中华为己任，促进民族团结，维护祖国统一，自觉报效祖国。

（2）遵纪守法：自觉遵守国家法律法规，严格执行企业各项规章制度，绝不利用职务之便谋取不正当利益。

（3）爱岗敬业：忠于职守，以岗位职责为荣，努力提高专业技能，尽心尽力，高标准履行职责。

（4）开拓创新：紧跟时代发展步伐，不受固有思想束缚，不断开拓新的领域，不断创新工作方法。

（5）诚实守信：说老实话，做老实人，办老实事，表里如一；讲信用，守诺言，说到的一定做到。

（6）团结友善：真诚、友善地对待同事，营造友好的工作氛围，团结一心推进企业发展。

（7）勤俭节约：珍惜自然资源，节约运营成本，反对铺张浪费，养成节俭、健康的生活习惯。

（8）言行得体：遵守社会公德，注重言行细节，讲文明，懂礼貌，展现良好的企业员工形象。

二、高层领导行为规范

（1）识大局：能够从集团和企业长远发展的角度思考问题，进行决策，不拘泥于短期、局部利益。

（2）有作为：敏锐把握行业发展趋势，与时俱进，积极作为，抢抓发展机遇。

（3）当重任：在实事求是、发扬民主的前提下，科学、果断决策，敢于承担决策责任。

（4）守廉洁：牢固底线意识，严格自律，清正廉洁，绝不利用职务之便谋取私利。

（5）爱员工：尊重、关心、爱护员工，充分调动员工工作积极性，帮助员工成长和发展。

（6）树榜样：要求员工做到的，自己必须先做到，为员工树立榜样，用行动影响员工。

三、中层管理者行为规范

（1）顾大体：当部门利益与企业整体利益冲突时，以企业利益为重，服从企业发展大局。

（2）担职责：精心做好内部管理，积极改进工作方法，敢于对自身的管理行为负责。

（3）强执行：高效执行企业决策，高质高效完成工作任务，确保本人及下属严格遵守公司规章制度。

（4）擅组织：科学、合理分配工作，充分发挥下属长处，积极协调本部门与其他部门的业务合作。

（5）修自身：以谦逊的姿态正视和反省自己，及时发现不足，有针对性地进行改进。

（6）助下属：积极帮助下属提高工作能力，帮助下属解决工作中和生活中的困难。

四、各岗位行为规范

1. 生产一线人员行为规范

（1）秉安全：严格规范执行操作流程，一丝不苟对待工作，确保安全生产。

（2）尽责任：清楚自身的岗位职责，优质、高效履行岗位职责，与同事密切协作完成工作。

（3）精操作：熟悉生产设备的工作性能，不断提升设备操作技能，精心维护设备。

（4）重学习：结合岗位工作需要与自身不足，实现学习常态化，持续提升工作能力。

（5）敢创新：在不断夯实和提升专业技能的基础上，敢于创新和改进工作方法。

（6）敬他人：尊重他人，乐于助人，积极换位思考，理解和善待同事。

2. 机关工作人员行为规范

（1）保生产：牢固树立为一线服务的意识，以优质的保障服务，推进安全、高效生产。

（2）近一线：经常深入生产一线了解工作实际，有针对性地为一线提供指导、服务和监管。

（3）通业务：努力学习，精通本岗位及相关岗位的工作技能，持续提升专业水平。

（4）讲效率：与生产一线密切配合，持续提高办事效率，反对官僚主义。

（5）会沟通：以工作为中心，积极主动、充满善意地与同事尤其是生产一线同事沟通。

（6）勤改进：紧跟时代脚步，与时俱进地创新与改进工作方法。

五、以职业化为基础的服务型行为规范

1. 定义

以职业化为基础的服务型行为规范，主要适用面客服务型企业，如银行、电信、地铁、商业等，这种行为规范的特点是以职业化为基础，融合多种管理体系于一体，包括企业文化理念、商务礼仪、岗位服务程序、业务程序、安全与风险管理程序，等等。由此，不但从文化落地的角度规范

了员工的日常行为，也从服务标准化的角度提高了业务执行的规范程度，能够把企业所推崇的文化理念，在员工的层面迅速标准化和展现出来，是一种行之有效的方法。

基本的社交礼仪和行为举止，起到规范员工的言行举止和工作习惯的效果，且适用范围广，上至董事长、总经理、CEO，下至一线工人基本都适用。基本员工行为规范主体内容一般包括：社会道德规范、职业道德规范、岗位行为规范、商务礼仪规范、顾客服务规范、安全行为规范等。

2. 编制要点

此类行为规范的编制与开发，不仅仅是文化推广团队的责任，更多地要与服务管理团队结合，要把业务流程、服务要求写进去；同时，为了让全体员工能够执行这个行为规范，最好的方式是在已经执行较好的团队中选取标杆，让标杆团队参与进来，在他们的基础上提炼、融合、升华，也就是所谓“从群众中来，到群众中去”，这样的行为规范，更容易落地和推广。

案例5-6　中国移动员工行为规范

一、我的承诺

1. 客户导向的承诺：坚持客户导向，追求客户满意

- 我将认真倾听客户的需求和期望，理解客户的情绪，运用“换位思考”与客户沟通；
- 我将信守对客户的每一个承诺；
- 我将不失时机地征询客户对我提供服务的意见和建议，并尽快做出改进；
- 我将根据自己的工作职责，采取具体措施，方便客户；
- 面对客户的询问和要求，我将根据首问责任制的要求，帮助客户；
- 我将主动、热情地招呼来访客人，尽力提供帮助。

2. 求实进取的承诺：坚持求实进取，追求持续改进

- 我做事不找借口，并在自控范围内克服困难，尽我所能做到最好；
- 我敢于挑战现有的做法，并通过具体的措施改进自己的工作；
- 当天要完成的工作，我不拖到第二天；
- 我坚持以开放的心态对待不同的观点，对新事物保持好奇心；
- 我主动学习专业领域中的最新理念和技术，跟上发展节拍；
- 我要从自己和他人的错误中吸取教训，减少失误。

3. 团队合作的承诺：坚持团队合作，追求和谐共赢

- 我能够包容他人的不同的文化背景和工作方式；
- 我将由衷地欣赏并赞美他人优点和成绩；
- 我会当面交流对同事的看法，而不背后说三道四；
- 我将主动与他人分享对工作有用的信息；
- 我对自己的行为和结果负责，主动承担工作失误的责任，并及时改正；
- 面对问题，我首先考虑解决问题的方法，而不是指责他人，追究责任；
- 我将以足够的耐心和兴趣，倾听他人的观点和看法；
- 我将通过主动说服和影响，赢得同事对自己工作的理解和支持；
- 我将以双赢的态度和合作伙伴共谋发展。

4. 关注质量的承诺：坚持关注质量，追求精益求精

- 对于工作质量，我关注细节，追求卓越；
- 面对质量问题，我决不心存侥幸，摒弃“并不多就行”的观念；
- 发现他人工作中的失误和质量缺陷，我将善意地提出自己的建议；
- 视客户的投诉为机会，我将采取具体措施，提高服务质量，杜绝同样的问题重复投诉。

5. 忠诚敬业的承诺：坚持忠诚敬业，追求最大价值

- 我将从自己的工作职责出发，寻求一切机会为公司增值；

- 我坚持以积极的口吻谈论自己的公司和团队；
- 对于公司和团队做出的决定，我将不折不扣地执行；
- 我将积极提出对公司有益的观点和看法；
- 我尊重并以实际行动传承公司的优良传统和价值观；
- 我将以实际行动为福建移动增光，当好公司的形象大使。

二、品行规范

1. 员工的一言一行、一举一动，都代表企业的形象，要以理行事，文明做人。

2. 严格遵守公司各项规章制度，做到令行禁止，执行力强。

3. 培养正直的品格，做一个勤奋敬业的好员工、遵纪守法的好公民。

三、形象规范

员工是公司形象的再现，因此必须具备强烈的形象意识，从基本做起，塑造良好形象。

1. 仪容、仪表和着装规范

（1）仪容、仪表

①头发整洁，梳理整齐；

②衣领、肩上无脱落的碎发、头屑；

③面部清洁，指甲及时修剪并保持干净；

④男士勤于剃须，不留过耳长发；女士如涂指甲油，以透明或浅色为主；

（2）仪态、举止

①站姿端正，挺拔自然。男士两腿并拢或平行分开且与肩同宽，双手自然下垂；女士两脚呈“V”字形分开，脚跟并拢，或呈丁字步站立，身体微向前倾；双手在身前自然交叠。

②走路步伐有力，步幅适当，身体协调，姿势稳健，不拖地行走，不与人勾肩搭背（与位尊者同行，右者为尊）。

③坐姿良好。

男士：上身挺直，两肩平衡放松；两脚、两膝平行分开且比肩稍窄。

女士：坐前收拢裙角，慢慢坐下；上身自然微微前倾；两脚、两膝并拢，向左或右稍倾。入座后不抖腿，不将脚搁在桌子上，双腿不大幅度分开，不将脚藏在座椅下或用脚勾住椅腿。

④着装。

A. 基本要求：周一至周四工作日，着正装，周五可着便装；出席会议、迎宾、商务活动应根据要求统一着装；特殊岗位根据工作需要和劳动保护的有关规定着装；特殊场合，根据公司主管部门通知要求着装。

B. 正装穿着：男士：正装包括西装、夹克、衬衫、西裤等，参加对外商务活动时须戴领带。西装、夹克要平整、合身；衬衫下摆束在裤内，袖口系好；领带颜色图案与场合及服装相配；着黑色或深棕色皮鞋，鞋子无尘；着深色西装应配深色袜子。女士：正装包括职业套装、套裙、衬衫配西裤或短裙、连衫裙。套装衣扣要系好，裙摆长要及膝；服装颜色搭配要协调。

说明：工作日不可穿着的服装：汗衫、西短、透视装、吊带衫（裙）、超短裙（裤）、拖鞋。

四、礼仪规范

1. 不论遇到员工、还是来宾，见面先问好，态度和气，面带微笑，言语礼貌。

2. 保持良好的仪态形象，仪表端庄，服装整齐，举止大方。在办公区和作业区，禁止嬉戏打骂。

3. 进入办公场所和作业地点，应按要求佩戴统一的标志牌，特殊工种人员必须持证上岗，不得佩戴违反安全操作规程的衣物和饰物。

4. 进入其他人员的办公室，应先敲门，待允许后方可进入。

5. 进入工作区或办公区，不准吸烟；严禁在工作日、办公场所饮酒，严禁酒后上岗、参加会议；开会时，要关闭手机或设为静音。

五、语言规范

1. 提倡讲普通话。

2. 会话语言清晰、语气诚恳、语速适中、语调平和、语意明确言简。

3. 与人交谈，要亲切、诚恳、谦虚，要专心致志，面带微笑，不随意打断别人的话。

4. 提倡文明用语，如："您好""谢谢""不客气""再见""不远送""您走好"等文明用语。严禁说脏话、忌语。

第三节　理念生动化：文化标杆与案例征集

众所周知，讲故事是传播理念、引发思考、引人向善的最简单也最直观的方法，全世界的各种宗教传播，无一不把宗教故事作为传播教义的重要手段。那么，作为企业宗教的企业文化，如何利用"讲故事"的方式进行传播呢？

30多年前，海尔提出了自己的企业宗旨："真诚到永远"。即便从今天来看，这个提法也是非常经典的：第一有深度，直达人与人沟通交流的本质层；第二有共鸣，试想，在满世界还是口号的时代，这样一句颇具煽情色彩的文化口号，会拨动多少人的心弦？第三有力度，表述简单，立意清楚，朗朗上口。正是这句口号，温暖了千百万用户和消费者的心，让海尔品牌成为了中国制造的诚信标签。

为了让员工在行动中践行"真诚到永远"，海尔在文化落地方面率先提出了"观念－故事－规范"的文化落地模式，率先采用一个个员工身边的案例和小故事，形象、生动地对"真诚到永远"进行阐述，让员工清楚这句口号与我的关系，以及我应当如何在工作中实践这句口号。案例推广对于海尔文化的落地起到了非常重要的作用，甚至有人评价说，"海尔的企业文化就是由一个个小故事串起来的。"

成功的企业一般都有其独特的文化，而文化背后又一定蕴含着许多动人的案例和故事，通过讲故事对文化进行释义和传播，已被证明是行之有效的方式。

一、树立文化标杆与案例的意义

企业以自身创业及发展变革过程中的特殊事件或感人事例为基础，通过讲述一个个鲜活的故事，不仅给员工以心灵的触动和精神的震撼，也将文化理念送达员工的内心，引发员工的思考。归纳而言，企业文化标杆与案例在文化传播中的作用主要表现在以下方面。

1. 讲述身边故事，使文化触手可及

通常，企业文化理念总会给人以一种抽象和无法触及的感觉，如何被广大员工接受、理解和认知，是一个非常艰难的过程，而文化标杆和案例，通过对发生在员工身边的、与企业文化的倡导同向而行的事例的讲述，让员工清楚地感受到，企业文化并不遥远，就是我身边；践行企业文化也并非难事，把身边的点滴小事做好，就可以践行企业文化。

2. 树立文化标杆，起样板示范作用

“榜样的力量是无穷的”，通过企业文化案例和故事，能够在员工心目中树立起样板，为员工践行企业文化提供参照，让员工身边的故事成为其行动的标尺和指南。

3. 凸显文化荣誉，令员工尊重效仿

当一种行为被当做模范和样本受到广泛推广，这种行为和这一行为的主人也就成为了荣誉的象征，而这种荣誉会激发起员工积极向上、不甘示弱的热情。当员工们清楚企业所提倡和鼓励的行为时，就会按照这一标准来要求自己，争取荣誉，在这个过程中文化理念自然也就融入了员工的行为之中。

二、文化标杆与案例的征集和编写

企业文化标杆与案例的征集，本身就是文化建设中的一项重要活动。通过标杆与案例的征集与编写，不仅能够促进文化知识的普及，也将最大程度地发挥员工的积极性、创造性与参与感。

通常，企业文化标杆与案例的征集编写遵循以下流程。

（1）企业文化标杆与案例征集方案

方案中应明确企业文化标杆与案例征集的目的、意义、活动时间表、案例主题及内容、写作要求、参与方式、案例评选及入选办法、活动联系人等内容。

（2）征集活动发布

在全公司范围内发布案例征集通知，并以会议方式召集相关人员，对案例征集标准、撰写要求、评选办法、日程安排等进行集中讲解和部署。

（3）案例收集与筛选

在案例征集期间，对所有提交案例进行分类和整理，根据不同主题将案例进行归类，形成企业文化案例库，并从中选取与活动主题最为相关、最具有典型性和感染力、内容编写最规范的案例，汇总形成不同主题的文化案例集。在案例选择方面，应兼顾案例写作水平、与企业文化导向的一致性、内容分布均衡性等因素，综合、全面选取适宜的案例。

（4）案例修改与完善

对已经纳入案例集的案例逐一进行核实，以确保案例描述的准确性与真实性，避免虚假案例或过分夸大、缩小某一事件影响力的情况；同时，为使案例的篇章均匀，更具有可读性，也需要根据入选案例的实际情况进行适度修改，力求主题鲜明、文字精练、故事生动，同时，有时编者也会结合案例反映的文化主题进行点评，以引导读者对案例的理解。

（5）标杆与案例的评选与发布

标杆与案例评选作为企业文化推广活动中的一环，不仅仅是编成案例、发布出去，还要让整合活动的过程有声势，让更多的员工关注。为此，往往把标杆人物、优秀案例的评选和发布做成一场有声有色的活动，包括组织全员对标杆人物或案例进行投票，选出大家心目中的文化标杆；组织盛大的文化案例发布与颁奖大会，由获奖者亲自跟大家交流感想；设计、印制、发布《企业文化案例集》，配以精美的插图，作为文化宣传的重要载体。

（6）案例的全媒体传播

随着科技的发展，以往案例仅仅在企业内刊上刊载的时代已经过去，今天的标杆人物与案例集传播方式已经非常丰富，可以在网站、微信发布，也可以拍成短视频，在抖音等平台分享，传播形式更加丰富，信息阅读更加便捷，传播范围更加广泛。

案例5-7 柒牌的文化案例征集

福建柒牌时装科技股份有限公司（柒牌集团），创始于1979年，经过四十载发展，已成为一家集服饰研究、设计、制造、销售为一体的综合性集团，目前企业拥有员工5000多名，在全国31个省、市（自治区）设立专卖店3000多家，多年来产品销售收入、利润名列全国服装行业前十强，2019年，柒牌品牌价值达到615.78亿元，连续15年入围“中国500最具价值品牌”榜。

柒牌集团非常注重企业文化建设，为使文化更好地被全体员工接受和认可，也为了让全体员工都能积极投入和参与到文化建设中，柒牌集团开展了一场以“解码柒牌”为主题的企业文化案例征集活动。案例征集启事的开篇写道：“柒牌邀您解码，用您的慧眼，用您的表达，讲述一个人、一件事、一份情……让我们了解您心中的柒牌。您讲故事，我们来听。”

柒牌负责文化推广的干部表示，文化案例是柒牌优秀文化的凝结与再现，是柒牌优秀价值观传播的重要载体，也是柒牌重要的精神财富。柒牌要通过此次活动挖掘、整理、提炼、传承柒牌成立以来的优秀文化成果与成功经验，以突出柒牌特有的文化内涵与文化追求。

柒牌的案例征文包括六个部分：核心理念篇、经营理念篇、管理理念篇、人力资源理念篇、员工行为篇、其他篇。以“经营理念篇”为例，主要是收集能够体现柒牌经营意识的具体事例，包括体现经营活动相关的研发理念、营销理念、服务理念、生产理念等，体现柒牌与经营活动有关的价值立场和原则。而“管理理念篇”则主要收集能体现柒牌管理思想的事例，通过事例展现柒牌在实施各项机制改革、制度建设和管理模式创新等方面的成功实践；“员工行为篇”主要收集柒牌员工在服务客户（包括内部客户）、与客户沟通、为客户奉献的过程中涌现出来的真实事例，重点征集能体现柒牌在业务转型与组织升级中的故事。

案例征集面向柒牌全体员工及所有相关人员，包括全国代理商、分公司、经销商、供应商、消费者等。要求所提供事例真实、具体，把握以小见大、以事说理、以理育人、以情感人的原则，能使广大柒牌同仁对公司的发展史及企业的价值观有正确的认识，激发荣誉感、责任感。

与此同时，柒牌还对征集的案例进行评奖，获奖者将根据获奖等级被授予“柒牌文化大使”“柒牌文化使者”证书，组织参与案例征集活动出色的单位，也被授予“柒牌企业文化建设组织贡献奖”。

案例5-8　正泰集团的企业文化案例评选

正泰集团始创于1984年，以智能电气、绿色能源、智能家居、工控与自动化四大板块为主业，目前已发展成为全球工业电气与新能源的领军企业之一，制造基地分布在温州、杭州、上海、嘉兴、咸阳、济南，以及泰国、新加坡、越南、马来西亚、埃及等国家，并在欧洲、西亚非洲、拉丁美洲、北美洲、亚太、中国建立了六大国际营销中心，业务遍及140多个国家和地区，全球拥有员工超过3万名，年营业额逾800亿元。

2019年1月，正泰集团文化传播中心在温州、杭州、上海三地各园区同步开展了以“我身边的正泰人和事儿”为主题的企业文化案例征集活动颁奖仪式，为2018的文化案例征集活动画上了圆满的句号。

此次活动是围绕新时期正泰的核心价值观“以客户为中心，创新、协作、正直、谦学、担当”而策划的首期文化案例征集活动，得到了各产业公司的大力支持，活动共收到各产业公司的应征稿件近百篇，从不同侧面诠释了对新时期正泰核心价值观的理解，体现了正泰人无处不在的创业创新精神。

经过评审，活动评出了一、二、三等奖、优秀奖共11篇作品，以及1名组织奖，这些获奖作品将被编入《正泰企业文化案例精选》，成为传承正泰文化的重要参照，使广大员工学有榜样，做有标杆。文化案例评选获奖播报如下。

正泰集团2018企业文化案例征集活动获奖播报

一等奖：正泰电气股份有限公司张萍——《打造一支全新二次技术专业团队》

二等奖：浙江正泰新能源开发有限公司胡华友——《“领跑者”投标的那段时光，我们不孤单》；浙江正泰中自控制工程有限公司成梦——《“樊专家”养成记》

三等奖：正泰电气股份有限公司黄远航——《客户的需求就是我们的目标》；正泰电气股份有限公司黄翠——《这位“厉害角色”不一般》；浙江正泰中自控制工程有限公司麻会会——《用工匠精神做好每一个项目》

优秀奖：浙江正泰电器股份有限公司黄俊捷——《李维的小“迷弟”》；浙江正泰仪器仪表有限责任公司李国武——《我身边的正泰人——记奋战在质量第一线的全体进厂检验员》；浙江正泰仪器仪表有限责任公司胡晓俊——《做好服务，活成真正正泰人》；浙江正泰新能源开发有限公司汤俊——《守望蓝天，和光伏一同飞翔》；正泰电气股份有限公司张晓波——《一线相连》

组织奖：浙江正泰中自控制工程有限公司

集团党委副书记、集团办副主任及各产业公司相关领导出席并为获奖者颁奖。

集团党委副书记对获奖者表示祝贺，并表示，企业文化是企业发展和进步的动力，正泰文化的独特性和与时俱进为企业发展注入了源源不断的内生动力，保障了企业的持续健康发展，获奖者要继续发挥标杆榜样作用，以身作则，用行动影响身边人。

集团办公室副主任表示，经过30多年的发展和积淀，正泰迈入发展新时期，在传承正泰文化基因的基础上提炼了新的企业文化体系“以客户为中心，创新、协作、正直、谦学、担当”，希望在新文化理念的引导下，通过开展形式丰富多样的企业文化活动，为员工搭建一个相互交流学习的平台，营造积极践行核心价值观、见贤思齐的企业文化氛围。在优秀文化动力的驱使下，令企业和员工共同朝着既定的目标坚实前行。

获奖者和代表领导纷纷表示，在正泰发展的新时期，此次文化案例征集活动来得恰逢其时。通过这次活动，员工更深入地了解了新时期正泰文化的内涵，也让新文化深入人心，融入日常工作。

三、企业文化案例的编写技巧

企业文化案例，就是要通过生动活泼的语言，对企业中发生的、与企业文化所倡导的方向一致的人物和事迹进行详细描写。在案例集的编写过程中，并不需要编纂者具有多好的文学功底。案例故事的价值，首先在于它的可读性、对读者的吸引力以及故事本身所隐含的感染力，而这些的基础首先在于选题。

1. 企业文化案例的选题

根据内容不同，企业文化案例故事可分为：企业创业及发展历程、公司经营变革与重要历史事件背后的故事、与企业核心理念相关的事例和人物，等等。在故事采集中，通常也会围绕企业文化理念、员工行为规范等方面的内容进行素材搜集。

企业文化理念体系所包含的内容，就是文化案例征集的范围，也是文化故事写作的核心，凡是企业生产经营中倡导的、推崇的思想、行为，都可纳入故事的采集范围。一般来说，案例故事应尽可能包含企业文化的各个方面，展现企业的整体风貌。从组织层级上，要尽量涵盖企业各层级，如总部机关、各分子公司、各职能部门、基层单位等；从业务环节上，要尽量包含企业运营的各个关键环节，如生产经营、市场营销、科研创新、安装服务，等等。

案例5-9　　关键时刻，信赖全球通

2002年10月6日上午8时45分，一艘载有128名中国游客的越南籍游船从越南海防驶向芒街时，因为船长驾驶失误，在越南下龙湾偏离航道2000米后触礁。茫茫海面上，触礁船的船尾翘向空中，随着潮水的上涨，触礁船不停摇晃，沉船随时可能发生，百名游客的生命危在旦夕。令人不可思议的是，船上竟无任何求救设备，在所有游客感到绝望时，只有北京游客梁先生的全球通手机有微弱信号，危急时刻，大家依靠"全球通"与外界取得了联系。经多方救助，5个多小时后，128名乘客全部获救。在整个遇险、援救过程中，这部中国移动的"全球通"国际漫游手机成了128名游客与外界联系的唯一手段。

10月10下午，梁先生应邀来到北京移动通信有限责任公司，沙跃家总经理向梁先生颁发了全球通俱乐部钻石卡和会员证书，并赠送了一部Motorola手机，并代表北京移动承担了全球通手机向外界呼救产生的全部漫游话费。

沙总说："作为移动通信运营商，为客户提供关怀与帮助，为客户创造更大价值是我们不懈的追求，保证客户随时随地能与外界保持联系是我们的职责和义务。移动电话的价值就在于客户最需要的时候能够打通。128位同胞能够化险为夷、转危为安的事实充分证明了这一点，如果没有移动服务，'泰坦尼克号'的悲剧或许就会在我们身上重演。"梁先生从兜里掏出有些磨旧的手机说："我是中国移动的老客户，通过这次事件，更加坚定了我对全球通的信赖。关键时刻，还是全球通！"

点评：建设优质全面的网络，提供随时、随地、随意的沟通服务，是中国移动始终不渝的追求，有了中国移动，让遥远山村随时可以连接外面的世界，让出险海域从此变得祥和安全。

资料来源：网络资料。

2. 企业文化案例的架构

由于企业文化案例的篇幅有限（一般500~1000字），要在很少的文字范围内叙述一个完整的故事，还要栩栩如生，把道理说清楚，没有一个清晰严谨的逻辑显然很难做到。在此，为大家介绍一种STAR方法，使用它，可以使案例故事简洁明了、逻辑清晰又不失生动。

所谓STAR方法，就是要按照S–T–A–R四个环节进行故事的素材收集、梳理与架构。

①S：Situation，情景。也就是要对案例发生的原因、背景进行描述，包括故事发生的时间、地点、起因，当时所处的局面，面临怎样的环境。

②T：Target，目标。案例出现或发生后，需要完成的任务和达成的目标是什么。

③A：Action，行动。即行为主体所开展的具体活动，是对故事情景和细节的描述，编写时应注意把握主题鲜明、人物和事件鲜活等特点，力求逻辑清晰、关键细节交代完整、文字生动流畅，引人入胜。

④R：Result，结果。即故事的结尾，可能与目标吻合，也可能未达到目标，但案例的结果，终究是将事情的经过导向了正向的结局，是对事件发生后，所造成的最终结果的一种描述。

在案例编写中，有时还要增加对案例的点评。所谓点评，就是要点出案例的选题要点，对案例所反映的主题和内容从企业文化建设的角度进行分析，使故事主题更加突出，给读者以启发并引起共鸣，这是对案例故事的总结和升华。

案例5-10　用心照亮每一天

今年夏天雨水偏多，蚊子比往年多了一倍还多，泰来县电业局城镇所员工高文海今天上班的时候脸上出现了很多“红包”，同事见到他都要笑问一句：“哎呀，你被蚊子打劫了啊？”他一笑说：“昨晚儿抢修去了，我这咬得还算轻的呢！”话音刚落，马昌义、张伟、潘晓军、郭文波都顶着“一脸包”走进了办公室，这下大家伙可不依了，忙着问他们是怎么回事儿。

原来，昨天下午正在值班的高文海接到了一个抢修电话，电话是龙阳嘉苑小区开发商打来的，说原本为小区内供电的高压电缆刚刚被工人用钩机挖断了，情况非常危险。身为配电班班长的高文海马上就向生产所长潘晓军汇报了情况，随后立即组织配电班5名抢修队员，在3分钟内备齐抢修器械，开车前往事发地点，与潘晓军汇合。到达现场之后，高文海与马昌义查看了现场，断开了该小区的真空断路器，迅速做好了安全接地保护装置。鉴于该小区的供电电缆已被挖断，尽快恢复供电的唯一办法就是再做电缆接头。高文海向开发商说明了抢修办法，并要求其立即置备电料器材以及做电缆接头的工具。

等到设备运达的时候，天已黑了下来，为了给现场施工提供照明条件，竖起了4只强光电瓶灯，抢修队员分头做着电缆接头的准备工作。炎炎夏日，夜晚没有一丝凉风，蚊子们都不约而同地来到了这4只电瓶灯前，将在电坑内外作业的高文海他们团团包围，开展了强力“攻势”，而抢修队员们此刻正挥汗如雨，哪里顾得上它们！

经过四个多小时的奋战，小区高压电缆重新连接，恢复了正常供电。再看高文海等五名队员，衣服早已湿透，绝缘靴里都能倒出水来，再看他们脸上，“红包”遍布，早已没有了之前的模样。

了解了前一晚的“人蚊大战”，有个女同事拿出了花露水和风油精，“给，为了咱们电业局的荣誉拼命点是好的，但也得好好治治这些包，别把客户都给吓跑了啊。”

点评：“统一公司品牌”，就是要打造统一的“国家电网”品牌，将优秀的企业品质转化为强大的社会影响力与感召力，高文海等5名抢修人员，用自己的行动诠释了什么是“敬业”，什么是“奉献”，他们的行为必将成为广大电力职工效仿的榜样和动力，将泰来县电业局的优质服务永久贯彻下去。

3. 企业文化案例的写作

作为一种特殊的文体，企业文化案例故事承载着传播企业文化理念的重要使命，因此，在写作手法上既要注重故事的真实性，也要考虑到故事的文学性与可读性，要能够感动读者，引发思考。

首先，案例故事就是要通过企业里发生的真实的人和事达到树立标杆典型、传播文化理念的目的，因此，案例写作首先要尊重事实，也就是说，企业文化案例中的故事必须是实实在在发生的真人真事，而且其时间、地点、过程、结果等关键因素都必须真实。

其次，在尊重事实的同时，也要顾及案例故事的“故事”性。在现实生活中我们经常会发现，同样的人和事，有些人讲起来感觉平淡无奇、索然无味，而有些人却能讲得眉飞色舞，活灵活现，让人仿佛置身其中。这就是企业文化故事与其他文体的最大区别——它除了要尊重客观事实之外，还要通过一个“会讲故事的人”，把事情讲得生动感人。因此，在案例故事的编写中，一定要将感情色彩贯穿到整个描述过程中，通过比喻、夸张等修辞手法，增加故事的可读性与感染力。

案例5-11　一个久违的拥抱

“亲爱的爸爸，在矿井下工作已经十几年了，为了我们这个家你差不多将所有精力都投入到矿井中了。若站在客观的角度上来讲，我希望你能更好地工作，可是若是站在私人角度上来说的话，我多希望您能抽空来陪陪我，哪怕是陪我打会儿球，陪我和妈妈一起去逛公园，哪怕……”刚上井的跃进煤矿综采队队长仝分庭拿着儿子给他写的信，哽咽地读着。此时的他已经跟班十几个小时了。

说起自己的儿子，仝队滔滔不绝：“我有两个儿子，老大今年上高中，老二今年初中，学习和生活都没有让我操过心。但我对两个孩子有愧疚，因为工作的关系，我们不能像正常的父子那样去郊游，去打球，有时候好不容易有时间了，孩子又没空了。”说完后，仝队开始用笑声来掩饰自己的尴尬。

“您最近一次陪孩子是什么时候啊？”笔者好奇地问。

“这个嘛，我已经记不起来了，有好几年了，小时候我连抱孩子的次数都是有数的。不怕你们笑话，我自己除了知道孩子上几年级外，我连孩子的班级都不知道。哎，作为一名责任人，每天穿梭于轰隆的设备间、紧张而有序的检修现场、热火朝天的生产现场，安全过程是否可控、有无事故隐患等都是我要关心的问题。对家庭孩子我是有亏欠的，以后我要想办法给孩子们慢慢补上。”说到这里，全队的眼角有些湿润了。

采访后的第二天，全队给笔者发了一个视频，视频上一个慈祥的父亲在送自己的儿子上学，儿子刚上车时，父亲叫住了他，并给了他一个个大大的拥抱，儿子的反应有些慢半拍，随后手也缓缓地抱住了父亲。这个久违的拥抱或许在孩子的内心深处是那么的重要。

上车前，孩子拍了拍父亲的肩膀，这一拍，或许更多的是对父亲的理解和支持吧！

点评：一个久违拥抱的背后是千千万万个煤矿工人生活的真实写照，他们把煤矿安全放在首位，牺牲家庭生活，为我们的安全生产保驾护航。

第六章

企业管理大纲的创制

1990 年 4 月 4 日，第七届全国人民代表大会第三次会议通过《中华人民共和国香港特别行政区基本法》，自 1997 年 7 月 1 日起正式实施。《香港基本法》按照“一国两制”的原则确立了香港回归之后的政治、军事、社会管理等各个方面的基本原则，为保持香港的长期稳定与繁荣奠定了最根本的法律保障。

1995 年，快速发展中的中国企业华为同样在经历着自身发展过程中的重大节点，在这个时点上，企业家任正非带领高管团队，在外部专家智囊的参与和协助下，历经两年时间，编制了一套适用于华为未来发展的管理大纲，称为《华为基本法》。

以此为开端，企业基本法、企业宪章、企业管理大纲、企业之道、企业管理纲领等管理大纲类文件，开始成为中国企业中介于企业文化、经营法则、管控体系之间的一种顶层设计，逐步得到企业界的接受、认可乃至追捧。

为便于大家理解，以下我们以“基本法”代称以上各类管理大纲类文件。

第一节　基本法的概念及起源

一、企业基本法的概念

企业基本法，又称行动纲领、企业宪章、管理纲要等，是阐明企业存在价值，指明企业生存与发展所遵循的决策立场、处事原则与行为方式的纲领性文件。

从某种意义上说，基本法就是企业的宪法。它不仅探究了制度设计层面的问题，更是探讨了企业成功背后的基本动因与人文逻辑，并使得这种动因和逻辑显性化、机制化、可倡导、可传承。

首先，基本法是对企业既往成功经验的系统总结、提炼与深化。反思以往的成功经验与失败教训，并将反思的结果作为一种可复制、可再生的资源投入到企业未来的经营发展中去，是基本法编制的重要目的之一。

其次，基本法是对企业未来的超前探索。从这种意义上说，基本法又是前瞻性的，致力于研究和探索企业未来成功的源泉是什么？应如何重新积聚和配置资源，在新的起点上进一步扩大成功的规模，提高成功的可能性？每一个人眼中都有一幅未来的图画，基本法将其聚焦，使得未来更加清晰、可信，像一条纽带把过去、现在与未来连结起来。

第三，基本法是面向利益相关者的庄重契约，是对员工、顾客、社会做出的郑重承诺。这种承诺是在没有任何压力的前提下自愿做出的，并以企业内部宪章的形式予以固化，不仅停留在纸面，而且存在于每一位管理者和员工的心中，是一份庄重的心理契约，未来将以实际行动来践行。

第四，基本法是一种文化方向的引导，基本法的开篇即企业的愿景、使命与价值观，通过对上述理念的深入讨论，让全体管理者和员工认识到企业存在的意义与责任，认识到企业未来要去的方向，认识到在这条奔向未来的大道上，需要秉持何种价值理念与精神，以及哪些是企业真正的同路人，从而自觉地调整自己的思维与行为方式，努力与企业的要求相符合。

二、企业基本法产生的背景

1995年，发展中的华为意识到业务快速发展与企业管理思想、管理体系之间的脱节，开始《华为基本法》的研究工作，开创了中国企业基本法管理的先河。在时代的背景下，越来越多的企业选择通过基本法的编制统一思想，凝聚共识，究其原因，源于改革开放之后中国企业快速发展的历史背景。

背景之一：经过改革开放的二十年，在20世纪末，国内部分企业已经形成了相当的业务规模与人员规模，而管理体系的建设还没有同步，这就必然出现思想分歧、管理混乱、人员流动等各种问题，创业者本人已经无法控制这样的局面，甚至自己也陷入了盲目自信或迷茫的状态，由此而倒下的企业，可以说数不胜数。在这样的背景下，理性思考企业过去的成功经验，明确企业的愿景、价值观，实现全体员工的求同存异、力出一孔，就成为了企业的现实需求。

背景之二：20世纪创业起步的民营企业，在21世纪之初、特别是2010年前后，普遍进入权力交接阶段，老一辈创业者即将退出，新的掌门人及其团队尚未成熟，在这样的背景下，期望企业基业长青、成为“百年老店”，就成为了越来越多企业的迫切需求。而纵观全球的百年企业，通用、惠普、波音、IBM等，都有自己鲜明的价值观与文化理念，因此，在创始人逐步退出经营的大背景下，如何使得创业家、创始团队的成功基因可复制、可传承、可持续，使得已经形成的家业规模能够保持和延续，也就成为上述企业首要关注的问题。

背景之三：职业化改革所带来的文化差异。自改革开放以来四十多年，很多企业都经历了几个变革时期，企业内部也形成了不同的群体：有创业团队，有职业经理人，还有企业家的兄弟姐妹、子孙儿女；有的接受的是传统教育，有的在海外留学回来；有的一直在这家企业，从小的时候做起，没有看过外边的世界，而有的则游历天下，阅尽繁华；有的是纯粹的技术男，而有的则是地地道道的金融女；有的是60后，有的是00后。由于各自的年龄阅历、成长背景、工作经历、对于企业的感情、从业目标等各不相同，在企业的日常经营管理中就难免产生分歧，有些分歧已经或将会影响到企业的生存和发展。在这样的情况下，把做事的原则、分配的逻辑等说明白，不失为解决问题的一种方法。

背景之四：近年来，受移动互联网、新经济的驱动，新创企业的发展异常迅速。十来年前刚刚起步的企业，几十个人起家，目前已经是千亿市值、十万人规模的巨型企业，这样的例子并不少见。在这一过程中，企业并非慢慢成长，规模增长与经验积累同步，而是先有规模且迅速膨胀，这时，既有的经验、方法和认知不足以支撑对未来业务发展的判断，而任何管理工具和方法也不可能一下建成，这时，就需要先把企业的顶层架构搭起来，把企业的定位、愿景、价值观提出来，把事业发展、运营管理、组织管理方面的核心逻辑树立起来，统一思想，边发展边完成系统建设工作，这时，基本法承上启下的作用也就凸显出来了。

三、基本法对企业的作用

针对以上问题和困惑，企业基本法应运而生，它主要回答了三个问题：第一，企业既往获得成功的关键是什么？第二，既往的成功是否能够保证企业持续成功？第三，未来企业要获得更大的成功，还需要什么？由此可见，基本法对企业的作用主要体现在总结提炼、明确方向、规范路径、树立标准这四个方面，我们形象地把这四个作用总结为“线”“针”“尺”“镜”。

（1）线：串联珍珠的丝线

基本法对企业历史上的经验与教训进行总结，使得零散的理念、经验、实践经由基本法这一条线串联起来；同时，对企业的愿景、使命、价值观、做事原则、行为规范等进行系统的梳理与清晰的描述，使得企业在意识形态层面真正实现了知行合一。

（2）针：指南针

基本法对于企业的文化建设、事业选择、业务拓展、经营管理、人才培养等诸多方面都给出了清晰、明确的方向，犹如指南针，对企业的经营与发展起到指示、指引的作用。

（3）尺：标尺

基本法中所提出的事业发展原则、管控思想、价值链管理原则、组织人事原则、价值分配原则等，将成为未来企业开展各项经营管理活动与管理体系建设的绳墨和标尺，对依法行事、科学决策、公平回报等将起到重要的参照系作用。

（4）镜：正身镜

作为汇集了企业普遍认同的事业理念、管理理念、人才理念与价值分配理念的基本法，自然也将成为各级管理者与员工检视自身行为、检视各项经营管理活动是否符合企业要求的镜子，成为开展自我评判与自我审视、判断是非与善恶的标准。

案例6-1　亚马逊的“14条军规”

以地球上孕育最多种生物的河流命名的亚马逊，是美国最大的网络电子商务公司，也是全球最早开始经营电子商务的公司之一，位于华盛顿州的西雅图。亚马逊成立于1995年，开始只经营书籍销售业务，逐渐扩展到范围广泛的其他产品，目前已是全球商品品种最多的网上零售商与全球第二大互联网企业，公司旗下还有AlexaInternet、a9、lab126、和互联网电影数据库（Internet Movie Database，IMDB）等子公司。2018年7月19日，《财富》世界500强排行榜发布，亚马逊位列第18位；2019年度全球最具价值100大品牌榜，亚马逊位列第3位；2020年3月发布的《2020年全球最具价值品牌500强报告》中，亚马逊居于榜首。

亚马逊是史上销售额达到1000亿美元最快的公司，并且从不停止向新领域的探索，亚马逊的创始人杰夫·贝索斯（Jeff Bezos）总是把尝试和失败与增长和成功联系在一起。在过去的20年里，贝索斯每年都会给股东们写一封信，提供一个“显而易见”的路线图，帮助他们了解亚马逊是如何发展的。亚马逊的专家分析这些信件，提炼了令亚马逊取得成功的14条关键原则，称为“14条领导力准则”或“14条军规”。

每一位新进入亚马逊的员工，都被要求学习公司的“14条领导力准则”，这14条准则会被印在卡片上发给员工并进行考核。无论这一过程被称为“洗脑”还是“企业文化教育”，对每一位员工来说，这些准则绝非听听而已，而是必须严格遵循的“天条”，要努力贯穿于工作之中。“14条领导力准则”如下。

1. Customer Obsession 顾客至上：努力成为“最以客户为中心”的公司，从客户方方面面入手，再反向推动工作。

2. Ownership 主人翁精神：作为主人翁，要从长远考虑，不应为短期业绩而牺牲长期价值，绝不会说“那不是我的工作”。

3. Invent and Simplify 创新简化：期望并要求自己的团队进行创新和发明，并始终寻求使工作简化的方法。

4. Are Right，A Lot 决策正确：拥有卓越的业务判断能力和敏锐的直觉，并寻求多样化的视角挑战自己的观念。

5. Learn and Be Curious 好奇求知：对各种可能性充满好奇并付诸行动，加以探索。

6. Hire and Develop the Best 选贤育能：不断提升招聘和任用员工的能力，找到优秀的人才并帮助他们创建职业发展机会。

7. Insist on the Highest Standards 最高标准：要有近乎严苛的高标准——这些标准在很多人看来可能高得不可理喻。领导者只有不断提高标准，才能激励团队提供优质的产品、服务和流程。

8. Think Big 远见卓识：要大胆提出并阐明大局观，从不同角度考虑问题，并广泛寻找服务客户的方式。

9. Bias for Action 崇尚行动：速度对业务的影响至关重要，很多决策和行动都可以改变，不需要进行过于广泛的推敲，提倡在深思熟虑的前提下大胆行动。

10. Frugality 勤俭节约：力争以更少的投入实现更大的产出。勤俭节约可以让我们开动脑筋、自给自足并不断创新。

11. Earn Trust 赢得信任：坦诚沟通，敢于自我批评，即便这样做会令自己尴尬或难堪。

12. Dive Deep 刨根问底：深入各个环节，随时掌控细节，经常进行自我评估与审核。

13. Have Backbone；Disagree and Commit 敢于谏言，服从大局：必须不卑不亢地质疑无法苟同的决策，不会为了保持一团和气而屈就妥协，哪怕这样做让人心烦和筋疲力尽。一旦做出决定，就全身心地致力于实现目标。

14. Deliver Results 达成业绩：关注业务的关键决定条件，确保工作质量并及时完成，即使遭受挫折也从不气馁。

这 14 条准则，被用来对抗侵蚀大企业的隐形力量——官僚主义、肆意挥霍、缺乏严谨，是确保亚马逊健康运行以及持续成功的重要法宝。

第二节 基本法的精神价值及其应用现状

一、基本法的精神价值

关于基本法的精神价值，业界有一个相对全面的说法，从五个方面进行诠释，即，基本法是使命宣言、价值立场、法则体系、心理契约、共同愿景。

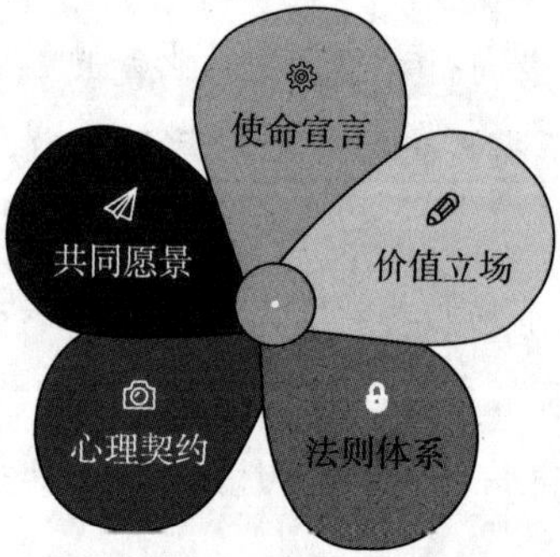

图 6-1 基本法的精神价值

（1）使命宣言

一个企业能否存续和发展下去，关键看这个企业存在的价值，即它能够为社会和利益相关者做出何种贡献。而企业基本法中最核心的内容就是要阐明：我的企业是谁？我的事业是什么？我如何处理与社会、股东、客户、员工、合作伙伴的关系？这些问题的回答，就如同一个人在面向公众阐述自己的使命。

（2）价值立场

有一首歌唱得好，“世间自有公道，付出总有回报”。这首歌唱出了作者的“价值立场”：每一份成功没有白白获得的，背后都需要辛勤努力。基本法所做的事跟这首歌一样，要把企业内在的、具有生命力的价值立场呼唤出来，予以系统阐述，让组织成员去认知、认同、遵守。

（3）法则体系

基本法中有大量的有关企业经营与发展的政策和原则的描述，这些政策和原则是企业在创业、发展、扩张过程中经由经验和教训而总结出来的，是历代企业人共同创造的、实践中的真知灼见，通过基本法的建设，可以去粗取精、去伪存真，将上述基本经验提炼出来，按照新的发展环境、行业环境、战略要求进行评估、修正、完善、提升，并加以明确化、规则化、法制化，使过去有意无意地遵循变成常态化的按法则办事。

（4）心理契约

支配人们思想、观念与行为的是心理契约与经济利益。没有经济利益的心理契约是空洞的，没有心理契约的经济追求必然走向短视、博弈与内耗。基本法就是要把企业与员工之间的隐形契约关系说清楚：你要创造怎样的价值，企业会给予你怎样的回报，其核心，也就是所谓“价值创造－价值评价－价值分配”的逻辑。有了这份心理契约，无论制度流程是否能够覆盖，员工都会有明确的自我要求并按照这样的要求去做事，而企业也将按照契约，给予这些员工以公正、合理的回报，“不让雷锋吃亏”，两者的互动将进一步强化心理契约的效用及其价值。

（5）共同愿景

所谓共同愿景，就是大家都愿意获得的某种结果或达成的某种状态，并且大家都明白：这种状态对个人意味着什么。这种共同愿景，开始可能只是某个组织成员的想法和感受，随着共同的经历与磨难，这种个别人的感觉逐渐强化起来并传递出去，成为共同愿景。共同愿景一定是发自内心的，具有强烈的内在冲动与外在感召力的。而基本法所做的事，就是把企业的共同愿景用文字的形式表述出来，感召后来者，使之成为同路人，正如《第五项修炼》的作者彼得·圣吉所说：“在人类群体活动中，很少有像共同愿景那样具有强大的力量，使人难以抗拒，难以放弃。”

二、企业基本法应用现状

事实上，不仅国内企业，国外企业也有应用“基本法”的先例。

①丰田之道，是丰田汽车在发展壮大的过程中形成的、独特的经营理念与价值观体系，包含挑战、改善、现地现物、尊重、团队合作五个部分，支持了丰田的发展与成功，至今仍在应用。

②惠普之道（HP Way），由惠普公司创始人之一戴维·帕卡德提出，是一套结合公司价值观、宗旨、发展规划与具体实践的独特的经营管理之道，并整理汇总在1995年出版的《惠普之道》一书中，为社会各界所关注。

在我国，包括华为在内，相当多的企业根据自身的发展需要开展了企业基本法的研究和编制工作，其中不乏新奥、海亮、迈普等民企集团，也包括华侨城、江淮汽车、中石化催化剂等国有企业，甚至包括很多合资企业，如东风日产乘用车，等等。

企业基本法，帮助企业家及其管理团队完成了对企业发展历史与成功经验的系统思考，完成了对于未来发展空间与经营发展模式的科学规划，完成了对于精神与价值观层面的顶层设计，并将上述思考落实到决策机制、管控原则、人力资源政策与产业链协同体系，帮助企业解决了“做正确的事”与“正确地做事”两个方面的问题，由此也使得实施基本法建设的企业在经营管理方面取得了显著的效果。

①华为。自1995年开始编制《华为基本法》，1996年正式定位为“管理大纲”，历时两年，八易其稿，终于在1998年3月完成。这期间，华为也经历了销售额14亿元到89亿元、人员从800人到8000人的快速增长。今天的华为，业务已经遍及170多个国家和地区，服务30多亿人口，拥有员工18.8万人，2018年的销售额为7212亿元，其中海外业务占比接近50%。

②东风日产乘用车。东风日产乘用车自2005年4月开始《东风日产行动纲领》的编制工作，通过对100多个问题的梳理与诊断，剖析了中日双方团队在价值观与企业运营管理方面的原则性差异，提出“超越文化、融

合文化”的全新理念，历经一年的反复讨论、十一易其稿，形成《东风日产行动纲领》，以中、日、英三国文字面向全社会发布。全面导入《行动纲领》之后，企业在连续三年亏损的背景下业绩一跃而起，相继拿下2005、2006年的年度车型大奖，在乘用车领域的排名由十名左右进入前三，在东风日产全系中，乘用车的收入贡献直逼95%。

③华侨城集团。自1998年开始编制《华侨城宪章》，至2000年1月完成。《华侨城宪章》是第一部国有企业制定的管理基本法，是华侨城集团的根本大法。期间，华侨城集团营业收入从1998年的1.68亿到2018的千亿规模，短短20年间发生了天翻地覆的变化。

④江淮汽车。江淮汽车自2006年开始编制《江淮汽车JAC宪章》，同年5月27日颁布，并在2011年、2014年根据企业内外环境变化进行了两次修订。期间，江淮汽车完成了从一家传统制造企业向学习型组织的进化与演变过程，其营业收入从2006年的108亿，发展到2016年的530亿。

⑤海亮集团。作为浙江省第二大民营企业集团，为了打造百年基业，自2017年7月份开始《海亮之道》的研究与编制工作，2018年2月9日，在“新时代、新格局、新作为”2018年海亮大会上，海亮集团全体领导集体启动了《海亮之道》的颁布仪式。《海亮之道》从企业文化、党建工作、事业发展、社会关系准则、组织发展、运营控制、人才管理等方面为海亮集团的可持续发展指明了方向，与同期发布的《海亮企业文化纲要》共同被称为海亮的“两大管理法宝”。2019年8月22日，全国工商联发布的“2019中国民营企业500强”榜单上，海亮集团位列第25位，并于当年首次跻身世界500强，向百年卓越企业的方向再进一步。

⑥中国石化催化剂公司。作为中石化的全资子公司、专业的催化剂研发与制造企业，催化剂公司整合了原中石化旗下分属多个炼化企业的十余家催化剂企业，在新的历史时期，如何实现新平台的统合综效、协同运营、创新进取，是催化剂公司面对的现实问题。自2019年7月份开始，催化剂公司组织专班，开始《催化剂管理纲领》的编制，《催化剂管理纲领》共八章，涉及党组织建设、战略发展、组织管控、研发管理、生产管理、营销管理、采购供应、HSSE管理、财务管理、审计内控、信息化、人力资源管

理等12个维度，至2020年初步完成并颁布。《管理纲领》的制定过程，也是各级管理者统一认识，明确管理提升方向的过程;《管理纲领》正在成为企业完善和细化管控模式与管理程序的重要参考依据。

第三节　基本法的结构与内容

一、企业基本法的内容分析

企业基本法究竟应包含哪些内容？我们对国内公开的各家企业的基本法进行了比较研究，研究结果显示：

①企业核心文化理念、发展战略、组织发展原则、人力资源基本政策、社会关系准则这五个方面，是企业基本法的“标配”，各家企业都有论述。

②由于企业性质、发展阶段以及所面临问题的不同，也会导致不同企业在基本法结构中选择不同的模块，如经营策略、价值分配、干部与领导力、接班人与基本法修改，等等。

表 6-1　　　　典型企业基本法内容框架对照表

基本法内容	迈普通信	东风日产	新奥集团	海亮集团	华侨城	江淮汽车	中国石化催化剂
企业理念（愿景、使命、价值观）	√	√	√	√	√	√	√
价值分配	√				√	√	
公司成长（发展战略）	√	√	√	√	√	√	√
基本经营政策	√	√	√			√	√
组织发展原则	√	√	√	√	√	√	√
人力资源基本政策	√	√	√	√	√	√	√
企业的控制政策	√	√		√	√	√	√
干部与领导力				√		√	√
社会关系准则	√	√	√	√	√	√	√
接班人与基本法修改		√		√			

二、构建企业基本法的“蜂巢模型”

基于多年经验与研究，我们提出了企业基本法构建的“蜂巢模型”，“蜂巢模型”的六个维度分别代表了管理大纲通常应回答的问题或应涉及的内容。各部分的内容如下。

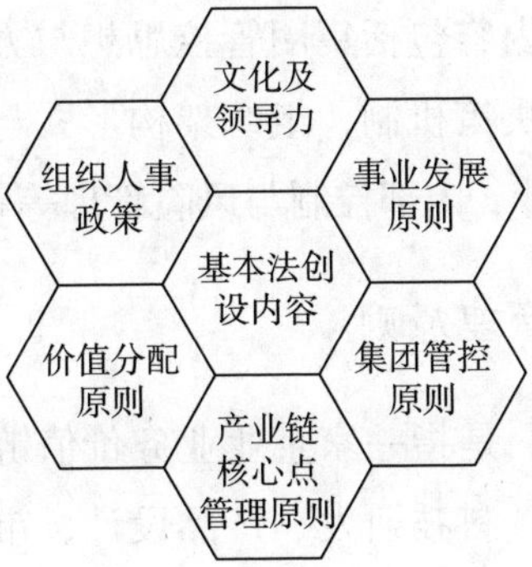

图 6-2　创设企业基本法的“蜂巢模型”

1. 文化及领导力

此部分是基本法的顶层设计，包括企业的核心文化理念，如，愿景、使命、核心价值观等，这是企业向外宣示的价值主张。同时，对内来看，企业核心人才尤其是干部的选择与评价标准是什么，也可以说“领导力”模型是怎样的，这个问题对于企业同等重要。将核心文化理念与领导力并列，置于蜂巢最显著的位置，体现了这两大体系对于整个企业基本法的统领作用。

2. 事业发展原则

在企业愿景与使命的引领下，事业发展原则对企业的发展理念做出进一步的原则性阐释，包括产业定位、产业领域、业务组织、产业扩张模式与原则等。通过明确发展理念，统一员工特别是管理层的思想，实现对企业发展方向、发展模式、发展路线与发展原则的共识，在“去哪里”（方向和目标）的问题上首先取得一致。

3. 集团管控原则

对于大型企业来说，从单体企业成长为集团公司或类集团公司是发展壮大过程中的必经之路，但也确有大批企业因为这一步没有走好而几经沉浮。因此，确立集团管控的基本原则，建立适度的集分权模式，促进内部协同效应与规模效应的发挥，努力减少与避免内耗，是大型企业高效运转的关键。通常，此部分内容包括集团管控思想与方针，公司治理体系的建立与运作，决策模式与决策机制，组织架构形式与各层级功能定位，分级授权体制，管理岗位设计，内部控制与风险管理等等。

4. 产业链核心点管理原则

所谓产业链核心点，是指一家企业业务价值链体系中的关键环节，如一家大型装备制造企业，科技研发、产品设计、市场营销、生产制造、物流供应链、客户服务就是这家企业价值链上的核心点，企业如何运营这条价值链，以及在链条的核心点上秉持怎样的原则。如，如何看待客户，如何看待质量，如何看待成本，如何看待服务等。这些问题，既是企业文化在生产经营各环节的体现，又是企业在实际运营中所秉持的、在多年经营中所积淀下来的基因，反过来又对企业文化形成支撑。

5. 价值分配原则

员工因价值而与企业走到一起，连价值分配问题都不能说清楚、解决好的企业，文化必是一纸空谈。所谓价值分配原则，就是要说清楚，企业的价值分配包括哪些内容，分配的依据和逻辑是什么，与分配相关的价值评价环节如何设计和执行，从而彻底打通“价值创造–价值评价–价值分配”的全部环节，让价值分配公开、公平、公正、透明并由此建立起企业与员工之间的共生、共享与互信机制。

6. 组织人事政策

所谓组织人事政策，包括企业对人的看法，人才管理的基本原则，以及在此基础上建立起来的组织与人事管理方面的基本标准与程序，这些标准及程序涵盖人才引进、人才培养与发展、人才任用、人才保留与激励、干部领导力标准与领导力开发、梯队与接班人队伍建设、道德品质高压线等组织人事管理价值链的每一个关键环节。

案例6-2　惠普之道

一、惠普与惠普之道（*The HP Way*）的由来

惠普（HP）是全球最大的信息科技（IT）公司之一，成立于1939年，总部位于美国加利福尼亚州帕洛阿尔托市。惠普下设三大业务集团：信息产品集团、打印及成像系统集团和企业计算机专业服务集团。在2018《财富》世界500强排行榜中，惠普位列190位。

1957年惠普公司上市，就在这一年，休利特和帕卡德确立了一系列的公司宗旨和价值观。最初的宗旨共有6个（利润、顾客、业务领域、发展、职工和公民义务），其基本核心是“客户第一，重视个人，争取利润”。这些宗旨后来经过多次修改，并制定许多具体规划和实施办法。惠普公司的创始人之一——戴维·帕卡德（David Packard）在1995年出版了一本书，书名叫《惠普之道》（*The HP Way*），在这本书中，帕卡德将惠普的价值观、公司宗旨、战略规划与具体做法等结合在一起，形成了一套独特的经营管理理念，称为“惠普之道”（The HP Way）。

“惠普之道”是人本主义导向，就是尊重每个人和承认他们每个人的成就。这对“科学管理”发展做出了增量贡献。

戴维·帕卡德曾说过：“任何组织，当他们共同工作了一段时日，就会发展出一种哲学，一套价值观，一系列传统与习惯，将之综合起来，就是这个组织的特性。”比尔·休利特以通俗精练的语言提出了自己的管理哲学：“只要企业提供合适的环境，相信员工必然全力以赴。”他指出，企业管理有“变化与不变化”的双重要素，不变的是追求卓越的精神及目标，变化的是为企业创造合适环境的做法。这便是“惠普之道”。可以说，“惠普之道”是惠普能够持续成功的源泉，也是这么

多年使惠普能够不断超越自我的根本原因，“惠普之道”就是惠普的核心竞争能力。

二、《惠普之道》的核心内容

“惠普之道”的主要内容，概括起来有以下七个方面。

1. 依靠利润进行发展

惠普将赢利作为第一目标，产品销售采取现购现付方式，不予赊销，通过为顾客提供优质产品和服务而不是降低价格来扩大市场份额，将大部分利润用于再投资，再加上职工购买股票的资金和其他现金收入，作为企业发展所需资金，而不是依赖于长期贷款。

2. 致力于创新

惠普一直在开发真正代表技术进步的产品并致力于领会顾客的潜在需求，自创立以来，惠普生产了数以千计的革新产品。1966 年，公司建立了惠普实验室，作为公司的中央研究机构，进一步推进创新的开展。

3. 倾听顾客的声音

在惠普，以顾客为中心的思想首先表现在基于客户的现实需求提出新的产品思路与技术，以及在此基础上开发有用、有效产品。公司要求营销人员与顾客密切合作，用最恰当有效的办法解决他们的问题，从而提高惠普产品与服务的价值。

4. 对人的信任

惠普聘用最优秀的人才，强调密切配合的重要性，鼓励员工树立必胜的信心，这是企业内在凝聚力与创造力的源泉。惠普认为，一个组织要实现最大限度的效率和成功，其必要条件是：挑选最能干的人负责组织内部的每一项任务。

5. 组织的扩张

在迅速扩展的公司里，组织结构必须频繁变动以适应市场变化的需要。20 世纪 60 年代，惠普公司通过兼并取得了迅速的扩展。随着公司规模的扩大，以及向多样化方向的发展，为避免机构臃肿，企业采取分散经营策略，建立了一系列的事业部，明确各自的目标和责任，每个事业部独立负责自己的产品开发、制造与销售，效率大大提高。

6. 目标管理

惠普的“目标管理”（MBO）与传统的控制论方法相反，是这样一套体系：通过明确提出总目标并取得一致意见，使人们灵活地、以他们认为最为适宜的方式实现上述目标，是一种分散管理的哲学，自由企业制度的精髓。

7. 社会责任

惠普认为，公司有责任履行一个好的集体公民的义务，包括对公司的职工、顾客、供应商和整个社会负有重要责任，而不仅是为股东赚取利润。

在激光打印机的王国里有这样一个神话——“惠普现象”。惠普在中国激光打印机市场上“一枝独秀”的局面已持续多年，近年来，虽然有联想、方正、实达等国内厂商及Lexmark、Xerox、Epson、Canon等国际强手奋力冲击中国激打市场，但都没有从根本上撼动惠普在市场上的垄断地位，其市场占有率一直居高不下。在激光打印机这样一个相对成熟稳定、竞争激烈的市场里，惠普一家的市场占有率居然达到了50%以上，比第二名足足高出5倍。这在其他行业几乎是一件无法想象的事情。在性能、耗材和价格方面都没有明显优势的惠普打印机如何能占有如此大的市场份额？

“我们并没有什么秘密，惠普只是在企业的管理流程中，及时把握市场变化，时时刻刻为用户着想，踏踏实实地做事，并不断超越自己，培养了惠普打印独特的核心竞争力。简单说，就是依据以市场（用户）需求为中心制定一切策略的营销理念，不断创新技术和产品。”中国惠普市场总监高建华道出个中秘籍，“这个秘密是公开的，大家都理解，但行动才最重要。我们不仅做了，可能比别人做得更细腻、更好一点。”

“客户第一，重视个人，争取利润”，惠普文化的核心观念就这样被惠普的员工在每天的工作中体现出来，变成了惠普公司的行为方式和特点，并最终形成了惠普独特的核心竞争力，创造了打印机的惠普神话。

正如惠普官网所写：“我们的愿景是创造出能让所有人随时随地享受

更优质生活的技术，惠及全世界每个人、每个组织、每个社区。这一愿景激励、鼓舞着我们竭尽所能、尽职尽责，创造不息、革新不止，打造出令人叫绝的美好体验。我们不会停止进步，因为您不会止步不前。您正在彻底转变自己的工作方式。不论您如何享受、如何生活，借助我们的技术，您的世界将变得令人耳目一新。这就是我们的使命。革新，永无止境。”

案例6-3　《华为基本法》全文

第一章　公司的宗旨

一、核心价值观

（追求）

第一条　华为的追求是在电子信息领域实现顾客的梦想，并依靠点点滴滴、锲而不舍的艰苦追求，使我们成为世界级领先企业。

为了使华为成为世界一流的设备供应商，我们将永不进入信息服务业。通过无依赖的市场压力传递，使内部机制永远处于激活状态。

（员工）

第二条　认真负责和管理有效的员工是华为最大的财富。尊重知识、尊重个性、集体奋斗和不迁就有功的员工，是我们事业可持续成长的内在要求。

（技术）

第三条　广泛吸收世界电子信息领域的最新研究成果，虚心向国内外优秀企业学习，在独立自主的基础上，开放合作地发展领先的核心技术体系，用我们卓越的产品自立于世界通信列强之林。

（精神）

第四条　爱祖国、爱人民、爱事业和爱生活是我们凝聚力的源泉。责任意识、创新精神、敬业精神与团结合作精神是我们企业文化的精髓。实事求是是我们行为的准则。

（利益）

第五条　华为主张在顾客、员工与合作者之间结成利益共同体。努力探索按生产要素分配的内部动力机制。我们决不让雷锋吃亏，奉献者定当得到合理的回报。

（文化）

第六条　资源是会枯竭的，唯有文化才会生生不息。一切工业产品都是人类智慧创造的。华为没有可以依存的自然资源，唯有在人的头脑中挖掘出大油田、大森林、大煤矿……。精神是可以转化成物质的，物质文明有利于巩固精神文明。我们坚持以精神文明促进物质文明的方针。

这里的文化，不仅仅包含知识、技术、管理、情操……，也包含了一切促进生产力发展的无形因素。

（社会责任）

第七条　华为以产业报国和科教兴国为己任，以公司的发展为所在社区作出贡献。为伟大祖国的繁荣昌盛，为中华民族的振兴，为自己和家人的幸福而不懈努力。

二、基本目标

（质量）

第八条　我们的目标是以优异的产品、可靠的质量、优越的终生效能费用比和有效的服务，满足顾客日益增长的需要。

质量是我们的自尊心。

（人力资本）

第九条　我们强调人力资本不断增值的目标优先于财务资本增值的目标。

（核心技术）

第十条　我们的目标是发展拥有自主知识产权的世界领先的电子和信息技术支撑体系。

（利润）

第十一条　我们将按照我们的事业可持续成长的要求，设立每个时期的合理的利润率和利润目标，而不单纯追求利润的最大化。

三、公司的成长

（成长领域）

第十二条　我们进入新的成长领域，应当有利于提升公司的核心技术水平，有利于发挥公司资源的综合优势，有利于带动公司的整体扩张。顺应技术发展的大趋势，顺应市场变化的大趋势，顺应社会发展的大趋势，就能使我们避免大的风险。

只有当我们看准了时机和有了新的构想，确信能够在该领域中对顾客作出与众不同的贡献时，才进入市场广阔的相关新领域。

（成长的牵引）

第十三条　机会、人才、技术和产品是公司成长的主要牵引力。这四种力量之间存在着相互作用。机会牵引人才，人才牵引技术，技术牵引产品，产品牵引更多更大的机会。加大这四种力量的牵引力度，促进它们之间的良性循环，就会加快公司的成长。

（成长速度）

第十四条　我们追求在一定利润率水平上的成长的最大化。我们必须达到和保持高于行业平均的增长速度和行业中主要竞争对手的增长速度，以增强公司的活力，吸引最优秀的人才，和实现公司各种经营资源的最佳配置。在电子信息产业中，要么成为领先者，要么被淘汰，没有第三条路可走。

（成长管理）

第十五条　我们不单纯追求规模上的扩展，而是要使自己变得更优秀。因此，高层领导必须警惕长期高速增长有可能给公司组织造成的脆弱和隐藏的缺点，必须对成长进行有效的管理。在促进公司迅速成为一个大规模企业的同时，必须以更大的管理努力，促使公司更加灵活和更为有效。始终保持造势与做实的协调发展。

四、价值的分配

（价值创造）

第十六条　我们认为，劳动、知识、企业家和资本创造了公司的全部价值。

（知识资本化）

第十七条　我们是用转化为资本这种形式，使劳动、知识以及企业家的管理和风险的累积贡献得到体现和报偿；利用股权的安排，形成公司的中坚力量和保持对公司的有效控制，使公司可持续成长。知识资本化与适应技术和社会变化的有活力的产权制度，是我们不断探索的方向。

我们实行员工持股制度。一方面，普惠认同华为的模范员工，结成公司与员工的利益与命运共同体。另一方面，将不断地使最有责任心与才能的人进入公司的中坚层。

（价值分配形式）

第十八条　华为可分配的价值，主要为组织权力和经济利益；其分配形式是：机会、职权、工资、奖金、安全退休金、医疗保障、股权、红利，以及其他人事待遇。我们实行按劳分配与按资分配相结合的分配方式。

（价值分配原则）

第十九条　效率优先，兼顾公平，可持续发展，是我们价值分配的基本原则。

按劳分配的依据是：能力、责任、贡献和工作态度。按劳分配要充分拉开差距，分配曲线要保持连续和不出现拐点。股权分配的依据是：可持续性贡献、突出才能、品德和所承担的风险。股权分配要向核心层和中坚层倾斜，股权结构要保持动态合理性。按劳分配与按资分配的比例要适当，分配数量和分配比例的增减应以公司的可持续发展为原则。

（价值分配的合理性）

第二十条　我们遵循价值规律，坚持实事求是，在公司内部引入外部市场压力和公平竞争机制，建立公正客观的价值评价体系并不断改进，以使价值分配制度基本合理。衡量价值分配合理性的最终标准，是公司的竞争力和成就，以及全体员工的士气和对公司的归属意识。

第二章　基本经营政策

一、经营重心

（经营方向）

第二十一条　我们中短期经营方向集中在通信产品的技术与质量上，重点突破、系统领先，摆脱在低层次市场上角逐的被动局面，同时发展相关信息产品。公司优先选择资源共享的项目，产品或事业领域多元化紧紧围绕资源共享展开，不进行其他有诱惑力的项目，避免分散有限的力量及资金。

我们过去的成功说明，只有大市场才能孵化大企业。选择大市场仍然是我们今后产业选择的基本原则。但是，成功并不总是一位引导我们走向未来的可靠向导。我们要严格控制进入新的领域。

对规划外的小项目，我们鼓励员工的内部创业活动，并将拨出一定的资源，支持员工把出色的创意转化为顾客需要的产品。

（经营模式）

第二十二条　我们的经营模式是，抓住机遇，靠研究开发的高投入获得产品技术和性能价格比的领先优势，通过大规模的席卷式的市场营销，在最短的时间里形成正反馈的良性循环，充分获取“机会窗”的超额利润。不断优化成熟产品，驾驭市场上的价格竞争，扩大和巩固在战略市场上的主导地位。我们将按照这一经营模式的要求建立我们的组织结构和人才队伍，不断提高公司的整体运作能力。

在设计中构建技术、质量、成本和服务优势，是我们竞争力的基础。日本产品的低成本，德国产品的稳定性，美国产品的先进性，是我们赶超的基准。

（资源配置）

第二十三条　我们坚持“压强原则”，在成功关键因素和选定的战略生长点上，以超过主要竞争对手的强度配置资源，要么不做，要做，就极大地集中人力、物力和财力，实现重点突破。

在资源的分配上，应努力消除资源合理配置与有效利用的障碍。我们认识到对人、财、物这三种关键资源的分配，首先是对优秀人才的分配。我们的方针是使最优秀的人拥有充分的职权和必要的资源去实现分派给他们的任务。

（战略联盟）

第二十四条　我们重视广泛的对等合作和建立战略伙伴关系，积极探索在互利基础上的多种外部合作形式。

（服务网络）

第二十五条　华为向顾客提供产品的终生服务承诺。

我们要建立完善的服务网络，向顾客提供专业化和标准化的服务。顾客的利益所在，就是我们生存与发展的最根本的利益所在。

我们要以服务来定队伍建设的宗旨，以顾客满意度作为衡量一切工作的准绳。

二、研究与开发

（研究开发政策）

第二十六条　顾客价值观的演变趋势引导着我们的产品方向。

我们的产品开发遵循在自主开发的基础上广泛开放合作的原则。在选择研究开发项目时，敢于打破常规，走别人没有走过的路。我们要善于利用有节制的混沌状态，寻求对未知领域研究的突破；要完善竞争性的理性选择程序，确保开发过程的成功。

我们保证按销售额的10%拨付研发经费，有必要且可能时还将加大拨付的比例。

（研究开发系统）

第二十七条　我们要建立互相平行、符合大公司战略的三大研究系统，即产品发展战略规划研究系统，产品研究开发系统，以及产品中间试验系统。随着公司的发展，我们还会在国内外具有人才和资源优势的地区，建立分支研究机构。

在相关的基础技术领域中，不断地按“窄频带、高振幅”的要求，培养一批基础技术尖子。在产品开发方面，培养一批跨领域的系统集成带头人。把基础技术研究作为研究开发人员循环流程的一个环节。

没有基础技术研究的深度，就没有系统集成的高水准；没有市场和系统集成的牵引，基础技术研究就会偏离正确的方向。

（中间试验）

第二十八条　我们十分重视新产品、新器件和新工艺的品质论证及测试方法研究。要建立一个装备精良、测试手段先进、由众多“宽频带、高振幅”的优秀工程专家组成的产品中间试验中心。为了使我们中间试验的人才和装备水平居世界领先地位，我们在全世界只建立一个这样的大型中心。要经过集中的严格筛选过滤新产品和新器件，通过不断的品质论证提高产品的可靠性，持续不断地进行容差设计试验和改进工艺降低产品成本，加快技术开发成果的商品化进程。

三、市场营销

（市场地位）

第二十九条　华为的市场定位是业界最佳设备供应商。

市场地位是市场营销的核心目标。我们不满足于总体销售额的增长，我们必须清楚公司的每一种主导产品的市场份额是多大，应该达到多大。特别是新产品、新兴市场的市场份额和销售份额更为重要。品牌、营销网络、服务和市场份额是支撑市场地位的关键要素。

（市场拓展）

第三十条　战略市场的争夺和具有巨大潜力的市场的开发，是市场营销的重点。我们既要抓住新兴产品市场的快速渗透和扩展，也要奋力推进成熟产品在传统市场与新兴市场上的扩张，形成绝对优势的市场地位。

作为网络设备供应商，市场战略的要点是获取竞争优势，控制市场主导权的关键。市场拓展是公司的一种整体运作，我们要通过影响每个员工的切身利益传递市场压力，不断提高公司整体响应能力。

（营销网络）

第三十一条　营销系统的构架是按对象建立销售系统，按产品建立行销系统，形成矩阵覆盖的营销网络。

（营销队伍建设）

第三十二条　我们重视培育一支高素质的、具有团队精神的销售工程师与营销管理者队伍，重视发现和培养战略营销管理人才和国际营销人才。

我们要以长远目标来建设营销队伍，以共同的事业、责任、荣誉来激励和驱动。

（资源共享）

第三十三条　市场变化的随机性、市场布局的分散性和公司产品的多样性，要求前方营销队伍必须得到及时强大的综合支援，要求我们必须能够迅速调度和组织大量资源抢夺市场先机和形成局部优势。因此营销部门必须采取灵活的运作方式，通过事先策划与现场求助，实现资源的动态最优配置与共享。

四、生产方式

（生产战略）

第三十四条　我们的生产战略是在超大规模销售的基础上建立敏捷生产体系。因地制宜地采用世界上先进的制造技术和管理方法，坚持永无止境的改进，不断提高质量，降低成本，缩短交货期和增强制造柔性，使公司的制造水平和生产管理水平达到世界级大公司的基准。

（生产布局）

第三十五条　顺应公司事业领域多元化和经营地域国际化的趋势，我们将按照规模经济原则、比较成本原则和贴近顾客原则，集中制造关键基础部件和分散组装最终产品，在全国和世界范围内合理规划生产布局，优化供应链。

五、理财与投资

（筹资战略）

第三十六条　我们努力使筹资方式多样化，继续稳健地推行负债经营。开辟资金来源，控制资金成本，加快资金周转，逐步形成支撑公司长期发展需求的筹资合作关系，确保公司战略规划的实现。

（投资战略）

第三十七条　我们中短期的投资战略仍坚持产品投资为主，以期最大限度地集中资源，迅速增强公司的技术实力、市场地位和管理能力。我们在制定重大投资决策时，不一定追逐今天的高利润项目，同时要关注有巨大潜力的新兴市场和新产品的成长机会。我们不从事任何分散公司资源和高层管理精力的非相关多元化经营。

（资本经营）

第三十八条　我们在产品领域经营成功的基础上探索资本经营，利用产权机制更大规模地调动资源。实践表明，实现这种转变取决于我们的技术实力、营销实力、管理实力和时机。外延的扩张依赖于内涵的做实，机会的捕捉取决于事先的准备。

资本知识化是加速资本经营良性循环的关键。我们在进行资本扩充时，重点要选择那些有技术、有市场，以及与我们有互补性的战略伙伴，其次才是金融资本。

资本经营和外部扩张，应当有利于潜力的增长，有利于效益的增长，有利于公司组织和文化的统一性。公司的上市应当有利于巩固我们已经形成的价值分配制度的基础。

第三章　基本组织政策

一、基本原则

（组织建立的方针）

第三十九条　华为组织的建立和健全，必须：

1. 有利于强化责任，确保公司目标和战略的实现。
2. 有利于简化流程，快速响应顾客的需求和市场的变化。
3. 有利于提高协作的效率，降低管理成本。
4. 有利于信息的交流，促进创新和优秀人才的脱颖而出。
5. 有利于培养未来的领袖人才，使公司可持续成长。

（组织结构的建立原则）

第四十条　华为将始终是一个整体。这要求我们在任何涉及华为标识的合作形式中保持控制权。

战略决定结构是我们建立公司组织的基本原则。具有战略意义的关键业务和新事业生长点，应当在组织上有一个明确的负责单位，这些部门是公司组织的基本构成要素。

组织结构的演变不应当是一种自发的过程，其发展具有阶段性。组织结构在一定时期内的相对稳定，是稳定政策、稳定干部队伍和提高管理水平的条件，是提高效率和效果的保证。

（职务的设立原则）

第四十一条 管理职务设立的依据是对职能和业务流程的合理分工，并以实现组织目标所必须从事的一项经常性工作为基础。职务的范围应设计得足够大，以强化责任、减少协调和提高任职的挑战性与成就感。

设立职务的权限应集中。对设立职务的目的、工作范围、隶属关系、职责和职权，以及任职资格应作出明确规定。

（管理者的职责）

第四十二条 管理者的基本职责是依据公司的宗旨主动和负责地开展工作，使公司富有前途，工作富有成效，员工富有成就。管理者履行这三项基本职责的程度，决定了他的权威与合法性被下属接受的程度。

（组织的扩张）

第四十三条 组织的成长和经营的多元化必然要求向外扩张。组织的扩张要抓住机遇，而我们能否抓住机遇和组织能够扩张到什么程度，取决于公司的干部队伍素质和管理控制能力。当依靠组织的扩张不能有效地提高组织的效率和效果时，公司将放缓对外扩张的步伐，转而致力于组织管理能力的提高。

二、组织结构

（基本组织结构）

第四十四条 公司的基本组织结构将是一种二维结构：按战略性事业划分的事业部和按地区划分的地区公司。事业部在公司规定的经营范围内承担开发、生产、销售和用户服务的职责；地区公司在公司规定的区域市场内有效利用公司的资源开展经营。事业部和地区公司均为利润中心，承担实际利润责任。

（主体结构）

第四十五条　职能专业化原则是建立管理部门的基本原则。对于以提高效率和加强控制为主要目标的业务活动领域，一般也应按此原则划分部门。

公司的管理资源、研究资源、中试资源、认证资源、生产管理资源、市场资源、财政资源、人力资源和信息资源……是公司的公共资源。为了提高公共资源的效率，必须进行审计。按职能专业化原则组织相应的部门，形成公司组织结构的主体。

（事业部）

第四十六条　对象专业化原则是建立新事业部门的基本原则。

事业部的划分原则可以是以下两种原则之一，即产品领域原则和工艺过程原则。按产品领域原则建立的事业部是扩张型事业部，按工艺过程原则建立的事业部是服务型事业部。

扩张型事业部是利润中心，实行集中政策，分权经营。应在控制有效的原则下，使之具备开展独立经营所需的必要职能，既充分授权，又加强监督。

对于具有相对独立的市场，经营已达到一定规模，相对独立运作更有利于扩张和强化最终成果责任的产品或业务领域，应及时选择更有利于它发展的组织形式。

（地区公司）

第四十七条　地区公司是按地区划分的、全资或由总公司控股的、具有法人资格的子公司。地区公司在规定的区域市场和事业领域内，充分运用公司分派的资源和尽量调动公司的公共资源寻求发展，对利润承担全部责任。在地区公司负责的区域市场中，总公司及各事业部不与之进行相同事业的竞争。各事业部如有拓展业务的需要，可采取会同或支持地区公司的方式进行。

（矩阵结构的演进）

第四十八条　当按职能专业化原则划分的部门与按对象专业化原则划分的部门交叉运作时，就在组织上形成了矩阵结构。

公司组织的矩阵结构，是一个不断适应战略和环境变化，从原有的平衡到不平衡，再到新的平衡的动态演进过程。不打破原有的平衡，就不能抓住机会，快速发展；不建立新的平衡，就会给公司组织运作造成长期的不确定性，削弱责任建立的基础。

为了在矩阵结构下维护统一指挥原则和责权对等原则，减少组织上的不确定性和提高组织的效率，我们必须在以下几方面加强管理的力度：

1. 建立有效的高层管理组织。
2. 实行充分授权，加强监督。
3. 加强计划的统一性和权威性。
4. 完善考核体系。
5. 培育团队精神。

（求助网络）

第四十九条　我们要在公司的纵向等级结构中适当地引入横向和逆向的网络动作方式，以激活整个组织，最大限度地利用和共享资源。我们既要确保正向直线职能系统制定和实施决策的政令畅通，又要对逆向和横向的求助系统作出及时灵活的响应，使最贴近顾客，最先觉察到变化和机会的高度负责的基层主管和员工，能够及时得到组织的支援，为组织目标作出与众不同的贡献。

（组织的层次）

第五十条　我们的基本方针是减少组织的层次，以提高组织的灵活性。减少组织层次一方面要减少部门的层次，另一方面要减少职位的层次。

三、高层管理组织

（高层管理组织）

第五十一条　高层管理组织的基本结构为三部分：公司执行委员会、高层管理委员会与公司职能部门。

公司的高层管理委员会有：战略规划委员会，人力资源委员会，财经管理委员会。

（高层管理职责）

第五十二条　公司执行委员会负责确定公司未来的使命、战略与目标，对公司重大问题进行决策，确保公司可持续成长。

高层管理委员会是由资深人员组成的咨询机构。负责拟制战略规划和基本政策，审议预算和重大投资项目，以及审核规划、基本政策和预算的执行结果。审议结果由总裁办公会议批准执行。

公司职能部门代表公司总裁对公司公共资源进行管理，对各事业部、子公司、业务部门进行指导和监控。公司职能部门应归口设立，以尽量避免多头领导现象。

高层管理任务应以项目形式予以落实。高层管理项目完成后，形成具体工作和制度，并入某职能部门的职责。

（决策制度）

第五十三条　我们遵循民主决策，权威管理的原则。

高层重大决策需经高层管理委员会充分讨论。决策的依据是公司的宗旨、目标和基本政策；决策的原则是，从贤不从众。真理往往掌握在少数人手里，要造成一种环境，让不同意见存在和发表。一经形成决议，就要实行权威管理。

高层委员会集体决策以及部门首长负责制下的办公会议制度，是实行高层民主决策的重要措施。我们的方针是，放开高层民主，使智慧充分发挥；强化基层执行，使责任落在实处。

各部门首长隶属于各个专业委员会，这些委员会议事而不管事，对形成的决议有监督权，以防止一长制中的片面性。各部门首长的日常管理决策，应遵循部门首长办公会确定的原则，对决策后果承担个人责任。各级首长办公会的讨论结果，以会议纪要的方式向上级呈报。报告上必须有三分之二以上的正式成员签名，报告中要特别注明讨论过程中的不同意见。

公司总裁有最后的决策权，在行使这项权力时，要充分听取意见。

（高层管理者行为准则）

第五十四条 高层管理者应当做到：

1. 保持强烈的进取精神和忧患意识。对公司的未来和重大经营决策承担个人风险。

2. 坚持公司利益高于部门利益和个人利益。

3. 倾听不同意见，团结一切可以团结的人。

4. 加强政治品格的训练与道德品质的修养，廉洁自律。

5. 不断学习。

第四章 基本人力资源政策

一、人力资源管理准则

（基本目的）

第五十五条 华为的可持续成长，从根本上靠的是组织建设和文化建设。因此，人力资源管理的基本目的，是建立一支宏大的高素质、高境界和高度团结的队伍，以及创造一种自我激励、自我约束和促进优秀人才脱颖而出的机制，为公司的快速成长和高效运作提供保障。

（基本准则）

第五十六条 华为全体员工无论职位高低，在人格上都是平等的。人力资源管理的基本准则是公正、公平和公开。

（公正）

第五十七条 共同的价值观是我们对员工作出公平评价的准则；对每个员工提出明确的挑战性目标与任务，是我们对员工的绩效改进作出公正评价的依据；员工在完成本职工作中表现出的能力和潜力，是比学历更重要的评价能力的公正标准。

（公平）

第五十八条 华为奉行效率优先，兼顾公平的原则。我们鼓励每个员工在真诚合作与责任承诺基础上，展开竞争；并为员工的发展，提供公平的机会与条件。每个员工应依靠自身的努力与才干，争取公司提供的机会；依靠工作和自学提高自身的素质与能力；依靠创造性地完成和改进本职工作满足自己的成就愿望。我们从根本上否定评价与价值分配上的短视、攀比与平均主义。

（公开）

第五十九条　我们认为遵循公开原则是保障人力资源管理的公正和公平的必要条件。公司重要政策与制度的制定，均要充分征求意见与协商。抑侥幸，明褒贬，提高制度执行上的透明度。我们从根本上否定无政府、无组织、无纪律的个人主义行为。

（人力资源管理体制）

第六十条　我们不搞终身雇佣制，但这不等于不能终身在华为工作。我们主张自由雇佣制，但不脱离中国的实际。

（内部劳动力市场）

第六十一条　我们通过建立内部劳动力市场，在人力资源管理中引入竞争和选择机制。通过内部劳动力市场和外部劳动力市场的置换，促进优秀人才的脱颖而出，实现人力资源的合理配置和激活沉淀层。并使人适合于职务，使职务适合于人。

（人力资源管理责任者）

第六十二条　人力资源管理不只是人力资源管理部门的工作，而且是全体管理者的职责。各部门管理者有责任记录、指导、支持、激励与合理评价下属人员的工作，负有帮助下属人员成长的责任。下属人员才干的发挥与对优秀人才的举荐，是决定管理者的升迁与人事待遇的重要因素。

二、员工的义务和权利

（员工的义务）

第六十三条　我们鼓励员工对公司目标与本职工作的主人翁意识与行为。

每个员工主要通过干好本职工作为公司目标做贡献。员工应努力扩大职务视野，深入领会公司目标对自己的要求，养成为他人作贡献的思维方式，提高协作水平与技巧。另一方面，员工应遵守职责间的制约关系，避免越俎代庖，有节制地暴露因职责不清所掩盖的管理漏洞与问题。

员工有义务实事求是地越级报告被掩盖的管理中的弊端与错误。允许员工在紧急情况下便宜行事，为公司把握机会，躲避风险，以及减轻灾情作贡献。但是，在这种情况下，越级报告者或便宜行事者，必须对自己的行为及其后果承担责任。

员工必须保守公司的秘密。

（员工的权利）

第六十四条　每个员工都拥有以下基本权利，即咨询权、建议权、申诉权与保留意见权。

员工在确保工作或业务顺利开展的前提下，有权利向上司提出咨询，上司有责任作出合理的解释与说明。

员工对改善经营与管理工作具有合理化建议权。

员工有权对认为不公正的处理，向直接上司的上司提出申诉。申诉必须实事求是，以书面形式提出，不得影响本职工作或干扰组织的正常运作。各级主管对下属员工的申诉，都必须尽早予以明确的答复。

员工有权保留自己的意见，但不能因此影响工作。上司不得因下属保留自己的不同意见而对其歧视。

三、考核与评价

（基本假设）

第六十五条　华为员工考评体系的建立依据下述假设：

1. 华为绝大多数员工是愿意负责和愿意合作的，是高度自尊和有强烈成就欲望的。

2. 金无足赤，人无完人；优点突出的人往往缺点也很明显。

3. 工作态度和工作能力应当体现在工作绩效的改进上。

4. 失败铺就成功，但重犯同样的错误是不应该的。

5. 员工未能达到考评标准要求，也有管理者的责任。员工的成绩就是管理者的成绩。

（考评方式）

第六十六条　建立客观公正的价值评价体系是华为人力资源管理的长期任务。

员工和干部的考评，是按明确的目标和要求，对每个员工和干部的工作绩效、工作态度与工作能力的一种例行性的考核与评价。工作绩效的考评侧重在绩效的改进上，宜细不宜粗；工作态度和工作能力的考评侧重在长期表现上，宜粗不宜细。考评结果要建立记录，考评要素随公司不同时期的成长要求应有所侧重。

在各层上下级主管之间要建立定期述职制度。各级主管与下属之间都必须实现良好的沟通，以加强相互的理解和信任。沟通将列入对各级主管的考评。

员工和干部的考评实行纵横交互的全方位考评。同时，被考评者有申诉的权利。

四、人力资源管理的主要规范

（招聘与录用）

第六十七条　华为依靠自己的宗旨和文化，成就与机会，以及政策和待遇，吸引和招揽天下一流人才。我们在招聘和录用中，注重人的素质、潜能、品格、学历和经验。按照双向选择的原则，在人才使用、培养与发展上，提供客观且对等的承诺。

我们将根据公司在不同时期的战略和目标，确定合理的人才结构。

（解聘与辞退）

第六十八条　我们利用内部劳动力市场的竞争与淘汰机制，建立例行的员工解聘和辞退程序。对违反公司纪律和因牟取私利而给公司造成严重损害的员工，根据有关制度强行辞退。

（报酬与待遇）

第六十九条　我们在报酬与待遇上，坚定不移向优秀员工倾斜。

工资分配实行基于能力主义的职能工资制；奖金的分配与部门和个人的绩效改进挂钩；安全退休金等福利的分配，依据工作态度的考评结果；医疗保险按贡献大小，对高级管理和资深专业人员与一般员工实行差别待遇，高级管理和资深专业人员除享受医疗保险外，还享受医疗保健等健康待遇。

我们不会牺牲公司的长期利益去满足员工短期利益分配的最大化，但是公司保证在经济景气时期与事业发展良好阶段，员工的人均年收入高于区域行业相应的最高水平。

（自动降薪）

第七十条 公司在经济不景气时期，以及事业成长暂时受挫阶段，或根据事业发展需要，启用自动降薪制度，避免过度裁员与人才流失，确保公司渡过难关。

（晋升与降格）

第七十一条 每个员工通过努力工作，以及在工作中增长的才干，都可能获得职务或任职资格的晋升。与此相对应，保留职务上的公平竞争机制，坚决推行能上能下的干部制度。公司遵循人才成长规律，依据客观公正的考评结果，让最有责任心的明白人担负重要的责任。我们不拘泥于资历与级别，按公司组织目标与事业机会的要求，依据制度性甄别程序，对有突出才干和突出贡献者实施破格晋升。但是，我们提倡循序渐进。

（职务轮换与专长培养）

第七十二条 我们对中高级主管实行职务轮换政策。没有周边工作经验的人，不能担任部门主管。没有基层工作经验的人，不能担任科以上干部。我们对基层主管、专业人员和操作人员实行岗位相对固定的政策，提倡爱一行，干一行；干一行，专一行。爱一行的基础是要通得过录用考试，已上岗的员工继续爱一行的条件是要经受岗位考核的筛选。

（人力资源开发与培训）

第七十三条 我们将持续的人力资源开发作为实现人力资源增值目标的重要条件。实行在职培训与脱产培训相结合，自我开发与教育开发相结合的开发形式。

为了评价人力资源开发的效果，要建立人力资源开发投入产出评价体系。

第五章 基本控制政策

一、管理控制方针

（方针）

第七十四条 通过建立健全管理控制系统和必要的制度，确保公司战略、政策和文化的统一性。在此基础上对各级主管充分授权，造成一种既有目标牵引和利益驱动，又有程序可依和制度保证的活跃、高效和稳定的局面。

（目标）

第七十五条　公司管理控制系统进一步完善的中短期目标是：建立健全预算控制体系、成本控制体系、质量管理和保证体系、业务流程体系、审计监控体系、文档体系以及项目管理系统，对关系公司生存与发展的重要领域，实行有效的控制，建立起大公司的规范运作模式。

（原则）

第七十六条　公司的管理控制遵循下述原则：

分层原则。管理控制必须分层实施，越级和越权控制将破坏管理控制赖以建立的责任基础。

例外原则。凡具有重复性质的例常工作，都应制订出规则和程序，授权下级处理。上级主要控制例外事件。

分类控制原则。针对部门和任务的性质，实行分类控制。对高中层经营管理部门实行目标责任制的考绩控制；对基层作业部门实行计量责任制的定额控制；对职能和行政管理部门实行任务责任制的考事控制。

成果导向原则。管理控制系统对部门绩效的考核，应促使部门主管能够按公司整体利益最大化的要求进行决策。

公司坚决主张强化管理控制。同时也认识到，偏离预算（或标准）的行动未必一定是错误的；单纯奖励节约开支的办法不一定是一种好办法。公司鼓励员工和部门主管在管理控制系统不完善的地方，在环境和条件发生了变化的时候，按公司宗旨和目标的要求，主动采取积极负责的行动。

经过周密策划，共同研究，在实施过程中受到挫折，应得到鼓励，发生的失败不应受到指责。

（持续改进）

第七十七条　部门和员工绩效考核的重点是绩效改进。

公司的战略目标和顾客满意度是建立绩效改进考核指标体系的两个

基本出发点。在对战略目标层层分解的基础上确定公司各部门的目标，在对顾客满意度节节展开的基础上，确定流程各环节和岗位的目标。绩效改进考核指标体系应起到牵引作用，使每个部门和每个员工的改进努力朝向共同的方向。

绩效改进考核指标必须是可度量的和重点突出的。指标水平应当是递进的和具有挑战性的。只要我们持续地改进，就会无穷地逼近高质量、低成本和高效率的理想目标。

二、质量管理和质量保证体系

（质量形成）

第七十八条 优越的性能和可靠的质量是产品竞争力的关键。我们认为质量形成于产品寿命周期的全过程，包括研究设计、中试、制造、分销、服务和使用的全过程。因此，必须使产品寿命周期全过程中影响产品质量的各种因素，始终处于受控状态；必须实行全流程的、全员参加的全面质量管理，使公司有能力持续提供符合质量标准和顾客满意的产品。

我们的质量方针是：

1. 树立品质超群的企业形象，全心全意地为顾客服务。
2. 在产品设计中构建质量。
3. 依合同规格生产。
4. 使用合格供应商。
5. 提供安全的工作环境。
6. 质量系统符合 ISO9001 的要求。

（质量目标）

第七十九条 我们的质量目标是：

1. 技术上保持与世界潮流同步。
2. 创造性地设计、生产具有最佳性能价格比的产品。
3. 产品运行实现平均 2000 天无故障。
4. 从最细微的地方做起，充分保证顾客各方面的要求得到满足。
5. 准确无误的交货；完善的售后服务；细致的用户培训；真诚热情的订货与退货。

我们通过推行ISO9001，并定期通过国际认证复审，建立健全全公司的质量管理体系和质量保证体系，使我们的质量管理和质量保证体系与国际接轨。

三、全面预算控制

（性质与任务）

第八十条　全面预算是公司年度全部经营活动的依据，是我们驾驭外部环境的不确定性，减少决策的盲目性和随意性，提高公司整体绩效和管理水平的重要途径。

全面预算的主要任务是：

1. 统筹协调各部门的目标和活动。

2. 预计年度经营计划的财务效果和对现金流量的影响。

3. 优化资源配置。

4. 确定各责任中心的经营责任。

5. 为控制各部门的费用支出和评价各部门的绩效提供依据。

公司设立多级预算控制体系。各责任中心的一切收支都应纳入预算。

（管理职责）

第八十一条　公司级预算和决算由财经管理委员会审议，由公司总裁批准。公司级预算由财务部负责编制并监督实施和考核实施效果。各级预算的编制和修改必须按规定的程序进行。收入中心和利润中心预算的编制，应按照有利于潜力和效益增长的原则合理确定各项支出水平；成本或费用中心的预算编制，应当贯彻量入为出、厉行节约的方针。

公司以及事业部和子公司的财务部门，应定期向财经管理委员会提交预算执行情况的分析报告。根据预算目标实现程度和预算实现偏离程度，考核财务部预算编制和预算控制效果。

四、成本控制

（控制重点）

第八十二条　成本是市场竞争的关键制胜因素。成本控制应当从产品价值链的角度，权衡投入产出的综合效益，合理地确定控制策略。

应重点控制的主要成本驱动因素包括：

1. 设计成本。

2. 采购成本和外协成本。

3. 质量成本，特别是因产品质量和工作质量问题引起的维护成本。

4. 库存成本，特别是由于版本升级而造成的呆料和死料。

5. 期间费用中的浪费。

（控制机制）

第八十三条 控制成本的前提是正确地核算产品和项目的成本与费用。应当根据公司经营活动的特点，合理地分摊费用。

公司对产品成本实行目标成本控制，在产品的立项和设计中实行成本否决。目标成本的确定依据是产品的竞争性市场价格。

必须把降低成本的绩效改进指标纳入各部门的绩效考核体系，与部门主管和员工的切身利益挂钩，建立自觉降低成本的机制。

五、业务流程重整

（指导思想）

第八十四条 推行业务流程重整的目的是，更敏捷地响应顾客需求，扩大例行管理，减少例外管理，提高效率，堵塞漏洞。

业务流程重整的基本思路是，将推行ISO9001标准与业务流程重整和管理信息系统建设相结合，为公司所有经营领域的关键业务确立有效且简捷的程序和作业标准；围绕基本业务流程，理顺各种辅助业务流程的关系；在此基础上，对公司各部门和各种职位的职责准确定位，不断缩小审批数量，不断优化和缩短流程，系统地改进公司的各项管理，并使管理体系具有可移植性。

（流程管理）

第八十五条 流程管理是按业务流程标准，在纵向直线和职能管理系统授权下的一种横向的例行管理，是以目标和顾客为导向的责任人推动式管理。处于业务流程中各个岗位上的责任人，无论职位高低，行使流程规定的职权，承担流程规定的责任，遵守流程的制约规则，以下道工序为用户，确保流程运作的优质高效。

建立和健全面向流程的统计和考核指标体系，是落实最终成果责任和强化流程管理的关键。顾客满意度是建立业务流程各环节考核指标体系的核心。

提高流程管理的程序化、自动化和信息集成化水平，不断适应市场变化和公司事业拓展的要求，对原有业务流程体系进行简化和完善，是我们的长期任务。

（管理信息系统）

第八十六条　管理信息系统是公司经营运作和管理控制的支持平台和工具，旨在提高流程运作和职能控制的效率，增强企业的竞争能力，开发和利用信息资源，并有效支持管理决策。

管理信息系统的建设，坚持采用先进成熟的技术和产品，以及坚持最小化自主系统开发的原则。

六、项目管理

（必然性）

第八十七条　公司的高速增长目标和高技术企业性质，决定了必须在新技术、新产品、新市场和新领域等方面不断提出新的项目。而这些关系公司生存与发展的、具有一次性跨部门特征的项目，靠已有的职能管理系统按例行的方式管理是难以完成的，必须实行跨部门的团队运作和项目管理。因此，项目管理应与职能管理共同构成公司的基本管理方式。

（管理重点）

第八十八条　项目管理是对项目生命周期全过程的管理，是一项系统工程。项目管理应当参照国际先进的管理模式，建立一整套规范的项目管理制度。项目管理进一步改进的重点是，完善项目的立项审批和项目变更审批、预算控制、进度控制和文档建设。

对项目管理，实行日落法控制。控制项目数量以实现资源有效利用和提高组织整体运作系统。项目完成验收后，按既定程序转入例行组织管理系统。

七、审计制度

（职能）

第八十九条　公司内部审计是对公司各部门、事业部和子公司经营活动的真实性、合法性、效益性及各种内部控制制度的科学性和有效性进行审查、核实和评价的一种监控活动。

公司审计部门除了履行财务审计、项目审计、合同审计、离任审计……基本内部审计职能外，还要对计划、关键业务流程及主要管理制度等关系公司目标的重要工作进行审计，把内部审计与业务管理的进步结合起来。

（体系）

第九十条　公司实行以流程为核心的管理审计制度。在流程中设立若干监控与审计点，明确各级管理干部的监控责任，实现自动审计。

我们坚持推行和不断完善计划、统计、审计既相互独立运作，又整体闭合循环的优化再生系统。这种三角循环，贯穿每一个部门，每一个环节和每一件事。在这种众多的小循环基础上组成中循环，由足够多的中循环组成大循环。公司只有管理流程闭合，才能形成管理的反馈制约机制，不断地自我优化与净化。

通过全公司审计人员的流动，促进审计方法的传播与审计水平的提高。形成更加开放、透明的审计系统，为公司各项经营管理工作的有效进行提供服务和保障。

（权限）

第九十一条　公司审计机构的基本权限包括：

1、直接对总裁负责并报告工作，不受其他部门和个人的干涉。

2、具有履行审计职能的一切必要权限。

八、事业部的控制

（方针）

第九十二条　事业部管理方针是：

1. 有利于潜力的增长。

2. 有利于效益的增长。

3. 有利于公司组织与文化的统一性。

（绩效考核）

第九十三条　事业部是利润中心，在公司规定的经营范围内自主经营，承担扩张责任、利润责任和资产责任。

对事业部的考核指标主要为销售收入、销售收入增长率、市场份额和管理利润。考核销售指标的目的是鼓励事业部扩张；考核管理利润的目的是兼顾扩张、效益和资产责任。公司将按照对各事业部的不同发展要求，通过调节与事业部销售收入、销售收入增长率和管理利润各部分挂钩的利益分配系数，影响事业部的经营行为。

事业部的全部利润由公司根据战略和目标统一分配。

（自主权）

第九十四条　我们的方针是，只要符合事业部控制的“三个有利于”原则，就对之实行充分的授权。

事业部总经理的自主权主要包括：预算内的支出决定权和所属经营资源支配权，以及在公司统一政策指导下的经营决策权、人事决定权和利益分配权。

（控制与审计）

第九十五条　公司对事业部的控制与审计主要包括：

1. 事业部的总经理、财务总监、人力资源总监、审计总监由公司任免。

2. 依据经过批准的事业部预算对事业部的收支进行总量控制。

3. 公司统一融资，事业部对资金实行有偿占用。

4. 对现金实行集中管理，事业部对自身的现金流量平衡负责。

5. 事业部定期向公司财经管理委员会提交财务绩效报告。

6. 公司审计部对事业部履行审计职能。

（服务型事业部）

第九十六条　服务型事业部的职能是以低利方式提供内部服务，以促进整体扩张实力。内部运作实行模拟市场机制。

（联利计酬）

第九十七条　事业部实行按虚拟利润联利计酬的报酬制度。在事业部的报酬政策上，公司遵循风险和效益与报酬对等的原则。

九、危机管理

（危机意识）

第九十八条 高技术的刷新周期越来越短，所有高科技企业的前进路程充满了危机。华为公司由于成功，公司组织内部蕴含的危机也越来越多，越来越深刻。我们应该看到，公司处于危机点时既面临危机又面临机遇。危机管理的目标就是变危险为机遇，使企业越过陷阱进入新的成长阶段。

（预警与减灾）

第九十九条 公司应建立预警系统和快速反应机制，以敏感地预测和感知由竞争对手、客户、供应商及政策法规等造成的外部环境的细微但重大的变化；处理公司高层领导不测事件和产品原因造成的影响公司形象的重大突发事件。

第六章 接班人与基本法修改

（继承与发展）

第一百条 华为经年积累的管理方法和经验是公司的宝贵财富，必须继承和发展，这是各级主管的责任。只有继承，才能发展；只有量变的积累，才会产生质变。承前启后，继往开来，是我们的事业兴旺发达的基础。

（对接班人的要求）

第一百零一条 进贤与尽力是领袖与模范的区别。只有进贤和不断培养接班人的人，才能成为领袖，成为公司各级职务的接班人。

高、中级干部任职资格的最重要一条，是能否举荐和培养出合格的接班人。不能培养接班人的领导，在下一轮任期时应该主动引退。仅仅使自己优秀是不够的，还必须使自己的接班人更优秀。

我们要制度化地防止第三代、第四代及以后的公司接班人腐化、自私和得过且过。当我们的高层领导人中有人利用职权谋取私利时，就说明我们公司的干部选拔制度和管理出现了严重问题，如果只是就事论事，而不从制度上寻找根源，那我们距离死亡就已经不远了。

（接班人的产生）

第一百零二条　华为公司的接班人是在集体奋斗中从员工和各级干部中自然产生的领袖。

公司高速成长中的挑战性机会，以及公司的民主决策制度和集体奋斗文化，为领袖人才的脱颖而出创造了条件；各级委员会和各级部门首长办公会议，既是公司高层民主生活制度的具体形式，也是培养接班人的温床。要在实践中培养人、选拔人和检验人。要警惕不会做事却会处世的人受到重用。

我们要坚定不移地向第一、二代创业者学习。学习他们在思想上的艰苦奋斗精神，勇于向未知领域探索；学习他们的团队精神和坦荡的胸怀，坚持和不断完善我们公正合理的价值评价体系；学习他们强烈的进取精神和责任意识，勇于以高目标要求和鞭策自己；学习他们实事求是的精神，既具有哲学、社会学和历史学的眼界，又具有一丝不苟的工作态度。走向世界，实现我们的使命，是华为一代一代接班人矢志不渝的任务。

（基本法的修订）

第一百零三条　每十年基本法进行一次修订。修订的过程贯彻从贤不从众的原则。

在管理者、技术骨干、业务骨干、基层干部中推选出10%的员工，进行修改的论证，拟出清晰的提案。

然后从这10%的员工中，再推选20%的员工，与董事会、执行委员会一同审议修改部分的提案。并将最终的提案公布，征求广大员工意见。

最后，由董事会、执行委员会、优秀员工组成三方等额的代表进行最终审批。

《基本法》是公司宏观管理的指导原则，是处理公司发展中重大关系的对立统一的度。其目的之一是培养领袖。高、中级干部必须认真学习《基本法》，领会其精神实质，掌握其思想方法。

来源：《走出混沌》，黄卫伟等编著，人民邮电出版社1998年版。

第四节　基本法的创制过程

众所周知，基本法作品中的经典——《华为基本法》经过了多轮的研讨和修订，直到第九稿也就是最后一稿出来之后，华为创始人任正非先生说了这样一句话："基本法的使命已完成，可以锁进抽屉了。"

为什么会这样说呢？随风潜入夜，润物细无声。在起草、编写、讨论、修订的过程中，基本法的内容、观点已经经由多次的争议、共识、升华，融入参与制订者的头脑之中，从这种意义上说，基本法创设的过程，比形成的结果显得更为重要，因此，很有必要对基本法的创制过程做一专门的介绍。

一般来说，基本法的创制过程大致可分为调研与反思、框架设计、专题讨论与研究、广泛意见征询四个阶段，各阶段的工作内容如下。

一、调研与反思

这一阶段的核心工作是内外部调研、问题梳理与反思。通过战略分析、资料研究、核心人员与干部访谈座谈、外部对标等多种方式，明确战略对企业能力的要求，明确企业当前的优势与短板，明确企业编制基本法的目的与拟实现的具体目标。

1. 内部调研

基于企业历史、经营现状、未来规划三个时间维度，基于企业的前、中、后台为核心的业务链条，基于高层、中层、基层人员的三重视角，对企业进行全面、客观的评估与分析，发掘企业动力源，挖掘企业优秀基因与关键成功因素，发现经营管理问题，展望企业发展方向与发展目标，澄清阶段工作重点。结合最佳实践和相关理论，引导企业进行有关于生存和发展的系统思考。

2. 外部调研

对国际、国内政治经济环境、宏观政策与行业政策进行研究，对行业市场与发展趋势进行分析，基于关键客户、供应商、合作伙伴的视角对公司的情况进行评估，依据行业特性、发展战略、区域定位等要素选取行业内外的优秀企业进行对标分析。通过多个维度的外部调研，了解企业在行业内的地位与优劣势，验证企业自我判断的客观性，同时，通过系统对标，吸收、借鉴优秀企业的经营管理与发展理念。

3. 调研方式方法

为保证调研的专业性、客观性，通常选择专业机构协助进行。调研方式包括：内部资料收集与研读分析、内外部问卷调查、核心人员与干部访谈、员工座谈、实地现场参观考察等。在基本法的创制过程中，会存在大量的访谈、沟通、研讨工作，而这一过程，恰恰是帮助企业家及其团队完成对企业发展的系统思考的过程。

由于基本法涉及内容广泛，对企业业务链条各核心及辅助环节都有涉及，因此，通常会对企业的各项职能进行专项调研与评估，以保证调研结果能够深入、准确地反映企业经营管理中的问题，使得之后的专题讨论与研究更具有针对性，未来编制的基本法也更具有可执行性，对经营管理工作具有指导意义。

二、框架设计

这一阶段的核心工作是基于前期问题与诉求，搭建《基本法》框架。由于每家企业所面临的问题不同，需要通过基本法研究、提炼、形成并加以固化的理念和内容也必然有所不同。例如：有的管理大纲，其编制目的是要解决合资公司双方文化与工作习惯差异的问题，这样的管理大纲就应全面覆盖企业运营的主要流程环节，把每一个环节的具体做法、责任、权利等说清楚；而有的管理大纲侧重于解决人的问题，包括对人才的定义、对人才的使用、评价、激励等，这样的管理大纲就不必面面俱到，其中对人和人才管理的内容就应当作为重点进行说明。

为了使有限的资源充分发挥到问题解决中去，避免大而空、没有针对性、实用性的所谓“管理大纲”，首先应搭建一个系统、有针对性的框架，在此基础上开展的研究工作才更为高效。

依据汉哲咨询提出的“蜂巢模型”，企业基本法一般包含文化及领导力、事业发展原则、集团管控原则、产业链核心点管理原则、价值分配原则、组织人事政策六个方面。

以“蜂巢模型”为基础，结合对企业调研、分析之后所呈现的实际需求，以及对标其他企业的基本法内容，可以建立基本法框架。根据总体框架展开一级章节、二级目录、三级专题的设计。

根据企业组织架构与部门职能，划分基本法各章节的主责部门，制作《基本法内容框架与责任部门对照表》（如表6–2），以支持下一个阶段的专题讨论与研究工作。

三、专题讨论与研究

这一阶段的核心工作是依据形成的基本法框架与内部分工，分为若干个基本法专题小组，通过资料研究、对标、专题研讨会等形式，形成针对各专题的初步方案撰写。

为对基本法创制与研讨过程形成有效管理，可分别创建基本法创制小组、领导小组以及执行小组，由企业领导人、核心领导层、各部门负责人、企业核心人员及专业咨询团队组成基本法创制团队或小组（以下简称创制小组），由企业领导人领衔、相关领导及相关部门负责人组成基本法创制领导团队或小组（以下简称领导小组），由企业相关领导、相关部门负责人及咨询团队组成企业基本法创制执行团队或小组（以下简称执行小组）。

在基本法创制讨论与研究过程中，创制小组一般会组织基本法概念宣导与研讨、各专业板块宣导与研讨、各专业专题讨论与初步方案、全面意见征询与初稿形成四个轮次的讨论和研究工作。

表 6-2　企业基本法内容框架与责任部门对照表

重点内容 各部门	第一章 核心文化理念	第二章 党建工作指引	第三章 事业发展原则	第四章 社会关系准则	第五章 组织发展政策	第六章 业务管控政策	第七章 职能管控政策	第八章 人才管理政策
总经理办公室			√	√			√	
市场营销部			√	√		√		
生产管理部			√			√	√	
物资装备部						√		
安全环保部						√	√	
技术信息部						√	√	
发展计划部			√		√		√	
财务部						√	√	
人力资源部				√	√	√		√
企业管理部					√		√	√
党群工作部	√	√						
审计部			√		√	√	√	
纪检监察部		√				√		√

1. 第一轮研讨

重点是对基本法概念的宣导与培训工作，包括对创制小组成员进行企业基本法概念、起源、使用条件与应用效果的介绍，对基本法的定位与作用、包含内容、建立背景、形成过程以及基本法建设中需要大家做出的贡献、基本法对企业未来发展的意义、基本法与企业文化的关系等进行重点介绍与宣导培训，使基本法的概念首先在创制小组层面达成深度理解和共识。

2. 第二轮研讨

重点关注各专业板块的宣导与研讨。此轮研讨依据形成的基本法框架与企业内部职能分工，基于基本法框架所涉及的专业领域，召集创制小组成员进行相关理论、最佳实践以及调研发现问题的学习与研讨，使小组成员对基本法框架所涉及的专业领域有更深入的认识和理解，并在此轮研讨过程中建立创制小组成员之间的共同语言体系，为此后的方案设计夯实基础。

3. 第三轮研讨

按照责任部门分工分组，开展各专业的专题讨论，形成初步方案。此轮研讨，依据形成的基本法框架与内部分工，基于基本法框架下所涉及的专业领域，由创制小组成员开展分工、分组、分模块研讨，对基本法中涉及哪些关键原则与条文，以及具体的表述方式进行深入交流。为使研讨充分深入，不排除聘请外部专家参与，或进行多轮次研讨的可能性。在此轮深入研讨的基础上，形成基本法初步方案。

4. 第四轮研讨

全面意见征询与初稿形成。在基本法初稿的基础上，在创制小组团队内进行通篇、全面的意见征询。此轮意见征询涉及篇幅大、内容多，通常采用会议研讨加文字反馈形式进行。

在基本法的创制过程中，存在大量的访谈、沟通、研讨工作，在这个过程中，会对企业的团队产生如下影响：第一，帮助企业家完成系统思考；第二，帮助企业建构顶层设计，实现从机会导向的偶然性成功向战略导向的必然性成功的转变；第三，凝聚共识，解决企业成长动力机制问题，构建利益共同体。

四、广泛意见征询

此阶段，在完成基本法初稿的基础上，组织若干轮意见征询，形成基本法定稿。一份优秀的基本法，往往需要数以年计的时间打磨，同时，还要在实践中不断应用、完善、提升。提炼完成《基本法》并不意味着基本法建设工作的结束，而仅仅是全面应用、实践验证和提炼升华的开始。

客观地说，基本法的制订本身不复杂，最复杂、最难完成的恰恰是执行，所谓“三分制定，七分执行”，执行的效果取决于沟通和共识的过程，而达成战略共识这一步又常常被忽略。“只有参与，才有认同”——企业在基本法建设过程中，特别是在开展各种讨论和研究时，高层领导应尽可能参与，并应尽可能多地请管理人员、核心员工参与，充分发表意见和建议，利用这个过程，去启发更多人的心智，凝聚更多人的共识。

在广泛的意见征询阶段，重点在于让更多的管理者和员工参与其中并获得参与感，同时，这也是对基本法的初次推广和宣传。除传统的会议形式之外，通常也会采用信息化手段，通过互联网、企业官网、企业OA、内部论坛、企业团队交流群、小程序等多种形式开展宣传与意见征询；同期，配合企业内刊、公众号、企业LED显示屏等自媒体进行宣传跟进，以及开展有奖意见征询、意见反馈墙、团队辩论、读后感征文等不同形式的活动，丰富意见征询的方式，扩大影响力和宣传面，达到广泛征询意见与推广宣传的双重目的。

延伸阅读　　　　头脑风暴法

在企业基本法的编制过程中，经常会使用称为“头脑风暴”的讨论方法。

头脑风暴法（Brain storming）由美国BBDO广告公司的奥斯本首创，该方法由工作小组人员在正常融洽和不受任何限制的气氛中以会议形式进行讨论、座谈，打破常规，积极思考，畅所欲言，充分发表看法。

成功的头脑风暴除了在程序上的要求之外，更为关键的是探讨方式，心态上的转变。概言之，即充分的、非评价性的、无偏见的交流，具体可归纳为以下几点。

①自由畅谈：参加者不受任何条条框框限制，放松思想，让思维自由驰骋。从不同角度、不同层次、不同方位大胆地展开想象，尽可能地标新立异，与众不同，提出独创性的想法。

②延迟评判：头脑风暴，必须坚持“当场不对任何设想作出评价”的原则。既不能肯定某个设想，又不能否定某个设想，也不能对某个设想发表评论性意见。一切评价和判断都要延迟到会议结束后才进行。这样做，一方面是为了防止评判约束与会者的积极思维，破坏自由畅谈的有利气氛；另一方面有利于集中精力开发设想，避免影响创造性设想的大量产生。

③禁止批评：“绝对禁止批评”是头脑风暴法应该遵循的一个重要原则。参加头脑风暴会议的每个人都不得对别人的设想提出批评意见，因为批评对创造性思维无疑会产生抑制作用。同时，发言人的自我批评也在禁止之列。有些人习惯于用一些自谦之词，这些自我批评性质的说法同样会破坏会场气氛，影响自由畅想。

④追求数量：头脑风暴会议的目标是获得尽可能多的创意，追求数量是它的首要任务。参加会议的每个人都要抓紧时间多思考，多提设想。至于设想的质量问题可留到会后的处理阶段去解决。在某种意义上，设想的质量和数量密切相关，产生的设想越多，其中的创造性设想就可能越多。

头脑风暴的基本操作程序可以分为三阶段，准备阶段、自由发言阶段、专家质疑阶段。

1. 准备阶段

①确定会议负责人，制定所要研究的议题；

②敲定参会人员，8 ~ 12人最好（以跨部门的专家组最佳），选择会议时间、场所，准备会议资料，通知参会人员；

③头脑风暴不易上来就讨论议题，所以要准备暖场话题；

④确定一名主持人和1 ~ 2名记录人员，主持人注意掌握时间；

⑤规定纪律并要求与会者遵守。

2. 自由发言阶段

①主持人引导开始讨论，注意不允许私下交流和评论别人发言，避免影响积极性；

②头脑风暴讨论往往是发散性思维，主持人需重新明确讨论议题；

③会议记录，简化每一个想法，用专业术语标出关键点，对类似想法进行归类综合。

3. 专家质疑阶段

①将所有想法逐条进行质疑；

②为每个设想编制一个评论意见一览表，以及可行设想一览表；

③对质疑过程中抽出的评价意见进行估价，以便形成一个对解决所讨论问题实际可行的最终设想一览表。

延伸阅读　世界咖啡

著名的“World Cafe”（世界咖啡）会议模式的主要精神就是跨界，不同专业背景、不同职务、不同部门的一群人，针对数个主题，发表各自的见解，互相碰撞，激发出意想不到的创新点子。世界咖啡让参与者从个人风格、学习方式、情感智商等惯用的评判方式中解放出来，使人们能够用新的视角思考及讨论问题。

世界咖啡一般有八个操作步骤，即设定情境、营造友好空间、设置问题、主持开场、开始汇谈、旅行采“蜜”与异花授粉、总结汇谈、集体分享（如无特殊说明，以下时间以三个小组为例）。

（1）设定情境：设定情境需要厘清几个问题。比如，为什么要做这场“世界咖啡”，目的是什么，需要邀请哪些人参与，需要准备什么样的空间。人们需要了解召集“世界咖啡”的目的以及能从“世界咖啡”

中看到的最好结果。

（2）营造友好空间："世界咖啡"研讨要取得好的效果，就需要尽量把房间布置得温馨美好。如果是地点选择在风格单调沉闷的教室里，可以买几张桌布，把课桌布置得像咖啡桌一样，再放一些轻松的音乐。

（3）设置问题：一次"世界咖啡"可以集中精力探索一个问题，也可以针对多个问题从不同角度寻找答案。好问题会有好答案，有积极能量的、引发思考、耐人寻味的问题将开启"世界咖啡"对话的魔力。

（4）主持开场：主持开场需要介绍"世界咖啡"的目的和相关探讨流程，分享与主题内容相关的知识。在开展一场"世界咖啡"时，最好能够提前发送相关简介与会议流程给参与者。对于从来没有接触过这种研讨方式的人来说，"世界咖啡"可能会挑战大家传统的研讨习惯。"世界咖啡"的成果是一种"乍然出现"的形式，需要一定的时间。所以，培训师如果第一次主持"世界咖啡"，需要做好预热工作。

（5）开始汇谈（参考时间 15–20 分钟）：开启"世界咖啡之旅"，提出汇谈的第一个问题；让各组人员相互介绍；确定好桌长、计时员等；铺开桌布（桌布通常是一张盖满桌面的大白纸），在汇谈时鼓励大家将想法记录或涂鸦在桌布上。

（6）旅行采"蜜"，异花授粉（参考时间 20–30 分钟）："世界咖啡"成功的关键之一是鼓励参与者在不同在桌子走动，和不同伙伴交流，贡献和联结想法，从而把小组的汇谈扩展成全场的汇谈，不断把彼此的多元想法做连接，碰撞出跨界火花。

在上一轮汇谈结束时，桌长可以请桌长及一名记录员留下，其余的人做"小蜜蜂"，"飞"到别的小组贡献智慧也收获智慧。桌长要欢迎新伙伴并带领大家自我介绍。至于具体形式，可以请组内的记录员，也可以自己介绍刚才本桌所记录的内容，之后请"小蜜蜂"将这桌的想法和他们刚刚讨论的内容做连接。

（7）总结汇谈（参考时间 35 分钟）："小蜜蜂"回到本桌，把从其他桌采集的智慧贡献在本桌的主题上。

在这个环节，桌长请留在本桌的伙伴先分享其他"小蜜蜂"来贡献的智慧。之后，请飞回的“小蜜蜂”分享采回的智慧。在大家观点充分地相互连接后，桌长可以向组员提出进一步的问题以启发小组组员开拓创新，或者产生下一步的行动。

（8）集体分享（参考时间30分钟）：在“世界咖啡”结束时，桌长可以邀请小组来报告本组的成果，促进小组间进行一次全体分享和交流，可以请小组伙伴们将自己小组的桌布张贴在墙上。此时，桌布上已经写满了文字，画满图画。如果桌长有经验，或者组内拥有绘画能力的参与者，这张充满智慧的桌布将如同艺术品一般呈现在众人眼前，也将再次激荡起现场伙伴高昂的情绪。人们会纷纷给桌布拍照，惊叹小组成员智慧的结晶是如此惊人。

案例6-4 中石化催化剂《管理纲领》的创制

一、中国石化催化剂公司的基本情况

催化剂技术是石化工业的核心技术，是富含高科技的产品。从科学角度讲，催化剂的作用是通过降低反应活化能，把看似不可能的事情变成可能。

中国石化催化剂有限公司是中国石化集团旗下负责催化剂研发、生产和销售的唯一专业化公司，能够生产炼油、聚烯烃、基本有机原料、煤化工、环保和其他等六大领域、近三百个型号的催化剂产品，年生产能力超过20万吨，在国内石化行业的综合市场占有率达到65%，其中，主要产品催化裂化催化剂的占有率更是高达70%。海外市场方面，催化剂公司的用户超过60家，遍布美、欧、亚、非的20多个国家和地区。

经过十五年的发展，催化剂公司的生产规模逐步扩大、技术水平不断提升、经营效益逐年攀升，并在业务的发展过程中建成了一支技术过硬、作风顽强、敢打硬仗的干部员工队伍，已经成为催化剂行业举足轻重的参与者、建设者和引领者，国际知名、亚洲最大、中国第一的炼油化工催化剂生产商、供应商和服务商，初步具备了向世界一流催化剂公

司迈进的基础和条件。

二、《管理纲领》的创制背景

催化剂被称为石化产业的“芯片”，足见其对整个行业的意义与高科技属性。“十三五”期间，全球能源消费增速在经济复苏拉动下略有回升，而中国的能源消费正在进入减速换挡期，能源结构调整加快，石化能源消费比重持续下降。在经济增长与环境保护的双重影响之下，唯有不断提升自身综合能力，才能主动适应经济环境的变化，实现高质量发展。

从内部环境来看，催化剂公司启动《管理纲领》创制工作，主要基于以下四个方面的背景。

1. 公司内部各分子公司、各单位融合发展的需要。2004 年，催化剂分公司成立，长岭分公司、齐鲁分公司、北京奥达分公司、南京分公司、湖南建长公司、上海立得公司成为首批划转单位，随后陆续整合了北京有限公司、上海分公司、抚顺分公司、贵金属分公司等。所整合的下属企业分布在全国各地，有着不同的文化和历史背景。《管理纲领》的创制有利于促进各分子公司在营销、生产、管理等方面的融合，形成一体化的管理体系与能力。

2. 总结、回顾公司成立以来各项成绩与不足的需要。作为中国石化旗下唯一的催化剂专业公司，在过去的发展过程中积累了许多宝贵的管理经验、文化传统和优良基因。在企业成立十五周年的历史性节点上，通过编制《管理纲领》对公司的发展历程进行回顾与反思，能够对企业未来的发展起到参照与促进作用。

3. 在新的时期进行系统管理提升的需要。在经历过 2004 年至 2007 年的重组整合期，2008 年至 2015 年的规模扩张期之后，催化剂公司在 2016 年进入深化发展期，公司要完成从要数量到要质量的转变。这样的转变要求催化剂公司必须在管理上系统升级，而《管理纲领》恰是从企业价值链的各项基本活动和支持活动出发，对企业经营管理各关键点进行研究、分析和规范的一套管理方法，与高质量发展的诉求不谋而合。

4. 建设“世界一流催化剂公司”的需要。依据中国石化集团公司总体发展规划和“建设世界一流能源化工公司”的发展愿景，催化剂公司提出了自己的发展愿景：“努力打造科技型、生产服务型和先进绿色制造的世界一流催化剂公司”。《管理纲领》的创制过程中，会对标杆企业最佳实践、催化剂公司管理现状等进行逐一研讨，从而找到公司与世界一流企业的差距，对标一流明确努力方向、目标与路径，助推公司向世界一流企业迈进。

三、《管理纲领》的创制过程

催化剂公司《管理纲领》的创制过程，大致可以分为调研与评估诊断、框架与方案设计、专题论证与研讨、成稿与征询意见四个阶段：

1. 调研与评估诊断

调研与评估诊断阶段，通过资料研究、核心人员访谈、员工座谈、现场走访、问卷调查及外部对标等多种方式，收集与基本法建设相关的资料，对公司管理纲领所可能涉及的相关领域进行全面诊断，具体完成的工作如下。

（1）开展针对公司机关和各分子公司的深入调研，共计深入专访102人次，开展员工座谈会3场，形成访谈纪要20余万字；进行多次车间现场走访；开展问卷调查，收集3143份样本；针对各业务与职能条线开展专项问题调研；对国内外同行业标杆企业进行系统研究；。

（2）在深入调研、严谨分析的基础上撰写《诊断报告》。报告从战略发展、组织管控、研发管理、生产管理、营销管理、供应管理、HSSE管理、财务管理、审计内控、信息化管理、人力资源管理等11个维度，对催化剂公司的管理状况进行诊断，结合公司发展现状与最佳管理实践，针对性地提出49个具体管理问题与8项综合改进举措。

（3）在公司领导和对接部门的支持下，针对《诊断报告》内容在公司管理层、相关部门负责人、所属单位负责人等层面进行汇报、沟通、交流和研讨，得到了很多有价值的反馈意见、专项解决思路与解决方案建议。

2. 框架与方案设计

框架与方案设计阶段，依据汉哲咨询提出的“企业基本法蜂巢模型”，结合对催化剂公司全面调研诊断所呈现出的实际需求，对标其他同类型、可参考企业的基本法应用实践，初步形成催化剂《管理纲领》的总体框架，根据总体框架展开基本法一级章节、二级目录及三级专题的设计，所形成的《管理纲领》包括核心文化理念、党建工作指引、事业发展原则、社会关系准则、组织发展政策、业务管控政策、职能管控政策、人才管理政策等共8章、43条。

3. 专题论证与研讨

针对《管理纲领》初稿，组织相关职能部门和下属单位进行不同侧重点的研讨、交流与意见征询。采用沟通交流、研讨座谈、文字反馈等多种形式，在更大范围内争取更多干部员工的参与，使得《管理纲领》的内容不断完善、版本不断升级迭代，达成更大范围的管理共识。

4. 成稿与征求意见

在成稿与征求意见阶段，除了获取更大范围的意见、建议和反馈之外，让更大范围的员工认识、了解与认同《管理纲领》中阐述的管理原则与理念，也是本阶段的一项重点工作。

此阶段，除传统的纸质版打印征求意见形式之外，还专门制作了电子版的《管理纲领》初稿，通过企业OA、内部论坛、企业邮箱、微信交流群等多种形式开展宣传与意见征求活动，并配合了企业内刊、公众号、LED显示屏等多种形式的宣传跟进，其间还举办了催化剂公司“《管理纲领》有奖知识竞答”活动，使得《管理纲领》的建设深入人心。

第五节　基本法创制与落地的组织

一、基本法创制中的职责分工

《基本法》通常涵盖文化及领导力、事业发展、集团管控、价值链核心点、价值分配、组织人事等多个方面的内容，源于实践且高于实践，因此，也必然对建设过程中管理人员的参与有较高的要求。

对于创始人、股东及核心层来说，在基本法的创制过程中，应视本项工作为最重要、最关键的工作，亲自参与和推动工作的开展，具体的行动包括：与项目深入、细致交流，无保留地展示自己的观点；推动核心团队、职能团队、事业板块团队积极参与；督导项目进度；认真准备及全程参加各次汇报与研讨。

对于高管团队来说，应了解基本法的内容与创制的意义，站在企业长期稳健发展的角度献计献策；基于自身的专业背景、工作经验、对企业的理解等提出针对基本法各模块的观点；对于自身所负责的专业板块或事业板块，明确问题和目标，提出专业性的原则、思路与改进方向；全程参加各次有关于基本法的汇报、研讨并提出自己的意见。

对于职能部门负责人、业务单元负责人来说，主要是结合自身工作内容，对基本法各大模块提出自己的观点；重点对于自身所负责的专业板块或事业板块提出专业性的意见；同时，积极为基本法的创制提供创新性的建议。

对于员工来说，应了解基本法的意义与价值，并结合自身工作实践提出相关建议与意见。更为重要的，是积极学习、消化与吸收基本法创制过程中涉及的新原则、新理念，为基本法的落地实践做好准备。

二、基本法创制成功的关键

《基本法》应该在创始人或最高层引导、核心团队深度参与、外部专家辅助论证与支撑的前提下建立起来。

首先，创始人或最高层的重视与深度参与是基本法顺利诞生的前提。无论对企业发展历程中的管理哲学、优良传统、文化基因、成败得失、经验教训，还是对行业未来趋势以及公司发展规划，创始人或最高层都有着无可比拟的深入理解，这是基本法创制的基础和前提。

其次，核心高管及中层团队对基本法所涉及内容的丰富体验与深度参与，是基本法顺利形成的关键。核心高管与中层管理团队伴随企业的发展一路走来，其对企业发展历程中的精华与精髓、问题与不足，以及面向未来的管理哲学，都有自己的独到见解，这些思想与见解是创建基本法的基础元素。

第三，外部专家的参与和引导，是促进基本法形成、提高其前瞻性、系统性、专业性水准的有力保障。外部专家以"局外人"的身份参与基本法的创建过程，带着既往的、来自于数十甚至上百家企业的经验、案例与实践，从外部、中立的视角切入，对基本法的要点进行审视，在参与讨论的过程中科学引导、去芜存菁，有利于提高基本法创制的效率，以及确保基本法的科学性、先进性与有效性。

第四，反复的沟通、讨论和思想碰撞是基本法形成的必经之路。在基本法的建设过程中，冲突、矛盾、争议不仅是不可避免的，有时甚至是必要的、积极的，这一过程既是总结、提炼、升华管理精髓的过程，又是面向未来达成一致、形成共识的过程。

三、基本法的落地实施

任何管理体系的落地，都必须要经历研、知、信、行四个阶段，基本法也不例外。

①研。基本法的形成过程，实质上就是管理者达成共识的过程。要让基本法深入人心，首先，其形成过程管理者必须高度参与。同时，由于基本法是对企业发展历史的全方位思考，企业在不同阶段的成长有很多员工是亲身经历的，对这些经历的思考、总结、提炼，本身也是智慧结晶的

过程。

②知。在基本法建设完成之后，要对基本法进行宣贯、讲解、讨论以及开展各种相关活动，让员工们了解基本法，加深员工对基本法的理解，宣贯讲解既要有主题，也要有副题，要把基本法的意义、内容、设计思想、应用场景阐述清楚。

③信。要让员工相信：基本法能够真正贯彻、落实，关键在于高层领导的推动，中层干部的不折不扣执行，要让员工认可基本法，领导的身体力行是最好的宣传。

④行。要让基本法融入不同部门、不同团队的自觉行动中，为此，需要在企业制度建设中自觉将基本法的思想融入与贯彻，通过相应的选拔、激励、奖惩、处置机制，营造符合基本法期望的组织氛围，引导干部员工遵循与执行。

案例6-5 《海亮之道》的诞生与落地

一、海亮集团的基本情况

诞生于1989年的海亮集团，乘改革开放之天时，借浙江先发之地利，聚勠力同心之人和，成就了一个中国民营企业从小到大、由大到强的典范。当前，海亮集团管理总部位于杭州市滨江区，现有境内外上市公司3家、员工2万余名，总资产超550亿元，产业布局12个国家和地区，营销网络辐射全球。2018年，集团营业收入1736亿元，综合实力位列世界500强第473位、中国企业500强第115位、中国民营企业500强第25位、浙江百强企业第5位。旗下的海亮股份（境内上市公司）在亚洲、美洲、欧洲设有15个生产基地，是全球铜管棒加工行业的领军企业；旗下的海亮教育是国内首家在美国上市的基础教育集团，是中国民办基础教育领域的标杆企业。

二、《海亮之道》的创制背景

2017年，海亮集团决定建立自己的企业基本法，源于以下背景。

1. 集团的规模化、多元化发展

作为一家大型民营企业集团，海亮涉足多个产业、多个业务板块、多家分子公司，经营管理人员来自不同行业、不同背景，为了实现有效管控与高效沟通，有必要建立一套完整的纲领性、指引性文件，使集团的经营管理活动有章可循、有法可依，保持一贯性和连续性。

2. 企业管理思想的转变

海亮集团从早期的创业期，到2000年前后首次引入职业经理人，到今天以职业化、现代化建设为核心，企业整体的管理思想正在向稳健、精细、规范的方向迈进，但不可否认，与这一要求相匹配的现代企业的制度、机制与流程体系建议尚处于初级阶段，在这样的背景下，要求集团要提出一套管理思想与管理纲领，指导企业法制化、流程化建设的进程，以及解决当前在经营管理中面临的、制度与流程尚无法覆盖的现实管理问题。

3. 管理层代际传承的需要

海亮集团的成功，离不开创始人及团队稳健发展、实业报国、以人为本、诚信共赢的发展理念以及敏锐的市场判断与风险控制能力。面向新时期，创始人团队正在实现向职业经理人团队的事业交接，在这一过程中，如何把海亮的成功基因显性化，把企业经营管理的基本规则法制化，使得企业在新的经营团队手上既能够传承优秀基因，又能够吸收时代精华，需要一个对管理思想进行系统提炼、显化与传承的过程。

4. 打造百年企业的需要

海亮集团的创始人提出了“打造百年海亮”的期望。打造百年基业，一定是建立在拥有清晰、明确的经营哲学的基础上，由此而进行业务布局与进退取舍。尤其在当前国内外经济结构转型与调整的关键时期，机会与风险并存，对集团的经营哲学进行认真反思，将“有所为有所不为”制度化、法制化，是确保企业稳健、持续发展的基本保证，也是本次基本法建设的重要目的之一。

5. 创建国际知名企业的需要

当前海亮已是一家国际化的公司，但距离国际化的知名品牌还有很长的道路要走。要成为国际知名的品牌，一定是一个符合国际惯例、具有自身特色、充分自我表达、拥有独特魅力的品牌。要达到这一目标，海亮必须建立具有国际视野和历史深度的、具有普遍人文思想的、以社会责任为首要的、积极健康的价值理念与处事原则，并持之以恒、坚持不懈。从这个角度来说，基本法的建立，正是为公司国际化品牌的建设奠定基础。

三、海亮之道的创制过程

1. 调研与资料收集

2017 年 7 月，海亮集团管理纲领编制工作伴随着杭州历史第二高温火热启动，首先开始的是全面调研工作。项目组在杭州、诸暨、上海等地，面对面、单对单深度访谈创始人及公司高层领导、业务板块负责人、集团部门负责人、中层管理人员共 50 多人，形成访谈纪要近 20 万字，并在多地进行了现场走访，为提炼主要观点提供了有效的支撑。同时，项目组收集、研究了企业成立以来的相关资料近 500 份，选取了国内外 17 家综合性企业集团进行标杆研究，形成 17 份、2000 多页的深度研究报告。为了充分听取多方意见，还开展了企业合作伙伴的单独调查，以及近 2000 份的员工问卷调查。

2. 框架方案设计

根据调研数据与信息，通过对其他基本法类文件的结构对比，参照“蜂巢模型”，结合海亮集团的实际需求，形成了海亮集团管理纲领框架，共七个主要部分，即：核心文化理念、党建工作方针、事业发展原则、社会关系准则、组织发展政策、运营控制政策、人才管理政策，通过对基本法多种命名方式的比较，最终选定《海亮之道》作为海亮集团管理纲领的名称。

3. 专题论证、研究与讨论

依据初步形成的基本法框架，结合海亮集团内部组织分工现状，分为文化领导力、党建、事业发展、集团管控、产业链核心点管理、价值分配、组织人事政策七个专题，通过资料研究、对标、专题研讨会等形式，形成针对各专题的初步意见，以集团各职能部门为组织单位，组织举行了多轮次的研讨会。

4. 高层参与

《海亮之道》的编制过程中，以集团董事局主席、总裁为代表的集团高层领导全程参与调研、访谈，对十七家标杆企业的资料进行认真研读，写出了自己的心得。各位领导针对自己所分管的业务板块所提炼的内容，参与研讨，充分发表意见，也听取了专业部门、专业人员的想法，并逐字逐句进行斟酌和审定。在此基础上，全体高管听取基本法初步方案的提炼汇报，并先后进行了四轮系统、深入的研讨。

高层领导的全程参与，是《海亮之道》形成的重要保证。

5. 初稿形成及意见征询

《海亮之道》初稿主要通过面对面沟通、专题座谈会及文字版意见征询等多种形式，进行了更深入、更大范围的意见征询。在充分听取各方面意见、充分达成共识的基础上，经过七轮修订，《海亮之道》（7.0版）正式形成，具备发布条件。

初步形成的《海亮之道》，分为七章、四十四条、24000字，面向未来，系统诠释了海亮的生存之本与发展之道。

四、《海亮之道》的发布与实施

1. 发布

2018年2月9日，在题为“新时代、新格局、新作为”的海亮集团2018年年度大会上，海亮集团领导层集体启动《海亮之道》与《海亮文化纲要》的颁布仪式，海亮之道与海亮文化，被领导层称之为集团的“两大管理法宝”。

2. 实践

随着《海亮之道》的颁布，海亮集团正在发展战略、产业布局、运营管理、人才队伍建设等诸多方面、全方位地实践着《海亮之道》中所提出的管理原则与理念。

【实践之一】聚才兴业

在《海亮之道》第一章《核心文化理念》中有着这样的描述：海亮

的使命是“聚才兴业，德惠万家”。

这是海亮集团第一次把“聚才”的人才管理理念提升到了企业使命的高度，随后，海亮集团召开首次人才发展大会，启动“星青年”人才战略，提出“人才——定义未来”，在全球范围内引进优秀青年人才，集聚和培养企业未来领袖和行业领军人物。

【实践之二】聚焦主航道

在《海亮之道》第三章《事业发展原则》第九条“事业拓展与产业聚焦”中有着这样的描述：

事业领域的进入和退出，基于对国家政策导向和产业发展趋势的深刻理解与预判，不以当前的市场表现为进退的唯一依据。在产业进退的过程中，要有效布局关系国计民生的产业和领域，逐步实现集团产业结构由“资源密集型”向“民生服务型”的转移。

集团应聚焦在数量有限的核心产业，采取适度多元化的发展策略。在选定的主航道持续投入，确保核心产业具有良好的发展空间与战略纵深，做大、做精、做强，形成本领域的领导地位，并不断扩大领先优势。

伴随《海亮之道》的诞生，集团正在积极调整战略布局，新的战略规划是：教育事业优先发展，大有作为；有色材料智造跨越发展，再有作为；健康产业稳健发展，有所作为。

“三个作为”战略的提出，恰是《海亮之道》事业发展原则的充分体现：布局国计民生领域、向“民生服务型”转移，聚焦数量有限的核心产业，适度多元，在选定的主航道持续投入，形成本领域的领先地位并不断扩大优势。

3. 赞誉

基于本次基本法建设工作的严谨性、建设质量及实际效果，作为《海亮之道》创制过程的技术支持方，汉哲咨询《海亮集团管理基本法编制与企业文化体系建设咨询项目》也被中国企业联合会评为“中国2018管理咨询优秀案例”。

第七章

企业文化落地实施

企业文化建设基础在认知，重点在理解，核心在认同，关键在执行，仅仅有一套高大上的理念、一本漂亮的文化手册是远远不够的，它要能够带来企业和个人思维的转变，这种转变必须围绕企业战略、企业所倡导的核心理念与价值观展开，这一过程就是文化发生作用的过程。为了区别于“漂浮”在天空中的文化，我们往往将这一过程称为“文化落地”。

能够把企业文化理念提炼与设计成功并不容易，而文化的落地则更是难上加难。很多企业的文化建设工作，开头的时候都是轰轰烈烈、敲锣打鼓，但到了推广传播和文化落地的阶段，往往就成了虎头蛇尾，草草收场。因此，在企业文化领域有一句话说得非常尖刻，叫做“理念在天上飞，行为在地上爬”。

导致这一现象的原因是多种多样的，解决问题的方向在于十六个字：组织关注、体系支持、方法得当、持之以恒。

所谓组织关注，就是企业的核心层要把文化落地这件事时时刻刻放在心上，时刻在讲、在想、在践行。

所谓体系支持，就是企业的刚性管理体系，包括组织、制度、流程、机制等要支持文化理念的落地，而不是与文化倡导的方向背道而驰。

所谓方法得当，是指企业文化的传播和推广工作设计和选择了科学、有效、低成本、可持续的方法和路径，并能够取得员工的共鸣。

所谓持之以恒，是指企业文化落地的过程未必要轰轰烈烈，但一定要细水长流，稳步推进，久久为功。

虽然企业文化落地有一定难度，但只要能够明确方针，理清思路，循序渐进地开展工作，也并非遥不可及。在本章中，我们将针对企业文化落地过程中的文化传播、文化培训、组织设计、文化审计、视觉识别系统建设以及文化落地的组织保障体系进行介绍，以尽可能全面地将企业文化落地的关键点呈现给大家。

第一节　企业文化传播体系构成

企业文化传播是指通过传播工作组织化、传播主题专业化、传播载体多样化、传播内容可视化等，构建起企业内外部宣传、推广、渗透企业文化的立体传播体系。企业通过各种传播途径将自身的愿景、使命、价值观、企业精神和品牌形象等信息传达给员工、供应商、客户和社会公众，不断增强企业文化的影响力和渗透力，推动内部员工和各方利益相关者对企业文化产生认知和认同感。

企业文化传播体系主要包括对内和对外两部分，如图 7–1 所示。

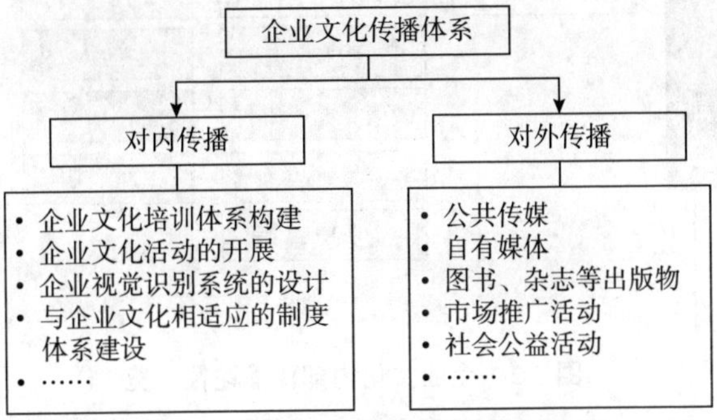

图 7-1　企业文化传播体系基本构成

企业文化的推广和传播，对内，可以促进企业全体员工对企业愿景、使命价值观和行为准则的理解和认同，增强企业的凝聚力；对外，可以增进企业与股东、供应商、政府、社会、消费者等利益相关者之间的良好沟通和互动关系，树立独特的社会形象，不断提升品牌的知名度、美誉度与忠诚度。

一、企业文化的对内传播

企业文化的落地通常要经过“企业文化核心理念形成”“员工了解并理解企业文化理念”“员工认同企业文化理念并转化为行为习惯”这三个阶段。企业文化对内传播，主要解决的是让员工了解并理解企业文化核心理念，从而自觉地转化为行为习惯的过程，实现从“要我做”到“我要做”的转变。

通常，企业文化内部传播主要包括：企业文化培训、文化实践活动开展、企业制度与文化匹配性的建立、视觉识别系统建设四部分内容，如图 7–2 所示。

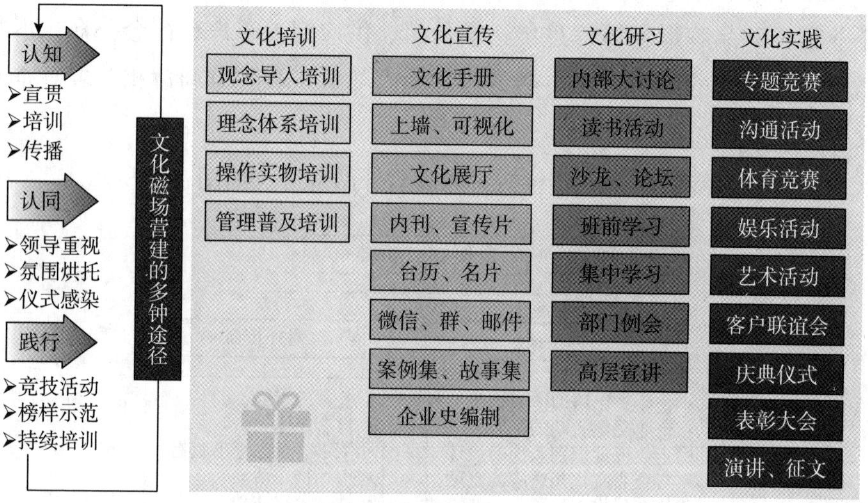

图 7-2 企业文化内部传播途径一览

二、企业文化的对外传播

企业文化的对外传播，可以促使企业与股东、供应商、政府、社会、消费者等利益相关者建立良好的沟通与互动关系，树立良好的社会形象，进而不断提升品牌的知名度、美誉度与忠诚度，对外传播的主要方式如下。

（1）自有媒体

主要指通过建立企业自有的网站、微博平台、微信平台、视频平台等，以及对平台的内容进行组织和运营，从而对外进行企业形象的宣传与文化的传播。

（2）公众传媒

主要指企业根据文化传播的需要，借助电视、报纸、杂志、网络、楼字媒体、户外广告等多种媒介载体向社会公众传达企业文化理念和品牌信息，从而达到增强消费者、供应商及社会公众的品牌认同度，扩大品牌影响力的目的。

（3）案例传播

主要指向高校及研究机构、媒体推荐企业文化及管理成果案例，或将优秀的案例集中公开出版发行，通过深度的内容传播，达到企业文化深入人心的效果。

（4）图书传播

主要指通过图书、杂志等公开出版物发行的方式对外进行企业文化和品牌的对外推广。图书出版一方面可以对企业文化、品牌形象进行深入、广泛的传播，另一方面也有利于树立企业在行业中的标杆地位。

（5）品牌推广

主要指品牌文化的推广。与企业市场活动相结合，通过品牌文化和品牌理念的传播实现企业文化的有效传播。

（6）社会公益活动

积极组织、参与各类社会公益活动，通过企业主动承担社会责任的行动，对外传达企业核心价值观。例如，组织、参与或赞助社会公益活动、扶贫活动、环境保护活动、捐资救灾活动，定期编制与发布社会责任报告，等等。

案例7-1 联想集团企业文化的单向传播、双向传播与体验传播

经过30多年的发展，联想集团积淀的企业文化已经成为其重要的精神资产，在将企业文化进行传播、影响员工思维和行动方面，联想做了大量的有益实践与探索，总结起来主要有三种方式：单向传播、双向传播、体验传播。

①在“单向传播”方面，联想主要通过公司内部网站（如：“刺儿梅”专栏，主要针对企业内部的一些“大企业病”进行自我揭露和自我批评）、《联想》杂志、《联想人》报纸等平台向员工传达公司的大事小情和管理理念，多种多样的沟通方式，保证了联想文化沟通的及时性和准确性。例如，在签约成为国际奥委会全球合作伙伴之后，联想通过以

上平台进行了大量的宣传和报道，同时，时任总裁杨元庆也在签约的第一时间通知联想的全体员工，共同分享成功签约的喜悦，大大提高了士气。

②在“双向传播”方面，主要采取“入模子”培训、生日礼物、进步信箱、总裁在线沙龙、主题会议、大头猴有话说等方式，与员工进行不同程度的互动，提高双方信息的对称性。例如，2004年3月裁员后，在员工中盛传6月还要继续裁员的消息，弄得人心惶惶。人力资源部虽然及时辟谣，但是员工仍然惶恐不安。随后公司内部的各大宣传媒体上出现了一只大头猴，声称自己是人力资源部的代言人，证实了6月裁员的信息严重失真，从而消除了员工的不安情绪。此后联想即设立大头猴信箱，员工有任何问题都可以向大头猴倾诉请教，方便其及时、正确地了解集团的信息。又如，2003年联想公布新战略后，杨元庆总裁亲自在网上回答员工的提问，保证了员工的知情权和战略实施的有效性。

③在“体验传播”方面，主要采取无总称谓、沟通时刻（C-time）、元庆午餐会、迎接新财年、誓师大会、庆功宴、足球联赛、春节联欢会、运动会等多种方式，让员工参与到活动中来，在活动中体验企业文化的内涵。比如，“沟通时刻”就是联想一个有特色的高管和员工沟通的方式，员工每周二中午可以利用午休的一个小时时间，在大平台上与公司高管进行自由、轻松、无主题的沟通交流。

每个月，部分员工还可以与董事长杨元庆共进午餐。用餐时，大家可以就一个主题进行深入的探讨和交流。通过这种方式，企业高管可以近距离地与基层员工交流，切实感受他们的要求和意见，而高管也可以向员工准确传达企业发展的战略和路径。

通过单向传播、双向传播与体验传播，联想集团对企业文化进行了全方位的宣传和推行，成功地将企业文化渗透到员工的思维和行动中，有效实现了文化落地，其成功的关键在于“多、新、活”三个字。

“多”是指采用了丰富多彩的传播载体，包括自有媒体、会议、沙龙、培训、沟通时刻、生日礼物以及各类活动等。

“新”是指善于创新传播载体形式，在充分利用传统传播载体的同时，积极推出创新的传播载体，使得传播过程更具趣味性、互动性与有效性，例如“刺儿梅”专栏、大头猴信箱、沟通时刻等。

“活”是指在传播载体应用过程中，极其注重双方的互动、员工的体验，尤其是双向传播与体验传播，大大提高了信息的对称性、员工的参与性以及传播的实效性。

第二节 企业文化培训体系

企业通过系统、全面、持续地开展企业文化培训，使各层级员工逐步理解、认同企业文化核心理念，统一思想、统一行为，推动和促进员工认知企业文化理念并对其达成共识，是企业文化内部传播的重要手段，也是构建学习型组织的首要途径。

作为一项特殊培训科目，企业文化培训虽然在形式和内容上有其特殊性，但在体系建设过程中也应关注与企业整体培训体系之间的有机结合。与企业内部的其他培训活动一样，企业文化培训也同样需要一个完整的培训体系作为支持，完备的培训系统是确保企业文化培训顺利实施并达成预期效果的必要保障。

如图 7–3 所示，一个完整的企业文化培训体系主要包含组织层面、运营实施层面及制度管理层面三个方面的内容。

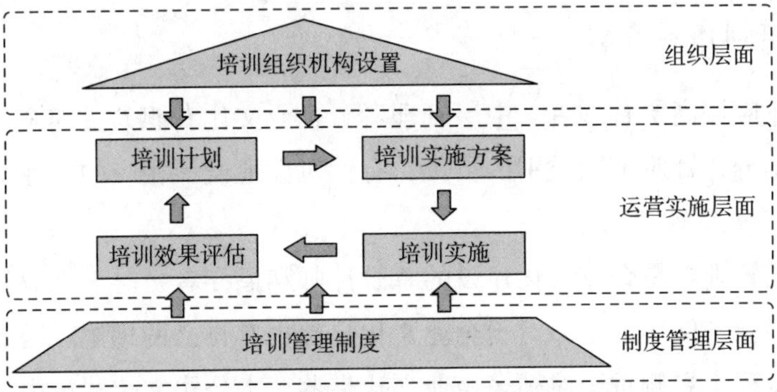

图 7-3 企业文化系统培训模型

一、文化培训的组织与计划制订

在大部分企业里，企业培训由人力资源管理部或培训中心专职负责，为避免工作上的交叉和重复，企业文化培训的组织管理机构，在设置上应根据企业实际，尽量与其他类型培训的负责机构协调一致，合理分工，实施统一规划和统一管理。

在企业实践中，比较常用的做法是将企业文化培训纳入公司整体培训体系中，由培训管理部门负责总体管控和具体实施。而作为一种特殊的培训内容，可由企业文化的主管部门负责制订初步的培训计划、实施方案、培训教材、培训效果评估办法等，与培训管理部门会商确定。

其中，培训计划是确保培训工作顺利开展的重要环节，通常，在培训计划中应对培训目的、培训对象、主要培训内容、培训方式、培训时间与地点、具体负责部门及负责人等进行全面、详细的说明。

二、文化培训内容与课件设计

“工欲善其事，必先利其器”，在形成企业文化培训计划之后，根据计划进行相应的准备工作，是企业文化培训成功实施的关键。通常，培训实施前的准备工作主要包括“培训内容规划”与“培训课件设计”两个方面。

1. 培训内容规划

企业应按高层管理者、中层管理者、企业文化专职人员和全体员工进行类别划分，针对不同类别的员工，有针对性地设计相应的企业文化培训课程。

高层管理者是企业文化建设的总设计师和倡导者，对于企业经营管理方面的经验与阅历丰富，对于企业文化自然也有自己的理解。因此，在文化培训过程中更侧重于对知名企业文化借鉴、本公司文化建设由来、公司文化体系概况及文化建设误区等方面内容的培训。

中层管理者是企业文化建设的主要推动力量，在文化推行中承担着以身作则、言传身教、扶正纠偏等多重作用，对于他们的文化培训，除了企业文化内容本身之外，还应对相关的文化传播技巧、组织氛围建设、冲突解决方案等进行讲授，使中层管理者不仅能够树立良好榜样，还能通过有效的沟通技巧、传播技巧，营造与文化倡导相一致的组织氛围，让员工能够看到、听到、感受到身边的企业文化。

对于大型企业来说，企业文化专职管理人员分布在企业的各个层次、各个单位，有时也有数十甚至数百人的规模，对他们的培训直接关系到企业文化推广与管理工作的专业水平，非常重要。通常来说，文化专职人员在企业文化建设中更多的是担任培训与推进的角色，因为身处基层，更能感知环境的变化，能够结合文化的总体要求学以致用，顺势推进文化的快速、精准传播。在对上述专职人员进行文化培训时，应以两个方面为主，一是文化内容本身，使企业文化专职人员能够透彻领悟文化的内涵；二是文化传播与落地的方法，包括活动策划、组织实施、问题解决等，以便文化管理人员能够就地取材、因势利导，推动企业文化在基层的落地推行与传播。

员工是企业文化的受体，同时也是文化最直接的执行者与缔造者，在对员工进行企业文化培训时，应充分考虑员工所处工作性质、教育背景等各方面的情况，采取深入浅出的方式组织培训内容，着重培训企业文化的意义、企业文化理念、相关制度要求、行为规范、文化倡导与高压线等具体的内容，培训内容要尽可能结合员工的工作场景，做到言之有物、感同身受，能让员工把企业文化的内容与日常工作联系起来，自觉改变自身的价值观、工作态度与工作行为。

不同类型、不同层级的人员，在企业文化建设中所处的位置不同，扮演的角色不同，发挥的作用也不同，相应地，在企业文化培训中的内容侧重点也完全不同，经过汇总整理，各类人员的文化培训重点，如表 7–1 所示。

表 7-1 企业文化培训主要内容一览表

培训对象	培训内容	讲师
高层管理人员	知名企业文化借鉴 本公司文化建设由来 公司文化体系概况 文化建设误区等	外部讲师
中层管理人员	企业文化概述：企业文化定义、特征、优秀文化的重要性、企业文化建设的意义 企业文化理念及释义：愿景、使命、价值观、企业精神等 企业文化传播技巧、组织氛围建设、冲突解决方案	外部讲师
企业文化专职人员	企业文化理念及释义：愿景、使命、价值观、企业精神等 企业文化相关管理制度 员工行为规范 文化传播与落地的方法	内部讲师
全体员工	公司发展历程、重大发展事件 企业文化理念及释义：愿景、使命、价值观、企业精神等 企业文化相关管理制度 员工行为规范 文化倡导与高压线	内部讲师

2. 培训课件设计

培训课件作为培训教材的一种，是员工了解企业文化的有效渠道和载体。一个好的培训课件会为培训效果的提升带来极大的便利。在视觉上，符合公司整体 VI 设计风格；在内容上，全面、完整、有针对性且通俗易懂；在叙述结构上，遵循理念与实际相结合的原则，使培训者和被培训者都能够通过培训课件，快速获取和接收到最主要的信息。

首先，培训课件的视觉设计。企业在发展过程中或在 VI 导入之后，都会形成具有企业自身特色的标识与配色，从而形成自己的视觉识别风格，VI 本身也是企业文化的一部分，VI 风格给员工带来最直观的视觉感受，从而潜移默化地传递 VI 背后的涵义。文化培训课件面对的主要是企业内部员工，在课件的设计过程中，整体视觉设计同样要与企业 VI 风格保持一致，使员工在接触培训的第一瞬间，就对企业文化的外在风格有直接的认知。

其次，培训课件的内容设计。在本小节的前半部分已经提到：企业文化培训内容要根据不同角色的员工有所差异，内容要有针对性，要让不同类型、不同层级的员工通过企业文化培训，得到自己所需要的知识、信息、工具和方法，从而更好地发挥各自在文化建设中的作用。同时，每一项重点培训内容又要力求全面、完整、真实，如：对于企业发展历程的描述就要完整，要清晰地介绍企业的发展轨迹，对于企业发展过程中的重大事件应做到全面、不遗漏。

再次，培训课件的叙述结构设计。为便于培训对象快速、容易地接收和理解企业文化的内容，在培训课件的设计上往往采取理念与实际相结合的方式，也就是说，培训过程中要适当加入企业文化的实际案例，比如对于企业价值观的描述，除了描述理念本身及释义外，还应适当举例，说明在企业内部、在每一位员工身边，曾经或现在都发生过哪些捍卫企业价值观的事件，存在哪些捍卫企业价值观的人物，使员工充分意识到企业文化并不是看不见、摸不着的东西，而是真真切切发生在身边的、肉眼可见的事实，从而使得员工更加易于理解和执行。

案例7-2　恒大人寿企业文化体系宣贯培训教材节选

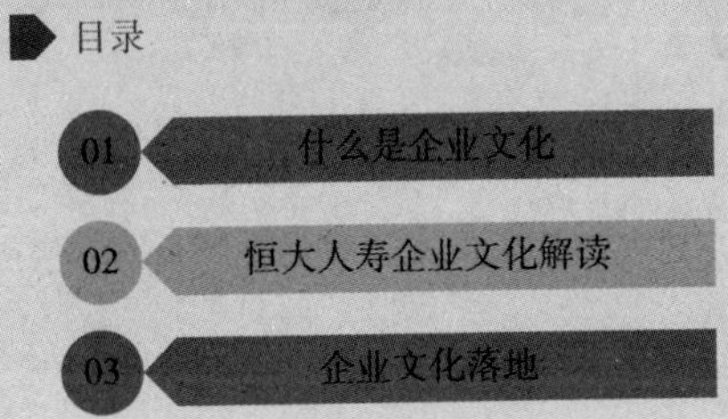

EVERGRANDE LIFE
01
什么是企业文化
1.1 什么是企业文化
国内对于企业文化的定义有180余种之多：
以文明取胜的群体竞争意识
企业内通过物体布局所传达的感觉氛围，企业成员与客户及其他外界成员的交往方式
员工恪守的经营宗旨，价值观念和到的行为准则的综合反映
……
汉哲对于企业文化的定义
企业文化由企业核心价值衍生而成，具有延续性的认知模式和习惯性的行为方式。
这种认知模式和行为方式使企业员工彼此之间能够达成共同认知，形成心理契约，并成为员工思想、行为的依据。
共同意识
思维方式
行为规范和准则
价值观念
团队的共同理念
1.2 企业文化的意义
激励意义
• 公司文化倡导的观念和宗旨，为员工提供了良好激励的标尺
• 员工的贡献受到肯定，将会产生极大的荣誉感和责任心，自觉地努力
约束意义
• 公司文化无形的、非正式的、非强制的对员工的思想和行为起约束作用
• 员工依照价值观的指导进行自我管理和控制
凝聚意义
• 沟通员工的思想感情，融合他们的理想信念，培养激发群体意识
• 令员工产生对工作的自豪感和责任心，增强对本企业的认同感和归属感
3
4
1
2
5
6
导向意义
• 引导员工的性格、心理、行为
• 使员工潜移默化地接受本企业的价值观
美化意义
• 让员工发掘工作本身的意义，而不仅作为谋生手段
• 美化工作本身，使之成为一种激励因素
协调意义
• 满足顾客不断变化的需求，协调好与社会的关系
• 传递企业文化的信息，得到社会肯定，实现企业与社会的“双赢”

1.3　企业文化的构成

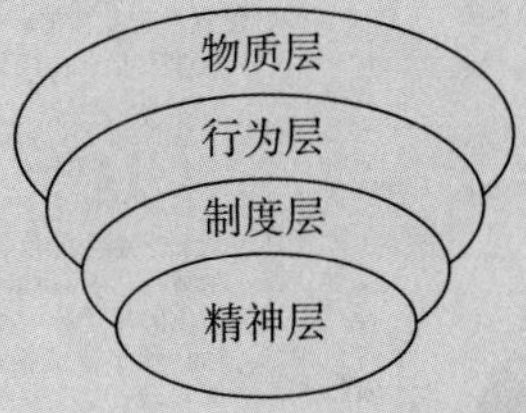

企业文化构成洋葱模型

1.4　企业文化的核心要素

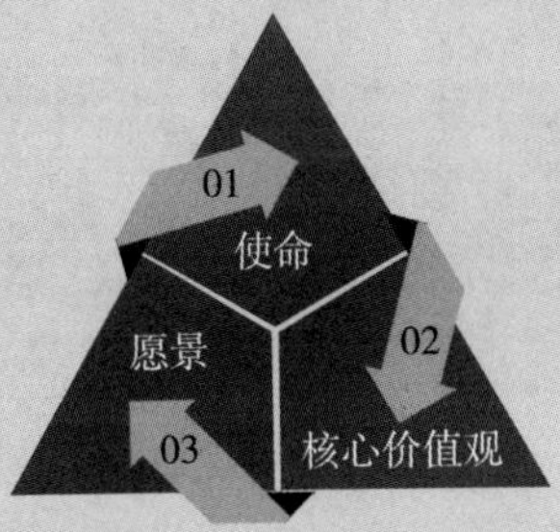

1.5　企业文化的核心与重点

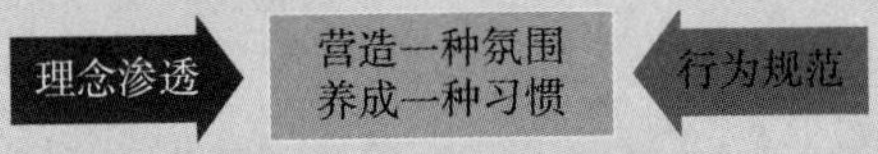

企业文化的核心是价值观
但价值观最终要融入思想与行为

1.6　判断某个现象是否成为企业文化

- 都觉得这件事很重要么？
  ——达成共识
- 大家每天都会想到这件事么？
  ——融入思想
- 每个人都会用这个方法做事或者表现出来么？
  ——表现行为

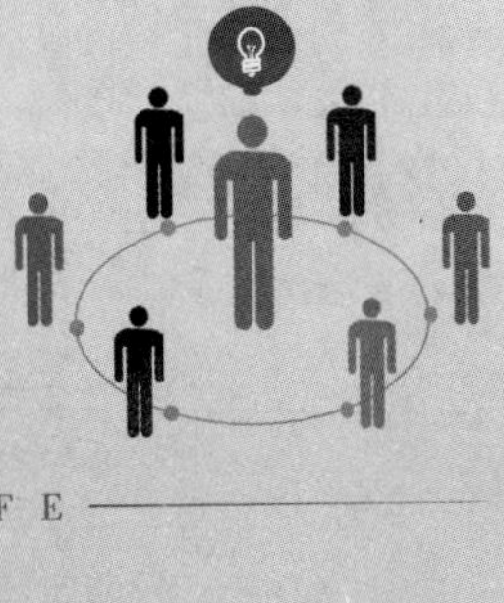

EVERGRANDE LIFE

02

恒大人寿企业文化解读

2.1 恒大人寿企业文化理念框架

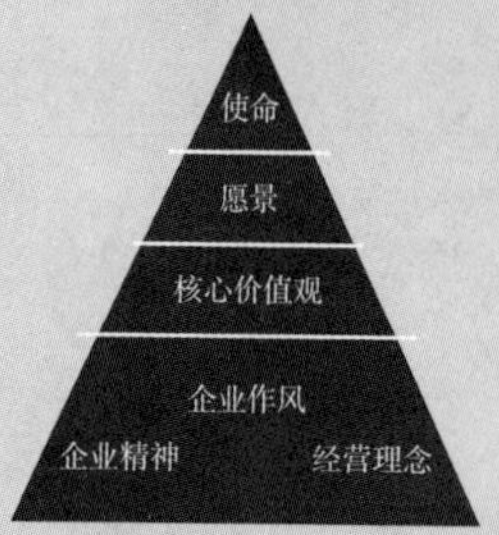

恒大人寿企业文化理念构成

如左图所示，恒大人寿企业文化核心构成主要包含使命、愿景、核心价值观、企业精神、企业作风、经营理念。

- 使命，体现为企业存在的终极意义与价值，是一种利他的表现；
- 愿景，体现了企业对于自身的发展期望与蓝图的描绘，是一种自我追求；
- 核心价值观，体现企业为了实现使命和愿景，所倡导的价值理念和准则，是企业的价值主张；
- 企业精神，企业作风，延续与继承集团公司的核心内容，体现对优良品质的传承；
- 经营理念，结合企业的战略发展需要、行业特点以及经营特点，表现为具有企业经营特色的一种理念倡导。

综上，恒大人寿的文化既是对集团优良品质的传承，同时充分融合了恒大人寿的企业特点与发展要求，使文化更能契合企业发展的节奏、步调以及风格。

2.1.1 企业使命

恒久守护，向善而行

◆ 恒久守护

- 恒大人寿所从事的寿险行业，产品和服务覆盖了客户的整个生命周期，终生客户、终身守护是保险从业者的天职。
- 恒久守护，是恒大人寿战略发展的需要，在恒大人寿的战略发展规划中，体现了“逐步构建覆盖消费者全生命周期的保险集团”，全生命周期，也意味着恒大人寿需要为客户提供“持久服务”，彰显恒大人寿的“恒久之力”。
- 恒久守护，充分体现了恒大人寿的诚信和坚持，诚信、坚持是恒大人寿与客户之间建立长期信任与合作关系的基础，更是一份承诺。
- 恒久守护，充分体现了恒大人寿持续经营的决心和信心，对客户的承诺转而是对自身的要求，能够“守护生命里的每一刻”，需要恒大人寿自身具有可持续发展能力，突破对未知和变化的畏惧，为了对客户的守护与承诺，自身获得持续精进。
- 恒久守护，充分体现了恒大人寿让客户选择得放心，享受得安心，保险是生命的一种延续或更好的可能，恒大人寿能够成为客户的首选或不二之选，就需要给到客户一份放心、安心的保障。

◆ 向善而行

- 恒大人寿所从事的寿险行业，或者更广义上说是保险行业，本身就是一份服务民生福祉的善义之业，“善”应该是事业的发心，也是事业的原动力。
- 向善而行，是恒大人寿所倡导的“大爱保障”的基础，因为有至纯至臻的“善”，而有温暖无私的“爱”。
- 向善而行，是恒大人寿在新的发展时期，将人文、商业、科技，融合发展，稳健前行的基础，也是经营的基本准则。商业、科技都是人们创造美好生活的手段或工具，用者为善，方可造福他人。
- 向善而行，充分体现了恒大人寿立足本业，同时积极承继集团在慈善及社会责任上的担当，积极投身公益事业，所散发出来的正能量。
- 向善而行，充分体现了恒大人寿关乎个人生命、生活福祉的良心与操守，遵守监管底线的同时更加注重遵守道德准则，进行自我约束。

2.1.2 企业愿景

融合健康、养老与社区生活元素的创新型保险公司

恒大人寿总体发展战略之“康养”战略（大健康+大养老）。与全国的三甲医院开展合作，同时结合恒大的医疗资源，通过有效融合互联网，建成全国一流的线上线下一体化的医疗服务网络，实现对客户大病医疗、小病门诊、医疗服务的全覆盖；为客户提供全方位、全龄化、全季候、高品质的养老养生服务，成为高端养老质量和创新的引领者，大众养老销量和网络的领导者。

恒大人寿总体发展战略之“大社区”战略。深耕社区，大力发展社区保险，立足恒大小区，辐射周边区域，以保险为纽带，整合养老、医疗、旅游、教育等各类生活资源，成为客户身边的保险专家，共建美好生活家园。

恒大人寿总体发展战略之“数字化”战略。围绕线上办公、线上营销、线上服务，开展数字化平台、生态、技术、工具、内容的系统集成建设，推动线上线下一体化融合发展，实现全渠道科技赋能，面向未来，打造科技型人寿保险公司。

恒大人寿作为后起之秀，实现跨域式发展，赶上或超过行业企业，并成为行业领先企业，就需要在经营和发展中进行创新。创新包括但不局限于：商业模式、经营管理、产品服务等等。通过创新增强公司差异化竞争力，打造核心竞争力。

2.1.3 核心价值观

恒大人寿价值观主要元素的构成

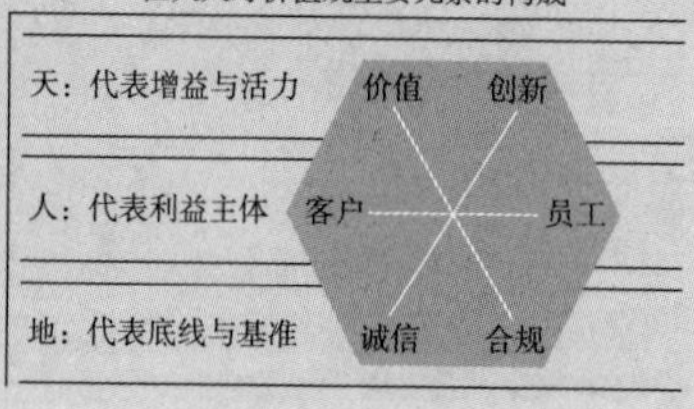

2.1.4 企业价值观

以客为尊，我们尽善尽美
以人为本，我们上下同欲

【客户】以客为尊，我们尽善尽美：强调客户至上、服务至上的理念，以客户为中心，秉持善良美好的发心，为其提供高品质服务。
【员工】以人为本，我们上下同欲：强调公司对员工的关怀，关注员工的成长、收入与工作氛围；同时，强调员工围绕公司发展目标的使命担当、奋发向上，上下同欲，战无不胜。

以价值为纲领，我们精益求精
以创新为驱动，我们敢于超越

【价值】以价值为纲领，我们精益求精：强调对价值的创造，精益求精为股东、为社会、为客户、为员工创造价值。
【创新】以创新为驱动，我们敢于超越：强调对环境的适应，实现快速发展的目标，唯有适应变化，拥抱变化，敢于超越自己，将不可能变为可能。

以诚信为基石，我们一诺千金
以合规为底线，我们坚守执行

【诚信】以诚信为基石，我们一诺千金：强调对商业底线的遵守，同时也是传承恒大集团“诚信立伟业、质量树品牌”的宗旨，诚信是与客户建立长期合作关系的基础，品质是诚信的文化内核。
【合规】以合规为底线，我们坚守执行：强调对行业规范的遵守，将监管要求内化为企业管理要求，贯彻执行。

2.1.5 企业精神

艰苦创业、无私奉献、努力拼搏、开拓进取

- “艰苦创业”：集中体现为员工勤俭朴实、坚忍不拔、吃苦耐劳，是公司实现超常规、跨越式发展的源动力，是恒大人的优良传统。
- “无私奉献”：集中体现为员工的主人翁意识，胸怀广阔、奉公正己、献身事业、回报社会，实现企业和个人共同进步，是恒大人的价值取向。
- “努力拼搏”：集中体现为员工勇往直前、孜孜以求、敢于挑战、奋发有为，是恒大人的精神写照。
- “开拓进取”：集中体现为员工光大传统、与时俱进、勇于创新、追求卓越，是恒大人的制胜法宝。

2.1.6 企业作风

精心策划、狠抓落实、办事高效

- “精心策划”：凡事预则立，不预则废。事情无论大小，关键在于策划，策划无论大小，关键在于精心。要做到时时有策划，事事有策划。凡事谋定而后动，三思而后行，大胆设想、反复推敲、周密部署。
- “狠抓落实”：细节决定成败。要树立大局意识和责任意识，按照工作要求，真抓实干，注重细节，应对得力。
- “办事高效”：效率构筑优势，就需要在科学决策、计划管理、关键环节、日事日毕、适度超前等各个工作层面上注意方法，做到“目标明确、节点清晰、细节严谨”，扎实、迅速落实。

2.1.7 经营理念

简单、专业、协作

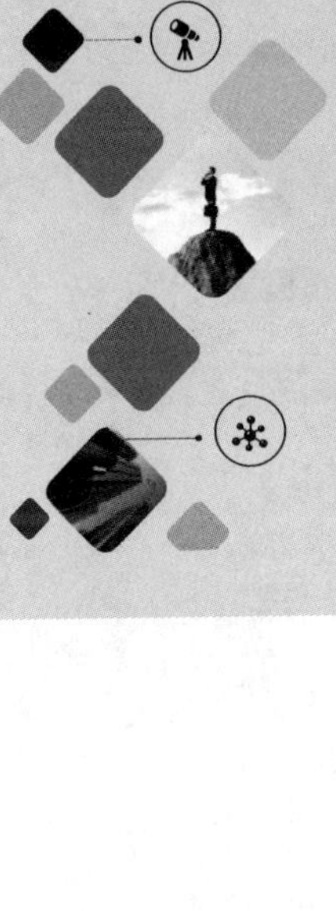

- “简单”：恒大人寿发展至今，人才队伍组成多元化，随着未来业务的拓展与布局，又将会有更多人才的加入，不同的从业经历、不用的专业背景、不同的做事风格的人们汇聚于此，更加需要营造一种简单高效的工作环境，促进人才的融合与目标达成。简单，在管理上表现为机制的公平公正，精简高效，结果导向；在人际关系与处事方式上，对事对人，相信公司、领导与同事，每个人立足本职，聚焦于目标达成、效率改善、事业发展，以包容的姿态、乐观的心态，去合作、沟通、管理和处事。通过“简单”，为组织和个人营造彼此信任、温暖通透、充满正能量的组织环境。
- “专业”：恒大人寿所从事的寿险业务，是为客户提供的一项“专业服务”，随着保险行业的不断发展，监管体系越来越规范和健全，客户综合素质水平以及对保险认知程度的不断提升，行业人才综合素质水平也在不断提升，公司的管理也在逐渐成熟，保险服务对专业性的要求已然是一项“标配”。“专业”充分体现了敬业勤勉的态度、精益求精的追求、持之以恒的积累。通过“专业”，为客户提供高品质的产品和服务，赢得客户口碑。
- “协作”：恒大人寿在快速的成长与发展中，团队的团结协作是一个关键因素，面向未来，从更广阔的视角上，恒大人寿也需要同恒大集团各业务板块紧密协作，与监管机构、各地方政府部门、行业相关企业以及各专业领域的供应商及合作伙伴紧密协作。“协作”代表了恒大人寿一种开放的胸怀，一种共赢的态度，一种大气的格局。通过“协作”，更好地与各方主体共创美好未来。

2.2 “价值”维度的行为倡导

价值观

价值

以价值为纲领，我们精益求精：强调对价值的创造，精益求精为股东、为社会、为客户、为员工创造价值

我们应该这样想：	我们可以这样说：	我们可以这样做：
• 什么是价值：价值就是我们通过劳动为股东、社会、客户以及员工自身所创造的成果和功用 • 价值的衡量标准：一个部门、一个条线、一个机构、一个团队、一个人，衡量价值大小的标准有三条：一是贡献多少，二是品质好坏，三是效率高低	• 价值四问： ○ 我（们）在公司的价值是什么？ ○ 我（们）对公司的贡献还可以提升吗？ ○ 我（们）的工作品质还可以改善吗？ ○ 我（们）的工作效率还可以提高吗？	• 产品承载责任 • 服务传递真情 • 拼搏创造价值 • 追求至善至臻

· 我们愿意与这样的人一起共事：
以利他之心，能够为股东、社会、客户以及自身创造价值。

2.3 “创新”维度的行为倡导

价值观

创新

以创新为驱动，我们敢于超越：强调对环境的适应，实现快速发展的目标，唯有适应变化，拥抱变化，敢于超越自己，将不可能变为可能。

我们应该这样想：	我们可以这样说：	我们可以这样做：
• 创新目标：创新的目的是为适应市场环境的变化，不断优化改善，降本增效，但是创新不能牺牲客户服务体验和突破风控合规底线 • 创新方法：围绕需求，全面对标（监管规定、文化理念、同业最优、自身问题、科技应用） • 试错机制：大胆设想，小心求证，精心策划，允许试错	• 创新目标三问 ○ 成本可以更低吗？ ○ 效率可以更高吗？ ○ 客户体验可以更好吗？ • 创新方法五问 ○ 符合监管规定吗？ ○ 符合公司文化理念吗？ ○ 优秀同业是如何做的？ ○ 还有没有更好的解决方案？ ○ 科技应用的解决方案是什么？	• 管理创新：新增一个流程，必须减少两个流程；新增一个制度，必须减少两个制度 • 科技创新：全面赋能-管理+/产品+/服务+/销售+/投资+ • 鼓励产品、服务、销售、投资创新

· 我们愿意与这样的人一起共事：
拥抱变化，敢为人先，敢于跨界；能够在有限合理的费用投入下，也能高效工作，创造客户的良好体验。

2.4 “客户”维度的行为倡导

价值观

客户

以客为尊，我们尽善尽美：强调客户至上、服务至上的理念，以客户为中心，秉持善良美好的发心，为其提供高品质的产品和服务。

我们应该这样想：	我们可以这样说：	我们可以这样做：
• 客户至上：客户是公司产品销售和服务的对象，是公司价值产生的源泉，是公司使命追求的最高点 • 服务至上：为客户提供超出预期的产品与服务。想客户所想，做到尽心尽力；急客户所急，做到尽善尽美	• 称呼要得体 • 态度要热情 • 语气要温和 • 需求要确认 • 讲解要专业 • 进度要反馈	• 产品开发-客户价值最大化；产品销售-业务品质有保证；客户服务-服务便捷高效、客户体验舒服 • 一刻不停提升服务质量，千方百计满足客户需求 • 对损害客户利益的行为“零容忍”

· 我们愿意与这样的人一起共事：
真正做到以客户为中心，想客户之所想，急客户之所急；想在客户前面，超前准备，超越预期服务。

2.5 “员工”维度的行为倡导

价值观

员工

以人为本，我们上下同欲：强调公司对员工的关怀，关注员工的成长、收入与工作氛围；同时，强调员工围绕公司发展目标的使命担当、奋发向上，上下同欲，战无不胜。

我们应该这样想：	我们可以这样说：	我们可以这样做：
• 正确的领导观：员工是公司最大的财富，下属是事业发展的伙伴，团队是领导成功的基础。以身作则是成本最低的管理，身先士卒是追求卓越的起点 • 正确的团队观：相信领导，相信团队，信任是团队最珍贵的资源；把同事当客户，把需求当命令；积极帮助他人，勇于承担责任	• 领导应该多问： ○ 我给下属的承诺兑现了吗？ ○ 我遵守自己制定的团队规则了吗？ ○ 我的团队开心愉快吗？能力、收入有提升吗？ • 团队应该多说： ○ 这事我来做 ○ 这事做好了 ○ 这是我的责任	• 领导可以这样做： ○ 多表扬，少批评；多面谈辅导，少指责过错 ○ 做规则建设者和遵守者，不做规则破坏者 ○ 及时兑现承诺，不忽悠下属 • 团队可以这样做： ○ 上级服务下级，后线服务前线，内勤服务外勤，需求就是命令 ○ 积极抢活干，自己找活干 ○ 及时反馈工作进度和结果

· 我们愿意与这样的人一起共事：
能够高效完成本职工作；能够积极地帮助他人；能够在组织中发挥正能量。

2.6 “诚信”维度的行为倡导

以诚信为基石，我们一诺千金：强调对商业底线的遵守，同时也是传承恒大集团“诚信立伟业、质量树品牌”的宗旨，诚信是与客户建立长期合作关系的基础，品质是诚信的文化内核。

价值观

诚信

我们应该这样想：	我们可以这样说：	我们可以这样做：
• 正确的发展观：诚信是立司之本，品质是强司之路。诚信决定成败，品质决定未来 • 正确的审美观：诚信是最美好的品格，业务品质就是人品。缺少诚信，“恒久守护、向善而行”就是无根之木 • 正确的荣誉观：诚信建设抓人品，品牌建设靠口碑。“金杯银杯，不如客户的口碑”	• 一张保单一份承诺 • 一次服务一次关怀 • 信守承诺，一诺千金	• 诚信建设从内部做起 ○ 知敬畏、守底线 ○ 言必行，行必果 ○ 守信用，交结果 • 品牌建设从品质做起 ○ 内建诚信文化，外树品质口碑 ○ 完善荣誉体系，塑造诚信典范 ○ 强化品质管理，夯实诚信基础 ○ “继续率”指标管理实行“一票否决”

· 我们愿意与这样的人一起共事：
秉持职业精神，专业服务，一诺千金，诚信做人。

2.7 “合规”维度的行为倡导

以合规为底线，我们坚守执行：强调对行业规范的遵守，将监管要求内化为企业管理要求，贯彻执行。

价值观

合规

我们应该这样想：	我们可以这样说：	我们可以这样做：
• 合乎道德：道德是人的道义品格和德行品位完成任务就是诚信，业务品质就是人品 • 合乎法律法规：合规是权力的边界 • 合乎公司规章制度：执行制度是合规的保证	• 讲道义情怀 • 讲德行品位 • 讲道德底线 • 讲合规底线 • 讲制度底线	• 尊重行业监管要求 • 不折不扣执行监管制度 • 不打擦边球，不游走灰色地带 • 对违规行为“零容忍”，实行“一票否决”

· 我们愿意与这样的人一起共事：
心存敬畏，坚守底线，德才配位。

2.8 干部纪律三十六条

守纪律、讲效能、懂规矩，有下列行为的予以通报批评：

第一条，通讯不畅通，影响工作；
第二条，重要会议着装不规范，带手机入场、交头接耳；
第三条，上班时间从事与工作无关事项；
第四条，不按规定办理外出、请假手续；
第五条，违规配备司机、秘书，超标享用办公、住宿、配车等待遇；
第六条，资产物料购置把关不严，造成闲置浪费；
第七条，审核审批事项不答复或答复不明确；
第八条，文件精神、会议决定或重要指示不及时学习传达；
第九条，未经批准利用职务身份参加各类社会活动，担任社会职务。

秉原则、忠职守、严把关，有下列行为的予以降职处分：

第十条，违规录用、定薪、提拔；
第十一条，违规发布敏感信息，私下传播未公开的领导决策内容；
第十二条，工作期间组织、参与赌博活动；
第十三条，不服从工作安排及岗位调动；
第十四条，不履职尽责，只讲问题苦难，不提解决方案；
第十五条，包庇纵容违反公司制度、损害公司利益的行为；
第十六条，所辖单位多次出现违纪违法事件；
第十七条，报告、报表、资料内容不实、数据错误、导致不良后果；
第十八条，付款审核把关不严，错付款，并为公司造成损失。

2.8 干部纪律三十六条（续）

守诚信、会担当、重大局，有下列行为的予以免职处分：

第十九条，考勤弄虚作假；
第二十条，采用虚假手段规避资金使用审批；
第二十一条，检查、考核不坚持原则，不实事求是，损害公司利益；
第二十二条，为应付考核随意决策，造成重大损失；
第二十三条，对突发事件或品牌事件漏报、瞒报、迟报、谎报；
第二十四条，各项重大考核连续多次倒数后三名；
第二十五条，对制度有明确规定的事项越权行事、先斩后奏；
第二十六条，对公司决策部署贯彻不坚决、落实不到位；
第二十七条，说不利于团结的话，做不利于团结的事。

树正气、重责任、拒腐蚀，有下列行为的立即予以开除：

第二十八条，拉帮结派、任人唯亲、买官卖官；
第二十九条，造谣传谣，损害公司形象；
第三十条，泄露公司机密；
第三十一条，失职、渎职造成重要风险、合规事件或重大经济损失；
第三十二条，干预、操纵招标采购活动；
第三十三条，利用职务便利，向下属单位吃拿卡要；
第三十四条，违规接受宴请、招待，收受礼品礼金；
第三十五条，利用公司资源在外从事经营活动，牟取私利；
第三十六条，索贿、受贿，挪用、侵占公司财产。

EVERGRANDE LIFE

03

企业文化落地

3.1 企业文化落地的目的

真正让文化成为全体员工的价值判断和行为习惯导向，促使员工责任感和使命感的提升，最终推动组织目标达成。

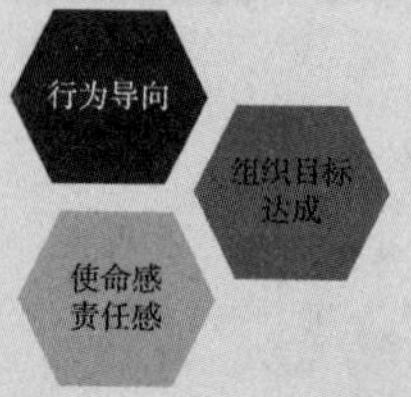

3.2 文化落地的具体目标

企业文化落地的具体目标是：知、信、行。“行”是文化落地的终极目标，是检验文化落地成果的最终标准，“知”和“信”最终是服务于“行”，而“行”也将促进“知”和“信”。

知的程度

理念能够被“干部精通、员工熟悉、客户知晓”

信的程度

信体现在两点：
（1）员工相信文化理念是企业真实的文化；
（2）员工认同现有的文化理念。

行的程度

企业文化落地的终极目标就是全体员工的行为习惯符合企业价值观的要求

3.2 群体行为改变

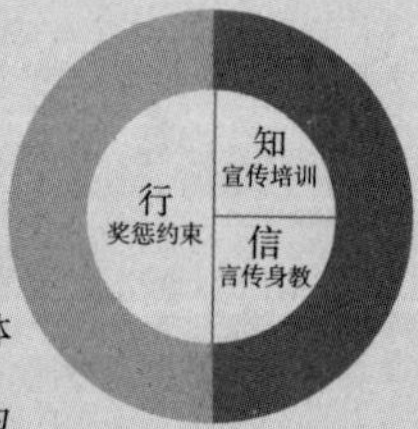

文化落地从本质来讲是群体行为转变；群体行为转变，一方面是内心认同后的行为转变，另一方面是行为约束后促使的内心认同，两种方式要结合推动。

文化落地是一个长期的过程，长效机制聚焦在制度与激励体系完善与实施、宣传认知两个角度持续开展。

3.2.1 “知”的文化落地措施

“知”的环节要解决的核心问题是：如何将公司倡导的文化理念变成企业中所有员工知道并理解的理念

宣传与专项培训的开展

触目可及的文化冲击
- 文化上墙
- 礼品及办公用品的文化内容覆盖
- 文化征集活动及宣传
- 文化交流平台的建设

手头可查询
- 企业文化手册
- 员工手册

文化培训、文章及视频的宣传
- 新老员工的文化培训
- 典型人物、团队、项目的深度访谈
- 文化知识竞赛

3.2.2 “信”的文化落地措施

“信”的环节要解决的核心问题是：全体员工相信公司的价值理念，并逐渐变成全体员工深信不疑的信念

中层管理者的文化传承发扬是关键

招聘符合价值观的员工
- 选择更有责任感与使命感，更符合公司价值观的员工，更容易让员工相信公司的文化，自觉践行公司的文化，实现内心主动改变

领导垂范
- 中层管理者做好文化传承
- 对在文化传承、落地方面、文化氛围建设方面表现的优秀团队、管理者进行采访、报道

设立文化投诉/仲裁委员会
- 对违背价值观/不公平的事情进行仲裁

3.2.3 “行”的文化落地措施

“行”的环节要解决的核心问题是：让全体员工自觉践行公司的价值理念，将理念变成自己自觉的日常行动，最后变成全体员工群体的习惯

奖惩实施、考核关联与具体项目

行为层的建设
- 基本员工行为规范
- 倡导与反对的行为
- 企业高压线
- 企业文化案例征集

制度层的建设
- 激励奖惩制度的建设与实施
- 与绩效考核关联

具体项目参与
- 通过参与具体的业务项目，将文化价值观融入其中。企业文化工作只有与业务结合才能真正落地

3.3 文化审计

借助PDCA循环，动态改进文化工作：文化观念及行为习惯的转变和形成都是渐进的，都需要有一个过程，因此企业文化建设也是一个循序渐进、不断提升的过程。

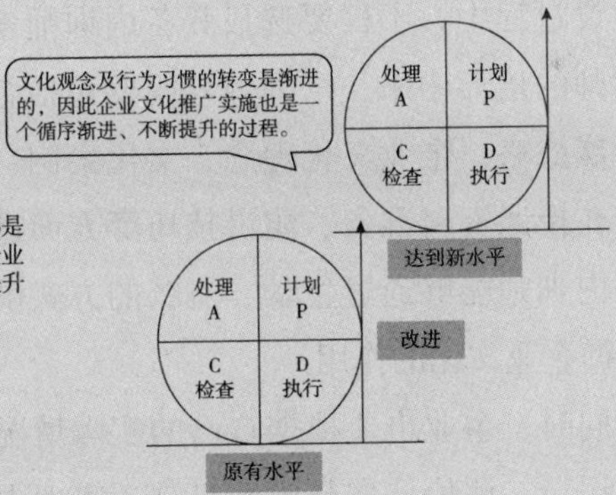

3.3 强化文化实施效果的阶段性评估、检查与考核

问卷调查	• 全员调查 • 专项调查	总结 评估 考核 奖惩 反馈结果 改进改善
座谈	• 员工、中层座谈 • 外部专家评估	
检查考核	• 现场抽查员工 • 检查文化落地工作记录 • 文化工作、员工满意度的绩效考核与奖惩挂钩并兑现	

三、文化培训师队伍建设

企业文化培训师队伍一般由内部培训师和外部培训师两类人员组成。

1. 内部培训师队伍建设

为确保企业文化落地推广工作的持续性，企业一般通过指定或内部招募的方式组建一支相对稳定的“文化内训师”队伍。在内训师队伍的建设过程中，主要应把握好人员选拔、师资培训两方面的重点。

在内训师队伍建设的过程中，除了要邀请部分企业中高层领导加入之外，重点是要选拔一批基层员工作为内训师。这种做法，一方面可以发挥中高层管理人员的引领、示范作用，另一方面，也可以充分调动基层员工参与企业文化建设的积极性，让企业文化更加容易被理解和接受，对形成和谐正向的企业文化宣传氛围有非常大的帮助。

企业文化培训讲师不仅要有一定的企业文化知识，也必须具备较好的演讲表达能力。由于企业内部人员大部分缺乏授课的经验，因此，在内训师队伍建设过程中，不仅要选拔具备内训师素养的员工，还要将工作重点放在内训师的培养中来，培训内容既要包括企业文化基础知识、公司发展历史、发展战略、企业文化理念、文化案例、行为规范等企业文化相关内容，还应在授课资料准备、演讲技巧等方面进行专门的训练，以确保在培训过程中内训师能够通过生动、流畅的方式准确地向员工传递信息，起到宣传、贯彻企业文化的作用。

与此同时，企业也要根据自己的实际情况逐步建立起内部培训师的聘用、工作记录、评价评估与激励机制，实现内训师队伍的优胜劣汰与动态管理，从而确保内训师队伍的相对稳定、高素质与高水平。

2. 外部专家及培训师资库的建立

企业文化建设是一项长期性的工作，所面向的对象包括企业不同层级的人员，这就决定了企业文化培训人员的能力素质也要具备一定的梯度，例如，面向企业中高层领导的企业文化培训，面向内部文化培训师的培训，以及企业文化的首场培训等，这些都需要培训师具有较高的现场驾驭能力和专业水平，在这些特殊的场合，就需要外部专家的参与与担当。

为此，企业的文化主管部门可与高校、研究院所、咨询培训公司等外部机构建立长期的合作关系，由上述机构派出专家，形成企业的“外部文化讲师团”，与内部培训师队伍互为支撑，互为补充，协同开展工作，为企业文化建设提供理论水平的提升与外部实践经验的分享。

四、文化培训的组织实施

培训的组织实施是企业文化培训体系的关键环节，在这一环节，应严格按照培训计划针对不同层级、不同部门、不同岗位的培训对象开展持续、多样化的培训活动。

通常情况下，企业文化培训具有灵活多样的特点，这种灵活多样，主要指企业文化培训实施的方式具有多样性，不同的实施方式面向不同的受众，多种方式的灵活切换也便于各类员工培训效果的提升，常见的企业文化培训形式包括会议、集中授课、主题演讲会、文化研讨会、文化座谈、传帮带、角色扮演、文化知识竞赛、经典案例分享、企业发展史讲解，等等。

①会议方式。以会议方式开展的企业文化培训通常是小范围的，针对某一特定人群、某一类员工或某一部门、团队开展，通过会议传达和强调企业文化的理念、做法与案例，以达到使参会人员逐渐领悟企业文化内涵的目的。

②集中授课。集中授课的培训形式通常比较具有计划性，如：企业内部以年为单位，每年固定组织几次集中的、大规模的企业文化授课，如果针对全员授课，通常会选择外部专业培训老师或企业高管讲授；如果是针对企业内部某一部分人员进行集中培训，也可由企业高管进行授课。与会议形式相比，集中授课的培训方式系统性、知识性更强。

③主题演讲会。主题演讲会是当下无论国有企业还是民营企业都比较

常用、举办频次也比较多的培训方式之一。通常在一些特定的节日或对企业比较重要的日期（如：司庆）都会有文化主题演讲会，有的企业也会将演讲会改为演讲比赛，以充分调动员工参与，会议一般都会选定与企业文化相关的主题，讲述一些员工心得或者发生在企业内部的文化事迹等。

④企业文化研讨会。通常会选定某一特定主题，围绕主题进行研讨，一般情况下，企业文化研讨会由企业内部的文化管理部门组织，企业相关领导及职工代表参会，就某一主题发表见解，共同研讨，为企业文化建设献计献策。如：某铝业公司围绕企业文化宣传，就如何进一步丰富企业文化内涵，更好地推动企业文化多样化传播，引导广大职工自觉认同企业使命与价值理念，实现文化理念在职工当中的内化，组织召开专门的研讨会进行讨论、交流。

⑤企业文化座谈会。这是目前各类企业选取的主要文化培训方式之一，尤其对于集团型企业，文化座谈会尤为重要。通过座谈会，不同分子公司之间可以进行文化的交流与探讨，有利于分子公司在各自文化特色的基础上形成集团文化的凝聚力，如陕西延长石油（集团）有限公司，在每年集团企业文化集中学习和宣传时期，都会召集子公司、各炼油厂汇聚一堂，举办企业文化座谈会，相互交流心得与经验。2019 年 5 月，为从延长石油 110 年发展历程中汲取营养，大力弘扬集团“埋头苦干，开拓创新”的企业精神，进一步促进集团企业文化的宣贯落地，集团公司召集各板块直属单位企业文化负责人到集团发祥地延一井所在地七里村采油厂进行集团企业文化的交流座谈，进一步探讨如何加强企业文化建设，并将座谈会现场情况以新闻的方式对外报道。

⑥传帮带。是指前辈对晚辈、老手对新手等在工作和学习中对文化知识、技术技能、经验经历等给予亲自传授的通俗说法。传帮带既是方式和方法，更是氛围和风气，是具有中国传统的技艺教授方式，其形式和效果一直被人们所认同，放之于现代企业之中，依然被认为是有效的人才培养途径。这种形式既是解决问题的重要途径，也是打造学习型组织的必要手段。很多企业在文化建设过程中，都会采用“传、帮、带”的形式，甚至这一形式在某些企业内部已经成为了文化的重要组成部分和员工的必修课。

以某集团为例，在集团内部，“传、帮、带”已成为企业文化的一部分，董事长也会定期担任讲师，为员工讲授“传、帮、带”文化。

⑦角色扮演。主要是在企业内部互换角色，去感知企业文化的一种方式，通过文化内部感知，让员工深刻理解到企业文化建设现状与期望之间的差距，从而更好地进行改善。一般服务行业的企业文化建设常常采用角色扮演方法，内部员工以消费者的身份体验企业的服务，寻找差距，弥补不足。

⑧经典案例分享。通常围绕某一主题，选取企业内部与主题相契合的文化事迹，以集中宣讲的方式对员工进行培训，通过经典案例，带动企业内部员工的情感共鸣，从而实现文化宣贯的目的，部分企业也会选择将经典案例做成短视频、微电影，在企业内部公映，中国交建、华润置地等企业都采用过这样的形式。

⑨企业发展史讲解。通过对企业发展历程的现场讲解，包括企业发展史展馆的参观，使员工充分了解企业、了解企业的发展历程，从而逐步建立起对企业的归属感，也更加能够领会企业文化的由来，更能清楚为什么要贯彻执行某种文化，通常，企业发展史讲解在企业新员工培训中最为常见，是新员工入职培训的重要内容。

五、文化培训管理与效果评估

通过制度的建立，将企业文化培训纳入到企业日常管理工作中，是企业文化培训得以持之以恒、有序开展的基础。通常来说，涉及企业文化培训的管理制度包括：企业文化落地实施管理办法、企业文化培训流程、企业文化内训师管理办法、企业文化培训现场管理办法、企业文化培训考核制度等。

与企业其他培训活动有所不同的是，企业文化培训不仅要求员工深入了解企业发展史与企业文化理念，更重要的是要让员工在接受培训后能够自觉地按照企业文化理念的标准规范自身行为，在行动中践行文化。因此，对企业文化的培训效果评估应包含三个方面的内容：一是对文化内部培训师授课质量、教学服务水平的评价；二是员工是否掌握了授课的内容；三是员工是否能够将授课内容融入日常工作和行为当中去，也即包括了培训效果评估理论所提及的反应层、学习层、行为层三个层面的评估。

企业文化主管部门应及时对培训效果进行全面评估和分析，及时总结经验、发现不足并不断改进，从而促进企业文化培训工作的良性循环。

案例7-3 联想集团的“入模子”培训

当企业推行多元化战略，尤其是通过并购实现多元化经营时，它们往往面临着相似的管理窘境：一方面，新业务导致员工人数剧增，企业面临新员工培养和管理的压力；另一方面，新并入企业已有既有文化，双方难以顺利融合。即便对于有着三十多年发展历史的联想控股而言，当选择走上多元化战略之路时，也面临同样的困扰。经过深思熟虑，联想控股选择“新瓶装旧酒”：让“入模子”这一在企业内实行了20年的文化培训工具披挂上阵，重新焕发出新的能量。所谓“入模子”，就是通过特定的企业文化培训方式，促进员工价值观及行为方式的统一。

2010年，联想控股提出多元化战略，要用购建并行的方式打造一些新的产业，使公司实现跨越式增长。在新战略的实施过程中，联想管理学院通过对“入模子”这一培训工具的改良与创新，承担起了向新的成员企业输出联想文化与管理经验的重任。在控股层面，“入模子”继续成为新员工加入联想的“必修课”，让受训员工快速了解联想文化的核心内容。另一方面，针对新成立和新并购的企业，“入模子”用“文化+战略”相结合的方式，成为解决成员企业问题的抓手，用效果说话，将成员企业与控股公司用文化纽带连接起来。

从受训员工对“入模子”项目的反应来看，他们的确对联想的企业文化有了更为精准的认识，并能将培训中掌握的价值观与方法论应用于实际工作，他们的工作效率得以提高，并能够随时借助“复盘”反思工作中的经验与教训。

让“入模子”的功能从新员工培训拓展到新企业融入，进而助力多元化战略的实现，联想控股的做法值得借鉴，因此，本文对联想通过

“入模子”方式开展新加盟企业文化共识的过程做一分析，供后来者借鉴与参考。

一、配合集团战略对“入模子”产品进行改良

“入模子”方法创立于1991年，也就是联想管理学院成立之时。所谓“入模子”，意即企业像一个模子，有独特的文化与管理要求，所有加入公司的员工，都要进到模子里，熟悉上述要求。在诞生之后的20年里，“入模子”主要是服务于新员工培训，让新员工对公司文化要求及各方面情况有更系统、全面的认识。

到了2010年，当联想控股提出新战略之后，管理学院为了让文化培训在不同背景的成员企业中起到实效，对“入模子”进行了改良，使之成为一个更为贴近业务、也更注重体验的文化培训项目。

不同于一般的拓展训练或新员工培训，“入模子”并非简单的内容灌输，而是用体验、带入的方式，让参与者能够真切感受到企业文化的可信性和实用性。具体做法上，改良后的“入模子”产品突出体现了三大特点。

1. 采用小组制。“入模子”项目为期4天3夜（中午开始，中午结束，实际时间只有3天），全程采用封闭式管理。受训对象既包含总部的新员工，也包括控股旗下各个成员公司分管企业文化建设的负责人，以及人力资源部具体做文化建设的人员。管理学院对参加人数严格控制，成员公司的参与者最多五六人，少则一两人，从而保证每期总人数在50~60人左右。所有参与者会被分成5~6个小组。在3天的培训中，所有任务都以小组的形式进行，不计个人成绩，这在无形中提高了成员间协作的要求。

2. 体验式教学。“入模子”不采用填鸭式的灌输方式，而是将理论知识与实践相结合，令受训者不仅掌握价值观、方法论，还通过完成团队任务和全程进行竞赛学以致用。具体来说，学院老师讲授核心课程的时间只占“入模子”的1/3，余下时间让老员工、高管、受训人员进行面对面交流，以及完成各种团队任务竞赛。学院将联想的价值观、方法

论以及“管理三要素”的学习与运用全部融入每个任务中，让学员在完成任务的过程中用“管理三要素”自建团队、制定目标，通过复盘团队任务的执行结果，自己感悟核心价值观、方法论以及联想管理理念所起的作用。

3. 考核 + 竞赛方式。在培训的三大类内容中，除新老员工进行交流之外，文化课和拓展训练项目都要进行考核打分。文化课以知识竞赛的方式考核，题目均来自于三门文化课（联想的历史与现状、文化和管理）上传授的内容。在培训行将结束时，各小组还要综合本小组的讨论和复盘会的情况，向全体人员做总结汇报，由评委打分，结果纳入团队竞赛总成绩。高强度的考核与竞赛，充分调动了学员们的斗志与积极性，收到了良好的效果。

二、服务战略，提供定制化“入模子”培训

2011 年，在对“入模子”进行改良的一年后，管理学院又针对成员企业推出了定制化的“入模子”项目。

针对成员企业的“入模子”，主要以贴近业务的文化传播为主。以成员企业的需求为出发点，考虑到企业的行业特点、发展阶段、队伍结构以及 CEO 个性等因素，设计有针对性的方案。具体来说，面向成员企业的“入模子”产品表现为以下三个特点。

1. 量身定做。由于成员企业“入模子”的学员规格较高，主要为中层以上领导，为了抓住他们的需求，学院的人通常会提前一个月做深入调研，对所有中层以上管理者做全面访谈，了解他们及其员工当前的心态、公司的发展特点以及企业原本的文化状况等。最后，有关人员还会与 CEO 做深入的一对一访谈和沟通，了解公司目前关心的是什么，然后挑选一个现任 CEO 最关心的问题，组织员工一起讨论，让公司上下了解管理的瓶颈在哪里，或者公司需要解决的重要困惑和挑战在哪里，公司该如何行动，以此来确定“入模子”的基调及公司目前需要重点关注的问题。

2. 文化 + 战略。成员企业的“入模子”一半内容沿袭了控股公司

“入模子”的内容和形式，保留了三门关于文化的理论课，压缩了拓展训练项目；另一半内容则是结合企业的新战略，让成员企业的CEO或董事长与员工进行战略沟通，让公司上下明晰未来的发展方向。

3. 注意尺度和时机。为了防止“入模子”在文化导入上过于强势而起到反效果，管理学院非常注意把控尺度，他们的观点是：“文化是不是让人信任和接受，有用是前提。所以，我们并不过分强调宣贯，而是证明文化确实对战略和业务发展有切实的帮助。”此外，学院对成员企业开展“入模子”的时机也极为重视，为了取得更好的效果，他们不会选在成员公司被并购后就立刻展开培训，而是等到双方有一定了解之后，再让企业“入模子”。

三、“入模子”培训随企业的发展而共同成长

经过四年的发展，控股公司的“入模子”项目取得了良好的成果，不少学员在事后的培训反馈中表示，自己对联想的企业文化有了真切的认识，在培训中学到的管理三要素、价值观与方法论，也让自己在日常工作中受益不少。

然而，并非每个人都愿意接受这种方式，尤其是追求个性的年轻员工，往往容易把这种培训看成“洗脑”，这同样也是学院面临的挑战。在他们看来，“入模子”包含两个核心——选择与塑造。“模子”是一个双向选择，联想把模子摆在这里，告诉员工联想的做法和经验，员工可以选择接受，也可以选择离开。但这种塑造也是双向的。“我们的模子是可以改的，新进来的员工也在塑造联想。不过，改模子的前提是先入模子。”

历经三十多年的风雨，当年与联想同期创立的企业绝大多数已不存在，对企业文化的坚守与重视，或许正是这家企业生存、发展与壮大的秘诀之一。更值得赞赏的是，联想能够与时俱进，不断优化自身的文化管理与传播方式，通过对“入模子”产品的深度改造，使之能够服务企业并购整合后的文化融合工作，并取得了显著的成效，这是一种非常有益的创新与尝试。

第三节 企业文化实践活动策划

企业文化是管理思想与理念的沉淀，需要具体的载体与表现形式，才能使其为成百上千的员工所了解，其中，形式多样、丰富多彩的企业文化活动是企业文化落地的重要载体：一方面，通过生动活泼的形式、在比较轻松的环境中让员工对企业文化有更直接的感受，调动员工积极性，营造和谐向上的企业氛围；另一方面，通过企业文化活动的开展，宣传企业的核心文化理念，通过活动中的互动和交流，让员工加深对企业文化的理解，潜移默化地认同企业的价值理念。

企业文化实践活动多种多样，以下就常见的文化实践形式做一介绍。

一、内刊——历史悠久的文化传播媒介

走进一家企业，翻阅企业的内刊，鲜活的人和事扑面而来，企业所倡导的文化理念跃然纸上。内刊对企业文化的建设有着不可低估的作用，它是企业发展和逐步成熟的产物，也将随着企业发展的跌宕起伏，反映企业在不同发展阶段所追求的方向，所表达的企业意志，所展现出的精神风貌。

现在，越来越多的企业已经认识到：企业文化是企业的核心竞争要素。企业文化如何显现？内刊是当仁不让的最佳传播载体。文化需要日积月累才能逐渐沉淀、成型，而内刊由于其固有的周期性、专注性、专业性等特征，正好为企业文化的传播与更新提供了平台。总体来看，内刊的作用可以归纳为四个方面。

①传教士。内刊能充当企业的“传教士”角色，将企业文化传播到企业员工、客户和其他行业相关人士心中。有了内刊，即使是一位对企业完全不了解的人，也能通过对其内刊的阅读与研究，迅速了解该企业的企业文化及其发展变化轨迹，从而快速了解这家公司。

②传声筒。企业文化源于企业家的经营理念，但任何一家企业的负责人，都不可能向每一位员工、每一位客户、每一位行业相关人士讲述自己

的经营理念。因此，企业家需要企业内刊作为其经营理念的“扩音器”和“传声筒”，把企业的经营管理思想传递到每一位员工、客户及其他相关人士。

③小喇叭。内刊不仅是传播文化的单向载体，也是员工与企业互动、展现自我的最佳舞台。企业通过内刊，能够灵活、迅速地表彰优秀员工，使他们得到荣誉上的满足；而员工也能够通过内刊发表文章、作品，展现自己的思想与才华，从而实现员工与企业之间的良好互动。

④广告牌。企业内刊能够展示企业各方面的风采，其他相关人士通过阅读内刊，能够增强对企业的了解与认同，建立初步的信赖感，为双方的下一步合作打下良好的基础。

近年来，企业微博、微信、抖音也开始成为新的文化传播方式，这些新媒体具有时效性、娱乐性、互动性强的特点，但稍显缺乏深度与沉淀。企业内刊如能与上述媒体相互配合，一正一奇，肯定会令企业文化传播效果更佳。

案例7-4 万达集团与《万达》月刊

现在，越来越多的企业开始重视内刊，也有越来越多的企业创办了自己的内刊。办刊需要不菲的投入，内刊究竟有何魅力吸引越来越多的企业为此“烧钱”呢？今天我们来说说自创办之初持续至今未中断的《万达》月刊。

《万达》月刊创办于1998年，至今已创办22周年，且坚持原创。《内部培训绝密资料：万达这样培养人才》《最近，王健林最关心、最看中的一件事》等曾经被转爆朋友圈的内容就来自《万达》月刊。2014年经集团企业文化中心和信息管理中心共同研发，《万达》月刊客户端已通过审核，成功登陆苹果APP STORE系统。

《万达》月刊是最原汁原味、最翔实传达王健林管理思维的载体，有比媒体更为严格的流程，有国内最庞大的信息网。2014年11月2日，在第九届中国企业内部报刊（通讯）大会上，经评委会审核，《万达》月刊荣获第九届中国企业内部报刊“金纽带奖特等奖”。大会评委会经审核认为《万达》导向正确，内容丰富，版式精美，追随媒体发展主流，注重求精和深度探索，是一份十分出色的企业报刊，走在了国内报刊的前列。

《万达》月刊是万达文化载体“十个一”工程之一，是全企业文化传播体系中的一部分，传播万达“共创财富、公益社会”的企业使命。月刊含特别策划、产业动态、经营、匠心、公益、万新生、万达人物、业务交流、随笔、读书、安全、榜单、义工、大事记等栏目，月刊文章同万达企业文化相互呼应，各期月刊从不同角度印证着万达集团“敢于创新、坚守诚信、带头环保、关爱员工、注重慈善、做到最好、执行力强、弘扬传统”的文化特点。

二、吉祥物背后的文化、信息传递

企业吉祥物是企业形象的载体，通过打造吉祥物、赋予吉祥物文化内涵，可以使企业文化具体化、形象化，并可通过产品包装、印刷品、音视频、玩偶等多种形式对吉祥物的形象进行大范围的传播，从而以更具亲和力的方式，带动企业品牌与文化的推广。

案例7-5　轻松购物，客户为先——京东吉祥物“Joy”的由来

“客户为先、诚信、协作、感恩、拼搏、担当”一直是京东所秉持的价值观。2013 年 3 月 30 日，一只名为“Joy”的 3D 金属狗作为京东吉祥物正式走入大众视野。

起初，京东只是希望通过小狗的形象传递出对客户的忠诚，表达京东为客户提供可信赖的商品和服务之意。随着移动互联网的发展、消费升级以及用户喜好变化等因素，在 2017 年 8 月，Joy 从颇具科技感的“金属狗”摇身变为更有亲和力的“小白狗”，可爱的样子受到了更多年轻用户的喜爱。

狗以对主人忠诚而著称，同时也拥有正直的品行和如飞的奔跑速度。Joy 寓意是一只能为大家带来快乐的“小白狗”，给客户带来轻松、省心、放心和快乐的购物体验，它承载着京东对各位网友的承诺和努力。

Joy成为京东的化身，代表京东坚持“客户为先”的价值观，努力提升用户体验，不断为大家带来惊喜和欢乐。Joy不再只是一只停留在京东LOGO上的小狗图案，尤其在完成形象升级之后，Joy更是一改之前单一外形，拥有了更多的表情、动作，变得造型百变，丰富的形态更赋予了Joy新的生命力，而这正是京东改变品牌形象的一大诉求：用Joy的亲和力与友善陪伴消费者，为用户带来更快乐、更轻松的购物体验，不断传递京东的价值观。

三、广泛运用新媒体作为传播媒介

媒体是传承人类文明、推动社会进步的重要手段，它使人与事物之间的距离更近，也拓宽了人与人之间的交流领域。随着科技的快速发展，以数字电视、手机、电子书、视频智能终端为代表的硬件，以微信、微博、头条、抖音等为代表的公域传播媒介，以企业APP、电子出版物、音视频为代表的新型出版形态，构成新生的媒体形态，以开放、迅速、无处不在与不断创新，打破了传统媒体如报刊、电视、广播等的信息垄断，使得“人人都是新闻传播者”成为了现实。

在企业文化推广方面，很多企业也紧跟时代发展与员工偏好，充分利用新媒体形式多样、传播快、受众广的特点，通过建设和运营企业的新媒体、自媒体媒介，对企业文化进行宣传推广。

案例7-6　浙江泰隆商业银行：以新媒体助推企业文化建设

浙江泰隆商业银行是一家专业服务小微企业的特色银行，服务范围辐射长三角的两省一市。在新媒体蓬勃发展的今天，泰隆银行充分利用新媒体构建“六个平台”，把线上信息传播与线下实体活动结合起来，有力促进了企业文化建设的深入发展。

1.微泰隆：开发新传播渠道，激活文化资源

通过建立面向员工、客户和社会各界的“微泰隆”微信订阅号，泰隆银行大力拓展企业文化建设的覆盖面，对企业理念、核心价值观、社会责任等进行传播。“微泰隆”上线仅6个月就积累了24万粉丝，成为一个有影响力的信息平台。借助微信，泰隆开展了“三行情书”评选，发起“泰隆摄影作品征选”及“长三角摄影作品巡展”，宣传“五水共治”“文明出行”，开设网上“道德讲堂”与“家长学校”，传播各类资讯；工会、共青团、妇联也通过“微泰隆”举办员工喜闻乐见的各种活动，其中，“大手牵小手”活动全行6500余名员工全部参加，有2万余名孩子在活动中感受到了爱与温暖。

2. 微故事：宣传身边榜样，提振员工士气

根据年轻员工的阅读特点，泰隆银行以“微故事”的形式将发生在员工中的感人事迹进行宣传，传递向上的力量。《谁家年会这么牛，北大高考状元掌勺，男神总经理跑腿端菜》《面对123个孩子的心愿，他们的选择是……》等故事，都有很高的阅读率和转发率。

3. 客户传奇：倡导创新理念，激发大众创业

为了宣传“大众创业，万众创新”的理念，泰隆银行从小微客户中选取典型案例，写成“客户传奇”系列文章，在“微泰隆”上发布。《从放牛娃到霸道总裁，看他如何跨越国界把买卖做到全球》《1万元起家，卖的是烧饼油条，他凭什么能开出50家分店？》《土猪肉做的香肠就是香啊，45分钟卖出500箱，央视记者惊呆了》《比胖子烧饼哥更励志的是蛋挞哥，他跟总理谈过天，有178家加盟店，还自创品牌“包不笼”》《不是爱马仕，也不是阿玛尼，这把剪刀做的衣服就敢卖三五万》等故事接地气，可读性强，不但阅读量高，而且为客户带来了滚滚订单：卖土香肠的故事在“微泰隆”发布的当天，故事主人公就接到了100多个咨询电话；蛋挞哥的故事在“微泰隆”推出后，还先后被新华社《半月谈》、中央人民广播电台等主流媒体刊载播发，蛋挞哥的生意也越做越大。

4. 微课堂：丰富员工知识，蓄积前进力量

泰隆银行开设了形形色色的“微课堂”，既分享了知识和经验，又锻炼了员工的口才和思维。其中，“道德讲堂”和“家长学校”广受员工和“微泰隆”粉丝的欢迎，部分文章的阅读量在5万以上。泰隆学院推出的“网上学校”，打造了电子学习平台和移动终端学习平台，员工可根据自己的时间、兴趣和专业，自由定制“微课堂”，这种集碎片化、混合式、互动性特征为一体的O2O学习模式，有效拓展了员工的学习时间和空间，实现了随时、随地、随身的移动化电子培训。除了线上学习，线下每天早晨的十分钟部门晨会，员工们畅所欲言，演绎头脑风暴。每个月，分支行根据不同主题组织“百家讲坛”，邀请业绩出色的员工或团队为大家传经送宝、答疑解惑。此外，还有“市场面对面”“跟班点对点”等活动，都是泰隆“微课堂”的不同形式。

5. 微公益：提升价值理念，倡导奉献爱心

泰隆银行面向全员推出“微公益”菜单，员工可根据自己的爱好、特长，自愿认领，让公益理念深入到每一位员工心中。借助于新媒体的力量，越来越多的公益活动在这一平台举行，比如，通过官方微信发起“捐一本好书，献一颗爱心”活动，短短一天内，就收到员工、客户和“微泰隆”粉丝捐赠的书籍一万余册。利用这些书籍，泰隆分别在全省10所贫困山区小学中设立了“泰隆爱心图书室”。在“微泰隆”上发起“拯救民勤·绿色传递”公益活动，半个月时间就募集到12.6万余元，泰隆的员工、客户、粉丝总共认捐了1.2万株梭梭苗，在西部荒漠种下120亩“泰隆林”，多家媒体对这次公益活动都进行了报道。

6. 家长学校：构建和谐文化，凝聚全行人心

为使“员工第一”理念更加深入人心，同时将关爱从员工辐射到员工的家人，泰隆银行利用新媒体开办了“家长学校”，还开展了“泰隆萌娃秀”“泰隆潮爸潮妈评比”“送父母一张正装照”等活动，不但员工们积极参与，员工的家人以及数以万计的粉丝也被吸引到这些活动中。泰隆银行面向社会发起的“招财童子”评比活动受到热捧，共有1.1万余名宝宝报名参加，点击数达770万人次。

借助于新媒体开展的这些虚实结合的活动，首先，让泰隆的企业文化覆盖到长三角的160余家分支机构，对内提高了企业的凝聚力和战斗力，对外提升了企业的知名度和美誉度，增强了企业文化的影响力和辐射力；其次，“实体＋虚拟”的活动场所，“线上＋线下”的“双线互动”，丰富了活动形式，为活动的运行搭建了有效平台。网络新媒体的时尚性和前沿性，使得企业文化活动生动、活泼，吸引了大量员工参与，也让客户和社会人士参与到活动中，扩大了泰隆文化的影响力和覆盖面；再次，新媒体在企业和员工之间搭建了一座沟通互动、交融提升的桥梁，实现了员工和企业的无缝对接，做到动态管理和静态管理的统一，打破了时间和空间的限制，为信息共享和文化传播创造了有利条件。

四、庆典仪式传达的文化讯息

各类庆典仪式是全员参与的大规模活动，往往形式隆重，参与人员众多，具有鲜明的“仪式感”，由此也决定了它是开展企业文化宣传的最佳场合：通过庆典仪式传播企业文化理念和价值观，更容易吸引员工关注，也更容易深入人心。

与社会上通行的庆典有所不同，具有强势企业文化的企业，其庆典一般都具有浓厚的文化特色，如，某些公司的周年庆典暨颁奖仪式，往往会选择某一特定的地点，并通过周密的前期策划对庆典的每一个细节进行完美的设计。表面上看只是一场庆典或颁奖仪式，实际上，这种庆典和仪式本身已经在履行传播企业文化的使命。比如，庆典仪式中所进行的企业发展历史回顾，企业新战略发布，新产品发布，政府领导致辞等，这些都是是令广大员工自豪、兴奋和激动的事件。再比如，庆典中的“颁奖”环节，通过富含企业文化要素的仪式，使获奖者在心理上获得高度满足，从而激发其内心的认同感与使命感，继续努力的动力也油然而生，同时，也对在座的其他员工树立起了标杆和榜样。这，就是庆典仪式在文化传播中的作用。如今，越来越多的企业已经将文化要素融入仪式和庆典活动之中，寓教于乐，传递企业的价值取向。

案例7-7　甘肃电投集团：“创新·奋进·共享”主题活动颁奖仪式

2019年9月27日，甘肃电投集团公司庆祝中华人民共和国成立70周年“创新·奋进·共享”主题活动颁奖典礼在甘肃大剧院东大厅隆重举行。集团公司党委书记、董事长出席颁奖典礼并作重要讲话，党委副书记、总经理、工会主席出席并为获奖代表颁奖，集团公司在家领导及机关全体人员，各基层单位党委书记、总经理、工会主席、党群工作部负责人，第五届企业文化节职工书画摄影作品获奖代表、首届“电投工匠”及部分职工代表约200人参加了颁奖典礼。

集团党委书记在讲话中充分肯定了企业文化建设取得的成果，对集团公司高质量发展和企业文化建设提出了新的要求。**一要发扬拼搏精神，共克时艰勇担当**。要充分发扬坚忍不拔、顽强拼搏、遵守规则的体育精神，在市场环境更加复杂、风险挑战更加严峻的新形势下，坚定信念，团结一致，自觉将拼搏向上精神转化为战胜困难、化解风险、促进发展的强大动力，积极担当作为，善始善终，善作善成，为推动集团公司高质量发展而不懈努力。**二要打造匠心文化，潜心钻研长才干**。要弘扬劳模精神、劳动精神、工匠精神，发挥劳模、工匠在推进队伍建设中的传帮带作用，为广大职工学技术、增技能、长本领提供平台、打开通道，激励大家练精技艺，争当工匠，不断涌现更多的能工巧匠，切实打造一支高素质技术工人队伍。**三要凝聚电投力量，奋力建功新时代**。本届文化节的落幕，不仅是我们融汇体育精神、工匠精神和创新精神，着力推进高质量发展的阶段性总结，也是一个新的开始，要奋力开创集团公司高质量发展的新局面。

在随后的颁奖典礼环节，隆重表彰了节会活动优秀团队、优秀选手、优秀组织单位和首届“电投工匠”，现场诵读了优秀文学作品，与会人员高声合唱了《歌唱祖国》。

颁奖典礼后，全体人员参观了集团公司第五届企业文化节书画摄影作品展，对于公司发展及企业文化有了更深刻的领悟。

五、知识竞赛营造文化氛围

知识竞赛通常围绕企业文化理念、企业文化手册、员工准则、VI手册、相关制度等开展，组织知识竞赛的常规做法是考试和现场抢答。如果采用考试的形式，通常在竞赛正式举办前会发布《文化竞赛试题库》，考试时从题库中随机抽取试题，根据提前制定好的规则，由个人或小组进行作答，最终评审阅卷、公布成绩并颁奖。

现场抢答的方式，一般在正式开始前会设计好固定数量的题目，对参与人员进行小组划分，指定代表发言，抢答现场即可出最终竞赛结果。现场抢答的题目通常较考试题目数量少，但现场气氛相对活跃。两种方式都能充分调动员工的积极参与，加深员工对于企业文化的认识和了解，在企业中都比较常用。

案例7-8　常林股份企业文化知识竞赛活动

为进一步营造企业文化氛围，促进与集团公司企业文化融合，充分发挥企业文化在公司经营工作中的积极作用，继MI及VI手册发布、《企业文化应用实施办法》制度发布、企业文化上墙、企业文化征文等活动后，2015年7月下旬至9月上旬，常林公司组织开展了“常林企业文化知识竞赛”活动。

知识竞赛以《国机重工企业文化手册》和《常林企业文化手册》为基础编制知识竞赛试卷及答题题库。大赛分组织学习、试卷答题预赛和现场答题决赛三个环节。组织学习阶段，由各党支部组织部门员工对手册认真学习，并选拔3名队员代表支部参赛；试卷答题预赛，由各支部挑选的3名队员组队参加闭卷书面答题；现场答题决赛，由书面答题前6名的支部组队参加现场答题决赛。

在9月15日举行的现场答题决赛中，6支进入决赛的队伍在领队带领下豪迈登场、争相宣誓，在个人必答题、小组必答题环节均获满分，在抢答题、风险题环节也是旗鼓相当、不相上下。最后，行政二支部、科技支部、道机支部以微弱差距荣获前三名。

公司党委领导亲临现场担任裁判，并为获奖代表队颁奖。颁奖仪式后，书记和大家一起分享了他对集团公司及常林企业文化的解读，并要求大家注重企业文化的落地，用企业文化引领团队、鼓舞团队、创新团队，做弘扬企业核心价值观的宣传者、传播企业理念的践行者、实现企业目标的参与者，为常林实现美好愿景提供强有力的文化支撑。

六、文体活动加强内部文化融合

通常我们所说的文体活动是文艺活动和体育活动的总称。有人说，企业文化就是搞搞文体活动，这种说法当然是不正确的，但反过来也能够说明，文体活动确实也是加强文化传播与落地的最普遍方式。原因在于，文体活动本身具有灵活多样的特点，能够与企业内部员工的不同兴趣、爱好、选择相匹配，比如，有人喜欢绘画，有人喜欢书法，有人喜欢摄影，有人喜欢打球，有人喜欢跑步，企业可根据不同员工的喜好进行活动策划，通过多种形式文体活动的举办，能够调动不同员工的参与，常见的文艺活动包括成语比赛、演讲比赛、读书活动、文化沙龙、书法、绘画比赛等，常见的体育活动包括拓展训练、登山、长跑、拔河、跳绳、羽毛球等，企业在做文体活动策划时，可结合企业实际和员工的爱好等进行选择和组合。

案例7-9　　中建三局北京公司“职工文化节”

2018年4月21日，中建三局北京公司“第十一届职工文化节”开幕式暨“五一慰问演出”在北京建筑大学大兴校区成功举办。“职工文化节”是中建三局北京公司的品牌活动，已连续举办十一年，旨在为职工和一线工友提供展示自己的舞台。

活动现场，公司采用视频形式回顾了十年职工文化节活动的精彩故事和感人瞬间。由一线职工自编自导自演的小品《争先新闻》，将北京公司经营生产、职工关爱、社会责任等工作有机融合，展现了中建三局作为大国央企的担当；诗朗诵《砥砺在太行》则以朗朗上口的诗句反映了三局北京人在转型升级过程中奋进拼搏、一往无前的决心和勇气。

中建三局北京公司“职工文化节”从无到有，已经连续举办十一年，如今早已成长为集劳动竞赛、技能比武、志愿服务、体育赛事、文娱演出、相亲联谊等活动于一体的文化盛宴，也成为职工成长成才与追梦圆梦之地。

文化节举办的十一年来，每年都得到了广大职工和农民工友的积极响应。十一年来，公司积极发挥地缘优势，强化品牌引领和示范带动作用，汇大智、聚大爱，创新实践，推陈出新。针对职工和农民工友需求及特点，相继开展“EAP员工心理关爱工程”“幸福空间义卖会”“雷锋精神进工地”“青年农民工集体婚礼”“农民工子女首都夏令营”“农民工父母首都行”“万名农民工免费体检”等品牌志愿服务和关爱农民工系列活动。

十年如一日的付出，不仅为职工和农民工提供了展示才艺的平台，也激发他们的干事热情，促进了企业实现跨越式发展。

七、拓展训练培养员工坚忍意志

企业文化建设过程中，除了营造组织的文化氛围之外，还要关注员工价值观与团队精神的培养，这些精神素质的培养单纯依靠授课、培训还不能达到预期，要让员工通过亲身体验进行感悟。拓展训练作为一种体验式培训方式，由外企传至国内，以新颖的形式受到各大企业的认可，是培养员工精神素质的有效方案之一。它在空间上不受约束，学员既可在室内进行培训，也可在室外享受大自然的同时进行拓展培训。训练中，学员按照脚本的要求投入到所安排的项目中，通过团队协作解决问题、达成目标、赢取胜利，结束后，由教练进行点评，学员交流感悟，通过这一过程，实现学员精神素质的提升。近年来，越来越多的企业会定期组织员工参与户外拓展项目，户外拓展的地域也从江河湖泊向山海沙漠不断扩展。

案例7-10 奥鹏教育戈壁挑战之旅

2016年9月27日21时32分，历时四天三夜的“转型突破、再续鹰戈”奥鹏教育戈壁挑战之旅圆满结束。在过去的四天三夜里，81位奥鹏勇士穿越了崎岖、荒凉的112公里戈壁滩和盐碱地，全员完成预定目标。

四天三夜，112公里，在戈壁中行走，六个团队，六个来自于20多个部门的精英混搭而成的团队，从零开始，一个目标，每天30公里的团队徒步。

“目标与信念，团队与协同，行动与执行力，坚忍与突破”，这次“转型突破、再续鹰戈”奥鹏戈壁挑战之旅，不仅是对鹰戈精神的沉淀和传承，更是对戈行精神的思考与升华。

我们为什么来戈壁？我们来这里，是为了找回那份创业之初的激情和初心。16年的高速发展，奥鹏教育已经是行业里最成功的企业之一，更成为全行业的领军标杆。然而，领先并不意味着安全，恰恰相反，领先意味着竞争者在不断地追赶，还要肩负着为全行业未来发展去探索的重担。同时，长久的翘楚荣耀也让奥鹏人放慢前行的脚步，转而躺在功劳簿上沾沾自喜，这是一个危险的信号。企业发展就是生死战，就是刺刀见红的艰难搏杀，就是一步不能退的征途。正如在戈壁中前行，没有回头路，只有向前走，才有可能活。

我们为什么来行走？奥鹏教育面临的最迫切问题就是业务转型、组织结构转型、商业模式转型。旧有的模式经历了辉煌之后已经逐渐不适应公司发展的节奏，内部跨事业部沟通成本的增加、被动式工作方式等大企业通病正在侵蚀着奥鹏健康的机体。只有转型，才能适应未来的市场变化和各种新的挑战。转型需要的不仅是上下一致的目标，更需要的是一个有能力的团队，一个可以不抛弃不放弃，时刻争先且担责的核心团队。

如何打造这样铁打的营盘？道路的崎岖，身体的伤痛，体力的透支，这些都是每个团队均面临的困境，需要每个团队每个队员都释放出自己的洪荒之力去克服。而戈壁行走并不仅仅是走完预定路程，更要进行残酷的团队PK。只有团队赢，才能个人赢。而在这次行走中涌现出的兄弟情、战友情，是一个团队不可缺少的灵魂，是我们转型中的团队不可缺少的特质。同样，激烈的市场竞争促使我们需要一个狼性的团队，他们具有狼的坚忍、狼的团队协作、狼的不达目标死不罢休的特质，只有这样才能赢得机会、赢得挑战。

四天三夜的“转型突破、再续鹰戈”挑战之旅胜利结束了，但人生何处不戈行，真正的戈行才刚刚开始，如何把此次戈壁挑战的收获和感悟与所有人分享，在工作和事业中践行，是所有奥鹏人共同的责任。

八、危机公关背后的企业形象塑造

企业在危机面前展现出的处事态度和风格，往往会成为企业文化与精神的最重要诠释，因此，我们认为，危机公关也是体现文化甚至是弘扬文化的重要场合。

优秀的企业文化在危机公关中能够发挥更好的作用。面对危机，企业应充分发挥文化自信，不因害怕、担心，一味躲避，错失处理危机事件的黄金时间，从而使危机事件愈演愈烈，一发不可收拾。很多企业倡导诚信的企业文化，以诚信向公众承诺，在企业危机事件管理中，诚信亦是解决问题之本，一个不讲信用的企业不会得到社会和公众的原谅，在危机事件发生后，企业应第一时间客观分析发生原因及需要承担的责任，面对媒体记者时，也应对需要承担的责任毫不讳言，而不是一味躲避，让公众陷入无端猜测，引发舆论炒作。

案例7-11　为快递小哥维权与顺丰企业形象塑造

如今，在很多人眼中，中国快递分为两种，一种叫快递，一种叫顺丰。在相比于其他快递高出1倍运费的背后，顺丰速运打造的不仅仅是运输速度和服务态度，顺丰对于员工的重视与依赖是其他快递公司不可比拟的，顺丰也正在以自己的实际行动打造独特的员工为核心的企业文化。

曾有过这样的一种说法，一家公司能被称为“伟大”的两个标志：一是该公司极少被人喷，且被喷后一群人自发集合起来维护其品牌形象；二是提到该公司的名称，无须多解释就让用户感到安心与满意。没错，顺丰以服务和速度获得用户满意度的同时，也从呵护员工角度、从员工自身实际出发考虑问题，从而获得了员工对企业的归属感，打造了自己的品牌形象。

在顺丰CEO王卫看来，顺丰的核心资产就是一个个的快递员，他们不论风雨寒暑穿梭在大街小巷，在以最快的速度与优质的服务把快递完好无损地送到用户手中的同时，也共同积累了顺丰如今的口碑。顺丰的口碑，是无数快递员用辛苦的汗水换来的，因此，顺丰相当重视快递员的待遇和福利，也更加致力于维护员工的合法权益。

2016年4月17日，顺丰快递小哥被掌掴辱骂的视频被广泛传播。从视频中了解到，快递小哥的三轮车与一辆汽车发生了刮擦，车主不断出言辱骂并先后六次掌掴快递小哥，掌掴声音十分清脆，快递小哥默默低头承受的样子，令网友大呼心疼，引发了强烈的社会关注。

当晚，顺丰集团总裁王卫在朋友圈转发此条新闻，并配以文字：“我王卫向着所有的朋友声明！如果我这事不追究到底！我不再配做顺丰总裁！”随后，顺丰集团官方微博也发表声明，称已经找到受委屈的小哥，会好好照顾。4月18日，官博还发布了长文，表示已经带小哥向警方报案，并坚定依法维权。如此霸气的回应，得到了20多万的点赞，更是令话题上升了一个新的高度。

随着电商事业的发展，快递员几乎是每个人都会接触到的服务人员，他们风雨无阻地为大家送货，十分辛劳。视频中的汽车车主明显欺软怕硬，将原本的交通事故情绪化处理，出于善良和感同身受的角度考虑，广大网友十分气愤并想讨回公道。

顺丰集团的回应和做法显然顺应了民意，态度坚决、保护员工的努力令很多人为之动容。因此，网友纷纷为“霸道总裁”王卫点赞，更感慨于小哥有这样关心员工的公司，让原本就以快捷著称的顺丰，在品牌形象方面又上升了一个新的高度。

企业文化是每个公司必不可少的精神动力，顺丰以自己的行动，将企业文化打造成维系员工对公司感情的纽带。员工若是没有对企业文化的归属，将会自然而然地产生离心力。但顺丰则通过对员工的尊重，换来了员工对公司的向心力。

第四节　基于文化的企业制度审计

企业文化建设的根本目的就是提升企业的管理水平与竞争力，而企业制度则是确保文化理念得以贯彻执行的有力保障，企业制度与文化之间有着非常大的相关性，企业文化理念体系持续推动企业制度的改进和完善，同时，制度体系也是企业文化理念得以贯彻和践行的有力保障，企业文化通过共同的愿景、使命和价值观引导员工行为，而企业制度则通过标准化的文件规范和约束员工行为，从本质上两者的目标是一致的。文化理念体系与制度体系之间的相互关系，如图 7–4 所示。

很多企业在文化建设中失败的一个重要原因在于，文化理念和企业制度缺乏内在的逻辑关系，如果先进的文化理念没有制度的支撑，甚至现行的管理制度与企业倡导的文化理念相互背离，就必然会导致企业的核心文化理念无法落地，成为空中楼阁。

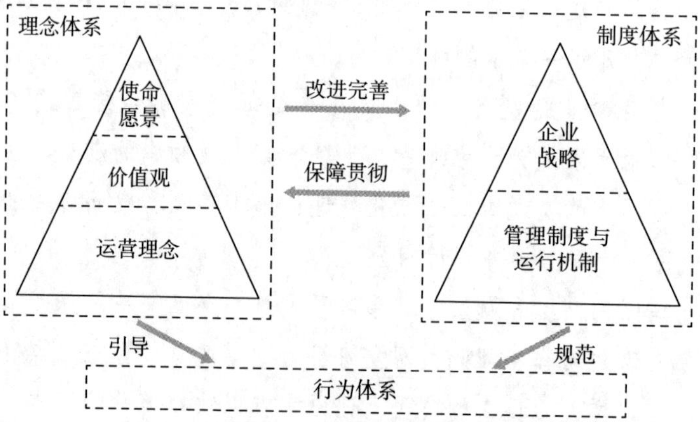

图 7-4　企业文化与制度体系逻辑关系图

因此，基于文化的制度审计是企业文化落地的关键环节，必须将企业文化理念融入管理制度中，让制度能够真正起到引导正向行为、推动文化落地的作用，从而使得企业文化与管理制度高度一致，共同推进企业的进步与发展。

一、什么是基于文化的制度审计

基于文化的企业制度审计，就是依照文化理念对企业现行各项管理制度进行审视，以确保企业文化理念可转化为可操作的管理制度与机制，以及促进各项管理制度切实反映企业文化诉求的过程。

制度审计是企业文化建设过程中一个非常重要的环节，也是企业核心理念能否落地的关键。制度审计是在广泛征求各级管理者和员工意见以及科学论证的基础上，对制度与文化理念不一致的部分进行调整和修正，或对制度中应体现而未体现部分进行补充，从而维护制度体系与文化理念一致性的过程。其根本目的在于找出企业制度与文化理念的矛盾或问题所在，明确文化理念与制度之间的差异，明确哪些是一致的、哪些是含混不清的、哪些是冲突的，并通过系统的修订过程，使两者的关系趋同，实现文化与制度的和谐统一。

二、制度审计的基本思路

在企业制度审计实践中，一般采取“制度”和“文化”两条线路并进的技术方法。制度审计的基本思路如图 7–5 所示。

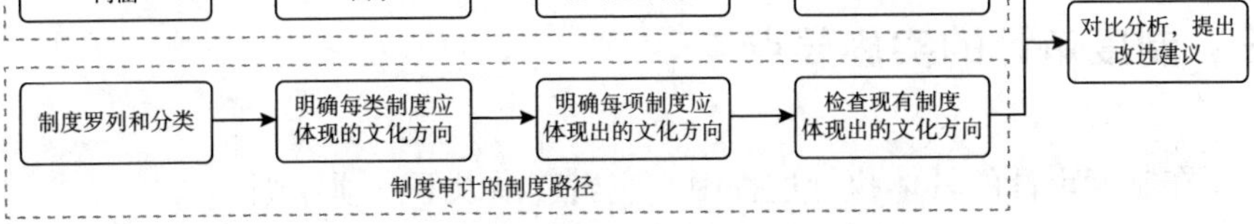

图 7-5　企业制度审计路径图

1. 基于核心理念落地性的制度审计

一般而言，在企业制度审计中应先进行理念落地性的审计，具体操作可大体分为四个步骤。

第一步：对文化理念进行解读或解码，梳理企业文化价值导向，厘清企业文化所反映的基本管理原则与价值导向。

第二步：依据核心文化理念，清晰列出文化理念体系中的关键要素，提炼出核心文化因子。

第三步：根据文化因子的实践方向，整理与各文化因子密切相关领域的企业制度。

第四步：评估各文化因子在制度中的落实情况。

2. 基于文化符合性的制度审计

对于制度与文化符合性的审计，具体操作也分为四个步骤。

第一步：对企业所有制度按照职能模块、业务管理类型进行分类，罗列出完整的制度清单。

第二步：根据以上分类，对各类制度在设计和执行过程中反映出的文化导向进行分析。

第三步：进一步细化，对每项制度所体现出的文化要素进行分析和罗列。

第四步：对制度体系所体现出的文化导向与现行文化理念的吻合性进行评估。

在上述两项工作完成后，将两条线路的审查结果进行对比分析，就可以清楚地看到“制度应体现的文化要素”与“制度实际导向的文化方向”之间的差异，据此，可对制度的修订方向提出建设性意见。

三、制度审计的实施要点

在制度审计的具体执行过程中，应当遵循以下三项原则。

第一，争取高层及同级部门支持。制度审计不是对一项或两项制度的审计，而是对企业整体制度体系的审计。不仅工作量巨大，而且需要企业全体部门的共同参与。同时，制度审计也是一项较为敏感的工作，因为一项制度往往代表着一定的利益格局，对制度的修改也就意味着对既定利益格局的改变。因此，制度审计工作既要争取高管层的鼎力支持，也要发挥各主管部门的高度自觉，营造以企业利益为重的组织氛围，否则很难开展下去。

第二，关键职能模块先行。在制度审计过程中，应优先关注与企业文化结合最为紧密、对组织文化建设影响最大的制度。采取关键领域先行的策略，一方面可以抓住制度审计的要点和基本逻辑，合理安排工作重心，不至于主次不分，喧宾夺主；另一方面，与文化密切相关的管理制度，往往也是与员工利益关系最为密切的制度，影响到企业文化的整体导向，首先对上述制度进行审计，有利于快速、及时地调整企业文化的导向和趋势。通常，与企业文化结合较为紧密的制度包括：人力资源管理相关制度、营销与产品研发相关制度、质量管理相关制度以及客户服务相关制度等。

第三，尊重现实，勿求全责备。制度审计要遵循积极、务实的原则，在进行管理制度审查的时候，要尊重制度管理的现实，不仅要考虑组织发展不同阶段对制度完备度和精细度的要求，也要兼顾制度存在的客观合理性，对制度的修改不能过于机械和武断，不能单纯为了调整而调整，而要考虑合适的时机、合适的方式，必须明确：只有对企业发展有利的制度才是最有效的制度。

案例7-12　中国能建安徽电建二公司：基于文化的制度审计

中国能源建设集团安徽电力建设第二工程有限公司（以下简称“公司”）成立于1952年，是拥有建筑工程施工总承包壹级、市政公用工程施工总承包壹级、电力工程施工总承包壹级资质、民用核安全设备安装许可证、对外承包工程资格的国有大型一级施工企业。多年来，公司始终秉承“诚信为先，品质为本”的经营理念，弘扬“共赢致和，行稳致远”的企业精神，以“精益创造价值，精品引领未来”为企业宗旨，艰苦创业，不断发展。

2016年，为夯实公司企业文化，使文化内化于心并进一步被各级员工所接受和认可，充分发挥企业文化在企业发展和管理当中的导向性作用，公司开展了基于企业文化建设的内部制度审计。

通过对企业文化“诚信”“品质”“精益制造”等关键导向的提取，公司对内部307项制度进行了逐一的梳理，旨在找出现有制度与企业文化建设相悖及对企业文化支撑较弱的环节，进而在新一轮制度制定过程中加以完善，使企业文化理念能够通过制度的形式对公司和员工的行为进行固化、约束，从而将文化理念落地、根植于企业的行为之中。

通过制度审计，公司对现有制度体系存在的问题进行了全面的梳理与评估，将所发现的问题归纳为“顶层设计”“体系规则”“文化导向”“流程完备”四个方面。在此基础上，构建了全新的、与企业文化、经营管理理念相适应的制度体系架构，新的架构共包含25项规定、99项管理办法、93项管理细则，涵盖了公司治理、人力资源、财务管理、工程安全、市场营销等各个管理模块，实现了公司范围内的标准化、规范化管理，对于落实公司文化、统一员工行为、提升管理效率起到了强有力的支撑作用。

案例7-13　河钢集团：以文化再造与机制创新推动企业转型升级

河钢集团有限公司（简称河钢集团）是国内最大规模的钢铁材料制造与综合服务商之一，拥有直属子分公司20余家，参股、控股境外公司70余家，形成了以钢铁为主业，矿山资源、金融服务、装备制造、现代物流等相关产业协同发展的产业格局，截至2019年，河钢集团在全球拥有员工近12.7万人，其中海外员工1.3万人，实现年营业收入3547亿元，总资产达4621亿元。连续12年位列世界企业500强，2020年居第218位。

河钢集团高度重视培育自己独特、创新、富有竞争力的企业文化，以开放思维、全行业视野和国际化定位，提升理念，提高标准，创新管理，完善机制，持续提升企业的综合竞争实力。

1. 强化思想统一，汇集应对市场考验的强大合力

自全球经济危机以来，钢铁企业经营困难，甚至陷入全行业亏损的境地，对行业的走势和预期，在业内出现了“温水煮青蛙”“冰火两重天”“钢铁冰河期”等多种论断。河钢集团自成立之初，始终以“建设最具竞争力的钢铁企业”为目标，力争成为“世界的河钢”，面对复杂严峻的市场形势，集团把理性认识、积极应对严峻市场考验作为首要任务。在深入研究经济发展规律、深刻剖析行业形势的基础上，集团明确提出：我国宏观经济进入转型期和深度调整期，由高速增长转向中高速增长，这是经济发展、社会进步的必然过程，是可持续发展的必然选择，以钢铁行业为代表的过剩产能减量化是大势所趋。在深刻认识新常态、适应新常态、引领新常态的大逻辑中，河钢坚持变中求新、变中求进、变中突破，持续深化供给侧结构性改革，首先立足于企业愿景与管理理念的再造，提出“以市场化理念推进改革创新”“还原钢铁主业先进性”“市场是推动企业各项工作实现重大突破的最有力推手”“我们不能左右市场，但是可以左右自己的工作”“止血保链、全成本降本增效”等理念，并通过党委书记讲党课、形势任务教育、宣传氛围营造等多种形式，把企业对形势的把握和积极应对转化为职工的思想共识，拓展了干部职工的思路，让职工承接来自市场的压力，变压力为做好自身工作的动力，削减附加成本，找准新的效益增长极，在集团兴起改革突破、创新求变、依靠改革创新实现全面扭亏的工作热潮，形成了立足于“建设最具竞争力钢铁企业”这一愿景之上的强大合力。在市场没有好转进而持续严峻的形势下，集团2014年全面扭亏目标顺利实现，2015年全面盈利目标稳步推进，2016年综合竞争力全面提升，进一步坚定了“道路自信”。各级领导到集团调研时，充分肯定了河钢“以全新理念引领企业发生脱胎换骨转变，以先进文化力量推动企业竞争力全面提升”的管理实践。

2. 文化创新驱动，管理机制变革，助推集团转型升级之路

随着经济社会的转型发展，企业也面临着转型升级、改革创新的全新课题，河钢集团坚持把提升理念、提高工作标准作为各项工作持续进步的动力，通过文化理念创新推动集团的改革发展。文化理念的创新，带动了发展思路、产品、技术的全面创新，也带来了管理机制的全面变革，助推企业进入转型升级的快车道。

产品方面，针对产品结构不合理、产品盈利水平不高的现状，集团提出“产线对标”的全新理念，产线对标不同于传统意义上的对标，它不再是单一产品的成本对标、单项技术指标费用的对标，而是相同产线的全方位对标，包括售价、产品结构、人员配置、技术水平配置等，让大家真正感受到赖以生存的产线究竟存在哪些差距。2016年，开启了以产线为独立市场单元的组织结构扁平化变革。这是一项全面构建新的体制机制的颠覆性变革，是以“去规模化”为特征、以产线为直面市场的经营单元和创效主体的“大公司管理、小微化经营”的体制机制变革，聚集解决产线与市场、领导与现场脱节等问题，形成了快速反应市场的管理体制机制。通过产线对标和扁平化管理，集团推动“关键人才向产线配置，优厚待遇向产线倾斜”，建立起以产线为中心的资源配置模式。目前，集团直接配置到产线车间的技术岗位比例已经达到45.1%，产线技术人员增加了25%，促进了高端装备潜能和队伍创造力的释放，品种钢占比同比显著提高，产品综合售价逆市提升。

营销方面，集团提出“一切为了满足客户需求”的营销理念，以营销系统变革和销售模式重大改变为突破口，推动集团生产组织模式转变，切实做到“为客户而销售、为销售而生产”，最大限度释放装备潜能，提升产品竞争力。集团跨行业借鉴先进的营销思维，全面推行“大客户经理制”营销体制，组建了大客户服务中心，由大客户经理负责为重点用钢客户提供材料解决方案及综合服务。针对终端市场战略和重点客户，在重点用钢区域逐步建立集研发、营销、服务为一体的综合服务体——“区域客户服务中心”，打破中间商依赖，把客户需求移植到企业生产过程中来，以客户群体的高端化引领带动产品提档升级。

在创新文化理念，引领职工解放思想、推动改革创新实践的同时，全集团总结企业文化创新成果124项，管理、科技、党建、集团管控机制等创新成果 100 多项，通过表彰、奖励、推广这些创新成果，在集团上下形成了浓厚的依靠创新推动转型升级的氛围，特别是在领导层中，形成了以理念创新带动工作创新的普遍共识，养成了创新的文化自觉。

第五节　视觉识别系统建设

随着市场竞争的日益激烈，产品和服务同质化程度越来越高，各企业都在不断寻求能够让自己在众多品牌中脱颖而出的有效方法。在这一背景下，越来越多企业将视线转移到了视觉识别系统的建设中来。

视觉识别系统（简称 VI 系统）是企业文化的具体物化形式，是企业文化基本构成中物质层面的集中表现，通过视觉识别体系建设、载体建设和环境建设，可在视觉系统中充分表现企业的经营理念与精神文化，从而有效地树立、展示和传播企业的内外部形象。

建立符合企业业务特点、与文化相契合的视觉识别系统，对内可以极大程度地增强员工的认同感与归属感，提高企业凝聚力；对外有助于树立独特的企业形象，不断强化受众意识，提高全社会对企业的认知程度。

一、企业视觉识别系统的构成要素

视觉识别系统的设计是一项比较复杂而且专业的工作，通常由专门的设计公司完成，企业只要明确所需要的视觉识别要素，提供系统的文化理念，提出明确的设计要求以及参与成果的审核修订即可。

如图 7-6 所示，一个完整的企业视觉识别系统包括基本要素和在此基础上的应用要素，就其基本要素而言，包括企业标识、企业标准字、企业标准色、企业象征图形、品牌标识与传播基本信息组合、专用印刷字体设定等六个部分，这六个组成部分之间通过缜密、严谨、系统的关系互相联动，确保企业整体形象与风格的协调一致与高度统一。

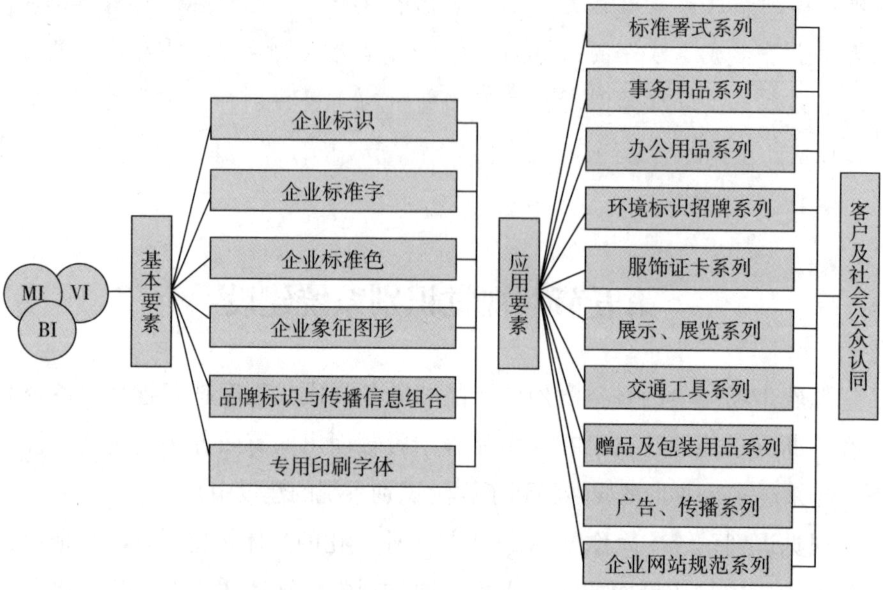

图 7-6 企业视觉识别系统（VI）要素图

（1）企业标识

企业标识是通过意义明确的统一标准视觉符号，将企业经营理念、企业文化、经营内容、企业规模、产品特性等要素传递给社会公众的图案和文字，是建立企业形象和品牌形象的第一步，也是企业重要的无形资产。

（2）企业标准字

企业标准字通常包含中、英文两种标准字体的设计，标准字的字体结构、角度、比例等空间关系均经过精细化设计，强化与图形标识的一致性，在传播过程中具有等同图形标识的识别作用。

（3）企业标准色

企业标准色的设定由标识的基本色彩而来，在此基础上，为满足标识的多元表现形式、制作工艺以及在各种媒体、环境中的表现形态，还需要指定品牌辅助色系。

（4）企业辅助（象征）图形

辅助图形的设定，强化了品牌核心标识的视觉感染力，辅助图形的提炼来自于标识自身的基本元素或品牌理念，辅助图形辅助品牌核心标识，有等同企业标识的识别作用。

（5）品牌标识与传播信息组合

标识与品牌基本信息（如：名称、地址、电话、传真、邮编、E-mail、网址）等基本传播要素进行组合，以满足不同媒体传播的应用需求。

（6）专用印刷字体

定义企业专用印刷字体，强化VI视觉信息的完整性，通常包括各种印刷排版专用字体。

延伸阅读　　国内外知名企业的品牌标识

1. 中国国际航空公司

中国国际航空公司的企业标识，由一只艺术化的凤凰和邓小平同志书写的“中国国际航空公司”以及英文“AIR CHINA”构成。凤凰是一只美丽吉祥的神鸟，以此作为航徽，是希望这神圣的生灵和它的美丽传说带给朋友们安宁、吉祥、幸运和欢欣。

2. 中国工商银行

中国工商银行的行徽，由中央工艺美术学院装潢设计系陈汉民教授设计，于1989年1月1日起正式颁布启用。行徽图案整体为中国古代圆形方孔钱币，象征银行；图案中心的“工”字和外圆所寓意的是商品流通，体现工行作为国家办理工商信贷的专业银行的特征；“工”字图案四周形成四个面和八个直角，象征工商银行业务的多元化发展，以及与经济建设联系的广泛性；图案中对应的几何图形，象征工行与客户之间相互依存、紧密联系的融洽关系。

3. 中国中铁股份有限公司

中国中铁股份有限公司的标识，由中文与英文字母搭配使用，既表达了中国中铁是一家源自中国的、具有悠久历史的国有企业，也蕴含着企业开放创新、走国际化道路、充满活力的崭新形象。

标识英文字母C为主体元素，体现全面创新的管理理念，字母C中的经纬线交织成地球背景，表明了中国中铁的战略定位是全球知名企业，目标是全球市场。“工”字形代表铁路钢轨，突出了企业在轨道交通建设领域的深厚背景。

4. 中国化工集团公司

中国化工集团公司的主形象标志是“CHEMCHINA”，为“中国化工”的英文简称。标志采用文字创意手法，将中国古代书法艺术与现代图形字母融合为一体，令标志更加生动、富于国际化特点，为企业进入国内外市场树立了鲜明的形象，同时又具有法律上的唯一性、独占性，是中国化工无可争议的无形资产。

“优秀的企业文化是企业基业长青的基石。”这是中国化工集团公司总经理任建新对企业文化的深刻感悟。在中国化工集团的发展历程中，始终把企业文化视为核心竞争力的关键，努力培育和发展能够体现共同价值取向和行为准则的独特企业文化。

5. 国家电网公司

国家电网公司的标识，以球形设计展示国家电网公司美好的发展前景，反映公司树立全球视野，建设世界一流电网、国际一流企业的坚定信心。

标识以圆形图案象征公司内外的互动、协调、团结与和谐，表达公司坚持“四个服务”宗旨，与客户、员工和社会和谐相处，共同发展的决心。标识以纵横交错的经纬线表现公司以建设和运营电网为核心业务，坚持诚信、责任、创新和奉献，努力超越、追求卓越，为经济社会发展提供更安全、更经济、更清洁和可持续的电力供应保障。标识以绿色为标准色，反映了公司致力奉献清洁能源，建设和谐社会的指导思想，同时，也象征公司着公司发展的生机勃勃、基业长青。

6. 柒牌男装

柒牌男装的商标图案抽象于一面迎风飘动的旗帜，表达的是“迎风而立”的品牌气质。该品牌的核心价值是励志，即激励男人的自信，无论他目前身处成功还是失败，都应当呼唤起内心的男儿气概，不畏困难，勇往直前，做一个积极、乐观、勇敢、迎风而立的男人。

7. 丰田公司

丰田公司的“三个椭圆”的标志是从1990年初开始使用的。标志中的大椭圆代表地球，中间由两个椭圆垂直组合成一个T字，代表丰田公司。它象征着丰田公司立足于未来，对未来充满信心和雄心，还象征着丰田公司立足于顾客，用户的心和厂家的心是连在一起的，具有相互信赖感。同时，还喻示着丰田的高超技术和革新潜力。

8. 法拉利公司

法拉利公司的标志是一匹跃起的马，在第一次世界大战中，意大利有一位表现非常出色的飞行员，他的飞机上就绘有这样一匹会给他带来好运的跃马。在法拉利最初的赛车比赛获胜后，该飞行员的父母亲——一对伯爵夫妇建议：法拉利也应在车上印上这匹带来好运气的跃马。后来这位飞行员战死了，马就变成了黑色；而标志的底色亮黄色为公司所在地摩德纳的金丝雀的颜色。

9. KAPPA

Kappa是1916年在意大利西北部的都灵创办的意大利运动与休闲服装公司，前身是一家叫m.c.t.的小型公司，公司全名Societa Anonima Calzificio Torinese。

1969年，一对男女模特在工作间隙坐下来休息，摄影师无意中捕捉到了这个画面，由此诞生了这个享誉世界的品牌 LOGO，这个充满浪漫色彩的人物标记一直沿用至今，成为风靡世界的视觉符号。Kappa 是希腊文字母第 10 字，Kappa 的 LOGO 发音是 Omini（双子），这对男女之所以背靠背而坐，是因为 Kappa 相信男性和女性可以共同分享运动的乐趣。而且无论在场内或场外，男性和女性也应互相支持以达成目标。

10. 阿迪达斯

1928 年，自公司创始人阿道夫·达斯勒为参加阿姆斯特丹奥运会的运动员缝制第一双运动鞋开始，阿迪达斯的历史就和奥运会紧密地联系到了一起。阿迪达斯至少有三次以上的奥运官方供应商记录，在雅典奥运会上，阿迪达斯向所有 28 项运动中的 26 项提供装备。事实上，正是奥运会这种国际体育比赛为阿迪达斯提供了展示产品品质的最佳平台，也正是这一营销特色成就了后来的阿迪达斯。

1949 年，阿迪达斯三条纹标志开始应用到阿迪达斯旗下的各类商品中，后逐渐被三叶草标志代替。20 世纪 80 年代末 90 年代初期，阿迪达斯为了与耐克公司竞争，也为了提升本身的运动时尚感，三条纹重新改造应用到产品中，作为阿迪达斯最为大众所熟知的（同时也是价格最为大众化的）运动表现系列（adidas performance）。

该标志由阿迪达斯的创办人阿道夫·达斯勒设计，三条纹的阿迪达斯标志代表山区，指出实现挑战、成就未来和不断达成目标的愿望。

11. 松下

Panasonic 这个名字，最早是用在松下出口到国外的一种单体喇叭上，当时的商标名取为 "Pana Sonic"，后来渐渐地成为松下的外销专用品牌 Panasonic（松下内销使用 National）。直到 1986 年，Panasonic 品牌才被引进日本使用。同为松下电器的品牌，National 的历史更为悠久，但最后要统一公司品牌时，松下最终选择了整体来说知名度更高的 Panasonic；在 2008 年，松下所有的产品，包括英文公司名称，全部采用了 Panasonic。

12. 三星电子

三星电子的企业名称“三星”具有“大、明亮、闪耀的三颗星”之意，其中“三”在汉字词中意为“大、强”，“星”蕴含着“明亮、高远、闪烁”的涵义。三星标志的设计，强调柔和与简洁，将象征宇宙和世界舞台的椭圆形稍加倾斜处理，突出动态和创新的形象，且“S”与“G”的开放部分与外部相通，意味着与世界同呼吸、对人类社会有所贡献。

据三星集团有关负责人称，企业标志的基本色调为使用至今的蓝色，具有延续性。三星的共同色调蓝色是具有稳定和信任感的颜色，具有更加贴近顾客的含义，同时，还象征着对社会的责任感。英文标志的设计，具有通过技术革新为消费者服务的含义，此外，也以较为现代的手法表现出了三星作为尖端技术企业的形象。

二、视觉识别系统建设清单

企业视觉识别系统涉及的内容繁多，每个企业的具体情况不同，对视觉识别系统的设计侧重点也会有所不同。通常可根据企业自身情况，通过《视觉识别系统清单》选择企业要设计的视觉系统内容，清单示意如下。

表 7-2　　视觉识别系统建设清单

类别	具体内容
基础设计	1. 企业 LOGO 2. 企业的中、英文名称及字体、字号及颜色 3. 企业标准色 4. 企业标牌 5. 企业徽章 6. 司旗 7. 企业简介 8. 产品说明书 9. 简报风格 10. 企业内刊风格 11. 电话接听彩铃 12. 企业吉祥物

续表

类别	具体内容
办公用品类	13. 各类标准公文格式（各类文件、合同等） 14. 名片 15. 名片夹 16. 访客卡 17. 纸杯 18. 便笺纸 19. 发文稿纸 20. 资料盒 21. 档案盒 22. 卷宗 23. 员工工作证及胸卡 24. 笔记本 25. 办公文具（办公用笔、鼠标、U 盘等） 26. 各类内部获奖证书 27. 文件夹 28. 信封 29. 档案袋 30. 桌签 31. 手提袋 32. 公文包 / 电脑包 33. 电脑桌面风格及图片 34. 日历（台历、挂历） 35. 企业自有车辆车体设计
着装类	36. 工作服 37. 工作帽 38. 运动服 39. 文化衫 40. 领带夹
标牌及指示类	41. 办公桌标识牌 42. 办公及会议室标识牌 43. 办公楼内指示牌 44. 办公楼外指示牌 45. 车间内指示牌 46. 停车场指示牌 47. 警示标识牌 48. 公共区域平面图
建筑及办公环境类	49. 企业大门外观 50. 办公楼外观 51. 办公楼大厅布置 52. 各区域看板 53. 宣传标语墙 54. 玻璃门色带

续表

类别	具体内容
建筑及办公环境类	55. 公告栏 56. 垃圾桶 57. 员工储物柜 58. 灯箱 59. 电子显示屏
产品与销售类	60. 产品说明书 61. 产品外包装 62. 配件包装箱 63. 合格证 64. 产品标示卡 65. 存放卡 66. 保修卡 67. 封箱胶带 68. 海报设计规范 69. 企业及产品宣传片 70. 企业及产品演示 ppt 71. 企业简介（手册） 72. 网站设计 73. 易拉宝设计规范 74. 灯箱设计规范
对外宣传及广告类	75. 网络媒体广告规范 76. 电视广告规范 77. 平面媒体版式规范 78. 车身广告规范

三、视觉识别系统手册

视觉识别系统手册，俗称 VI 手册，是一家企业视觉识别系统设计成果的汇总，将企业视觉识别系统的每个设计要素（包括：企业标志、标准字体、标准色彩等）以简明、精确的图例、色标、文字等进行说明和规范，并根据不同的使用场景，规定 VI 各元素的使用方法和要求。

VI 手册是企业形象系统贯彻实施的标准化手册，也是公司品牌宣传的基础工具，其作用主要体现在以下三个方面。

① VI 手册将公司视觉识别系统中的每一个元素以简明而又翔实的“图例 + 说明”的方式固化下来，并以手册的形式发布，是巩固 VI 设计开发成果的必要手段。

② VI 手册是将公司视觉识别设计方案导入到应用的必要手段，是从设计到应用的不可或缺的中间环节。

③ VI 手册详细规划出公司视觉识别系统的形式和标准，涵盖了公司视觉识别系统从基本元素到应用元素的所有内容，既具有权威性，又具有普遍的指导意义，公司形象实施的每一个层面都要以 VI 手册为指南，不能随意变更或臆造。

案例7-14 国家电投旗下“国家核电”品牌VI应用手册

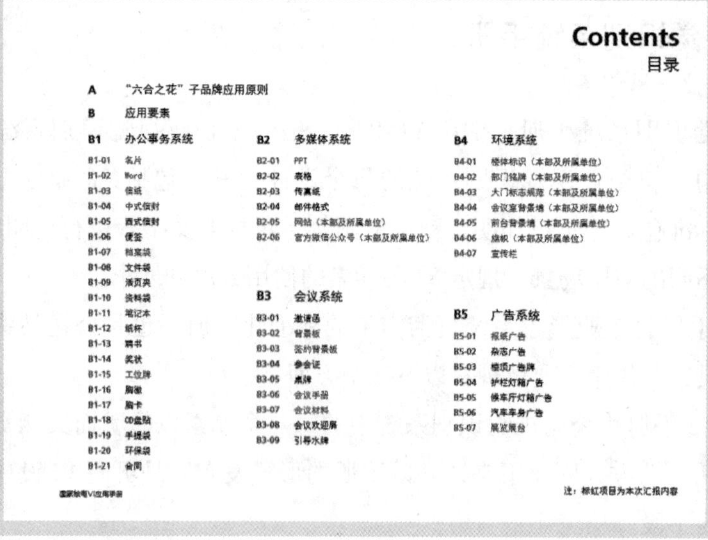

Contents
目录

国家核电VI应用手册

注：标红项目为本次汇报内容

品牌应用原则

1. 国家核电 SNPTC 是中国核电行业的重要品牌，是国家电力投资集团公司重要的核电产业品牌，是集团公司在核电产业、业务、产品、技术和服务方面品牌形象的集中展示，应充分传承和发展其品牌价值，在核电领域及相关产品领域打造其品牌影响力。

2. 国家核电 SNPTC 品牌的应用立足于服务集团公司的发展战略，培育集团公司的核电产业品牌，服务集团公司整合重组后的融合发展。

3. 国家核电 SNPTC 品牌的应用方案遵从品牌架构设计的基本原理和一般规律，按照集团公司的有关要求开展。

4. 国家核电 SNPTC 品牌的应用包括但不限于在核电厂、设备制造、生产施工、软件开发、图纸设计及投资运营、内外宣传、国内外业务交流合作等方面的场景应用。

国家核电VI应用手册

档案袋

B1-07

为塑造企业形象，加强内部管理，配合商务礼仪需求，特设计各种办公事务用品。

制作规范
材质：157g 牛皮纸
规格：230*320（mm）
色彩：根据企业标准色、辅助色应用
工艺：四色印刷

注意事项
1.例图为假定图，制作时请参考制作规范。
2.信息内容请根据实际情况更改。

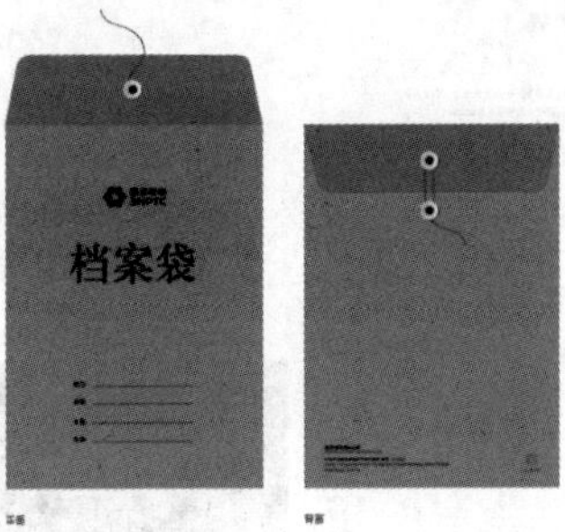

正面　　背面

国家核电VI应用手册

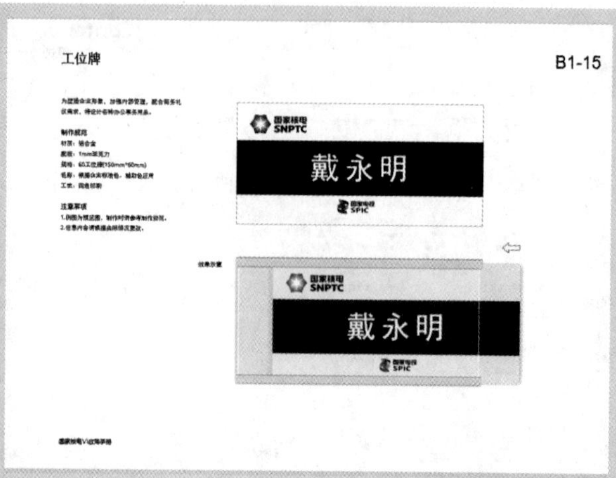
工位牌
B1-15
SNPTC
戴永明
SPIC
SNPTC
戴永明
SPIC

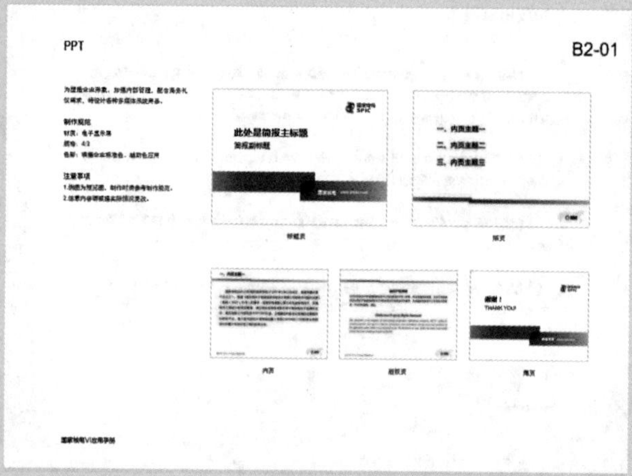
PPT
B2-01
此处是简报主标题
THANK YOU!

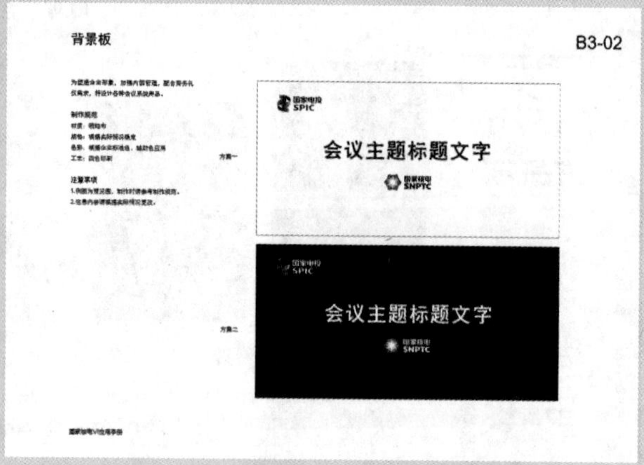
背景板
B3-02
SPIC
会议主题标题文字
SNPTC
SPIC
会议主题标题文字
SNPTC

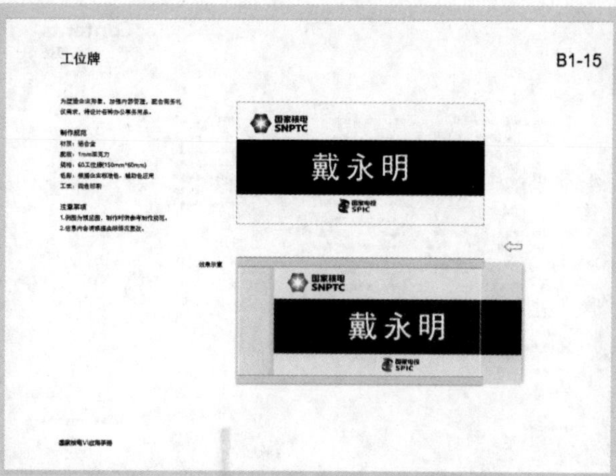
工位牌
B1-15
国家核电
SNPTC
戴永明
国家电投
SPIC
国家核电
SNPTC
戴永明
国家电投
SPIC

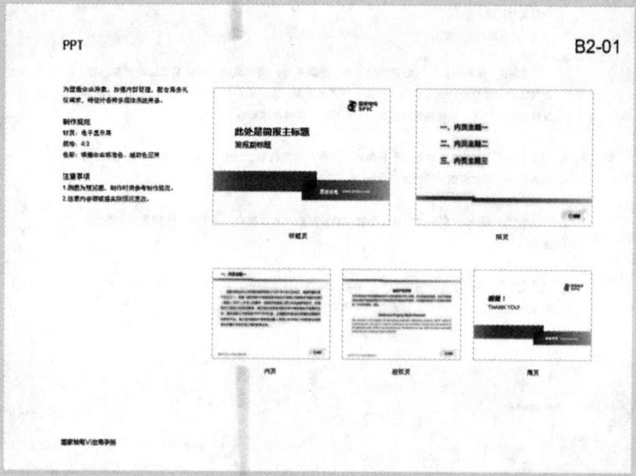
PPT
B2-01
此处是简报主标题
一、内页主题一
二、内页主题二
三、内页主题三

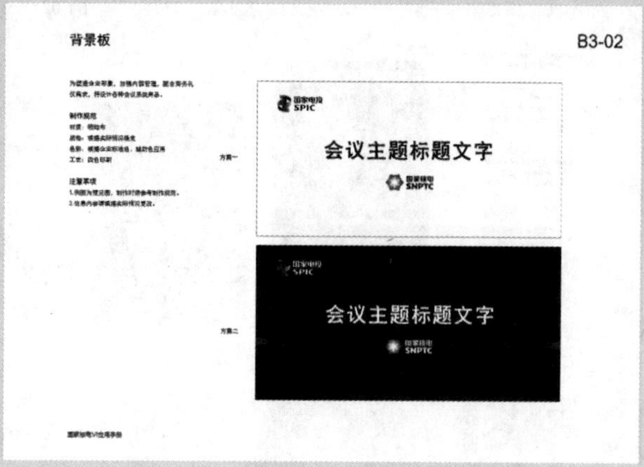
背景板
B3-02
国家电投
SPIC
会议主题标题文字
国家核电
SNPTC
会议主题标题文字

案例7-15　中粮集团VI管理——以福临门品牌为例

为加强企业文化管理，构建良好的企业社会形象，中粮集团正式发布《集团VI系统管理办法》(以下简称《管理办法》)。《管理办法》发布以后，对内将使集团各单元VI管理、使用、执行人员在日后工作中有章可循，加强集团VI应用的统一性和规范性；对外将建立起系统、科学、统一、美观的集团视觉形象。

《管理办法》包括总则、管理模式、VI手册、集团VI和企业VI、VI应用物品制作、VI系统培训、VI系统维护、附则，共八章，对集团VI系统管理工作进行了明确、具体的规定。与《管理办法》同时发布的还有《中粮集团有限公司视觉识别系统手册》《中国2010年上海世博会视觉识别系统中粮分册》《中粮集团世博会联合标志背书规范》等内容，旨在全面强化集团内部视觉识别体系的管理。

配合《管理办法》的发布，集团办公厅在中粮福临门大厦召开“集团VI系统应用培训会”，请专业人员对相关文件进行深入讲解，并就与会人员在工作中遇到的难点、疑点问题进行了解答。集团各职能部门、经营中心、管理中心及所属业务单元、直属业务单元VI管理专员共90人参加了培训，通过培训，使集团内部员工对于中粮企业形象的维护、企业视觉识别系统的管理有了更加深入的认识。

以下为中粮福临门品牌相关VI管理规范。

第六节　文化落地实施的组织保障

企业文化落地是一项时间跨度长、涉及面广、内容复杂的系统工程，涉及到企业管理的方方面面，需要公司从上到下的积极参与。无论企业文化传播、文化培训宣导、文化推广活动策划，还是制度审计、VI 系统建立与推行，领导重视、机制保障、资金支持、全员参与缺一不可。因此，企业文化落地的组织保障体系对于文化建设具有非常重要的意义。

通常来讲，企业文化的落地保障体系包括组织体系、制度体系、考核激励体系与资金预算体系四个方面。

一、企业文化落地的组织保障

企业文化落地的组织体系，不仅可以为企业文化建设提供良好的组织环境与实施基础，也是文化建设有效推进的动力源泉，从某种意义上说，企业文化组织机构的统筹、协调、推进、管理职责是否到位，直接影响到企业文化建设与落地的成败。

与企业其他职能机构设置原则相类似，企业文化相关的组织架构在建设过程中也应符合统一领导、分级管理、强化横向沟通、权责对等这四项基本原则。此外，由于企业文化涉及范围广、需要全员共同参与的特点，在机构设置中尤其要关注组织的横向沟通功能，最大程度地确保各部门间的沟通顺畅与协调一致。

企业文化组织机构和人员构成通常包括：企业文化建设领导小组、企业文化专职管理部门、企业文化内训师队伍。部分企业还建有外聘专家资源库，提供长期的技术支持。

1. 企业文化建设领导小组

企业文化建设领导小组（简称：领导小组）是企业文化建设工作的决策层和领导层，是企业文化建设的最高管理机构，在企业文化建设工作中起着总体决策、把控方向、协调资源、推进执行的作用。

领导小组成员通常由企业创始人、董事（股东）、高层领导、重要部门负责人、企业文化职能部门负责人等组成。

领导小组的具体职能包括：确立企业文化建设目标与方向，确保企业文化建设工作顺利开展，对核心文化理念、文化手册、行为规范、案例集等核心文化成果进行最终审核，为企业文化全面推广提供资源保障与支持。

2. 企业文化建设职能部门

企业文化建设职能部门是企业文化建设工作的具体执行者，接受企业文化建设领导小组的领导与管理，具体负责实施企业文化战略的制订、企业文化建设与落地实施工作的组织开展，是确保企业文化建设与推广的具体执行机构。目前，企业内部的文化管理部门一般有四种设置方式。

①独立设置企业文化管理部（科），专职负责企业文化管理工作。

②由党群、工会等部门兼管或合署办公，在国有企业较为常见，优势在于将党建工作与企业文化建设工作统一管理。

③与品牌管理部门合署办公，对于一些已经建立品牌管理部门且具备一定品牌运营管理基础，或业务特点要求品牌与文化宣传高度统一的企业（如：快速消费品或餐饮等服务型企业），企业文化建设与品牌管理协同，有利于文化宣传推广等各项活动的开展。

④与人力资源部、办公室等部门兼管或合署办公，由于企业文化最终的落地举措与员工息息相关，对于机构较少的企业来说，由人事行政部门兼管，也具有一定的合理性。

无论独立设置还是合署办公，企业文化建设职能部门的职责是基本一致的，包括：起草并制定企业文化建设规划及具体工作计划；参与建设及优化企业文化理念、行为规范、视觉识别系统等基础文化体系；负责公司层面企业文化落地推广活动的组织与实施；指导、支持、推动各部门、各下属单位的企业文化建设情况；定期组织企业文化建设效果评估工作，等等。

3. 企业文化基层宣讲人员

企业文化基层宣讲人员，也称企业文化内训师，是企业文化内部传播的重要力量，尤其对于大型企业、分子公司数量众多的企业，以及分布于全国、世界各地的企业来说，企业文化需要大量的人员去讲授，对于新进入人员要进行频繁的企业文化培训，这些工作依靠总部文化管理人员可能很难实现，于是，建立覆盖全公司的文化内训师队伍，就显得尤为重要。

企业文化内训师，一般来说并非专职，往往在所属企业和单位中选取政治觉悟高、对企业文化认同、作风优良、具有一定演讲表达能力的员工或基层干部担任，由总部统一培训，独立开展工作，定期对其工作成效进行评估。

企业文化内训师的工作职责包括：按计划为所属企业员工（包括新员工）开展企业文化专题培训，包括企业文化知识培训、本企业文化理念讲解、行为规范与价值观考核体系宣贯等，使得文化理念为全体员工所理解、认知与深入人心。

更进一步的要求，企业文化内训师可以协助开展文化标杆的征集、基层文化推广活动的策划与组织、基层文化思想动态的反馈等多方面的工作，其角色也就由文化内训师逐步上升为基层文化推广主管，所发挥的作用也愈发重要。

案例7-16　中核集团通过企业文化推进工作作风转变

2019 年，为弘扬“两弹一星”精神与核工业精神，继承老一代核工业人干事创业的激情以及爱国敬业、无私奉献的精神品质，激发昂扬斗志，增强组织凝聚力、向心力、战斗力与执行力，践行新使命，实现新作为，中核集团决定以企业文化落地为抓手，提振系统精神，深化作风建设，为此，特别制订了《中核集团以企业文化落地深化作风转变的工作方案》（以下简称《方案》）。

为确保方案有效实施，集团制定了从上到下、逐层贯穿的组织体系，集团公司专门成立了领导小组，任命了组长、副组长和小组成员；领导小组下设办公室，并任命了办公室主任；在领导小组的带领下，由办公室具体负责文化落地工作的组织实施和管理。

集团公司出台的《方案》中，明确了总体要求、工作原则、工作目标、保障措施等内容。《方案》提出，要以宣贯集团公司企业文化理念体系为重点，深入践行集团公司核心价值观，以企业文化落地深化作风转变，按照破立结合、以上率下、分层分类、持续发力、突出重点的原则，打造一流团队，培育一流企业文化，塑造一流品牌形象。同时，推动各级领导班子和基层党组织、职能部门转作风、抓落实、接地气，强化执行力，以过硬的作风、一流的文化推动集团在新时代的新使命、新战略圆满实现。

具体到2019年度的工作，《方案》提出，要动员部署，学习培训，提高认知认同；要落实行动，完善制度，推动良好行为养成；要及时反馈，修正提高，不断推进作风转变与文化落地；要正向激励，持续提升，形成长效机制。《方案》还明确了2020年度的重点任务，要以主题实践进一步深化作风转变，建立总结、反思和改进机制，选树标杆单位，形成一套持续有效的工作体系。

通过企业文化落地工作的推进，中核集团对如何践行“责任、安全、创新、协同”的新中核价值观，如何深化作风转变，如何推动企业文化落地进行了系统性部署，强调了政治性与战略性、时代性和先进性、整体性与协同性、开放性与竞争性的有机统一，促进各级领导干部发挥表率作用，干在前列、变在前面，力戒形式主义与官僚主义，带头促进文化落地与作风转变，带动集团上下主动作为、高效运转、团结协作，凝聚广大干部职工的智慧力量，凝聚公司改革发展合力，为实现集团公司“三位一体”的奋斗目标贡献力量。

二、企业文化落地的制度保障

系统而完善的企业文化管理制度，是企业文化从建设、推广到落地实施得以顺利、有序开展的保障。在企业文化建设方面具有一定基础、取得了一定成效的企业，一般都有一套行之有效的管理制度。

1. 企业文化管理制度的内容

通常，企业文化管理制度包含以下全部或部分文件。

①企业文化管理组织、岗位与职责

②企业文化建设工作规划（或企业文化落地实施计划）

③企业文化理念手册

④企业员工行为规范

⑤企业文化宣讲培训制度

⑥企业视觉识别体系规范及管理制度

⑦企业文化内部培训师培养及管理制度

⑧企业文化标杆及优秀案例征集及评选办法

⑨企业文化价值观考核管理办法

⑩基于文化的企业制度审计管理办法

⑪企业文化预算及经费管理办法

⑫企业文化建设效果评估管理办法

⑬企业文化建设先进集体及个人评选办法

根据各企业的实际情况，一般会在以上制度框架的基础上，选择建立部分制度，实现企业文化的全流程管理。

2. 企业文化制度的设计原则

企业文化工作是一项“虚”与“实”相结合且需要全体员工高度重视和认同的工作，在企业文化制度的设计过程中，应遵循以下原则。

（1）符合企业管理的实际情况

只有符合企业实际且具备可操作性的制度才能被有效落实，因此，在兼顾制度体系规范性的同时，也要充分考虑在实际工作中的可执行性，避免为了完整性而制订出大量没有实际价值的文件，不仅浪费时间和精力，也会使制度本身丧失严肃性，不被重视。

（2）与企业总体规划保持一致

企业文化制度建设必须符合企业战略与业务发展的需要，要与企业战略保持高度一致，在企业总体战略目标的指导下进行制度制定，确保管理制度不仅有助于文化的推广和落地，也能够对战略目标的实现起到支撑作用。

（3）与企业其他管理制度相互融合

企业文化制度，其本身也是企业整体制度体系的一个组成部分，因此，在制度编制与审核的过程中，要注意与其他制度之间的衔接、对应关系，避免与其他制度的内容和要求出现冲突、矛盾。

（4）有利于企业文化体系的可持续发展

面对国际、国内经济环境的快速变化，企业文化也必然处于变化和发展的过程之中，企业文化管理制度也要适应这一客观现实，有利于文化的进步和创新，并能够随企业文化的升级而不断调整和完善。

三、企业文化落地的考核激励保障

绩效考核是企业人力资源工作的重要组成部分，绩效考核与企业文化之间在功能和对企业的价值上存在必然联系，绩效考核最根本的作用是行为导向，也就是通常所说的“指挥棒”，通过绩效考核，企业明确地告诉员工哪些是企业所倡导、鼓励的行为，哪些是禁止、反对的行为。如前面章节所述，企业文化建设工作的目的也是要将企业文化的核心理念“内化于心、外化于行”。由此不难发现两者的联系：都是要对员工的行为进行管理，使之按照企业倡导的方向开展工作并输出成果。

前面章节中已经讲述了企业文化落地过程中常用的各种推广方法，包括培训、文化宣传活动、视觉识别系统等，它们从不同角度促进员工对企业文化的理解和认同。但不得不说，如果从企业文化落地推广的角度来看，仅靠这些活动是不够的，其不足之处在于对企业文化落地的效果缺乏有效的衡量和评估手段，对员工在工作中是否能践行企业文化的标准和要求缺乏明确的奖惩措施，更多的还是从“教化”的角度，相对较“软”。与此相比，绩效考核在促进企业文化落地方面就显得更加直接，目标更加明确，行为矫正的力度也更大，相对比较“硬”，当然，成效也更加明显。

要在绩效考核中加入企业文化内容，必须了解企业文化在建设、推广、落地过程中都有哪些具体环节，各环节的关注点是什么，从而对应性地进行绩效考核指标的提炼，以此为标准开展企业文化考核工作。

就考核对象来看，由于企业文化建设工作中，有的工作是企业领导负责，有的是文化管理职能部门负责，有的是企业文化专员负责，还有的需要全企业人员配合参与，因此，在进行文化建设工作考核时，要针对以上不同角色设定不同的考核指标，分别进行考核。

就考核指标来看，需要注意以下三点。

首先，考核指标必须是有直接指向的指标。无论是设立什么样的指标，我们必须要搞清楚，这样的指标对于评价企业文化落地、对于促进企业经营管理的作用是什么，对于员工成长与能力提升的作用是什么，指向必须明确。

其次，指标的达标标准要明确。所有的指标必须要确定标准，由于企业文化工作中有很多事项无法直接找到量化的指标，那么，就应当采用“定性指标定量化”方法，将定性的工作内容按照质量、数量、时间、成本、风险等维度进行分解评价，以得到相对客观的考核结果。

最后，计算方法要尽可能简单，数据的获取要尽可能容易，如此，考核在实际执行中才更容易落地，才能够长期地坚持下来。

总之，企业文化考核要从企业文化建设及落地的实际工作环节中来，贴近工作实际提炼考核指标，简单高效设计考核流程，如此，才能让绩效考核成为推进企业文化落地的有效措施。

案例7-17　阿里巴巴“疯狂”目标的背后

众所周知，阿里巴巴的创始人马云总是提出一些“疯狂”的目标，让阿里巴巴全公司上下都觉得匪夷所思。但是，令所有人更加吃惊的是，这些疯狂的目标最后居然都实现了，大家都困惑于这背后的原因。

答案是明确的，价值观至上的理念和对价值观的贯彻，是阿里巴巴取得高绩效的根本，也是阿里巴巴企业文化落地的基础。阿里巴巴把价值观视为企业的根本。马云说：“我们公司的一切策略、战略都基于价值观。”正是在强大的价值观统领下，阿里巴巴的骨干可以在自己耕耘的业务即将进入收获季节时去开拓新业务而毫无怨言，阿里巴巴的员工可以在关键绩效指标（KPD）的高压下保持工作的激情，阿里巴巴的团队可以在频繁的变化中保持协作能力。

而能够做到这一点，阿里巴巴独特的“价值观考核”至关重要：“价值观考核”就像“主心骨”，让阿里巴巴人能够采取正确、高效的方式向前狂奔。

1. 绩效考核体系的构架设计

阿里巴巴别出心裁地把价值观纳入绩效考核体系。价值观考核与业务考核各占50%的比重。而阿里巴巴价值观考核指标囊括了追求高绩效的价值观导向和具体的方式方法——如果价值观考核优异，业务绩效不好是不可能的。

2. 价值观考核体系的设计

阿里巴巴的价值观被称为“六脉神剑”，共分六条，客户第一、团队合作、拥抱变化、诚信、激情、敬业，每大条之下又具体编列了五个层次的行为描述或评价标准，这就把抽象的价值观分解为对具体的行为和精神层面的要求。

这些要求大部分是对行为的，如“积极融入团队，乐于接受同事的帮助，配合团队完成工作”；也有部分是面向精神层面的，如“热爱阿里巴巴，顾全大局，不计较个人得失”。在价值观考核中，也突出了追求高绩效的导向，如“以积极乐观的心态面对日常工作，碰到困难和挫折的时候永不放弃，不断自我激励，努力提升业绩”“创造变化，并带来绩效的突破性提高”等等。具体考核标准与分值，如下表所示。

序号	价值观	评价标准	分值
1	客户第一——客户是衣食父母	尊重他人，随时随地维护阿里巴巴的形象	1分
		微笑面对投诉和受到的委屈，积极主动地在工作中为客户解决问题	2分
		与客户交流的过程中，即使不是自己的责任，也不推诿	3分
		站在客户的立场思考问题，在坚持原则的基础上，最终使客户和公司都满意	4分
		具有超前服务意识，防患于未然	5分
2	团队合作——共享共担，平凡人做非凡事	积极融入团队，乐于接受同事的帮助，配合团队完成工作	1分

续表

序号	价值观	评价标准	分值
2	团队合作——共享共担，平凡人做非凡事	决策前积极发表建设性意见，充分参与团队讨论；决策后，无论个人是否有异议，必须从言行上完全予以支持	2分
		积极主动分享业务知识和经验；主动给予同事必要的帮助；善于利用团队的力量解决问题和困难	3分
		善于和不同类型的同事合作，不将个人喜好带入工作，充分体现对事不对人的原则	4分
		有主人翁意识，积极正面地影响团队，改善团队士气和氛围	5分
3	拥抱变化——迎接变化，勇于创新	适应公司的日常变化，不抱怨	1分
		面对变化，理性对待，充分沟通，诚意配合	2分
		对变化产生的困难和挫折，能自我调整，并正面影响和带动同事	3分
		在工作中有前瞻意识，建立新方法、新思路	4分
		创造变化，并带来绩效的突破性提高	5分
4	诚信——诚实正直，言行坦荡	诚实正直，表里如一	1分
		通过正确的渠道和流程，准确表达自己的观点；表达批评意见的同时能提出相应建议，直言“有”讳	2分
		不传播未经证实的消息，不背后不负责任地议论事和人，并能正面引导，对于任何意见和反馈“有则改之，无则加勉”	3分
		勇于承认错误，敢于承担责任，并及时改正	4分
		对损害公司利益的不诚信行为正确有效地制止	5分
5	激情——乐观向上，永不放弃	喜欢自己的工作，认同阿里巴巴企业文化	1分
		热爱阿里巴巴，顾全大局，不计较个人得失	2分
		以积极乐观的心态面对日常工作，碰到困难和挫折的时候永不放弃，不断自我激励，努力提升业绩	3分
		始终以乐观主义的精神和必胜的信念，影响并带动同事和团队	4分
		不断设定更高的目标，今天的最好表现就是明天的最低要求	5分
6	敬业——专业执着，精益求精	今天的事不推到明天，上班时间只做与工作有关的事情	1分
		遵循必要的工作流程，没有因工作失职而造成的重复错误	2分

续表

序号	价值观	评价标准	分值
6	敬业——专业执着，精益求精	持续学习，自我完善，做事情充分体现以结果为导向	3分
		能根据轻重缓急正确安排工作优先级，做正确的事	4分
		遵循但不拘泥于工作流程，化繁为简，用较小的投入获得较大的工作成果	5分

3. 业务考核体系的设计

阿里巴巴崇尚高难度目标并且身体力行。从公司战略目标到员工的个人业绩指标，阿里巴巴信奉“今天的最好表现就是明天的最低要求”。在个人绩效考核方面，阿里巴巴每个季度、每年都采用5分制的打分方式对个人进行绩效评估。但是，在阿里巴巴，基本上没有人能够拿到5分，而且只有10%的员工能够拿到4分。这样一种业绩指标设计和打分标准，体现了阿里巴巴的指导思想：如果目标定低了，你就会降低对自己的要求；你可以拿不到5分或4分，但是我要确定你已经尽了12分的努力去争取实现4分、5分的目标。

4. 价值观考核的运行与文化管理

阿里巴巴的价值观考核，最重要的功能其实不在于考核本身，而在于价值观的传递和强化。因此，价值观考核虽然是硬性规定，但更多的还是体现为软性力量。活跃在阿里巴巴的一支“红色娘子军”——阿里巴巴人力资源队伍的“政委”们，在高目标和硬考核之外，发挥着宣讲价值观、增进沟通、减少摩擦、协调关系、维护公平感和促进组织承诺度提高等软性力量。例如，阿里巴巴的价值观考核先由员工自评，然后由上级进行评估，之后是与人力资源队伍一起对分歧进行沟通、对没有做好的地方进行分析。通过建设开放透明的氛围和进行有效沟通，阿里巴巴的“政委”们成为价值观考核推行的润滑剂。

阿里巴巴的经验告诉我们，在企业文化构建过程中，将企业文化建设工作融入绩效考核体系，通过对企业文化建设指标（包括价值观、行为规范、形象要求、具体的文化建设任务等）进行量化考核，对企业价值观的贯彻落实至关重要，也是促进企业文化“外化于行”的关键。

四、企业文化落地的资金预算保障

俗话说：兵马未动，粮草先行。企业文化的传播、推广以及企业文化活动的开展都需要有一定的物质基础，除必要的职工教育培训中心、文体活动中心、图书馆、荣誉室、展览室等硬件设施外，还需要进行内刊、展板、文化墙、音视频等传播载体的制作。因此，要将企业文化建设纳入企业的总体预算管理中，设立专项资金，做到提前预算，专款专用，统筹安排。

根据企业文化建设工作的经验，企业文化预算主要涉及以下方面。

（1）部门建设费用

根据实际需要，企业文化建设如需配备专职人员乃至设立专职部门，相应的人工成本，首先应纳入考虑。

（2）外部专家费用

企业文化建设，尤其是企业文化理念设计与提炼阶段、企业VI体系导入阶段，有些专业工作还需要外部专家的服务或参与。

（3）宣传推广费用

包括文化手册、宣传品、文化墙、广告牌、标识品、宣传片等物料的制作。内部推广方面，公司网站、内刊、微信、微博、抖音、头条等媒体的内容制作、设计、运营等也需要必要的费用；如果需要进一步的外部推广，广告费、赞助费等也必不可少。

（4）文化活动费用

文化活动包括企业文化发布会、各类主题活动（如竞赛、运动会、集体婚礼、年会等）、公益活动等，各类活动等所需交通、住宿、场地、器材、物料等方面的费用，都要纳入考虑。

一般来说，企业文化建设的资金预算，应在前一年末由文化主管部门编制，征求意见之后纳入公司次年的总体预算安排。

第八章

企业文化与经营管理的关系

企业文化与企业的各项经营管理活动密不可分。只有与各项经营管理活动相结合，企业文化才能更好地发挥引领和促进作用；而各项经营管理活动也只有在企业文化的统一驾驭之下，才能够高度聚焦、力出一孔，最大限度地发挥效能。

在实际工作中，对于企业文化与战略、与人力资源管理、与国企党建、与CI系统建设的关系，很多企业还不是十分明晰，因此，在本书最后一章，尝试对企业文化与上述体系的关系进行一次全面梳理，从而令企业能够更加系统、科学地看待各体系的联系，使之共同促进企业的经营发展。

第一节　企业文化与战略的关系

企业战略是企业为谋求长期生存和发展，在分析外部环境和内部条件的基础上，对企业的发展定位、发展方向、经营目标、方针策略以及实施步骤所做出的长远的、系统的、全局性的谋划。企业战略既包括企业的中长期发展规划，也包括企业在短期内做出的策略性调整。

企业文化与企业战略之间有着非常密切的联系，二者既存在交集，又相互约束和促进。

一、企业文化对于企业战略的约束与指导

首先，企业文化对企业战略的制订起着引导与约束的作用。

企业愿景、使命、核心价值观构成企业文化的核心理念。所谓愿景，即从长远的时间界面来看，企业要成为什么样的企业；所谓使命，即从即期的时间界面来看，企业所从事的事业是什么，其存在的意义与价值何在。

无疑，企业愿景与使命为企业战略规划的制定提供了依据，也形成了

约束。一方面，如果把企业的发展视为一条射线的话，“年度规划—近期规划—中长期规划—发展愿景”是一个由近及远的线性关系，规划的方向必须符合愿景的指向。另一方面，企业的战略定位也必须与企业的使命即当前存在的价值相一致，战略是企业要做的事，使命是要达成的效果，两者必须调试至统一的状态。

由此可见，理论上讲，有什么样的企业文化便会引导什么样的企业战略，也会约束企业战略的天马行空。因此，企业在进行战略规划和业务调整的过程中，必须考虑与愿景、使命的一致性问题，不能产生大幅度的、长期性的、本质性的背离。

二、企业文化服务企业战略的必然性

另一方面，企业文化又必然要服务于企业的战略需要，为战略目标的实现提供保障。

一般来说，企业文化一旦形成便具有相对的稳定性，在一定时期内保持稳定和持久是对企业文化的客观要求。但由于企业的外部经营环境、市场环境以及社会环境总是在不断发生变化，这种变化要求企业的战略必须随着环境的变化进行调整，这时，企业战略与既有文化的阶段性背离将不可避免。所以大家常说：企业文化是一把双刃剑，与战略发展方向相符时，会对企业发展和业绩提升起到支撑作用，反之，则会成为阻碍目标实现的负面因素。

在阶段性的视角下，需要明确，企业文化必须服务于战略的实现，没有战略的有效推进，企业的发展乃至生存都难以持续，皮之不存，毛将焉附？

当然，服务战略并不意味着企业文化必须要完全推倒、重新开始，要对战略的变化进行客观分析，由此判定：战略调整后，企业文化的哪些方面是需要进行变革，而哪些方面是需要坚守的。总体原则是，企业文化核心理念，如愿景、使命、价值观等应尽量保持稳定，但文化的行为层部分，如制度文化、行为文化、物质文化，可以根据企业战略的要求进行动态调整。从某种意义上说，企业文化的物质层也必须与时俱进，才能适应新时代、新业务、新员工对于文化的要求。

三、企业文化对战略目标实现的三大作用

企业文化对战略目标实现具有哪些直接、可见的作用呢？可以归纳为三个方面。

1. 对于组织氛围的营造

卓越的企业发展战略必须有与之相适应的文化氛围，良好的企业文化氛围是实现企业战略的重要保证。特别是处于转型期的企业，需要大量的氛围营造工作，无论“质量就是生命”“以客户为中心”“创新就是一切”这些理念过去都是不为广大员工所认可的，要让大家了解、理解、主动作为，需要大量的推动措施。这些措施，部分可通过制度、流程、考核等去实现，这些都是刚性的，能够强制执行到位但员工未必理解，在这样的背景下，发挥文化的作用，用春风化雨的方式，把道理讲清楚，把标杆树起来，把标准推出来，就更容易为员工所接受。因此，在战略目标推进尤其是变革推进的过程中，文化氛围的营造可以说是必不可少的。

2. 对于员工的凝聚与激励

战略的实现本质上需要全体员工的共同努力，但事实是，由于企业、部门、员工的利益在某些特定时期、特定事件上并不完全一致，企业内部的信息也不完全对称，可能导致各方的利益诉求发生偏差，人心是散的，想法多种多样，工作热情不足，严重的导致人员流失，效率低下，这样的背景下，战略目标谈何实现？

因此，企业文化的第二个作用就是对员工的凝聚与激励，通过企业文化这一非刚性管理体系，了解员工所思所想，有效传递公司声音，关心员工的关切点，采取措施解决员工的实际问题。更进一步，阐明新的战略目标对于企业发展、对于员工个人发展的意义，引导员工振作精神，倾注心

力，全力以赴到战略目标的实现中来，使得员工队伍保持高昂的斗志与积极正向的心态，从而为战略目标的实现提供人才与队伍的充分保障。

3. 对于品牌的塑造与提升

只有企业内部文化统一、力出一孔，才能真正在企业品牌方面实现升级和突破。企业外部的品牌形象固然可以包装，但如果脱离了内部的业务支撑、人才支撑、文化支撑，品牌的一致性就会面临严峻的考验。

举个简单的例子，某家餐饮连锁企业，倡导“如家一般的感受”，以此作为品牌的诉求点，但内部的企业文化则是完全不同的情形：员工待遇较低，宿舍等环境很差，工作时间超时且不能按时为员工缴纳各项保险。试想这样的文化氛围之下，员工是否能够带给就餐的顾客“家”的感受，这个品牌定位又如何能够实现？

品牌与文化，是企业软实力的内外两面，两者有着千丝万缕的联系，密不可分，因此，抓好企业文化，进而促进品牌的塑造与提升，也是企业文化对战略目标实现的重要促进作用之一。

第二节　文化特质与企业战略类型

有效的战略、优秀的文化是企业成功的基础。根据外部环境、自身资源与能力优势，企业可能会选择不同的战略，而不同的战略类型，相应地需要不同特质的企业文化与之相适应。

归纳而言，企业战略根据其发展态势可分为增长型、稳定型、紧缩型、竞争型四种类型，以下尝试就各种战略类型对应的文化特质做一分析。

一、增长型战略与扩张型文化

所谓增长型战略，强调的是企业的高速发展，往往以高速成长为主要目标，立足于快速扩张，把握更多的发展机会，谋求更大的风险回报。

正因为增长型战略具有快速、创新、进取等特点，在有一定市场基础的前提下，这种类型的战略更需要与之相对应的、能积极应对战略变化的企业文化，即“扩张型文化”。这种文化的特点是极具进攻性，鼓励创新，追求效率，结果导向，乐于承担风险和变化。扩张型文化对企业的高速成长形成有力支撑，能够在企业内部营造出积极甚至狂热的工作氛围，激发团队的进取心态，促进业务规模的快速扩张。

如果一个企业的文化氛围是以稳定为主旋律，增长型战略的实施就必须克服所谓的“文化阻力”，因为稳定的文化氛围往往导向的是企业的平稳发展，快速、创新、多变、风险等都是平稳型文化所不倡导的，但却是增长型战略的主要特点。

二、稳定型战略与防御型文化

采取稳定型战略的企业，一种情况是处在市场需求或行业结构都较为稳定的领域，所面临的挑战和机会都较少，经营风险也较小；另一种虽然身处竞争领域，但由于企业的客户群体相对稳定，市场地位也相对稳定，大幅度上下的可能性不大，企业也会阶段性地进入稳定状态。

处于稳定型战略的企业，一般会形成稳定为先、稳中求胜、回避风险的特质，美国管理学家安索夫从组织发展导向出发将其称为“防御型文化”。防御型文化的特点是一切从稳定出发的管理思维，以及极低的风险偏好。

对于处于或阶段性处于稳定期的企业来说，防御型文化有利于企业员工保持警惕的心态，加强管理，筑牢城墙，严格控制各类经营风险，不求做大，但求稳健发展。但防御型文化也有其不好的一面，即缺乏进取意识，缺乏对于风险的包容，容易导致企业的决策趋向保守，事实上抑制了员工的创新力、创造性与创业激情。

三、紧缩型战略与消极型文化

由于企业经营环境的不断变化，原本有利的环境在经过一段时间后会变得不利，原来能容纳许多企业发展的产业因进入衰退期而无法提供最低的经营报酬，这会迫使企业考虑紧缩目前的经营，即实施紧缩型战略。与稳定型战略和增长型战略相比，紧缩型战略是一种消极的发展战略，是企业从目前的战略经营领域和基础水平收缩和撤退，且偏离战略起点较大的一种经营战略。

实施紧缩型战略的企业，往往因为战略的收缩而引致消极型文化：由于战略紧缩，员工对企业管理层的能力有所质疑；战略紧缩带来员工工作机会减少、收入降低，导致内部人员不满，员工情绪低落；处于紧缩期的企业，风险偏好严重降低，也不愿在创新、拓展等方面大力投入，面对市场竞争日趋被动。

因此，处于紧缩战略模式下的企业，特别要关注文化的消极化倾向，应尽力避免上述现象或问题的出现。

四、波特竞争战略与迪尔和肯尼迪企业文化类型对照

迈克尔·波特的“竞争战略”理论指出，企业在分析产业（市场）结构与竞争环境的基础上，为取得成功，需要具备不同的技能和要求，由此而对应了三种最基本的竞争战略：成本领先战略、差异化战略、重点集中战略。

哈佛大学教授特伦斯·E.迪尔与麦肯锡公司的艾伦·肯尼迪合作出版的《企业文化》一书中，将企业文化分成四种类型：强人文化、拼命干尽情玩文化、攻坚文化和过程文化。

不同的竞争战略与不同的企业文化类型是否存在对应关系，这是一个值得思考的问题，但实践中的案例告诉我们，两者之间的关系有迹可循。

实行成本领先战略的企业，要求有结构分明的组织和责任，更加关注节俭、纪律及细节，按照肯尼迪与迪尔对企业文化的分类，此类文化属于

过程文化，典型案例如沃尔玛。公司很重视对员工工作细节与勤俭风气的培养，从经理到雇员都要关心公司的经营状况，勤俭节约，从细微处做起。

推行差异化战略的企业，必然要追求自身产品和技术与竞争对手的差异，而创新往往是造就差异的必然手段，由此不难推断，此类企业的文化应当是鼓励创新，鼓励发挥个性与积极探索的，按照肯尼迪与迪尔对企业文化的分类，此类文化属于强人文化，典型案例如特斯拉。公司高度重视创新、冒险，保持较强的进取心与进攻性。

实施重点集中战略的企业，文化则可能根据所选定市场的进入策略而有所不同，对于需要长期深耕方能建立优势的市场，攻坚文化是可能的文化特征，而对于目前已经进入、具有一定优势且市场环境良好、需要顺势而为的市场，拼命干尽情玩文化也许是适宜的……

一方面，企业的战略选择必然导致企业文化的阶段性调整；另一方面，战略的实现也确实需要与之相适应的文化作为支撑。无视两者之间的关系而做出的战略设计，在推进过程中必然遭遇“隐形的阻力”，轻则加大战略实现的成本，重则导致错失战略时机，布局失败，对此，企业的决策层务必要给予充分的重视。

案例8-1 安捷伦：创新惠普之道

作为一家以科技创新为基础的公司，成立于1939年的惠普，经历了八十多年的发展，期间经历了多次历史性的变革，每次变革，也都伴随着企业文化的再造与转型。

20世纪70年代，惠普经历了创立以来最大的一次变革：公司业务进行了战略性转移，从电子仪器设备转向计算机生产，计算机销售额逐步占到总销售额的2/3，公司创始人也逐渐淡出，公司由一家中型企业成长为大型集团公司。

时至1998年，惠普面临历史上又一次重大经营危机，为此，公司召集全球300多位总经理开会讨论，倾听大家对改革的意见。次年3月，惠普宣布分拆，将电子测量仪器部、化学分析仪器部、医疗仪器部、半导体事业部等占销售额17%的创业领域分离出来，成立安捷伦科技有限公司（简称安捷伦），此举主要考虑以上部门的产品与惠普的其他产品类型差异巨大，市场管理难度较大，同时，也表明了惠普致力于信息技术产品与市场的决心。

新成立的安捷伦，专注于通信与生命科学两大领域，主要业务领域都占据领先的市场份额，分布在40多个国家，拥有4万多名员工，客户遍及120多个国家和地区。1999年11月18日，安捷伦在纽约股票交易所挂牌上市，21亿美元的首日发行市值刷新了硅谷的历史纪录，连带惠普股票也大幅攀升。

本次拆分是一次复杂的变革，拆分后的安捷伦，英文名称Agilent中包含agile字根，意为“敏捷、迅速”，并依然奉行原惠普的价值观：“致力于创新和贡献，信任、尊重和团队精神，以及正直诚实。”此外，还增加了速度、专注和责任三个文化要素。

“速度，是因为我们要以更快的速度做任何事情，对我们的客户更为敏感，在寻求商机上更有闯劲；专注，是因为我们想在安捷伦内更专注于我们的客户以及业务；勇于负责，因为你是一家独立的公司，我们希望每个人都要做出承诺，兑现承诺，不管是对客户、股东还是自己。”按照时任安捷伦CEO纳德·巴恩荷特（Ned Barnholt）的说法，他的目标就是要做到“三个方面的完美平衡：专注用户、提升工作效率与创造公司文化”。

为此，纳德首先强调新公司与惠普的不同之处，速度、专注和责任很快在安捷伦传开。但几个月后，他得到的反馈却是：对传统价值观谈得不够。人们说：“我不是因为速度、专注和勇于负责才加入惠普的，我是因为创新、人性管理、信任、尊重和协作等价值观而来。”在惠普服务了34年的纳德终于明白，“传统价值观是公司赖以存在的基础，我们必须向人们说明这个事实，使大家明白：我们必须在这个基础上去建造我们新的价值观”。因此，分家后的一段时间，仍可看到在安捷伦的标识下有一句话“创新惠普之道”，由于美国法律规定，拆分一年后不可再出现原公司的名字，安捷伦才将其改为“梦想成真”，但是在安捷伦中国公司入口处仍可以看到那句“创新惠普之道”，由此可见安捷伦对惠普文化传统的重视与执着。

在经历拆分后三年的发展黄金期后，受全球经济影响，除化学分析仪器外，安捷伦其他业务持续下滑。其间，公司宣布在全世界范围裁减 4000 名员工，在岗员工减薪 10%，推迟一切奖励计划，以降低成本。2000 年 11 月，安捷伦经过投资回报分析，做出进一步剥离医疗仪器事业部的决策。

虽然经历了减薪裁员、剥离业务等一系列冲击，安捷伦员工却表现得比较平静。在 2002 年 3 月纳德到上海时，一位因全球重组而上了“黑名单”的中国员工写了一幅“梦想成真”的书法送给他，这名员工在惠普和安捷伦服务了 11 年，很喜欢惠普文化，舍不得离开，但即使离开也无怨言；该故事的美国版本，则是一位被裁掉的员工在离开公司的前一天，在电话里告诉妻子，他可能很晚才能回来。他默默工作到深夜，关灯后才消失在茫茫夜色中。这些故事的背后，仍是惠普的价值观在发挥作用。

上述变革过程，在短短的五六年间大起大落，作为新成立的公司，安捷伦一方面希望根据自身的业务特点建立新的企业文化，一方面仍然无法走出惠普文化的巨大影响，孰是孰非，只有留待历史去评价。但有一点是明确的，那就是，企业的战略变革必须要与文化变革相伴而行，新战略成功之日，也必然是新文化铸就之时。

第三节　企业文化与人力资源管理

知识经济时代，企业的竞争归根结底是人的竞争，人力资源管理的核心目标就是将“人”作为一种“资源”进行有效开发、合理利用与科学管理，“人”是人力资源管理的核心。而企业文化同样是以提升“人”的凝聚力、以最大程度发挥“人”的积极性与创造性为主要目标的一项管理活动，两者之间具有紧密的联系，相辅相成，协同发力。

一、企业文化与人力资源管理的共性本质

首先，人力资源管理和企业文化都是把“人”或“人才”作为企业的重要生产经营要素，高度重视人对于企业生产经营的能动作用，从本质上说，都是“以人为本”的管理。

具体来说，人力资源管理通过招聘、培训、任用、考核、激励等人力资源管理活动来实现对人才的管理，侧重于制度、措施与方法的建设与推行，通过制度实现对员工的引导、约束和激励，是相对“硬”性的管理。企业文化则通过先进的文化理念对员工的思想观念和行为进行引导，通过价值观来影响员工的行为，激发员工的潜能，是相对“软”性的管理。两者在本质上都是创造良好的组织氛围和用人环境，充分发挥人的能动性与潜质，进而实现组织的高绩效，两者的目标是完全一致的。

二、企业文化对人力资源管理的向导作用

管理是科学，更是艺术，只有把握好管理的科学性和艺术性并将二者有机统一起来，才能创造出更大的价值。企业文化是企业在长期发展中形成的、被全体员工所共同认可和尊崇的理念和信仰，如果希望员工了解，可能通过文化培训等方式都可以做到；但如果希望员工真正相信，必须要在员工所亲身感受到的管理环境中有所体现。换句话说，如果大家亲身感受到的管理制度和执行情况，与文化理念是不一致甚至相悖的，企业的公信力会大打折扣，文化也自然会成为空谈，甚至笑柄。

因此，作为员工切身体验、也最为敏感的人力资源管理制度，必须要与企业文化理念保持高度一致，人力资源制度中最为关键的任用、晋升、考核、激励等各项规章制度所体现的核心思想，必须体现企业文化的核心思想。例如：企业文化中谈到“不让雷锋吃亏”，那么，在人力资源管理制度中就要明确，哪些行为是“雷锋的行为”，如何对“雷锋的行为”进行激励并使之制度化、常态化。

这也是我们一再强调在企业文化建设过程中必须进行制度审计的意义。

审计意见将作为人力资源制度调整及优化的方向，并在尽可能短的时间内、在合适的时点进行调整和修改。

三、人力资源管理措施是企业文化落地的重要途径

企业文化的有效落地是企业文化建设工作的终结点，文化落地的过程中，会综合调动各类资源，采取各种方式，但有一点是无法绕开的，就是人力资源管理措施与文化的呼应。

人力资源管理作为以人为核心的管理工作，为企业文化落地提供了重要的组织保障。只有把抽象的文化融入人力资源管理的各项制度、标准与流程中去，员工才会逐渐接受和认同企业文化。同时，人力资源管理又是企业文化的有机组成部分，企业文化中的制度文化、行为文化最终都会以行为规范、工作纪律、考核标准等人力资源制度和规范的形式出现在员工面前，让员工直观、清晰、精确地了解和执行，从这种意义上说，企业文化行为层的大部分落地工作，都要通过人力资源系统的制度和标准加以整理、发布和推进。

企业文化与人力资源管理，两者在企业管理方面的作用可以形象地比喻为“文武之道”，各自作用原理不同，但相互渗透，互为支撑，目标与方向高度一致。

第四节　企业文化与国企党建工作

在我国，国有企业在国民经济中占有相当大的比重，对经济社会发展发挥着极为重要的作用。纵观我国社会主义建设、改革与发展历程，国有企业为推动国家经济发展、科技进步、国防建设、民生改善等做出了极其巨大的历史性贡献。国有企业的党建工作，是党的思想政治工作与国有企业具体实际相结合的产物，是国有企业各项工作的基础。因此，在对国企文化进行理论与实践研究的过程中，党建工作的作用是不容忽视的决定性

因素。

通常来说，国企党建工作包括政治建设、思想建设、组织建设、作风建设、制度建设、纪律建设等内容，具有系统性、先进性与实践性等多方面的特点。随着党组织在国有企业经营管理中的作用发挥，党建文化对于企业文化的引领作用与影响力正在逐步加强。

一、党建文化是企业文化建设的领航员

党建文化因其独特的使命性与组织性，对国有企业的文化有着绝对的引领与约束作用。

首先，党建文化是国企文化建设的思想基础。党建工作是国企管理中至关重要的工作，只有坚持党的领导，才能保持正确的政治方向，才能实现企业的可持续发展，党建工作帮助国企干部员工树立了良好的大局观与正确的思想基础，为企业的发展指明了方向，无论企业愿景、使命还是核心价值观，自然也必须以党建文化为基础。

其次，党建文化是国企文化建设的领航者。企业文化的塑造是一项复杂的系统工程，需要长期的沉淀与艰苦的努力，国有企业在跌宕起伏的发展过程中，通过各个时期、多种形式的党组织建设形成了深厚的组织和文化基础，这些文化基础伴随企业漫长的发展，逐渐成为文化积累与构建的引领与参照。充分发挥党建文化的引领作用，就能够帮助企业把握总体方向，避免因追求经济利益而出现偏移；就能够提高党员干部觉悟，强化廉洁尽责文化，促进企业健康发展；就能够帮助员工树立正确的价值观，激发其责任感和创新意识。通过以上方面的作用发挥，推动国企先进文化的形成与发展，所以说，在国有企业中，党建文化是企业文化建设的“领航者”。

二、党建文化与企业文化建设相互协同

企业党建工作的目标是坚持和加强党的全面领导，以加强党的长期执政能力建设、先进性和纯洁性建设为主线，以党的政治建设为统领，以坚

定理想信念宗旨为根基，以调动全党积极性、主动性、创造性为着力点。而企业文化建设同样是以明确企业的存在价值、打造企业的共同愿景、统一企业的价值观念为出发点，通过以上举措提高广大干部员工的凝聚力、创造力和积极性。两者在目标上是一致的，具有内在的协同基础。

首先，在本节开始我们曾讲过，党建文化对于企业文化建设具有引领作用，尤其是国企的文化建设，党建工作是基础，是前提。国企的发展过程中会面临难以预料的困难与瓶颈，这些困难的解决离不开党建思想的引领，员工的思想认知和自身素质也自然会在党建思想的引领下、在解决问题的过程中不断升华，企业文化也恰恰在这一过程中逐步形成和发展。

其次，企业文化对于党建文化的建设与发展也会起到积极的促进作用。企业文化所倡导的使命、愿景与价值观，引领干部员工开阔视野、树立正确的人生观与事业观、建立高尚的道德与情操，这些方面的素质提升方向与党建文化的要求绝大部分是一致的，企业总体氛围的积极、正向也为党建文化的建设提供了积极、有利的土壤与氛围。

党建文化与企业文化建设相互协同，共同为建立富有理想、积极主动、富有创造性的组织氛围而共同努力。

三、党建文化是企业文化建设的助推器

企业文化与党建对于国企的发展都起着非常重要的作用，由于大多数国企党建文化的形成都先于企业文化，因此，党建中的很多先进工作方法与管理手段对于企业文化建设都起着重要的指导借鉴作用，国企在文化建设过程中很有必要将党建工作的成果融入文化建设中来，推动企业文化和党建的有机结合，充分发挥党建对企业文化建设的助推器作用。

如何让党建文化更好地发挥对企业文化的助推作用？首先，要采用目标激励的方式推动企业党建和企业文化的有机结合，为企业发展树立切实可行的远大目标，激励企业员工的工作热情与积极性；其次，要发挥领导干部的模范带头作用，发挥党员干部的先进作用，让党员干部成为企业文化建设的先锋和模范；第三，要通过党史、党章等党员教育手段，让更多的青

年员工了解党的发展历程、理解党的宗旨，自觉地将自己的思想和行为统一到党员的标准上来。

通过以上工作的开展，使得党建文化成为助推企业文化建设的重要力量。

案例8-2　春秋国旅——企业文化与党建工作的同频共振

上海春秋国际旅行社（集团）有限公司（简称春秋国旅）是在改革开放政策之下成长起来的企业。35年来，春秋国旅能在激烈的市场中求生存，并逐渐形成旅游业、航空业的整体竞争优势，一个非常重要的原因就是充分发挥党组织的政治核心作用，形成党组织的凝聚力与战斗力，党建引领企业文化，上下同心，工作同步，目标同向，在干部、党员和员工心目中确立起社会主义的核心价值观，促进企业的健康发展。

针对人员年轻、专业性强、学历较高等特点，春秋国旅党委始终把加强企业文化建设作为基础工程来抓，尤其是在践行党的群众路线教育实践活动、扎实推进“三严三实”活动中，集团党委紧紧围绕“弘扬正气、凝聚人心、培育人才”三大主题，坚持用先进的文化基因引导企业的发展，着力打造以“奋斗、远虑、节俭、感恩”为重点的企业文化，既培育出了一系列品牌项目，积累了深厚的文化底蕴和精神内涵，又发挥了党建工作对文化建设、文化管理、文化创新的良好助推作用。在长期的党建工作中，春秋国旅形成了“十个工作法”“三个亮”“六个一”“五必访”“五必谈”等有效的工作方法。在此过程中，涌现出了一大批“能吃苦、敢拼搏、勇战斗”的党员干部和员工，体现出了爱心与社会责任，生动诠释了企业文化的“正向磁场”。

如何造就广大党员干部员工的气顺劲足，使得企业文化的动人音符与党建工作的铿锵足音同频共振？在企业文化与党建的结合方面，春秋国旅的做法可以总结为“四个相结合”：一是企业文化与社会主义价值观相结合，抓好《企业文化手册》的宣讲与贯彻；二是思想教育与基层党务公开相结合，坚持每半年召开一次公司党员、干部大会，各部门定期召开干部、员工会议，保障员工的知情权、参与权与监督权；三是企业发展与党员爱岗敬业相结合，通过比思想、比工作、比贡献，使广大党员更好地体现“五带头”精神，即带头学习提高、带头争创佳绩、带头服务群众、带头遵纪守法和带头弘扬正气；四是思想教育与企业文明创建相结合，充分发挥“道德讲堂”褒扬真善美的作用，营造“学习光荣、劳动光荣、创新光荣、诚信光荣、先进光荣”的浓郁氛围。仅2015年，春秋国旅就先后获得了中国民营企业500强、全国文明单位、上海市十佳企业创新文化品牌、上海市青年五四奖章集体等荣誉。铸文化之魂，强发展之基，春秋国旅党委的“文化引领工程”正推动企业步入创新发展的“快车道”。

1. 奋斗文化：重启拼搏精神

根据业务发展需要，党委引导干部员工积极融入企业文化建设，培育艰苦创业、开拓创新、永争第一的拼搏精神。当别人享受生活时，春秋国旅党委提出：春秋奉行“劳动创造世界”的价值观，干部应当享受工作的快乐，将不投机、不取巧、不打擦边球视为企业的长久发展之道。

企业的干部们也清醒地认识到：在残酷的市场竞争中，民营企业没有背景、没有靠山，要生存和发展，唯有艰苦奋斗，由此提出了“五加二”（即正常工作日加上双休日）、“白加黑”（白天加夜班）、“夜总会”（结束在深夜的会议）的工作精神。

2. 远虑文化：孕育前瞻思维

春秋国旅党委深知“人无远虑，必有近忧”，因此，在企业内部不断创新思维，构建前瞻的战略思维，倡导“等不起”的紧迫感、“慢不得”的危机感、“坐不住”的责任感，提出党员干部不要被眼前的短期利益所迷惑，要有追求、有梦想，要大胆创新。

3. 节俭文化：铸就勤俭本色

点亮一盏灯，升起一颗星。在节俭方面，春秋国旅党委注重榜样的示范作用，作为推进节俭文化的有力抓手。

春秋国旅有一个不成文的规定：出差一律住三星以下的双标房，乘坐航班一律经济舱；出差期间，市内交通不用专车，原则上都是公共交通工具（坐地铁或公交车），公司开办至今从未买过一张头等舱、公务舱机票，即使是参加每年在英国召开的全球会议，其他参会人员住在会议指定的五星级酒店，而春秋国旅的王正华书记和员工一起入住印度人开的经济型旅馆，坐在马桶上、椅子放腿上坚持读书、做笔记；期间，“盒饭”“方便面”是常客；并自带电饭煲煮粥，配上自带的酱菜、咸鸭蛋下饭。

4. 感恩文化：感恩之心长存

春秋国旅强调感恩文化，常怀感恩之心，以服务员工为本，以关爱善行为乐，其中，领导干部带头关爱员工并提出了“关爱员工56条”核心内容，真正做到了“从心底里热爱每一位员工，从行动上尊重每一位员工，从工作过程中激发每一位员工，从日常生活中照顾每一位员工，从愿望实现中满足每一位员工，从学习培训中提高每一位员工，为员工创造公平、公开、公正的环境”。每逢年节，党委领导必定亲临一线，慰问一线员工，与员工召开茶话会、联欢会，开展除夕送年夜饭等活动，时刻把员工放在心上。

感恩时代、感恩社会，是春秋国旅的又一特点。成立30周年，春秋国旅不举办传统意义上的庆典活动，而是组织员工参加公益活动，邀请国内外200位残疾人士免费乘坐春秋航空飞机到上海，与上海残疾人士联欢；2015年恰逢春秋航空开航十周年，依然不举办庆典活动，而是召开了一场别开生面的演讲大会，主题就是：春秋人如何感恩时代，回报社会。

同样为了回报社会，春秋国旅主动向市、区要求，安排34名残疾人员来春秋工作，并享受同工同酬的待遇。再比如，春秋国旅的24位股东带头捐资1500万元公益植树，他们不是把钱交出就算了，而是成立“为地球母亲生态保护社”，委派公司员工长期驻扎在干旱、寒冷、生活条件比较困难的康保县专职负责工程，并聘请当地专业人士负责现场管理。在“种活一棵树比养活一个儿子还难”的康保荒漠地种活22万棵树，被当地政府、国家林业专家称赞为“创造了奇迹”。

文化之于一家企业，犹如树之根、屋之基、人之魂，企业文化建设就是“铸魂工程”，其目的在于引领人、激励人、凝聚人、成就人。文化力催生战斗力、助推发展力、焕发新活力。近年来，春秋国旅坚持用先进的企业文化铸魂育人，为春秋事业的全面发展汇集了强大的正能量。

第五节　企业文化与CI系统建设

一、CI系统的起源

CI系统是将企业文化的核心理念（愿景、使命、核心价值观、企业精神等）通过统一的企业识别系统进行设计、整合并传达给员工和社会公众，使之产生一致认同感，从而为企业营造良好的社会形象、提升企业的综合竞争实力。通俗来讲，CI系统就是企业塑造自身形象的方法和措施的集合，企业引入CI的目的就是对自身的社会形象进行系统塑造。

20世纪50年代，CI系统诞生并风靡于欧美和日本。1956年，美国国际商业机器公司（IBM）在世界上第一个导入企业形象策划并大获成功。紧随其后，可口可乐、麦当劳、3M公司（明尼苏达矿务及制造业公司）等也纷纷导入CI系统。到20世纪70年代，欧美多数大型企业已经先后完成CI系统的改造。

善于模仿的日本企业在70年代初期接受了CI，马自达汽车有限公司（Mazda）、索尼（Sony）、第一劝业银行、三井集团、柯尼卡美能达集团等企业陆续实施了CI战略。随后，宏碁集团（Acer）等台湾企业开始导入CI，并逐渐形成潮流。

在我国，1988年，广东太阳神集团率先导入CI系统策划，为其太阳神品牌产品设计了新的标识，并由此打开了产品销路。此后，万宝、李宁、四通等国内知名企业也纷纷加入了CI系统建设的行列。发展至今，CI系统已经被企业界所广泛接受，并成为企业塑造良好形象、提升品牌竞争力的必然选择。

二、CI系统的核心构成

CI系统的英文全称是Corporate Identity System，即企业识别系统。CI系统是企业形象的综合识别系统，它通过企业的理念识别（MI）、行为识别（BI）和视觉识别（VI）三组识别要素来展示和凸显企业的整体形象，如图8-1所示。

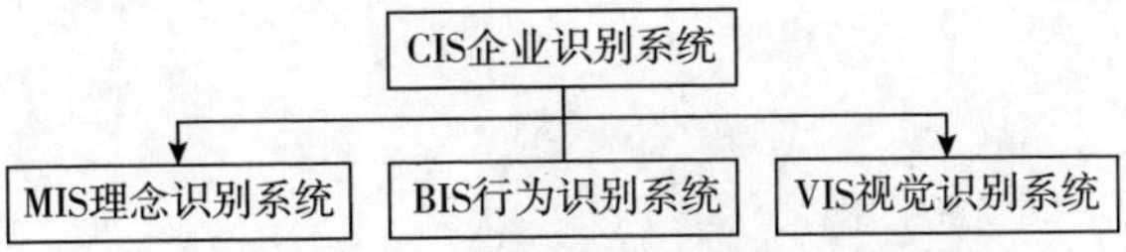

图8-1 企业识别系统图

理念识别系统（Mind Identity System，MIS）。企业在实践过程中树立起来的、为广大员工与利益相关者所认知的基本信念。

行为识别系统（Behavior Identity System，BIS）。企业在经营理念指导下所开展的一系列内外部组织管理与公共实践活动，是统一规划企业运作方式而形成的动态识别系统。

视觉识别系统（Visual Identity System，VIS）。在企业经营理念的基础上，根据经营活动的要求设计出识别符号及其使用规范，以刻画企业个性，凸显企业特征，突出企业精神，令员工、消费者和社会各界对企业产生形象上的一致认同。

三、CI系统与企业文化的关系

前面已经讲过，通过CI系统的导入，企业将自身的核心文化理念传达给公众，对自身的社会形象进行塑造，那么，企业的社会形象与企业文化又有着什么样的关系呢？

1. 两者的关系：企业文化是企业社会形象的基础，二者存在相互对应的关系

企业文化是企业形象的核心和根本，企业社会形象是通过特定的传播

媒体将企业文化理念和经营行为转化为公众印象，在社会大众心目中树立起良好的企业形象，从而得到良好的认同和支持。从 CI 系统的构成来看，它的三个层次：理念识别系统、行为识别系统和视觉识别系统与企业文化的精神层、制度层、行为层、物质层之间存在着明确的对应关系，这种对应关系是由它们自身的内涵和外延决定的，即企业文化的精神层对应企业理念识别系统，制度和行为层对应行为识别系统，物质层对应视觉识别系统。

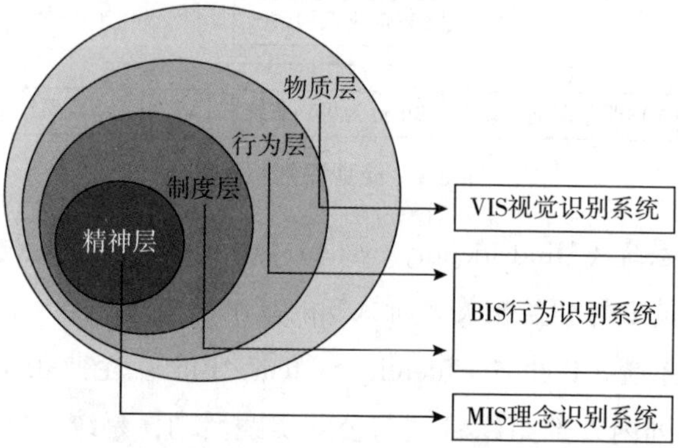

图 8-2　企业文化与企业识别系统关系图

2. 两者的区别：企业形象是企业文化在公众头脑中的映像，二者之间存在一定的偏差

企业文化是一种客观存在，是在企业内部达成共识并共同遵循的价值理念，而企业形象则是企业文化在人们头脑中的反映。因此，一方面，企业形象在一定程度上具有主观性，公众心目中形成的企业形象未必是企业文化的客观、真实、全面的反映，有时甚至有扭曲的成分；另一方面，出于自身保密等方面的需要，企业文化的某些内容不会通过媒介对外传播，或对个别信息进行特殊加工后再对外传播。因此，企业的社会形象在某种程度上只是企业文化在传播媒介上的映像，而非企业文化的完整、真实的反映。

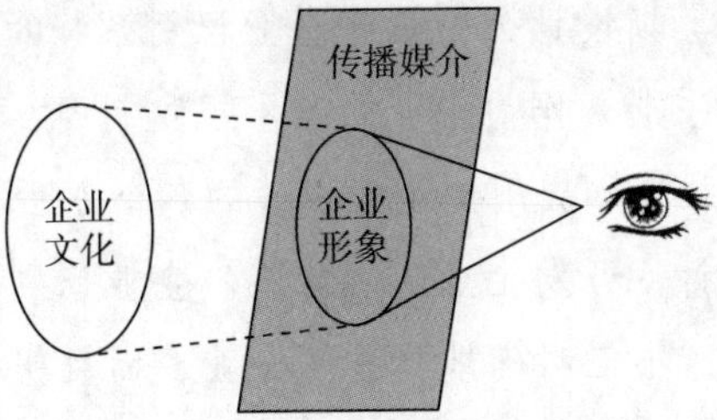

图 8-3　企业文化与企业形象关系图

明确以上关系，对于我们用好企业文化与 CI 两类管理工具，以及处理好两者的关系具有非常重要的意义。

案例8-3　马自达公司CI系统的导入

日本在 20 世纪 50 年代中期从美国引入现代工业设计，在 70 年代实现了国民经济的起飞。在日本企业界，马自达是第一个导入企业识别系统的公司。

马自达公司原为东洋工业公司，长期沿用以创始人松田重次郎命名的松田牌商标。商标是个圆环，中间为松田英语译名首字母 m. m 的两根边线的延伸，与圆环相接，常常使人误识为 hn，严重影响了企业及其产品的知名度。

自 1975 年开始，马自达决定全面导入企业识别系统，实施企业形象重整战略，直到 1984 年 5 月，企业员工和社会公众最终全面认同了新的企业识别系统，以及 CI 背后所代表的、独特的发展战略、行为规范与运行实态，东洋工业公司正式改名为马自达公司。

在企业导入 CI 的过程中，马自达进行了全面的规划、系统的组织与精心的策划，具体开展的工作如下。

第一，组建委员会，全力推动企业识别系统的开发与应用。自本项工作开始，马自达就组建了“CI 行动委员会”，以总经理为主任，各部门和所属企业负责人为委员，决定和处理有关 CI 导入的重大事项。行动委员会下设 9 人筹划小组，由行动委员会委员、企业策划部长、顾问和各类专业人员组成，负责 CI 导入的日常推进工作。委员会授权委托一流水平的日本帕奥斯设计公司负责企业识别系统的设计，公司把规范编制的《企业识别手册》作为企业的基本规章制度，并通过全员培训逐步把企业识别系统推广和应用到企业经营的各个方面与整个过程之中。

第二，精心设计、开发企业识别标志。企业识别标志的专用品牌标准名称为MAZDA，不但明确地指称了企业，而且明确地指称了企业生产经营的所有产品，MAZDA既是原商标名称“松田”的英语同音译名，又是西亚创造之神“马自达”的英语译名。西亚是人类文明发祥地之一，西亚文明在世界上较早地开发了铁器以及利用牛畜力的交通工具，阿弗拉·马自达是西亚文明中的创造之神，在西亚诸神中至高无上，代表了智慧、理性、和谐，阿弗拉（Ahura）的原义就是神，马自达（MAZDA）的原义就是智慧。

马自达这个名称象征了源自古代铁器交通文化的现代汽车交通文化，公司识别系统的标志是字体图形，以大曲线和小圆弧相结合的现代构成设计方法，把M、A、Z、D、A五个字母等体量并列组接。其中M、Z、D三个字母大写粗黑字体，两个a字母小写粗黑字体，Z字母的上下两条横线同斜撇之间分开，体现了企业作为市场和客户的联系中介，必须提供优质产品、技术、服务的经营宗旨。

整个字体图形的形象造型同马自达汽车的形象造型整体一致，无论稳定感、可靠感、依赖感还是立体感、动态感、速度感，都非常出色，形象地表现和展示了企业及其产品设计领先、创造开拓的新面貌。企业识别标志的标准色彩为钴蓝色，不仅清新、明朗、轻快、舒畅，也直观地表现和展示了企业及其产品的高科技含量与现代审美文化内涵。

从50年代由机械设备转产轿车、卡车以来，马自达公司始终强调，每一辆汽车都必须做到同生态环境友好相处，每一辆汽车都必须尽可能地确保安全和舒适，70年代，马自达公司重新制定和实施了企业生产经营的三大战略性主导原则：“创造的进取性，高度的品质感，丰富的人本性”。企业识别系统正是通过企业名称、标志图形、标准色彩及其标准组合，把三大战略性主导原则具体地转化为既直观可感又亲切动人的企业识别形象。

第三，全面开发以企业识别标志为中心的视觉识别系统。根据70年代以来企业生产经营全球化的目标与要求，马自达公司首先开发了视觉识别系统，并且把视觉识别系统分成基础系统和应用系统。

视觉基础系统主要包括五大基本项目：企业识别系统标志及其变体，所属部门和企业的标准名称，产品和部件的标准名称，日语、英语、阿拉伯数目字，企业标准字、标准色彩及其色块、色带。例如：企业识别标志为正型，企业识别标志变体为负型、反黑、反白三种，并且同标准色彩及其他色彩变体组合使用。

视觉应用系统主要包括八大基本项目：办公事务用品，标识和路牌，车辆和船舶，容器和包装，制品和部件，建筑物和设备，制服和制帽，广告和产品手册。以路牌为例，根据具体应用环境、条件、目的、作用的不同，马自达设计开发了两大类型的标识路牌，一种是识别性标识路牌，另一种是服务性标识路牌。识别性标识路牌又细分为三类：一是基本式标识路牌，由辅助性图形变体、蓝色矩形与企业标识标志组合构成；二是落地式标识路牌，由蓝色矩形与反白企业识别标志组合构成；三是栏杆式标识路牌，主要横置在办公楼、营业厅、加油站、维修服务网点等建筑物上，由蓝色矩形与反白企业识别标志变体组合构成。

为了规范视觉识别系统及其基本项目的开发和应用，马自达编制了对视觉识别系统进行规范的《企业识别手册》。手册中，标准实例与禁忌违例并举，图例标示和文字说明并茂，不仅编制了视觉识别基础系统手册和应用系统手册，而且编制了基础系统和应用系统基本项目的CIS树，令人一目了然。后来，为了海外导入企业识别系统的需要，又专门编制了一本海外版的《视觉识别系统手册》。

第四，让产品设计跟上CI变革的步伐。70年代以来，马自达对设计开发中心进行了大规模的扩建，大力推进新产品总体设计与批量产品生产设计，以“大曲率曲线与小圆弧过渡相结合”的设计理念，进一步更新和完善车体的楔形设计。一方面，大幅度减少穿越车底的气流及其逆向运动所造成的阻力和纵向运动所造成的振荡，显著地改善了汽车在高速行驶时的燃油经济性、操纵稳定性与安全可靠性。另一方面，动态地突出了全车线条、立体、色彩的对比和变化，强化全车刚劲、坚挺的风格美与灵巧自如的神采美。进一步，马自达还把新的设计思想延伸到汽车发动机、轮转机械以及车内空间等各个方面。

第五，以视觉识别系统为基础，设计开发行为识别系统与理念识别系统。行为识别系统特别强调“以智能化促进社会文明进步”的奋斗步伐，突出“领先世界的创新活力”和“员工培训”两大项目。公司投入巨资建立了广岛、横滨、加利福尼亚、密歇根、黑森五大基地为主的设计开发网络，广岛、北海道两大基地为主的性能测试网络，广岛、东京、名古屋、大阪、福冈、埼玉六大基地为主的员工培训网络。理念识别系统特别强调了“以高科技创造新价值”的发展战略，突出了“跨越世纪的总体战略”和“社会责任”两大项目，公司大力设计开发了保护环境、防治污染的新一代绿色汽车。1991 年，公司研制成功世界上第一台氢燃料转子发动机。随后，又推出了搭载这种发动机的轿车 HR-X。1984 年 10 月，马自达一次提供数亿日元设立了由日本科技厅和文部省主管的马自达财团，无偿赞助海内外科技开发项目、教育发展事业、环境保护工程等。此外，马自达还设立了专项资金，赞助国际文化交流、体育运动、汽车比赛等。

导入企业形象战略，马自达如虎添翼，年销售总额顺势突破 50 亿美元、100 亿美元大关，1991 年公司销售额更是达到了 193.2 亿美元，在世界 500 家最大工业公司中排名第 57 位。马自达 626 连续 7 年荣获同类型世界最佳汽车殊誉。2019 年马自达营业收入为 325.5 亿美元，2019 财年全球累计销量为 142 万辆。

参考文献

[1] 埃德加·沙因 . 组织文化与领导力 [M]. 北京：中国人民大学出版社 , 2014

[2] 埃德加·沙因 . 企业文化生存与变革指南 [M]. 浙江：浙江人民出版社 , 2017

[3] 威廉·大内 . Z 理论——美国企业界怎样迎接日本的挑战 [M]. 上海：上海人民出版社，1984

[4] 陈春花 . 企业文化塑造 [M]. 北京：机械工业出版社 , 2016

[5] 杨月坤 . 企业文化 [M]. 北京：清华大学出版社 , 2011

[6] 稻盛和夫 . 活法 [M]. 北京：东方出版社 , 2012

[7] 何建湘 . 企业文化建设实务 [M]. 北京：中国人民大学出版社 , 2019

[8] 陈春花等 . 企业文化 [M]. 北京：机械工业出版社 , 2017

[9] 陈春花 . 从理念到行为习惯 [M]. 北京：机械工业出版社 , 2018

[10] 夏楠 . HR 企业文化经典管理案例 [M]. 北京：中国法制出版社 , 2018

[11] 韩巍 . 基于文化的企业级企业集团管理行为研究 [M]. 北京：机械工业出版社，2004

[12] 王超逸，李庆善 . 企业文化学原理 [M]. 北京：高等教育出版社 , 2009

[13] 陈洪玮 . 企业文化管理要素及其对企业绩效的作用 [M]. 北京：中国财政经济出版社 , 2010

[14] 王成荣，张慧等 . 工会与企业文化建设 [M]. 北京：清华大学出版社 , 2017

[15] 曲庆 . 企业文化落地理论与实践 [M]. 北京：清华大学出版社 , 2015

[16] 李建华，刘霞 . 现代企业文化理论与实务 [M]. 北京：机械工业出版社 , 2012

[17] 哈佛商业评论 . 文化与变革 [M]. 北京：中国人民大学出版社 , 2004

[18] 成思危 . 中国企业管理面临的问题及对策 [M]. 北京：民主与建设出版社 , 2002

[19] 程东升，刘丽丽 . 华为真相 [M]. 北京：当代中国出版社 , 2003

[20] 宋联可 . 心派企业文化设计与落地 [M]. 北京：中国财富出版社 , 2016

[21] 马洁玲，唐丽倩等 . 如何建立创新型企业文化 [J]. 现代国企研究 , 2015（15）
[22] 李雪芹 . 试论企业文化品格及其提升 [J]. 科技信息 , 2010（28）
[23] 周群英，陈光玖等 . 思想政治工作与企业文化建设的关联分析 [J]. 东方企业文化 , 2014（08）
[24] 朱仁健，周涛 . 文化与管理制度的匹配性审计 [J]. 中国金融 , 2019（05）
[25] 顾笑然，庄宁 . 西方企业文化思想溯源与文献述评 [J]. 工会论坛（山东省工会管理干部学院学报）, 2011, 17（05）
[26] 林桂芝，于振荣 . 现代组织管理的观念更新 [J]. 辽宁师范大学学报 , 2003（05）
[27] 刘回春 . 伊利：重塑全球乳业新型价值观 [J]. 中国质量万里行 , 2017（08）
[28] 李清 . 以"服务"颠覆餐饮传统经营模式——海底捞"以人为本"的企业文化 [J]. 商场现代化 , 2013（16）
[29] 杨海霞 . 以文化创新引领集团转型升级 [J]. 冶金企业文化 , 2017（02）
[30] 浙商隆泰银行 . 以新媒体助推企业文化建设 [J]. 中外企业文化 , 2015（08）
[31] 王宝山 . 运营企业理念的分类及历史演变 [J]. 渤海大学学报（哲学社会科学版）, 2004（01）
[32] 帅萍，李杰 . 直销企业文化实战系列之二 给仪式和庆典赋予企业文化内涵 [J]. 知识经济（中国直销）, 2007（10）
[33] 曹溪禄 . 作风建设是企业发展的基石 [J]. 科技视界 , 2015（36）
[34] 曲晓莹 . 浅谈加强企业文化建设助推党建工作 [J]. 现代国企研究 , 2015（12）
[35] 陈在超 . 企业文化与制度体系的研究应用 [J]. 企业技术开发 , 2007（09）
[36] 利林 · C. 兰德萨姆 . 欧洲的企业文化 [J]. 管理观察 , 2019（14）
[37] 安治民，杜朝举 . 论企业价值观的驱动力及其意义 [J]. 湖北社会科学 , 2019（04）
[38] 龚元庆 . 开展企业文化建设应增强系统性针对性有效性 [J]. 求实 , 2006（S3）
[39] 王振亮 . 试论加强企业文化建设的保障机制 [J]. 山东社会科学 , 2012（S1）
[40] 陈晓暾，侯鹏艳 . 个人 – 企业价值观匹配对员工工作幸福感的影响 [J]. 企业经济 , 2019, 38（02）
[41] 陈子平 . 按照美的规律 积极推进企业文化再造 [J]. 中国电力企业管理 , 2002(03）
[42] 刘静怡 ."企业文化 + 制度管理"：华能集团企业文化融合发展新理念 [J]. 合作经济与科技 , 2018（06）

[43] 小刚 ."恒久发展，丰裕社会"恒丰银行企业文化理念亮相云南 [J]. 时代金融，2011（13）
[44] 张逸昕 . 以党建文化引领推动新时代企业文化建设 [J]. 当代旅游（高尔夫旅行），2017（07）
[45] 宋杍宸 . 如何突破企业文化落地瓶颈 [J]. 中外企业文化 , 2014（09）
[46] 王征 . 企业文化与国有企业党建工作 [J]. 商场现代化 , 2010（33）
[47] 郭碧洲 . 论企业文化如何与企业党建有机结合 [J]. 现代工业经济和信息化 , 2011（12）
[48] 王翠英 . 组织行为学与人力资源管理六大职能的联想 [J]. 人力资源管理 , 2011（10）
[49] 刘啸 . 企业文化到核心竞争力的三个阶段和两次升华 [J]. 北京工商大学学报（社会科学版）, 2012, 27（03）
[50] 陈肖帆 . 论国有企业思想政治工作与企业文化的融合 [D]. 湖北工业大学，2014
[51] 包立峰 . 以人为本企业文化的价值生态与建构 [D]. 东北师范大学 , 2012
[52] 薛顺利 . 如何做好企业思想政治工作 [J]. 中外企业家 , 2013（33）
[53] 赵瑜，刘昶 . 企业文化对人力资源管理的促进作用 [J]. 合作经济与科技 , 2012（16）
[54] 何载福 . 企业文化建设实践与绩效研究 [D]. 华中科技大学 , 2005
[55] 杨飞，郑翠侠等 . 浅谈企业管理发展趋势 [J]. 科技创新与应用 , 2013（30）
[56] 刘卓 . 探索企业文化建设规律 力促企业科学持续发展 [J]. 赤峰学院学报（自然科学版）, 2013, 29（09）
[57] 张艳菊 . 谈企业文化的整合与构建 [J]. 科技创新与应用 , 2012（24）
[58] 杨超 . 论企业如何向军队学习管理 [J]. 经营管理者 , 2012（19）
[59] 周毅 . 中国企业文化要素与绩效关系研究 [D]. 暨南大学 , 2007
[60] 方媛媛 . 驱动创新的文化要素系统层面解析 [D]. 中国科学技术大学 , 2012
[61] 陈依元 . 创新文化：自主创新的文化驱动力 [J]. 福建论坛（人文社会科学版），2007（03）
[62] 余芳宏 . 国有企业文化建设研究 [D]. 华中师范大学 , 2015